Die Beurkundung von Rechtshandlungen deutscher Kapitalgesellschaften im Ausland

Zivilrechtliche Schriften

Beiträge zum Wirtschafts-, Bank- und Arbeitsrecht

Herausgegeben von Arnd Arnold, Dorothee Einsele,
Jan Lieder und Hartmut Oetker

Begründet von Peter Kreutz und Dieter Reuter

Band 88

Daniel Busemann

Die Beurkundung von Rechtshandlungen deutscher Kapitalgesellschaften im Ausland

Mit Bezug zu dem Notariatswesen in den Schweizer Kantonen Basel-Stadt, Bern, Zug und Zürich

PETER LANG
Berlin - Bruxelles - Chennai - Lausanne - New York - Oxford

Bibliografische Information der Deutschen Nationalbibliothek
Die Deutsche Nationalbibliothek verzeichnet diese Publikation in der Deutschen Nationalbibliografie; detaillierte bibliografische Daten sind im Internet über http://dnb.d-nb.de abrufbar.

Zugl.: Freiburg (Breisgau), Univ., Diss., 2023

D 25
ISSN 0941-147X
ISBN 978-3-631-91736-7 (Print)
E-ISBN 978-3-631-91739-8 (E-PDF)
E-ISBN 978-3-631-91740-4 (E-PUB)
DOI 10.3726/b21731

Verlegt durch: Peter Lang GmbH, Berlin, Deutschland

info@peterlang.com http: www.peterlang.com

Diese Publikation wurde einem Peer-Review unterzogen.

IN MEMORIAM

Ingeborg Zeh
1937–2023

Vorwort

Die vorliegende Arbeit wurde von der Rechtswissenschaftlichen Fakultät der Albert-Ludwigs-Universität Freiburg im Wintersemester 2023/24 als Dissertation angenommen. Sie entstand berufsbegleitend zu meiner Tätigkeit als Rechtsanwalt und befindet sich auf dem Stand von November 2023.

Zunächst gilt größter Dank meinem Doktorvater Herrn Prof. Dr. *Jan Lieder*, LL.M. (Harvard), der mich über die gesamte Zeit des Promotionsvorhabens in jeglicher Hinsicht exzellent betreut hat.

Für die zügige Erstellung des Zweitgutachtens danke ich Herrn Prof. Dr. *Jan von Hein* sowie Herrn Prof. Dr. *Sebastian Krebber* für seine Bereitschaft, den mündlichen Teil der Doktorprüfung mitzubetreuen. Den Herausgebern der Beiträge zum Wirtschafts-, Bank- und Arbeitsrecht danke ich für die Aufnahme der Arbeit in diese Schriftenreihe.

Schließlich möchte ich ganz besonders meinen Eltern danken, die mich stets unterstützt und mir meine Ausbildung ermöglicht haben. Hierdurch haben sie einen großen Anteil zur Fertigstellung dieser Arbeit geleistet.

Münster, im Dezember 2023 *Daniel Busemann*

Inhaltsübersicht

Inhaltsübersicht

Inhaltsverzeichnis

1. Kapitel: Einleitung

A. Problemaufriss

In der gesellschaftsrechtlichen Praxis bitten beurkundungswillige Parteien ihre Berater periodisch um Auskunft, ob formbedürftige Rechtshandlungen deutscher Kapitalgesellschaften wirksam von einem ausländischen Notar[1] beurkundet werden können. Diese Frage wird in der Jurisprudenz seit nunmehr über 80 Jahren diskutiert[2] und für ihre Beantwortung ist eine differenzierte Betrachtungsweise unerlässlich. Ausgangspunkt ist die Klassifizierung der Rechtshandlungen in zwei Gruppen – namentlich die Beurkundung von statusrelevanten und von sonstigen gesellschaftsrechtlichen Vorgängen.

Statusrelevante Vorgänge respektive Organisationsakte sind solche Rechtsgeschäfte, welche die Verfassung der Gesellschaft betreffen.[3] Zu den statusrelevanten Vorgängen zählen insbesondere Gründungen, Satzungsänderungen, umwandlungsrechtliche Maßnahmen (Verschmelzung, Spaltung, Formwechsel) sowie zustimmende Beschlüsse der beherrschten Gesellschaft zu Unternehmensverträgen.[4] Den vorgenannten Organisationsakten ist gemein, dass sie die Existenz der juristischen Person berühren und über den Kreis der Erklärenden hinaus auch unbeteiligte Dritte – etwa Gläubiger, Schuldner oder Arbeitnehmer – betreffen.[5] Die Pflicht zur Eintragung des Vorgangs in

---

1 Im Folgenden wird nur die männliche Form verwendet. Dabei ist selbstverständlich die weibliche jeweils gleichberechtigt mitverstanden.

2 Bereits im Jahr 1939 beschäftigte sich das Reichsgericht mit der Frage der Wirksamkeit eines in der Schweiz geschlossenen, privatschriftlichen Vertrages über die Abtretung von Geschäftsanteilen an einer deutschen GmbH: RGZ 160, 225; zuvor hatte das RG im Jahr 1916 obiter dicta festgestellt, eine durch einen schweizerischen Notar beurkundete Übertragung von Anteilen an einer deutschen GmbH genüge der Formvorschrift des § 15 Abs. 3 GmbHG: RGZ 88, 227 (231).

3 *Ebbing*, in: Michalski et al., GmbHG, § 15 Rn. 98; *Knoche*, in: FS des Rheinischen Notariats, 297 (302): „Grundlagengeschäfte"; *Limmer*, in: BeckOGK, AktG (Stand: 01.07.2023), § 23 Rn. 25: „Strukturänderungen".

4 KG Berlin, GmbHR 2018, 1202 (1204); *Dignas*, GmbHR 2005, 139; *Knoche*, in: FS des Rheinischen Notariats, 297 (302); *Limmer*, in: BeckOGK, AktG (Stand: 01.07.2023), § 23 Rn. 25.

5 DNotI-Report 2016, 93 (96 f.); *Goette*, DStR 1996, 709 (711) = FS Boujong, 131 (138).

das Handelsregister ist kennzeichnend dafür, dass die Gesellschaftsverfassung betroffen ist.[6]

Sonstige gesellschaftsrechtliche Vorgänge, die ebenfalls Gegenstand dieser Untersuchung sind, sind Hauptversammlungsbeschlüsse börsennotierter Aktiengesellschaften und die Übertragung von GmbH-Geschäftsanteilen.

In dogmatischer Hinsicht geht es bei sämtlichen Vorgängen der beiden Gruppen im ersten Schritt um die Anwendbarkeit der international-privatrechtlichen Vorschrift des Art. 11 Abs. 1 EGBGB und, sofern man die Ortsform (Art. 11 Abs. 1 Alt. 1 EGBGB) nicht genügen lässt, sodann um die Möglichkeit, die notarielle Form nach deutschem Recht durch die Beurkundung vor einer ausländischen Urkundsperson zu ersetzen (sog. Substitution[7]). Da die Figur der Substitution allein die Auslegung des anzuwendenden materiellen Rechts betrifft, gehört sie, im Gegensatz zur kollisionsrechtlichen Anknüpfung, nicht dem Internationalen Privatrecht im engeren Sinne an.[8]

Der II. Zivilsenat des BGH hat zu der Frage der Zulässigkeit der Auslandsbeurkundung grundlegend im Jahr 1981 Stellung genommen und die Beurkundung eines satzungsändernden Beschlusses vor einem zürcherischen Notar als wirksam erachtet.[9]

In Anlehnung an den kirchenrechtlichen Grundsatz *roma locuta causa finita* könnte man denken, dass die Rechtsfrage damit geklärt sei. Jedoch bezog sich die vorgenannte Entscheidung allein auf die Substitution der Formvorschrift des § 53 Abs. 2 GmbHG und war in der Folgezeit erheblicher Kritik vonseiten der Rechtsprechung[10] und der Literatur[11] ausgesetzt. Der Verfasser wird die Grundsatzentscheidung des II. Zivilsenats ebenfalls einer eingehenden

---

6 *Goette*, DStR 1996, 709 (711) = FS Boujong, 131 (138); *Ebbing*, in: Michalski et al., GmbHG, § 15 Rn. 98.

7 Vgl. *Winkler v. Mohrenfels*, in: Staudinger, BGB, Art. 11 EGBGB Rn. 196.

8 *Mansel*, in: FS Kropholler, 353 (364 f.); *ders.*, in: FS Lorenz, 689 (691); *Lorenz*, in: BeckOK, BGB, EGBGB Einl. IPR Rn. 96; *Reithmann*, NJW 2003, 385 (386); *Thorn*, in: Grüneberg, BGB, Einl. v. Art. 3 EGBGB Rn. 31; *Weller*, ZGR 2014, 865 (875).

9 BGHZ 80, 76 (78).

10 OLG Hamburg, BB 1993, 1544 (1545); LG Augsburg, GmbHR 1996, 941 (942); LG Mannheim, BWNotZ 2000, 150; AG Köln, MittRhNotK, 1990, 21 (22); dass., MittRhNotK 1990, 22 (23); AG Berlin-Charlottenburg, RNotZ 2016, 119 (122 ff.).

11 *Bayer*, in: Lutter/Hommelhoff, GmbHG, § 2 Rn. 30 u. § 15 Rn. 29; *Böttcher*, ZNotP 2010, 6 (7 f.); *Cramer*, in: Scholz, GmbHG, § 2 Rn. 17 f.; *Heinze*, in: MünchKomm, GmbHG, § 2 Rn. 59–63; *Hertel*, in: Staudinger, BGB, BeurkG Rn. 875; *Limmer*, in: BeckOGK, AktG (Stand: 01.07.2023), § 23 Rn. 26; *ders.*, in: Frenz/Miermeister, BNotO, § 2 BeurkG Rn. 16; *Priester/Tebben*, in: Scholz, GmbHG, § 53 Rn. 74 f.;

Analyse[12] unterziehen und darauf aufbauend zusätzliche Voraussetzungen entwickeln.[13]

Ferner hat der Verfasser eine jüngere Entscheidung des V. Zivilsenates des BGH vom 13.02.2020[14] zum Anlass genommen, der Diskussion um die Wirksamkeit der Auslandsbeurkundung beizutreten. In der vorgenannten Entscheidung kommt der für das Grundstücksrecht zuständige Senat zu dem Ergebnis, die für die Auflassung bestimmte Form könne nur durch deren Erklärung vor einem im Inland bestellten Notar gewahrt werden.

Die Motive für die Verlagerung des Beurkundungsortes in das Ausland liegen unter anderem in der anhaltenden Internationalisierung der Gesellschafter- und Aktionärsstruktur sowie der Absicht zur Minimierung der mit der notariellen Beurkundung verbundenen Kosten.[15] Ob diese Motive den Gang über die Grenze – süffisant auch als „Beurkundungstourismus“[16] bezeichnet – wirklich rechtfertigen oder nicht vielmehr überholt sind, soll sich im Laufe dieser Untersuchung zeigen. Da in der Praxis die Nachfrage nach Beurkundungen in grenznahen Schweizer Kantonen am höchsten ist,[17] wird besonderer Bezug zu dem Notariatswesen in den Schweizer Kantonen Basel-Stadt, Bern, Zug und Zürich hergestellt. In den vorgenannten Kantonen vorgenommene Beurkundungen sind Gegenstand zahlreicher Entscheidungen von deutschen Gerichten gewesen.[18]

Schervier, NJW 1992, 593 (595 f.); *Schäfer*, in: Henssler/Strohn, Gesellschaftsrecht, § 2 GmbHG Rn. 17; *Ulmer/Löbbe*, in: Habersack/Casper/Löbbe, GmbHG, § 2 Rn. 20 f.

12 S. dazu unten 4. Kapitel: B. I.

13 S. dazu unten 4. Kapitel: C.

14 BGH, NJW 2020, 1670.

15 S. dazu unten 7. Kapitel.

16 *Pilger*, BB 2005, 1285.

17 *Müller*, NJW 2014, 1994 (1995).

18 Basel-Stadt: BGHZ 199, 270, Einreichung der Gesellschafterliste (zuvor: OLG München, NZG 2013, 340); OLG München NJW-RR 1998, 758, Anteilsübertragung; OLG Frankfurt, GmbHR 2005, 764, Anteilsübertragung; OLG Düsseldorf, ZIP 2011, 564, Anteilsübertragung; KG Berlin, GmbHR 2018, 1202, Verschmelzungsvertrag; LG Nürnberg, GmbHR 1991, 582, Verschmelzungsvertrag (zuvor AG Fürth, GmbHR 1991, 24); LG Mannheim, BWNotZ 2000, 150, Kapitalerhöhung; LG Frankfurt, DNotZ 2009, 949, Anteilsübertragung;

Bern: OLG Hamburg, IPRspr. 1979, Entsch. Nr. 9, 40, Ehevertrag; KG Berlin, DStR 2018, 534, GmbH-Gründung (zuvor AG Berlin-Charlottenburg, RNotZ 2016, 119);

Zug: LG Stuttgart, IPRspr 1976, 24, Entsch. Nr. 5A, Anteilsabtretung; Zürich: BGHZ 80, 76, Satzungsänderung (zuvor OLG Stuttgart, Die Justiz 1981, 19); die v.g. Entsch. obiter dicta bestätigend: BGH, NJW-RR 1989, 1259 (1261),

Welche Reichweite die Thematik der Auslandsbeurkundung mit sich bringt, zeigt die Beurkundung des Angebots auf Abschluss des Lkw-Betreibervertrages,[19] der die Grundlage zum Betrieb des Mautsystems durch die *Toll Collect GmbH* bildete. An dieser in einer gesonderten Urkunde zu gründenden Projektgesellschaft, deren Zweck auf Erwerb, Errichtung, Finanzierung sowie Betrieb des Mautsystems gerichtet war, sollten die drei Auftragnehmer beteiligt werden.[20]

Da die Parteien der Auftragnehmer die Kosten der Beurkundung des Vertragsangebotes trugen,[21] hatten diese naturgemäß ein Interesse, die Beurkundungskosten möglichst gering zu halten. Daher ließen sie das bis zum 30.09.2002 befristete[22] Angebot am 25.06.2002 von dem Schweizer Notar a.D. Stephan Cueni[23] mit Amtssitz in Basel-Stadt beurkunden.[24] Die Beurkundungspflicht folgte gem. § 15 Abs. 4 GmbHG aus dem unbedingten und unwiderruflichen Angebot der Auftragnehmer an die Auftraggeberin, einen Anteilsverkaufs- und Übertragungsvertrag über sämtliche Geschäftsanteile an der Projektgesellschaft abzuschließen (sog. *call-option*).[25]

In Anbetracht der hohen wirtschaftlichen Tragweite des Betreibervertrages erschließt sich nicht unmittelbar, warum sich die BRD als

---

Anteilsübertragung in der Schweiz ohne Angabe des Kantons; OLG Hamm, NJW 1974, 1057, Satzungsänderung; OLG Frankfurt, DNotZ 1982, 186, Anteilsübertragung; LG Köln, MittRhNotK 1990, 21, Verschmelzungsvertrag (zuvor AG Köln, MittRhNotK 1990, 21); LG Augsburg, GmbHR 1996, 941, Verschmelzungsvertrag.

19 Notarielle Urkunde Nr. 253/2002 des Notars Stephan Cueni vom 25.06.2002; der Betreibervertrag wurde zwischen der BRD (Auftraggeber) und der Deutschen Telekom AG, der DaimlerChrysler Services AG sowie der Compagnie Financiere et Industrielle des Autoroutes (Cofiroute) S.A. (die drei letzten zusammen: Auftragnehmer) geschlossen.

20 Vgl. notarielle Urkunde Nr. 253/2002 des Notars Stephan Cueni vom 25.06.2002, S. 6 (Ziff. C. 1.1.): „Die Deutsche Telekom AG zu 45 v.H., die DaimlerChrysler Services AG zu 45 vH und die Cofiroute S.A. zu 10 vH".

21 Notarielle Urkunde Nr. 253/2002 des Notars Stephan Cueni vom 25.06.2002, S. VI (Ziff. I. 7.).

22 Notarielle Urkunde Nr. 253/2002 des Notars Stephan Cueni vom 25.06.2002, S. III (Ziff. I. 2.).

23 Vgl. *Kanton Basel-Stadt*, Liste der nicht praktizierenden Notare.

24 Notarielle Urkunde Nr. 253/2002 des Notars Stephan Cueni vom 25.06.2002, S. I u. III.

25 Notarielle Urkunde Nr. 253/2002 des Notars Stephan Cueni vom 25.06.2002, S. 7 u. 41–43 i.V.m. Anlage L.1.1 (die Anlage ist unveröffentlicht).

Auftraggeberin[26] – vertreten durch das Verkehrsministerium,[27] dieses wiederum vertreten durch das Bundesamt für Güterverkehr[28] – auf die Beurkundung durch einen Schweizer Notar einließ. Dies zeigt sich im Besonderen daran, dass die korrespondierende Annahmeerklärung aufgrund von Rechtsunsicherheiten sogar dreimal vor Schweizer Notaren beurkundet worden ist. Am 19.09.2002 erteilte der Präsident des Bundesamtes für Güterverkehr[29] vor einem Kölner Notar zwei Mitarbeitern eine Vollmacht zur Abgabe der Annahmeerklärung.[30] Die beiden Mitarbeiter erklärten noch am selben Tag vor einem Notar in Zug ein erstes Mal die Annahme des Angebots auf Abschluss des Lkw-Betreibervertrages.[31] Aufgrund von Zweifeln an der Wirksamkeit der Beurkundung vor der zugerischen Urkundsperson[32] wurde die Annahmeerklärung am 27.09.2002 ein zweites Mal von einem Notar in Basel beurkundet.[33] Schließlich wurde die vorgenannte Erklärung auf Drängen der Berater am 14.11.2002 sogar ein drittes Mal vor einem Notar aus Basel abgegeben, um klarzustellen, ob sich das Beurkundungsverfahren nach Basler Stadt- oder Landrecht richtet.[34]

B. Gang der Untersuchung und Zielsetzung

Wegen des grenzüberschreitenden Elements des Untersuchungsgegenstands wird zunächst der kollisionsrechtlichen Frage nachgegangen, welche Rechtsordnung über die Formgültigkeit der gesellschaftsrechtlichen Geschäfte entscheidet.[35] Anschließend wird zum besseren Verständnis der nachfolgenden

---

26 Notarielle Urkunde Nr. 253/2002 des Notars Stephan Cueni vom 25.06.2002, S. III.

27 Im Zeitpunkt des Vertragsschlusses bekleidete Kurt Bodewig das Amt des Bundesministers für Verkehr, Bau- und Wohnungswesen (Amtszeit vom 20.11.2000 bis zum 22.10.2002).

28 Seit dem 01.01.2023 heißt die Behörde „Bundesamt für Logistik und Mobilität" (BALM).

29 Vom 01.08.1994 bis zum 13.10.2008 war Ernst Vorrath Präsident des Bundesamtes für Güterverkehr.

30 *Bornhöft et al.*, Der Spiegel 2004 (Heft 10), S. 24.

31 *Bornhöft et al.*, Der Spiegel 2004 (Heft 10), S. 24.

32 Vgl. Notarielle Urkunde Nr. 253/2002 des Notars Stephan Cueni vom 25.06.2002, S. III (Ziff. I. 3.): „Der AG kann das Angebot innerhalb der Angebotsfrist jederzeit durch Erklärung zur Urkunde eines deutschen oder Basler Notars annehmen".

33 *Bornhöft et al.*, Der Spiegel 2004 (Heft 10), S. 25.

34 *Bornhöft et al.*, Der Spiegel 2004 (Heft 10), S. 25.

35 S. dazu unten 2. Kapitel.

Kapitel die Bedeutung des deutschen Notars in Zusammenhang mit dem Beurkundungs- und Registerverfahren untersucht.

Die allgemeinen Voraussetzungen der Substitution behandelt das vierte Kapitel. Dabei werden die von der Rechtsprechung aufgestellten Kriterien der personellen und verfahrensrechtlichen Gleichwertigkeit einer Bewertung unterzogen und dahingehend untersucht, ob sie einer Ergänzung bedürfen.

Das fünfte Kapitel behandelt die Frage, ob die Zwecke der einzelnen Formerfordernisse im Rahmen der Auslandsbeurkundung in gleichwertiger Weise verwirklicht werden. Dem hier gewählten Prüfungsaufbau folgend handelt es sich dabei um die besonderen Voraussetzungen der Substitutionsprüfung. Anhand der gewonnenen Erkenntnisse werden die allgemeinen Substitutionsvoraussetzungen am Beispiel der Schweizer Kantone Basel-Stadt, Bern, Zug und Zürich geprüft.[36]

Sodann wird im siebten Kapitel die rechtstatsächliche Situation untersucht. Insoweit sollen vor allem die Kosten für eine Beurkundung im Ausland ermittelt und den Kosten einer Inlandsbeurkundung gegenübergestellt werden. Hierzu werden konkrete Vergleichsberechnungen angestellt.[37] Zudem wird die von dem Verfasser durchgeführte Befragungsstudie ausgewertet und die sonstigen Motive zur Auslandsbeurkundung werden einer Bewertung unterzogen. Abschließend werden im letzten Kapitel die Untersuchungsergebnisse zusammengefasst und darauf aufbauend Schlussfolgerungen im Hinblick auf die kollisionsrechtliche Anknüpfung gezogen.

Die vorliegende Untersuchung verfolgt das Ziel, die Voraussetzungen der Substitution in Bezug auf gesellschaftsrechtliche Vorgänge zu präzisieren und ein vollumfängliches Prüfungsschema zu entwickeln. Gleichzeitig soll aus rechtstatsächlicher Perspektive festgestellt werden, ob gegenwärtig überhaupt noch stichhaltige Argumente für die Verlagerung des Beurkundungsortes in das Ausland existieren.

C. Entwicklung der Diskussion in Rechtsprechung und Literatur

Mittlerweile wird die Literatur zur Frage der Wirksamkeit der Auslandsbeurkundung als „unüberschaubar“ betitelt.[38] Aufgrund ihrer praktischen Relevanz

36 S. dazu unten 6. Kapitel.

37 S. dazu im Anhang: Gebührentabelle.

38 *Spellenberg*, in: MünchKomm, BGB, Art. 11 EGBGB Rn. 95; ähnlich: *Dignas*, Die Auslandsbeurkundung von gesellschaftsrechtlichen Vorgängen einer deutschen GmbH, S. 2.

sei die Diskussion stark von dem „Dialog zwischen Wissenschaft und Praxis“ geprägt.[39] Der nachfolgende chronologische Überblick soll den Zugang zu der bis heute andauernden Kontroverse erleichtern.

I. Zeitraum bis zur Grundsatzentscheidung des BGH

1. Entscheidung des Reichsgerichts

Die erste reichsgerichtliche Entscheidung, welche die Wirksamkeit eines in der Schweiz geschlossenen, privatschriftlichen Vertrages über die Abtretung von Geschäftsanteilen an einer deutschen GmbH behandelt, stammt aus dem Jahr 1939.[40] Der II. Zivilsenat des Reichgerichts vertrat die Auffassung, die Übertragung von Anteilen an einer deutschen GmbH sei auch dann formgültig, wenn sie das Recht des Staates erfüllt, in dem sie vorgenommen wird.[41] Zum Zeitpunkt des Vertragsschlusses am 17.10.1931[42] habe das Schweizerische Recht eine der GmbH vergleichbare Rechtsform allerdings nicht gekannt, sodass sich die Wirksamkeit der Anteilsübertragung allein nach dem Geschäftsrecht bestimme.[43] Erst seit 1937 existiert auch in der Schweiz die entsprechende Rechtsform.[44]

2. Diskussion in der Literatur

Mit Beginn der 70er Jahre entwickelte sich in der Literatur eine rege Diskussion[45] um die Wirksamkeit der Beurkundung von gesellschaftsrechtlichen Vorgängen im Ausland.

---

39 *Goette*, MittRhNotK, 1997, 1.

40 RGZ 160, 225; zuvor hatte das RG im Jahr 1916 obiter dicta festgestellt, eine durch einen schweizerischen Notar beurkundete Übertragung von Anteilen an einer deutschen GmbH genüge der Formvorschrift des § 15 Abs. 3 GmbHG: RGZ 88, 227 (231).

41 RGZ 160, 225 (229).

42 RGZ 160, 225 (226).

43 RGZ 160, 225 (229 f.); zustimmend: *Bokelmann*, NJW 1972, 1729 (1731).

44 *Bokelmann*, NJW 1972, 1729 (1731), mit Verweis auf die Art. 772–827 Schweizer Obligationenrecht (OR), welche am 01.07.1937 in Kraft getreten sind.

45 *Beitzke*, in: FS Hallstein, 14 (23); *Bokelmann*, NJW 1972, 1729 (1731; *Brambring*, NJW 1975, 1255; *Knoche*, in: FS des Rheinischen Notariats, 297 (312); *Kropholler*, ZHR 140 (1976), 394, (402–404), *Maier-Reimer*, BB 1974, 1230 (1233); *van Randenborgh*, BB 1974, 483; *Winkler*, NJW 1972, 981 (982); *ders.*, NJW 1973, 222 f.; *ders.*, NJW 1974, 1032 f.

Der zunehmenden Internationalisierung des Rechtsverkehrs geschuldet verfasste auch das *Max-Planck-Institut für ausländisches und internationales Privatrecht*[46] zu derselben Zeit auf das Ersuchen von Gerichten und Rechtsanwälten mehrere Gutachten, die sich zur Wirksamkeit der Beurkundung von gesellschaftsrechtlichen Vorgängen im Ausland verhielten.[47]

Ein Lager der Diskussion bildeten die Stimmen um den Notar *Winkler*, der die Ortsform des Art. 11 Abs. 1 S. 2 EGBGB a.F. nicht genügen lässt, da gesellschaftsrechtliche Vorgänge nicht nur die Interessen der unmittelbar Beteiligten berührten.[48] Bei diesen Vorgängen gehe es um die Anwendung sozialrechtlicher Normen, welche sämtliche Mitglieder des Verbandes betreffen und somit stets einer gleichmäßigen rechtlichen Behandlung unterliegen müssen.[49]

Demgegenüber vertraten die Stimmen um den Richter *Bokelmann*, der Winkler ausführlich kritisiert,[50] die notarielle Form nach deutschem Recht könne auch durch die Einhaltung der ausländischen Ortsform gewahrt werden.[51] Die Anwendung der ausländischen Form sei ausnahmsweise nur dann ausgeschlossen, wenn dadurch gegen die guten Sitten oder den Zweck eines deutschen Gesetzes verstoßen würde (Art. 30 EGBGB a.F.).[52]

3. *Entscheidung des Oberlandesgerichts Hamm*

Mit Beschluss vom 01.02.1974 griff der 15. Zivilsenat des Oberlandesgerichts Hamm die Argumente von *Winkler* auf und schloss sich der Auffassung an, nach welcher die Wahrung der Ortsform nicht ausreicht, wenn

---

46 Im Folgenden wird auf den Zusatz „für ausländisches und internationales Privatrecht" verzichtet.

47 Insbesondere *Max-Planck-Institut*, IPG 1970 Nr. 40, S. 403, zur Beurkundung der Übertragung von GmbH-Anteilen durch einen argentinischen Notar sowie *Max-Planck-Institut*, IPG 1971 Nr. 41, S. 403, zur Beurkundung einer Übernahmeerklärung durch einen zürcherischen Notar.

48 *Winkler*, NJW 1972, 981 (982); *ders.*, NJW 1973, 222 f.; *ders.*, NJW 1974, 1032 f.; ähnlich: *Beitzke*, in: FS Hallstein, 14 (23); *Brambring*, NJW 1975, 1255; *Knoche*, in: FS des Rheinischen Notariats, 297 (312); *Kropholler*, ZHR 140 (1976), 394, (402–404), teilw. mit anderer Begr. und nur für Gesellschaftsakte, bei denen die Handelsregistereintragung Wirksamkeitsvoraussetzung ist; *van Randenborgh*, BB 1974, 483.

49 *Winkler*, NJW 1972, 981 (982).

50 *Bokelmann*, NJW 1972, 1729 (1732–1734).

51 *Bokelmann*, NJW 1972, 1729 (1731), insb. in Bezug auf die Beurkundung von Gesellschafterbeschlüssen; *Maier-Reimer*, BB 1974, 1230 (1233).

52 *Bokelmann*, NJW 1972, 1729 (1731).

gesellschaftsrechtliche Vorgänge zu beurteilen sind.[53] Soweit es daher nur auf das Wirkungsstatut ankommt, ergebe die Prüfung der Gleichwertigkeit, dass die Beurkundung von Beschlüssen über Satzungsänderungen einer deutschen GmbH durch einen zürcherischen Notar nicht das Erfordernis der notariellen Beurkundung nach deutschem Recht erfüllt.[54] Die Tätigkeit des Notars erfordere nicht nur eine genaue Kenntnis des deutschen Gesellschaftsrechts, sondern auch der einschlägigen deutschen Rechtsprechung.[55] In der Literatur fachte die Entscheidung des Oberlandesgerichts Hamm die Kontroverse um die Auslandsbeurkundung neu an.[56]

4. *Entscheidung des Bayerischen Obersten Landesgerichts*

In Fortführung der ursprünglichen Linie des Reichsgerichts[57] entschied das Bayerische Oberste Landesgericht am 18.10.1977, dass für die Übertragung deutscher GmbH-Geschäftsanteile vor einem österreichischen Notar grundsätzlich die Beachtung der Ortsform genügt; der eindeutige Wortlaut des Art. 11 Abs. 1 S. 2 EGBGB (a.F.) enthalte keine Einschränkung für gesellschaftsrechtliche Angelegenheiten.[58]

In dem zu entscheidenden Fall ging mit der Anteilsübertragung eine von der neuen Gesellschafterin beschlossene Änderung der Person des Geschäftsführers sowie der Vertretungsbefugnis einher.[59] Das Registergericht hatte die Anteilsübertragung unter Hinweis auf den Beschluss des Oberlandesgerichts Hamm vom 01.02.1974 für unwirksam gehalten und die Eintragung der geänderten Vertretungsbefugnis in der Folge abgelehnt.[60] Das Bayerische Oberste Landesgericht relativierte seine aufhebende Entscheidung mit dem Hinweis, dass für eintragungsbedürftige Vorgänge, die die Verfassung der Gesellschaft

53 OLG Hamm, NJW 1974, 1057 f.; zuvor bereits *Bärmann*, AcP 159 (1960), 1 (31).

54 OLG Hamm, NJW 1974, 1057 (1058).

55 OLG Hamm, NJW 1974, 1057 (1059).

56 Zustimmend: *Brambring*, NJW 1975, 1255; *Mann*, ZHR 138 (1974), 448 (452 f.); *van Randenborgh*, BB 1974, 483; *Winkler*, NJW 1974, 1032; ablehnend: *Bokelmann*, NJW 1975, 1625 (1629 f.); *Maier-Reimer*, BB 1974, 1230 (1231 f.); *Stephan*, NJW 1974, 1596 f.

57 RGZ 160, 225.

58 BayObLG, NJW 1978, 500 f.; zustimmend: *Wolfsteiner*, DNotZ 1978, 532.

59 BayObLG, NJW 1978, 500.

60 BayObLG, NJW 1978, 500.

betreffen, insbesondere also für Satzungsänderungen, etwas anderes gelten könne.[61]

5. *Divergierende Entscheidungen weiterer Oberlandesgerichte*

Wie bereits das Oberlandesgericht Hamm[62] stufte der 11. Zivilsenat des Oberlandesgerichts Karlsruhe mit Beschluss vom 10.04.1979 die Beurkundung eines satzungsändernden Beschlusses (Sitzverlegung) durch einen Schweizer Notar als nicht gleichwertig ein.[63] Der Mangel der Gleichwertigkeit sei auch nicht unschädlich, da die Ortsformregel des Art. 11 Abs. 1 S. 2 (a.F.) auf eintragungspflichtige Gesellschaftsakte nicht anwendbar sei.[64]

In Abweichung von den Oberlandesgerichten Hamm[65] und Karlsruhe[66] vertrat der 8. Zivilsenat des Oberlandesgerichts Stuttgart mit Beschluss vom 03.11.1980 die Auffassung, für eine in Zürich beschlossene Satzungsänderung einer deutschen GmbH genüge die Einhaltung der Ortsform, und legte die Rechtsfrage aufgrund der Divergenz dem BGH gem. § 28 Abs. 2 FGG a.F.[67] zur Entscheidung vor.[68]

II. Grundsatzentscheidung des BGH im Jahr 1981

Der II. Zivilsenat des BGH bezog in seinem Beschluss vom 16.02.1981 zur Frage der Zulässigkeit der Ortsform keine eindeutige Stellung und konstatierte ohne nähere Begründung, es spreche „viel für die Richtigkeit der Ansicht des OLG Stuttgart, Art. 11 Abs. 1 Satz 2 EGBGB gelte generell, also auch für gesellschaftsrechtliche Vorgänge."[69] Weiterhin nahm der II. Zivilsenat an, dem Formerfordernis gem. § 53 Abs. 2 GmbHG sei nach dem als Wirkungsstatut geltenden

---

61 BayObLG, NJW 1978, 500 (501).

62 OLG Hamm, NJW 1974, 1057.

63 OLG Karlsruhe, RIW 1979, 567 f., ohne Angabe eines Kantons; a.A.: OLG Hamburg, IPRspr. 1979, Entsch. Nr. 9, 40 (41 f.), die Beurkundung eines Ehevertrages vor einem Notar des Kantons Bern sei gleichwertig.

64 OLG Karlsruhe, RIW 1979, 567 (568).

65 OLG Hamm, NJW 1974, 1057.

66 OLG Karlsruhe, RIW 1979, 567.

67 Das Gesetz über die Angelegenheiten der freiwilligen Gerichtsbarkeit (FGG) ist zum 01.09.2009 außer Kraft getreten (BGBl. 2009 I S. 2586).

68 OLG Stuttgart, Die Justiz 1981, 19; ebenfalls für die Zulassung der Ortsform: BayObLG, NJW 1978, 500; OLG Frankfurt, DNotZ 1i 982, 186 f., hinsichtlich der Übertragung von GmbH-Anteilen.

69 BGHZ 80, 76 (78).

Recht genügt worden, da die Beurkundung durch den Züricher Notar mit der eines deutschen Notars gleichwertig sei.[70] Zur Begründung der personellen und verfahrensrechtlichen Gleichwertigkeit der Beurkundungsvorgänge verwies das Gericht auf ein Gutachten des *Max-Planck-Instituts* zum internationalen und ausländischen Privatrecht.[71] Zudem sah der II. Zivilsenat in dem Aufsuchen einer ausländischen Urkundsperson einen zulässigen Verzicht auf die Prüfungs- und Belehrungsfunktion der Beurkundung.[72]

III. IPR-Reform im Jahr 1986

Am 25.07.1986 beschloss der Bundestag das Gesetz zur Neuregelung des Internationalen Privatrechts und fasste darin Art. 11 EGBGB teilweise neu.[73] Die Neuregelung des Art. 11 EGBGB geht ihrerseits auf Art. 9 des EG-Schuldvertragsübereinkommens (EVÜ) zurück und setzt dieses in innerstaatliches Recht um.[74]

Für die Gesetzesnovelle übernahm der Gesetzgeber den Regierungsentwurf[75] nahezu unverändert.[76] In der Einzelbegründung wird betont, dass Art. 11 EGBGB aus systematischen und historischen Gründen nicht die Form von Vorgängen regelt, die sich auf die Verfassung von Gesellschaften und juristischen Personen beziehen; insoweit sollten „allgemeine Regeln, die an Hand der bisherigen Vorschriften des EGBGB für schwerpunktmäßig über das bürgerliche Recht hinausgehende Bereiche entwickelt worden sind“, fortgelten.[77]

Im Rahmen der Novellierung wurden Art. 11 Abs. 1 S. 1 und S. 2 EGBGB i.d.F. aus dem Jahr 1896[78] in dem neuen Art. 11 Abs. 1 EGBGB in einem Satz

70 BGHZ 80, 76 (78); kritisch dazu: *Geimer*, DNotZ 1981, 406; *Bredthauer*, BB 1986, 1864.

71 BGHZ 80, 76 (78), mit Verweis auf *Max-Planck-Institut*, IPG 1971 Nr. 41.

72 BGHZ 80, 76 (79).

73 Gesetz zur Neuregelung des Internationalen Privatrechts vom 25.07.1986 (BGBl. 1986 I S. 1142).

74 *Goette*, DStR 1996, 709 (711) = FS Boujong, 131 (137); *Winkler v. Mohrenfels*, in: Staudinger, BGB, Art. 11 EGBGB Rn. 13 u. 15–19; mit Wirkung vom 17.12.2009 ist im Verhältnis der Mitgliedstaaten zueinander die Rom I-VO (ABl. L 177/6) an die Stelle des EVÜ getreten.

75 RegE, BT-Drs. 10/504.

76 *Winkler v. Mohrenfels*, in Staudinger, BGB, Art. 11 EGBGB Rn. 13.

77 RegE, BT-Drs. 10/504, S. 49.

78 Vgl. zum Wortlaut des Art. 11 EGBGB i.d.F. vom 18.08.1896: *Winkler v. Mohrenfels*, Staudinger, BGB, Art. 11 EGBGB Rn. 7.

zusammengefasst. Zudem wurde die Ausnahmevorschrift für dingliche Rechtsgeschäfte (Art. 11 Abs. 2 EGBGB i.d.F. aus dem Jahr 1896) sinngemäß durch die Vorschrift des Art. 11 Abs. 5 EGBGB[79] ersetzt.

IV. Supermarkt-Beschluss im Jahr 1988

Eine Zäsur im Hinblick auf die Anforderungen der Gleichwertigkeitsprüfung bildete die auf Vorlage des Bayerischen Obersten Landesgerichts[80] ergangene Entscheidung des II. Zivilsenats des BGH vom 24.10.1988, die einen Unternehmensvertrag mit Ergebnisabführung zum Gegenstand hatte, welcher am 02.01.1973 zwischen zwei im Lebensmittelvertrieb tätigen Gesellschaften mbH privatschriftlich geschlossen worden war.[81] Der vorgenannte Supermarkt-Beschluss des II. Zivilsenats betraf zwar nicht unmittelbar die Thematik der Auslandsbeurkundung, ging aber in Zusammenhang mit dem Unternehmensvertrag, dessen Inhalt und Wirkungen eine entsprechende Anwendung der Vorschriften über die Änderung des Gesellschaftsvertrages geboten, auf die Zwecke der Formvorschriften der §§ 53, 54 GmbHG ein.[82] Dabei führte das Gericht an: „die Änderung des Gesellschaftsvertrages unterlieg[e] […] auch zum Zwecke der materiellen Richtigkeitsgewähr […] sowie zur Gewährleistung einer Prüfungs- und Belehrungsfunktion […] der Beurkundungspflicht".[83] In Verallgemeinerung dieser Aussage wird bei sämtlichen statusrelevanten Gesellschaftsakten bis zum heutigen Tage kontrovers diskutiert, ob auch ein ausländischer Notar die materielle Richtigkeit gewährleisten kann.[84]

Im Nachgang zu dem Supermarkt-Beschluss des II. Zivilsenats verneinten mehrere Amtsgerichte, unter Hinweis auf die materielle Richtigkeitsgewähr, die Formwirksamkeit von im Ausland beurkundeten Gesellschaftsvorgängen.[85] In der Beschwerdeinstanz wurden diese Entscheidungen dann aber jeweils mit

79 BGBl. 1986 I S. 1142, entspricht Art. 11 Abs. 4 EGBGB in der aktuellen Fassung.

80 BayObLG, MittRhNotK 1988, 177.

81 BGHZ 105, 324 (325).

82 BGHZ 105, 324 (338 ff.).

83 BGHZ 105, 324 (338).

84 Dazu ausführlich unten 5. Kapitel: A. I. 2. b).

85 AG Köln, MittRhNotK 1990, 22, Beurkundung einer Zustimmungserklärung zu einem Gewinnabführungsvertrag vor einem zürcherischen Notar; AG Fürth, GmbHR 1991, 24 (25), Beurkundung eines Verschmelzungsvertrags vor einem basel-städtischen Notar; AG Kiel, MittBayNot 1997, 116 f., Beurkundung eines Verschmelzungsvertrags vor einem österreichischen Notar.

der Begründung aufgehoben, die Voraussetzungen des Wirkungsstatuts seien erfüllt, da die ausländische Beurkundung der Deutschen gleichwertig sei.[86]

In Bezug auf Hauptversammlungsbeschlüsse börsennotierter Aktiengesellschaften entschied der 2. Zivilsenat des Oberlandesgerichts Hamburg mit Beschluss vom 07.05.1993, dass die Versammlungsniederschrift nicht wirksam im Ausland beurkundet werden kann, da die dem Notar zugewiesenen Hinweis- und Prüfpflichten durch eine ausländische Urkundsperson regelmäßig nicht vollständig erfüllt würden.[87] Das Gericht führte zur Begründung seiner Entscheidung an, die in der Supermarkt-Entscheidung hervorgehobenen Formzwecke erforderten bei der Hauptversammlung einer Aktiengesellschaft gleichermaßen die Mitwirkung eines deutschen Notars.[88]

Das Landgericht Augsburg war das erste Beschwerdegericht, welches der Auffassung des Registergerichts[89] folgte und die Beurkundung eines Verschmelzungsvertrages vor einem zürcherischen Notar mangels Gleichwertigkeit mit Beschluss vom 04.06.1996 als unwirksam erachtete.[90] Zudem merkte das Landgericht Augsburg an, es sei davon auszugehen, dass der BGH seine bisherige Rechtsprechung zur Auslandsbeurkundung im Hinblick auf die Bedeutung der materiellen Richtigkeitsgewähr ändere.[91]

V. Äußerungen von Mitgliedern des II. Zivilsenats des BGH im Jahr 1996

Im Jahr 1996 schloss sich *Goette*, damaliges Mitglied und späterer Vorsitzender[92] des II. Zivilsenats des BGH, in einem Aufsatz der Meinung an, nach welcher für statusrelevante gesellschaftsrechtliche Vorgänge allein das

86 LG Köln, MittRhNotK 1990, 21, mit Überlegungen zum Vertrauensschutz im Hinblick auf BGHZ 80, 76; LG Nürnberg-Fürth, GmbHR 1991, 582, ebenfalls mit Verweis auf BGHZ 80, 76; LG Kiel, BB 1998, 120 f., jedoch zögerlich und mit dem Hinweis, dass nach § 93c GenG a.F. Verschmelzungsverträge von Genossenschaften ohnehin nur der Schriftform bedurften.

87 OLG Hamburg, BB 1993, 1544.

88 OLG Hamburg, BB 1993, 1544 (1545).

89 AG Augsburg, Beschl. v. 28.03.1996 (unveröffentlicht).

90 LG Augsburg, GmbHR 1996, 941.

91 LG Augsburg, GmbHR 1996, 941 (942); ähnlich bereits: *Heckschen*, DB 1990, 161 (164).

92 *Goettes* Amtszeit als Vorsitzender des II. Zivilsenats des BGH begann am 01.06.2005 und endete am 30.09.2010.

Gesellschaftsstatut gilt.[93] Bei ebendiesen Vorgängen scheitere die Vergleichbarkeit der ausländischen Beurkundung daran, dass der ausländische Notar die mit der Anordnung der notariellen Beurkundung bezweckte Richtigkeitsgewähr nicht gewährleisten kann.[94]

Zu derselben Zeit äußerte auch *Röhricht*, der damalige Vorsitzende[95] des II. Zivilsenats des BGH, in einer Kommentierung deutliche Kritik an der bisherigen Linie des BGH.[96] Im Hinblick auf die Satzungsfeststellung erforderten die Zwecke des § 23 Abs. 1 AktG, zu denen auch die materielle Richtigkeitsgewähr zähle, eine teleologische Reduktion des Art. 11 Abs. 1 EGBGB, sodass die Wahrung der Ortsform nicht für Rechtsakte ausreiche, die sich auf die Verfassung von juristischen Personen beziehen.[97] Soweit es somit auf das Wirkungsstatut ankommt, lasse die Gleichwertigkeitsformel[98] „viele Zweifelsfragen offen."[99]

VI. Die Reform des Schweizer Obligationenrechts und das MoMiG im Jahr 2008

Für neuen Diskussionsbedarf sorgten, zum einen die Reform des Schweizer Obligationenrechts,[100] welche das Beurkundungserfordernis für die Anteilsübertragung durch die privatrechtliche Schriftform ersetzte,[101] und zum anderen die mit dem Gesetz zur Modernisierung des GmbH-Rechts[102] eingeführte notarielle

---

93 *Goette*, DStR 1996, 709 (711) = FS Boujong, 131 (137 f.); *ders.*, MittRhNotK 1997, 1 (3 f.), auf der Jahresversammlung des Vereins für das Rheinische Notariat am 09.11.1996 gehaltener Vortrag.

94 *Goette*, DStR 1996, 709 (712 f.) = FS Boujong, 131 (142).

95 *Röhrichts* Amtszeit als Vorsitzender des II. Zivilsenats des BGH begann am 02.05.1996 und endete am 31.05.2005.

96 *Röhricht*, in: Hopt/Wiedemann, Großkommentar, AktG, § 23 Rn. 47–57 (Stand: 01.08.1996).

97 *Röhricht*, in: Hopt/Wiedemann, Großkommentar, AktG, § 23 Rn. 48 (Stand: 01.08.1996).

98 BGHZ 80, 76 (78).

99 *Röhricht*, in: Hopt/Wiedemann, Großkommentar, AktG, § 23 Rn. 50 (Stand: 01.08.1996).

100 Obligationenrecht (GmbH-Recht sowie Anpassungen im Aktien-, Genossenschafts-, Handelsregister- und Firmenrecht), Änderung v. 16. 12. 2005 (Schweizer BBl. 2005, 7289).

101 Nach Art. 785 Abs. 1 OR n.F. bedarf die Abtretung von Stammanteilen sowie die Verpflichtung zur Abtretung der schriftlichen Form.

102 Gesetz zur Modernisierung des GmbH-Rechts und zur Bekämpfung von Missbräuchen vom 23.10.2008 (MoMiG), BGBl. 2008 I S. 2026.

Pflicht zur Einreichung der Gesellschafterliste, vgl. § 40 Abs. 2 GmbHG.[103] In der Begründung des Regierungsentwurfs wurde die anhaltende Diskussion um die Auslandsbeurkundung zwar erkannt, dazu aber lediglich knapp festgestellt, dass in Zusammenhang mit der Anteilsübertragung „weiterhin Lücken [bestehen], z.B. bei der Auslandsbeurkundung, die nunmehr geschlossen werden."[104]

Mit Urteil vom 07.10.2009 entschied das Landgericht Frankfurt, dass die Übertragung von GmbH-Anteilen von einem basel-städtischen Notar wirksam beurkundet werden könne, da bei nicht statusrelevanten Gesellschaftsakten bereits die Wahrung der Ortsform ausreiche und zudem die Zwecke des § 15 Abs. 3 GmbHG nicht entgegenstehen.[105] Jedoch relativierte das Gericht dieses Ergebnis durch das zusätzliche Postulat, eine andere Einschätzung sei aufgrund der Neufassung des § 40 Abs. 2 GmbHG wahrscheinlich, da ausländische Notare wegen Fehlens von Amtsbefugnissen der Pflicht zur Einreichung einer aktualisierten Gesellschafterliste nicht nachkommen können.[106] Die von dem Landgericht Frankfurt obiter dicta getätigte Aussage steigerte die Rechtsunsicherheit in Zusammenhang mit der Anteilsübertragung vor ausländischen Notaren.

Die Rechtsunsicherheit um die Einreichungskompetenz ausländischer Notare i.S.d. § 40 Abs. 2 GmbHG wurde am 17.12.2013 durch einen Beschluss des II. Zivilsenats des BGH beseitigt, welcher das Prüfungsrecht des Registergerichts bei der Einreichung von Gesellschafterlisten präzisierte.[107] Da dem Registergericht lediglich ein formelles Prüfungsrecht zustehe, sei die Beanstandung einer durch einen ausländischen (basel-städtischen) Notar eingereichten Liste nur dann zulässig, wenn dieser unter keinen Umständen zur Einreichung einer Gesellschafterliste berechtigt wäre und deshalb einem Dritten gleichstünde.[108] Auch nach dem Inkrafttreten des MoMiG sei anerkannt, dass die gem. § 15 Abs. 3 und Abs. 4 GmbHG erforderliche Beurkundung durch einen ausländischen Notar vorgenommen werden kann, sofern die ausländische Beurkundung der deutschen gleichwertig ist.[109] Die Einreichungskompetenz

---

103 Vgl. dazu *Müller*, RIW 2010, 591; *Saenger/Scheuch*, BB 2008, 65; *Berger/Kleissl*, DB 2008, 2235.

104 RegE, BT-Drs. 16/6140, S. 37.

105 LG Frankfurt, DNotZ 2009, 949 (950).

106 LG Frankfurt, DNotZ 2009, 949 (950).

107 BGHZ 199, 270, vertiefend zu diesem Beschluss unten 5. Kapitel: C. II. 4. c).

108 BGHZ 199, 270 (274).

109 BGHZ 199, 270 (276).

eines ausländischen Notars ergebe sich daher als Annex aus seiner Beurkundungskompetenz.[110]

VII. Entscheidungen aus der jüngeren Zeit

Die aktuellste Entscheidung des II. Zivilsenats des BGH zur Thematik der Auslandsbeurkundung erging am 21.10.2014 und betraf die von einer börsennotierten Europäischen Gesellschaft (SE) mit Sitz in Berlin getroffene satzungsändernde Regelung, nach welcher die Hauptversammlung abweichend von § 121 Abs. 5 AktG auch „in einer Großstadt in der Europäischen Union mit mehr als 500.000 Einwohnern" stattfinden können sollte.[111] Das Beurkundungserfordernis gem. § 130 Abs. 1 S. 1 AktG stehe dem Abhalten einer Hauptversammlung im Ausland nicht grundsätzlich entgegen, sofern die Beurkundung durch einen ausländischen Notar der deutschen Beurkundung gleichwertig ist.[112] Entscheidend für die Zulässigkeit der Beurkundung durch eine ausländische Urkundsperson seien die mit dem Formerfordernis verbundenen Zwecke.[113] Da es bei der Beurkundung von Hauptversammlungsbeschlüssen um die Protokollierung von Wahrnehmungen des Notars gehe, sei eine gleichwertige Beurkundung auch nicht wegen für den deutschen Notar geltender Prüfungs- und Belehrungspflichten gem. § 17 Abs. 1 BeurkG ausgeschlossen.[114]

Mit Beschluss vom 22.01.2016 entschied das Amtsgericht Berlin-Charlottenburg über die Wirksamkeit der Beurkundung einer GmbH-Gründung durch einen bernischen Notar.[115] Die Beurkundung durch einen Schweizer und im Besonderen einen bernischen Notar genüge nicht der Form des § 2 Abs. 1 S. 1 GmbHG, da in dem Kanton Bern das Beurkundungsverfahren, etwa im Hinblick auf das Verlesen der Niederschrift nebst Anlagen, derart von deutschen Standards abweiche, dass die Beurkundung nicht gleichwertig sei.[116] Zudem sei entgegen der vom BGH im Jahr 1981 vertretenen, mittlerweile überholten, Auffassung die notarielle Belehrungs- und Prüfungspflicht nicht grundsätzlich verzichtbar, sondern ausnahmsweise nur dann, wenn die Beteiligten sich im Einzelfall über die Tragweite ihrer Erklärungen bewusst sind;

110 BGHZ 199, 270 (277).
111 BGHZ 203, 68 f.
112 BGHZ 203, 68 (73).
113 BGHZ 203, 68 (73 f.).
114 BGHZ 203, 68 (74 f.).
115 AG Berlin-Charlottenburg, RNotZ 2016, 119.
116 AG Berlin-Charlottenburg, RNotZ 2016, 119 (121 f.).

dies zeige auch die neu eingeführte Regelung des § 11a BNotO.[117] Gegen die Gleichwertigkeit der ausländischen Beurkundung spreche schließlich, dass ein ausländischer Notar die materielle Richtigkeit des gesellschaftsrechtlichen Vorgangs nicht gewährleisten könne.[118]

Diesen Annahmen des Registergerichts trat der 22. Senat des Kammergerichts Berlin mit Beschluss vom 24.01.2018 entgegen.[119] Zwar ging der Senat in Übereinstimmung mit dem Registergericht davon aus, dass bei statusrelevanten gesellschaftsrechtlichen Vorgängen die Ortsform gem. Art. 11 Abs. 1 Alt. 2 EGBGB nicht ausreiche, um den jeweiligen Vorgang formwirksam vorzunehmen.[120] Jedoch sei dem notariellen Formerfordernis gem. § 2 Abs. 1 GmbHG genüge getan, weil im konkreten Einzelfall die von dem bernischen Notar vorgenommene Beurkundung mit der Beurkundung durch einen deutschen Notar gleichwertig sei, insbesondere sei die Urkunde nebst Anlagen verlesen worden.[121] Auch genüge eine unabhängige ausländische Urkundsperson den mit dem Beurkundungserfordernis verfolgten Zwecken der Rechtssicherheit und Transparenz.[122]

Seine Linie, Beurkundungen ausländischer Notare auch bei statusrelevanten Gesellschaftsvorgängen als formwirksam zu erachten, setzte der 22. Senat des Kammergerichts Berlin mit einem weiteren Beschluss vom 26.07.2018 fort.[123] In der vorgenannten Entscheidung vertrat der Senat entgegen dem Registergericht die Auffassung, die Beurkundung eines Verschmelzungsvertrages und der Verschmelzungsbeschlüsse zweier deutscher Gesellschaften mbH durch eine basel-städtische Notarin erfülle die Formerfordernisse der §§ 6, 13 Abs. 2 S. 1 UmwG.[124] Der Gleichwertigkeit des Beurkundungsverfahrens stehe nicht entgegen, dass nach basel-städtischem Recht die Urkunde alternativ verlesen oder den Beteiligten zur Selbstlesung vorgelegt werde, weil im vorliegenden Fall eine Verlesung der Beurkundung des Verschmelzungsvertrages stattgefunden habe.[125] Dem Senat erschließe sich nicht, warum eine solche Einzelfallprüfung dem Registergericht nicht möglich sein soll.[126] Schließlich

117 AG Berlin-Charlottenburg, RNotZ 2016, 119 (123).
118 AG Berlin-Charlottenburg, RNotZ 2016, 119 (124).
119 KG Berlin, DStR 2018, 534.
120 KG Berlin, DStR 2018, 534 (535).
121 KG Berlin, DStR 2018, 534 (536 f.).
122 KG Berlin, DStR 2018, 534 (537).
123 KG Berlin, GmbHR 2018, 1202.
124 KG Berlin, GmbHR 2018, 1202 (1203).
125 KG Berlin, GmbHR 2018, 1202 (1203 f.).
126 KG Berlin, GmbHR 2018, 1202 (1204).

stehe einer Auslandsbeurkundung auch nicht stets der Zweck der materiellen Richtigkeitsgewähr entgegen, da die eigentliche Rechtmäßigkeitsprüfung nicht dem Notar, sondern dem Registergericht obliege.[127]

VIII. Gegenwärtiger Stand

Bislang gibt es in Summe vier höchstrichterliche Entscheidungen,[128] welche die Wirksamkeit von Auslandsbeurkundungen thematisieren. Keine dieser Entscheidungen verhält sich zur Gründung von Gesellschaften oder zu Umwandlungsvorgängen.[129]

Weiterhin verdeutlicht der vorstehende Überblick, dass bis heute keine einheitliche Rechtsprechungslinie existiert. Zudem hat die Literatur als Reaktion auf die gerichtlichen Entscheidungen über einen Zeitraum von gut 50 Jahren eine Vielzahl von Vorschlägen und Lösungsansätzen hervorgebracht.

Wegen der unsicheren Rechtslage in Zusammenhang mit der Beurkundung durch einen ausländischen Notar wird für die Praxis regelmäßig davon abgeraten, das Ausland als Beurkundungsort zu wählen.[130] Eine gewisse Sicherheit kann allenfalls die vorherige Abstimmung mit dem zuständigen Registerrichter über dessen Rechtsauffassung bringen.[131] Wenn dieser in Bezug auf das konkrete Rechtsgeschäft keine Zweifel an der Formwirksamkeit der Beurkundung durch die ausländische Urkundsperson hegt, dann kommt zumindest bei

---

127 KG Berlin, GmbHR 2018, 1202 (1204).

128 BGHZ 80, 76, satzungsändernder Gesellschafterbeschluss vor einem Züricher Notar; BGH, NJW-RR 1989, 1259 (1261), Abtretung von Gesellschaftsanteilen in der Schweiz, obiter dicta Bestätigung von BGHZ 80, 76; BGHZ 199, 270, Prüfungskompetenz des RegG bei der Einreichung einer Gesellschafterliste durch einen basel-städtischen Notar; BGHZ 203, 68, Satzungsbestimmung einer SE zur Hauptversammlung im europäischen Ausland.

129 Vgl. *Cramer*, in: Scholz, GmbHG, § 2 Rn. 19; *Lieder*, ZIP 2018, 805.

130 *Beckmann/Fabricius*, GWR 2016, 375 (377); *Bormann/Stelmaszczyk*, in: Michalski et al., GmbHG, § 2 Rn. 63; *Heidinger*, in: Henssler/Strohn, Gesellschaftsrecht, § 6 UmwG Rn. 6a; *Heinze*, in: MünchKomm, GmbHG, § 2 Rn. 77; vehement: *Lieder*, NZG 2018, 805 (814); *Mohr*, GmbH-StB 2001, 310 (312); *Stelmaszczyk*, GWR 2018, 103 (107); *Ulmer/Löbbe*, in: Habersack/Casper/Löbbe, GmbHG, § 2 Rn. 21, jedenfalls hinsichtlich der Gründung von Kapitalgesellschaften.

131 *Böttcher*, in: Böttcher/Habighorst/Schulte, Umwandlungsrecht, § 6 UmwG Rn. 16; *Kröll*, ZGR 2000, 111 (128); *Schröer/Greitemann*, in: Semler/Stengel/Leonard, UmwG, § 6 Rn. 17; *Winter*, in: Schmitt/Hörtnagl, UmwG, § 6 Rn. 18; kritisch: *Sick/Schwarz*, NZG 1998, 540 (542), unter Hinweis auf die Unverbindlichkeit von Auskünften.

eintragungspflichtigen Rechtsgeschäften die Heilung eines unterstellten Formmangels durch die Eintragung in das Handelsregister in Betracht.

D. Gesellschaftsrechtliche Beurkundungserfordernisse

Zur besseren Übersicht werden vorab die im Rahmen dieser Untersuchung relevanten gesellschaftsrechtlichen Formvorschriften dargestellt, aus denen sich das Erfordernis der notariellen Beurkundung ergibt.

I. Gründung

Nach § 2 Abs. 1 S. 1 GmbHG bedarf der Gesellschaftsvertrag der notariellen Form. Die Feststellung der Satzung[132] einer Aktiengesellschaft unterliegt derselben Form, vgl. § 23 Abs. 1 S. 1 AktG.

II. Satzungsändernde Beschlüsse

Weiter müssen satzungsändernde Beschlüsse der Mitgliederversammlungen notariell beurkundet werden, vgl. § 53 Abs. 2 S. 1 GmbHG und §§ 130 Abs. 1, 179 Abs. 2 AktG.

In Zusammenhang mit Kapitalerhöhungsbeschlüssen einer GmbH, welche eine Satzungsänderung darstellen, bedarf es zur Übernahme des Geschäftsanteils an dem erhöhten Kapital zudem gem. § 55 Abs. 1 GmbHG einer notariell aufgenommenen oder beglaubigten Erklärung des Übernehmers.

III. Hauptversammlungsbeschlüsse börsennotierter Aktiengesellschaften

Bei einer börsennotierten Aktiengesellschaft sind jegliche, also nicht nur satzungsändernde, Hauptversammlungsbeschlüsse gem. § 130 Abs. 1 S. 1 AktG notariell zu beurkunden. Demgegenüber reicht bei nicht börsennotierten Gesellschaften gem. § 130 Abs. 1 S. 3 AktG ausnahmsweise eine vom Vorsitzenden des Aufsichtsrats unterzeichnete Niederschrift aus, soweit das Gesetz für den jeweiligen Beschluss keine ¾-Mehrheit anordnet, vgl. § 179 Abs. 2 AktG. Die vorgenannte Ausnahmevorschrift soll die „kleine“ Aktiengesellschaft als Rechtsform für mittelständische Betriebe durch die damit verbundene Kostenersparnis attraktiver machen.[133]

---

132 Diese Begrifflichkeit meint im Folgenden sowohl die Satzung einer Aktiengesellschaft als auch den Gesellschaftsvertrag einer GmbH, vgl. § 2 AktG.

133 FraktionsE, BT-Drs. 12/6721, S. 1 u. 9.

IV. Unternehmensverträge

In dogmatischer Hinsicht ist ein Unternehmensvertrag i.S.d. §§ 291 ff. AktG als gesellschaftsrechtlicher Organisationsvertrag zu qualifizieren, der „satzungsgleich den rechtlichen Status der beherrschten Gesellschaft [ändert], indem er insbesondere den Gesellschaftszweck am Konzerninteresse ausrichtet und in das Gewinnbezugsrecht der Gesellschafter eingreift."[134] Ein solcher Unternehmensvertrag bedarf zu seiner Wirksamkeit der Zustimmung der beherrschten Gesellschaft.[135] Dieser Zustimmungsbeschluss ist wegen seines satzungsändernden Charakters analog § 53 Abs. 2 GmbHG notariell zu beurkunden.[136]

V. Übertragung von GmbH-Geschäftsanteilen

Schließlich bedarf eine schuldrechtliche Vereinbarung, durch welche die Verpflichtung eines Gesellschafters zur Abtretung eines Geschäftsanteils begründet wird, gem. § 15 Abs. 4 S. 1 GmbHG der notariellen Form. Der Abtretungsvertrag als dingliches Vollzugsgeschäft unterliegt derselben Form, vgl. § 15 Abs. 3 GmbHG.

VI. Umwandlungsvorgänge

Sämtliche der nachfolgenden Schritte der Umwandlung[137] können in einer Urkunde zusammengefasst werden – dies kann auch aus Gründen der Kostenersparnis sinnvoll sein.[138]

1. Verschmelzungs-/Spaltungsvertrag

Nach § 6 UmwG (i.V.m. § 125 Abs. 1 S. 1 UmwG)[139] muss der Verschmelzungs- bzw. Spaltungsvertrag notariell beurkundet werden. Bei grenzüberschreitenden

---

134 BGHZ 103, 1 (4 f.); bestätigend: BGHZ 105, 324 (331).

135 BGHZ 105, 324 (332).

136 BGHZ 105, 324 (338 ff.).

137 Vgl. *Heckschen*, in: Widmann/Mayer, Umwandlungsrecht, § 6 UmwG Rn. 9 ff., mit einer Übersicht zu Formerfordernissen bei Umwandlungsvorgängen.

138 Vgl. *Böttcher*, in: Böttcher/Habighorst/Schulte, Umwandlungsrecht, § 6 UmwG Rn. 1; vertiefend zu den Notarkosten bei Umwandlungsvorgängen unten 7. Kapitel: A. I. 3. b) dd).

139 § 125 Abs. S. 1 UmwG erklärt die Vorschriften der §§ 2–122 UmwG – mit wenigen Ausnahmen – auf die Spaltung für entsprechend anwendbar. Sämtliche der nachfolgenden Darstellungen zur Verschmelzung gelten daher grundsätzlich entsprechend für die Spaltung.

Verschmelzungen (§§ 305 ff. UmwG) tritt der Verschmelzungsplan, welcher gem. § 307 Abs. 4 UmwG ebenfalls notariell zu beurkunden ist, an die Stelle des Verschmelzungsvertrages.

2. *Verschmelzungs-/Spaltungs-/Formwechselbeschluss*

Der Verschmelzungs-/Spaltungsvertrag bedarf gem. § 13 Abs. 1 S. 1 UmwG zu seiner Wirksamkeit eines zustimmenden Beschlusses der Anteilsinhaber der beteiligten Rechtsträger (Verschmelzungsbeschluss). Dieser Beschluss muss gem. § 13 Abs. 3 S. 1 Alt. 1 UmwG notariell beurkundet werden. Im Falle von vinkulierten Geschäftsanteilen (§§ 13 Abs. 2, 193 Abs. 2 UmwG) bedürfen zusätzlich die Zustimmungserklärungen der einzelnen Anteilsinhaber zu dem Umwandlungsbeschluss der notariellen Form, vgl. §§ 13 Abs. 3 S. 1 Alt. 2, 193 Abs. 3 S. 1 Alt. 2 UmwG.[140]

Ebenso ist für den Formwechsel, bei welchem nur ein Rechtsträger beteiligt ist, ein Beschluss der Anteilsinhaber des formwechselnden Rechtsträgers erforderlich, vgl. § 193 Abs. 1 S. 1 UmwG. Dieser Formwechselbeschluss muss gem. § 193 Abs. 3 S. 1 Alt. 1 UmwG notariell beurkundet werden.

3. *Verzichtserklärungen*

a) *Verschmelzungs-/Spaltungs-/Umwandlungsbericht und -prüfung*

Ein von den Vertretungsorganen der beteiligten Rechtsträgern erstellter Verschmelzungs-/Spaltungsbericht ist nicht erforderlich, wenn alle Anteilsinhaber der beteiligten Rechtsträger auf seine Erstattung verzichten, vgl. § 8 Abs. 3 S. 1 Alt. 1 UmwG.[141] Die auf Verzicht eines Verschmelzungsberichtes gerichtete Erklärung ist gem. § 8 Abs. 3 S. 2 UmwG notariell zu beurkunden. Gleiches gilt gem. § 192 Abs. 2 S. 2 UmwG für eine Erklärung, mit welcher die Anteilsinhaber auf die Erstattung eines Formwechselberichts verzichten.

Weiterhin bedarf eine Erklärung der Anteilsinhaber über den Verzicht auf die Prüfung des Verschmelzungs-/Spaltungsvertrags durch einen Verschmelzungsprüfer gem. § 9 Abs. 2 UmwG ebenfalls der notariellen Form.

---

140 Vgl. *Gehling*, in: Semler/Stengel/Leornard, UmwG, § 13 Rn. 35.

141 *Böttcher*, in: Böttcher/Habighorst/Schulte, Umwandlungsrecht, Einl. Rn. 21.

b) Klage gegen die Wirksamkeit des Verschmelzungsbeschlusses

Die gem. §§ 16 Abs. 2 S. 2, 198 Abs. 3 UmwG notariell zu beurkundende Erklärung, welche darauf gerichtet ist, auf eine Klage gegen die Wirksamkeit des Verschmelzungsbeschlusses zu verzichten, macht eine von den Vertretungsorganen abzugebende Negativerklärung i.S.d. § 16 Abs. 2 S. 1 UmwG ausnahmsweise entbehrlich.[142] Ohne die Negativerklärung der Vertretungsorgane bzw. die beurkundete Verzichtserklärung der Anteilsinhaber greift zunächst eine faktische Registersperre ein,[143] d.h. das Registergericht setzt bis zum Ablauf der Frist des § 14 Abs. 1 UmwG die Eintragung der Verschmelzung aus, vgl. § 382 Abs. 4 FamFG. In der Praxis empfiehlt es sich, die Verzichtserklärungen i.S.d. § 16 Abs. 2 S. 2 UmwG zusammen mit dem ebenfalls formbedürftigen Verschmelzungsbeschluss zu beurkunden.[144]

142 *Heidinger*, in: Henssler/Strohn, Gesellschaftsrecht, § 16 UmwG Rn. 16.

143 RegE, BR-Drs. 75/94, S. 88; BGHZ 112, 9 (13); *Heidinger*, in: Henssler/Strohn, Gesellschaftsrecht, § 16 UmwG Rn. 2.

144 *Schwanna*, in: Semler/Stengel/Leornard, UmwG, § 16 Rn. 20.

2. Kapitel: Kollisionsrechtliche Anknüpfung

Bei Sachverhalten, die Bezüge zu den Rechtsordnungen mehrerer Staaten aufweisen, richtet sich die Bestimmung des anwendbaren Rechts nach den Regelungen des Internationalen Privatrechts, vgl. Art. 3 EGBGB. Das deutsche Internationale Privatrecht (Art. 3–46e EGBGB) trifft, vorbehaltlich vorrangiger europäischer Regelungen, mit der Vorschrift des Art. 11 EGBGB eine Regelung zur Formgültigkeit von Rechtsgeschäften.

A. Differenzierung zwischen Gesellschaftsstatut und Formstatut

In Zusammenhang mit dem Kollisionsrecht sind zwei unterschiedliche Ebenen zu unterscheiden.[145]

Zum einen wird die Frage, welcher Rechtsordnung die Gesellschaft als solche unterliegt (Personal-/Gesellschaftsstatut [*lex societatis*]), anhand der im deutschen Internationalen Privatrecht traditionell herrschenden Sitztheorie[146] – die Gesellschaft unterliegt dem an ihrem tatsächlichen Verwaltungssitz geltenden Recht – und für den Fall, dass der Anwendungsbereich der Niederlassungsfreiheit gem. Art. 49 AEUV eröffnet ist, als Folge europäischer Rechtsentwicklung[147] anhand der Gründungstheorie – Recht, nach dem die Gesellschaft gegründet worden ist – beantwortet.[148] Das Gesellschaftsstatut bestimmt „unter welchen Voraussetzungen die juristische Person entsteht, lebt und vergeht."[149]

Zum anderen betrifft die Bestimmung des Formstatuts die Frage, welche Rechtsordnung über die Formgültigkeit der jeweiligen Rechtsgeschäfte

145 Saubere Differenzierung etwa bei *Verse*, in: Henssler/Strohn, Gesellschaftsrecht, § 15 GmbHG Rn. 44–45.

146 Ständige Rspr.: BGHZ 51, 27 (28); BGHZ 53, 181 (183); BGHZ 97, 269 (271); BGHZ 153, 353 (355); BGHZ 178, 192 (197); *Leible*, in: Michalski et al., GmbHG, Syst. Darst. 2 Rn. 4–6; *Weller*, Der Konzern 2008, 253 (255).

147 EuGH, Rs. C-208/00, NJW 2002, 3614 (Rn. 80 ff.) – Überseering; EuGH, Rs. C 167/01, NJW 2003, 3331 (Rn. 105) – Inspire Art.

148 BGHZ 154, 185 (188 f.); BGH, NJW 2005, 1648 (1649); BGHZ 164, 148 (151); näher dazu: *Leible*, in: Michalski et al., GmbHG, Syst. Darst. 2 Rn. 7–10.

149 BGHZ 25, 134 (144); vgl. auch: *Stauch*, Die Geltung ausländischer notarieller Urkunden in der BRD, S. 22; *Stürner*, in: Erman, BGB, Anh. zu Art. 12 EGBGB Rn. 28.

entscheidet. Die Antwort auf diese selbstständig anzuknüpfende Formfrage (Sonderanknüpfung)[150] richtet sich im deutschen Recht grundsätzlich nach der Vorschrift des Art. 11 Abs. 1 EGBGB, d.h. das für die Form des Rechtsgeschäfts maßgebliche Recht folgt nicht zwingend dem auf die Gesellschaft anzuwendenden Recht.[151] Das Telos der gesonderten Formanknüpfung ist untrennbar mit dem Zweck des Alternativverhältnisses zwischen Geschäfts- und Ortsstatut verbunden.[152]

B. Supranationales Recht

Die Regelung des Art. 11 Rom I-VO[153] geht den nationalen Vorschriften des EGBGB als unmittelbar anwendbares europäisches Recht vor, vgl. Art. 3 Nr. 1 lit. b) EGBGB. Die für vertragliche Schuldverhältnisse in Zivil- und Handelssachen geltende Verordnung[154] wird gem. Art. 28 Rom I-VO auf ab dem 17.12.2009 geschlossene Verträge angewandt.

Jedoch bestimmt sich die Formgültigkeit gesellschaftsrechtlicher Vorgänge nicht nach Art. 11 Rom I-VO, da das Gesellschaftsrecht gem. Art. 1 Abs. 2 lit. f) Rom I-VO vom Anwendungsbereich der Verordnung ausgenommen ist.[155] Danach gilt der europäische Rechtsakt nicht für „Fragen betreffend das Gesellschaftsrecht […], wie die Errichtung durch Eintragung oder auf andere Weise, die Rechts- und Handlungsfähigkeit, die innere Verfassung und die Auflösung von Gesellschaften."

Art. 11 Rom I-VO gilt deshalb nach allgemeiner Meinung auch nicht für Umwandlungsvorgänge.[156] Ob die Anteilsübertragung ebenfalls von der

---

150 *Bayer*, GmbHR 2013, 897 (902); *Neuhaus*, Die Grundbegriffe des Internationalen Privatrechts, S. 142 f.; *Leible*, in: Michalski et al., GmbHG, Syst. Darst. Nr. 2 Rn. 102; *v. Hein*, in: MünchKomm, BGB, Einl. IPR Rn. 162, mit einer Unterscheidung zwischen selbst- und unselbständiger Anknüpfung; *Reichert/Weller*, DStR 2005, 250.

151 *Behrens/Hoffmann*, in: Habersack/Casper/Löbbe, GmbHG, Einl. Rn. B 194.

152 S. dazu unten 2. Kapitel: C. III. 1.

153 Verordnung (EG) Nr. 593/2008 des Europäischen Parlaments und des Rates vom 17.06.2008 über das auf vertragliche Schuldverhältnisse anzuwendende Recht (Rom I-VO).

154 Art. 1 Rom I-VO regelt den sachlichen Anwendungsbereich.

155 *Servatius*, in: Henssler/Strohn, Gesellschaftsrecht, IntGesR Rn. 3.

156 Vgl. RegE, BT-Drs. 10/503, S. 44; EuGH, Rs. C 483/14, NZG 2016, 513 (Rn. 51) – KA Finanz/Sparkassen Versicherung AG; DNotI-Report 2016, 93 (94); *Magnus*, in: Staudinger, BGB, Art. 1 Rom I-VO Rn. 83; *Martiny*, in: MünchKomm, BGB, Art. 1 Rom I-VO Rn. 66.

Reichweite des Ausschlusstatbestandes erfasst ist, wird an gesonderter Stelle erörtert.[157]

C. Die Kollisionsnorm des Art. 11 EGBGB

I. Anwendungsbereich

1. Rechtsgeschäft

Vom sachlichen Anwendungsbereich des Art. 11 EGBGB sind sowohl einseitige Rechtsgeschäfte als auch Verträge erfasst.[158] Das Tatbestandsmerkmal „Rechtsgeschäft" ist so weit gefasst, dass darunter auch Einzelakte wie Zustimmungserklärungen oder geschäftsähnliche Handlungen fallen.[159]

2. Formerfordernis

Was unter einem Formerfordernis i.S.d. Art. 11 EGBGB zu verstehen ist, beurteilt sich anhand der allgemeinen Kollisionsregeln grundsätzlich nach deutschem Recht.[160] Eine Norm ist als Formvorschrift zu qualifizieren, wenn sie die Art und Weise der Äußerung einer Willenserklärung regelt, also insbesondere Mündlichkeit, Schriftlichkeit, Handschriftlichkeit, Eigenhändigkeit, öffentliche Beglaubigung oder Beurkundung anordnet.[161]

Soweit materiell-rechtliche Vorschriften die Beurkundung eines Rechtsgeschäfts fordern, handelt es sich somit um eine Formfrage im Sinne von

---

157 S. dazu unten 2. Kapitel: D. II. 2.

158 *Spellenberg*, in: MünchKomm, BGB, Art. 11 EGBGB Rn. 29 f.; *Stürner*, in: Erman, BGB, Art. 11 EGBGB Rn. 13; *Winkler v. Mohrenfels*, in: Staudinger, BGB, Art. 11 EGBGB Rn. 65.

159 *Spellenberg*, in: MünchKomm, BGB, Art. 11 EGBGB Rn. 31; *Stürner*, in: Erman, BGB, Art. 11 EGBGB Rn. 14.

160 BGHZ 29, 137 (Rn. 15); *Thorn*, in: Grüneberg, BGB, Art. 11 EGBGB Rn. 7; *Spellenberg*, in: MünchKomm, BGB, Art. 11 EGBGB Rn. 157 f.; *Winkler v. Mohrenfels*, in: Staudinger, BGB, Art. 11 EGBGB Rn. 98.

161 *Spellenberg*, in: MünchKomm, BGB, Art. 11 EGBGB Rn. 168; *Stürner*, in: Erman, BGB, Art. 11 Rn. 16; *Süß*, in: jurisPK, BGB, Art. 11 EGBGB Rn. 6; *Winkler v. Mohrenfels*, in: Staudinger, BGB, Art. 11 EGBGB Rn. 99; *Weller*, ZGR 2014, 865 (874); vgl. auch den Formbegriff des Art. 9 Europäisches Vertragsübereinkommen, abgedruckt in: BT-Drs. 10/503, S. 61: „jedes äußere Verhalten, das dem Autor einer rechtlich erheblichen Willenserklärung vorgeschrieben wird und ohne das diese Willenserklärung nicht voll wirksam ist".

Art. 11 Abs. 1 EGBGB.[162] Darüber hinausgehende Erfordernisse, wie etwa die Einreichung der Gesellschafterliste oder eine Vinkulierung, gehören hingegen nicht zu Formvorschriften in diesem Sinne.[163] Dabei handelt es sich nicht um äußere Umstände der Willenserklärung, sondern um einen Teil des Rechtsgeschäfts, der unabhängig von der Art und Weise der Willenserklärung erforderlich ist.[164]

II. Anknüpfungsgegenstände

1. *Geschäftsrecht/Wirkungsstatut*

Nach Art. 11 Abs. 1 Alt. 1 EGBGB ist ein Rechtsgeschäft formgültig, wenn es die Formerfordernisse des Rechts erfüllt, das auf das seinen Gegenstand bildende Rechtsverhältnis anzuwenden ist. Bei gesellschaftsrechtlichen Vorgängen entspricht das Geschäftsrecht/Wirkungsstatut[165] (*lex causae*) regelmäßig dem Gesellschaftsstatut (*lex societas*),[166] welches wie aufgezeigt grundsätzlich anhand der Sitztheorie bestimmt wird.[167] Bei nationalen Gesellschaften mit Sitz im Inland richtet sich die Formwirksamkeit von Rechtsgeschäften daher nach deutschem Recht.

2. *Ortsform*

Daneben ist ein Rechtsgeschäft nach Art. 11 Abs. 1 Alt. 2 EGBGB formgültig, wenn es die Formerfordernisse des Rechts des Staates erfüllt, in dem es vorgenommen wird (*locus regit formam actus).* Vornahmeort i.d.S. ist der Ort, an dem die Willenserklärung abgegeben wird, d.h. auf den Ort, an dem die Erklärung zugeht, kommt es nicht an.[168]

---

162 *Winkler v. Mohrenfels*, in: Staudinger, BGB, Art. 11 EGBGB Rn. 149.

163 So richtigerweise: *Bayer*, DNotZ 2009, 887 (893); *Winkler v. Mohrenfels*, in: Staudinger, BGB, Art. 11 EGBGB Rn. 99; a.A.: LG Frankfurt, NZG 2009, 1353, in Bezug auf die nach Art. 786 Schweizer OR erforderliche Zustimmung der Gesellschafterversammlung.

164 *Winkler v. Mohrenfels*, in: Staudinger, BGB, Art. 11 EGBGB Rn. 99.

165 Die beiden Begriffe werden synonym verwendet, vgl. *Bayer*, in: Lutter/Hommelhoff, GmbHG, § 2 Rn. 27.

166 *Leible*, in: Michalski et al., GmbHG, Syst. Darst. Nr. 2 Rn. 103; *Schervier*, NJW 1992, 593 (594).

167 S. dazu oben 2. Kapitel: A.

168 *Blumenwitz*, DNotZ 1968, 712 (740).

III. Alternativverhältnis

1. Grundsatz

Zwischen den beiden gleichberechtigten[169] Alternativen des Art. 11 Abs. 1 EGBGB gilt der Grundsatz des *favor negotii*,[170] d.h. das der Formgültigkeit günstigere Recht findet Anwendung (Günstigkeitsprinzip).[171] „Die alternative Anknüpfung entspricht […] dem Interesse, nach einer Rechtsordnung formgültige Rechtsgeschäfte nicht an Formerfordernissen einer anderen Rechtsordnung scheitern zu lassen".[172]

Gleichzeitig dient die alternative Anknüpfung der Begünstigung der Handelnden (*favor gerentis*), schützt also deren Verkehrsinteressen.[173] Unsicherheiten über das auf die Form eines Rechtsgeschäfts anzuwendende Recht sollen vermieden werden.[174] Somit ist „der favor gerentis nur Mittel zur Förderung des favor negotii".[175]

Durch das Heranziehen eines anderen Statuts mit einem möglicherweise geringeren Schutzniveau wird die Beeinträchtigung der mit den nationalen Vorschriften verfolgten Zwecke gebilligt.[176] Der gesetzgeberische Wille geht also gerade dahin, eine möglichst weitgehende Formwirksamkeit (*favor validitatis*) von im Ausland vorgenommenen Rechtsgeschäften zu erreichen.[177]

---

169 OLG Düsseldorf, NJW 1989, 2200; *Stürner*, in: Erman, BGB, Art. 11 EGBGB Rn. 10; *Stauch*, Die Geltung ausländischer notarieller Urkunden in der BRD, S. 16.

170 Vgl. zu den lat. Begrifflichkeiten: *Neuhaus*, Die Grundbegriffe des Internationalen Privatrechts, S. 174 f.

171 *V. Hein*, in: MünchKomm, BGB, Einl. IPR Rn. 64; *Olk*, NJW 2010, 1639 (1640); *Löbbe*, in: Habersack/Casper/Löbbe, GmbHG, § 15 Rn. 141; *Spellenberg*, in: MünchKomm, BGB, Art. 11 EGBGB Rn. 1; *Winkler v. Mohrenfels*, in: Staudinger, BGB, Art. 11 EGBGB Rn. 31 u. 286.

172 RegE, BT-Drs. 10/504, S. 48; s. auch *Neuhaus*, Die Grundbegriffe des Internationalen Privatrechts, S. 176; *Stauch*, Die Geltung ausländischer notarieller Urkunden in der BRD, S. 15.

173 RegE, BT-Drs. 10/504, S. 48; *Gebauer*, in: BeckOGK, EGBGB (Stand: 01.03.2023), Art. 11 Rn. 25; *Neuhaus*, Die Grundbegriffe des Internationalen Privatrechts, S. 175; *Winkler v. Mohrenfels*, in: Staudinger, BGB, Art. 11 EGBGB Rn. 30.

174 *Winkler v. Mohrenfels*, in: Staudinger, BGB, Art. 11 EGBGB Rn. 30.

175 *Winkler v. Mohrenfels*, in: Staudinger, BGB, Art. 11 EGBGB Rn. 31.

176 *Spellenberg*, in: MünchKomm, BGB, Art. 11 EGBGB Rn. 4 u. 153; dem folgend: KG Berlin, DStR 2018, 534 (535); *Winkler v. Mohrenfels*, in: Staudinger, BGB, Art. 11 EGBGB Rn. 33.

177 RegE, BT-Drs. 10/504, S. 48; *Bayer*, GmbHR 2013, 897 (902); *Merkt*, ZIP 1994, 1417 (1423); *Weller*, Der Konzern 2008, 253 (256).

2. *Ausnahme für sachenrechtliche Verfügungsgeschäfte*

Abweichend von dem vorstehenden Grundsatz ist für sachenrechtliche Verfügungsgeschäfte gem. Art. 11 Abs. 4 EGBGB[178] ausschließlich das Geschäftsrecht maßgeblich. Die Ausnahmevorschrift des Art. 11 Abs. 4 EGBGB[179] geht ursprünglich auf eine Beschränkung von Immobiliengeschäften auf den Belegenheitsort zurück, welche ihren Grund in der Bedeutung dieser Geschäfte für die Allgemeinheit fand.[180] Hingegen existiert für gesellschaftsrechtliche Vorgänge keine ausdrücklich geschriebene Ausnahmeregelung.

3. *Ungeschriebene Ausnahme im Fall der Normenleere*

Voraussetzung für eine alternative Anknüpfung ist, dass das am Ort der Vornahme geltende ausländische Recht ein vergleichbares Rechtsgeschäft kennt.[181] Wenn das ausländische Recht kein vergleichbares Geschäft kennt (Normenleere), dann hält das Ortsrecht keine Formregel bereit.[182] In diesem Fall ist das Geschäftsrecht allein maßgeblich, weil es auf die Einhaltung der Ortsform logischerweise nicht ankommen kann.[183] Dabei genügt als Vergleichsmaßstab zwischen den beiden Rechtsordnungen die „Übereinstimmung in den

---

178 Mit Wirkung zum 17.12.2009 wurde der vormalige Art. 11 Abs. 5 EGBGB zu Abs. 4, namentlich durch die Änderung mit Gesetz vom 25.06.2009 (BGBl. 2009 I S. 1574).

179 Entspricht Art. 11 Abs. 2 EGBGB in der Fassung bis zum Jahr 1986 (RGBl. 1896 Nr. 21, S. 604–650).

180 *Kropholler*, ZHR 140, 394 (400 f.), umfassend zur Entstehungsgeschichte der Ausnahmevorschrift; *Spellenberg*, in: MünchKomm, BGB, Art. 11 EGBGB Rn. 182; *Stauch*, Die Geltung ausländischer notarieller Urkunden in der BRD, S. 17.

181 *Altmeppen*, in: Altmeppen, GmbHG, § 15 Rn. 91; *Stauch*, Die Geltung ausländischer notarieller Urkunden in der BRD, S. 17; *Verse*, in: Henssler/Strohn, Gesellschaftsrecht, § 15 GmbHG Rn. 45.

182 RGZ 160, 225 (229); *Ebbing*, in: Michalski et al., GmbHG, § 15 Rn. 97; *Max-Planck-Institut*, IPG 1965–66 Nr. 68, S. 797 (808); *Mann*, NJW 1955, 1177; *Reichert/Weller*, DStR 2005, 250 (254); *Spellenberg*, in: MünchKomm, BGB, Art. 11 EGBGB Rn. 150; *Ulrich/Böhle*, GmbHR 2007, 566.

183 BGH, NZG 2005, 41 (42); *Bokelmann*, NJW 1972, 1729 (1731); *Engel*, DStR 2008, 1593 (1594); *Löbbe*, in: Habersack/Casper/Löbbe, GmbHG, § 15 Rn. 141; *Reichert/Weller*, DStR 2005, 250 (254); *Röhricht/Schall*, in: Hirte/Mülbert/Roth, Großkommentar, AktG, § 23 Rn. 71; *Spellenberg*, in: MünchKomm, BGB, Art. 11 EGBGB Rn. 76; *Thorn*, in: Grüneberg, BGB, Art. 11 EGBGB Rn. 12; *Winkler v. Mohrenfels*, in: Staudinger, BGB, Art. 11 EGBGB Rn. 192.

wesentlichen geschäftstypischen Merkmalen",[184] d.h. eine Identität ist gerade nicht zu verlangen.[185] Vor dem Hintergrund der Annäherung der einzelnen nationalen Rechtsordnungen dürfte die Normenleere mittlerweile eine eher geringe Rolle spielen.[186]

Exemplarisch als Fall der Normenleere sei die Abtretung von GmbH-Anteilen in den USA oder Kanada genannt. Die Rechtsprechung hat die Vergleichbarkeit der dortigen Limited (Ltd.) bzw. Limited Liability Companies (LLC) mit einer deutschen GmbH verneint.[187] Somit kann das Ortsrecht auch keine Formregel bereithalten. Die europäische Richtlinie betreffend die GmbH mit nur einem einzigen Gesellschafter[188] gibt einen Überblick darüber, welche Gesellschaftsformen der EU-Mitgliedsstaaten mit der GmbH vergleichbar sind.[189]

Demgegenüber kennt das Schweizer Recht für die Abtretung von GmbH-Anteilen auch nach Einführung der privatschriftlichen Form (Art. 785 Abs. 1 OR) ein vergleichbares Rechtsgeschäft, da die Typenähnlichkeit der beiden Gesellschaftsformen davon unberührt bleibt.[190] Auch wenn die ausländische Rechtsordnung die Anteilsübertragung von zusätzlichen Voraussetzungen abhängig macht, etwa der Zustimmung der Gesellschafterversammlung (Art. 786 Abs. 1 OR), liegt keine Normenleere vor.[191]

4. Kein Ausschluss wegen rechtsmissbräuchlichen Verhaltens

Ältere Literaturstimmen wenden ein, dass die alternative Geltung der Ortsform eine gezielte Ausnutzung der zwischen den einzelnen Staaten bestehenden Formunterschiede ermögliche und daher bei bewusster Formerschleichung

184 RegE, BT-Drs. 10/504, S. 49.

185 *Spellenberg*, in: MünchKomm, BGB, Art. 11 EGBGB Rn. 151; *Stürner*, in: Erman, BGB, Art. 11 EGBGB Rn. 33.

186 *Kröll*, ZGR 2000, 111 (124).

187 OLG Stuttgart, GmbHR 2000, 721 (725).

188 Auflistung in Art. 1 RL 89/667/EWG.

189 *Seibt*, in: Scholz, GmbHG, § 15 Rn. 83.

190 *Berger/Kleissl*, DB 2008, 2235 (2238 f.); *Engel*, DStR 2008, 1593 (1596); *Götze/Mörtel*, NZG 2011, 727 (731 f.); *Landbrecht/Becker*, BB 2013, 1290 (1293); *Mankowski*, NZG 2010, 201 (207); *Olk/Nikoleyczik*, DStR 2010, 1576 (1581); *Saenger/Scheuch*, BB 2008, 65 (68); *Schlößer*, GmbHR 2007, 301 (304); *Thorn*, in: Grüneberg, BGB, Art. 11 EGBGB Rn. 13; *Weller*, Der Konzern 2008, 253 (256); *Winkler v. Mohrenfels*, in: Staudinger, BGB, Art. 11 EGBGB Rn. 303.

191 *Götze/Mörtel*, NZG 2011, 727 (731 f.); *Reichert/Weller*, DStR 2005, 250 (254), mit dem Bsp. der Übertragung von Anteilen an einer Luxemburger GmbH.

ausscheiden müsse.[192] Zur dogmatischen Begründung wird das nicht kodifizierte[193] Institut der Gesetzesumgehung (*fraud legis*) herangezogen.[194]

Dem ist jedoch entschieden entgegenzutreten. In der Verlegung des Abschlussortes in das Ausland kann unabhängig von der Dauer des Aufenthaltes an diesem Ort keine Gesetzesumgehung gesehen werden, da der Gesetzgeber die Ortsform selbst genügen lässt und die Parteien somit nur von ihren Gestaltungsmöglichkeiten Gebrauch machen.[195] „Subjektive Momente haben hier außer Ansatz zu bleiben",[196] denn andernfalls wären Beweisschwierigkeiten unabsehbar.[197] Rechtssicherheit vermag allein das äußere Anknüpfungsmoment des Aufenthaltsortes gewährleisten.[198]

Eine Einschränkung des Anknüpfungstatbestandes ergibt sich ebenfalls nicht aus dem in Art. 6 EGBGB[199] geregelten *Ordre-public*-Vorbehalt, der in seltenen Fällen als Ergebniskorrektur fungieren kann.[200] Danach ist eine ausländische Rechtsnorm nicht anzuwenden, wenn deren Anwendung mit wesentlichen

192 *Blumenwitz*, DNotZ 1968, 712 (749); *Bredthauer*, BB 1986, 1864 (1865); *Geimer*, DNotZ 1981, 406 (410); *Knoche*, in: FS des Rheinischen Notariats, 297 (311 f.); *Kropholler*, ZHR 140 (1976), 394 (396–399); *Leible*, in: Michalski et al., GmbHG, Syst. Darst. Nr. 2 Rn. 105; *Winkler*, NJW 1971, 981 (983 f.); *ders.*, BeurkG, Einl. Rn. 80; *Wolfsteiner*, DNotZ 1978, 532 (536).

193 *Knoche*, in: FS des Rheinischen Notariats, 297 (310); *Kropholler*, ZHR 140 (1976), 394 (397); *Thorn*, in: Grüneberg, BGB, Einl. v. Art. 3 EGBGB Rn. 25 f.

194 *Geimer*, DNotZ 1981, (419); *Wolfsteiner*, DNotZ 1978, 532 (536).

195 RGZ 62, 379 (381 f.); OLG Düsseldorf, NJW 1989, 2200; *Bungert*, AG 1995, 26 (31); *Dignas*, Die Auslandsbeurkundung von gesellschaftsrechtlichen Vorgängen einer deutschen GmbH, S. 181 f.; *Kropholler*, ZHR 140 (1976), 394 (398); *Leible*, in: Michalski et al., GmbHG, Syst. Darst. 2 Rn. 105; *Looschelders*, in: Staudinger, BGB, Einl. zum IPR Rn. 1214; *Spellenberg*, in: MünchKomm, BGB, Art. 11 EGBGB Rn. 132; *Stürner*, in: Erman, BGB, Art. 11 EGBGB Rn. 34; *Thorn*, in: Grüneberg, BGB, Art. 11 EGBGB Rn. 15 f.; *Winkler v. Mohrenfels*, in: Staudinger, BGB, Art. 11 EGBGB Rn. 286.

196 *Bokelmann*, NJW 1972, 1729 (1734).

197 *Kropholler*, ZHR 140 (1976), 394 (398); *Mann*, ZHR 138 (1974), 448 (450), dort Fn. 9; *Spellenberg*, in: MünchKomm, BGB, Art. 11 EGBGB Rn. 132; *Stauch*, Die Geltung ausländischer notarieller Urkunden in der BRD, S. 45 f.

198 *Kropholler*, ZHR 140 (1976), 394 (398).

199 Art. 30 EGBGB i.d.F. vor dem 17.12.2009.

200 OLG Stuttgart, Die Justiz 1981, 19 (29); *Blumenwitz*, DNotZ, 1968, 712 (749); *Kropholler*, ZHR 140 (1976), 394 (397 ff.); *Schmid*, ZBGR 1993, 1 (16); *Süß*, in: jurisPK, BGB, Art. 11 EGBGB Rn. 52; a.A. (Verstoß gegen den ordre public): *Winkler*, NJW 1971, 981 (984).

Grundsätzen des deutschen Rechts offensichtlich unvereinbar ist. Jedoch ist die Ortsformregel des Art. 11 Abs. 1 Alt. 2 EGBGB dem inländischen Kollisionsrecht zugehörig,[201] sodass es entgegen dem Wortlaut des Art. 6 S. 1 EGBGB nicht um die Überprüfung einer „Rechtsnorm eines anderen Staates" geht.[202]

D. Anknüpfung bei gesellschaftsrechtlichen Vorgängen

Über die uneingeschränkte Geltung der kollisionsrechtlichen Regelung des Art. 11 EGBGB im Bereich des Gesellschaftsrechts herrscht in der Rechtsprechung und in der Literatur große Uneinigkeit.[203] Richtigerweise ist dabei zwischen statusrelevanten Gesellschaftsakten, welche die Verfassung betreffen,[204] und den sonstigen Gesellschaftsakten[205] zu differenzieren.

Die ältere Rechtsprechung neigt vielfach dazu, die Frage, ob eine Beurkundung im Ausland auch nach dem Ortsstatut wirksam vorgenommen werden kann, offen zu lassen, sofern man ohnehin zu dem Ergebnis kommt, die Beurkundung im Ausland könne die Erfordernisse der inländischen notariellen Form substituieren, d.h. ist auch unter Zugrundelegung des Geschäftsrechts wirksam.[206] Bei streng dogmatischer Betrachtung stellt sich die weitergehende Frage der Substitution[207] jedoch erst in Fällen, in denen allein das Wirkungsstatut Anwendung findet.

---

201 *Bayer*, GmbHR 2013, 897 (903); *Dignas*, Die Auslandsbeurkundung von gesellschaftsrechtlichen Vorgängen einer deutschen GmbH, S. 181; Anm. *Emde*, GmbHR, 2000, 728 (729); *Knoche*, in: FS des Rheinischen Notariats, 294 (310); *Spellenberg*, in: MünchKomm, BGB, Art. 11 EGBGB Rn. 130; *Winkler v. Mohrenfels*, in: Staudinger, BGB, Art. 11 EGBGB Rn. 290.

202 Vgl. *v. Hein*, in: MünchKomm, BGB, Art. 6 EGBGB Rn. 132; *Lorenz*, in: BeckOK, BGB, Art. 6 EGBGB Rn. 6.

203 *Brück*, DB 2004, 2409 (2410); *Süß*, in: jurisPK, BGB, Art. 11 EGBGB Rn. 63: „Brennpunk[t] des IPR"; *Winkler v. Mohrenfels*, in: Staudinger, BGB, Art. 11 EGBGB Rn. 258, bezeichnet diese Rechtsfrage als „eines der nach wie vor meistumstrittenen Probleme des internationalen Privatrechts."

204 S. dazu unten 2. Kapitel: D. I.

205 S. dazu unten 2. Kapitel: D. II.

206 BGHZ 80, 76 (78); BGH, NJW-RR 1989, 1259; LG Köln, MittRhNotK 1990, 21.

207 S. dazu unten 4. Kapitel.

I. Form von statusrelevanten Gesellschaftsakten

1. *Unanwendbarkeit des Art. 11 EGBGB*

Die grundsätzliche Anwendbarkeit des Art. 11 Abs. 1 EGBGB im Bereich des Gesellschaftsrechts wird nach heutigem Stand eher selten problematisiert. So wird vereinzelt die Anwendbarkeit auf gesellschaftsrechtliche Vorgänge insgesamt verneint.[208] Stattdessen soll für die Bestimmung des Formstatuts an ungeschriebene Prinzipien des Internationalen Privatrechts angeknüpft werden.[209]

In systematischer Hinsicht wird auf die Sperrwirkung der Vorschrift des Art. 37 Nr. 2 EGBGB a.F.[210] verwiesen. Danach sind die Vorschriften des ersten Unterabschnitts („Vertragliche Schuldverhältnisse") des fünften Abschnitts („Schuldrecht") des EGBGB, also namentlich die Art. 27–37 EGBGB a.F., auf gesellschaftsrechtliche Vorgänge nicht anwendbar gewesen. Die Sperrwirkung des Art. 37 Nr. 2 EGBGB a.F. gelte auch im Hinblick auf die Vorschrift des Art. 11 EGBGB.[211]

2. *Uneingeschränktes Alternativverhältnis*

Nach einer Ansicht soll bei sämtlichen gesellschaftsrechtlichen Vorgängen alternativ die Einhaltung der Ortsform ausreichen.[212] Der gesetzliche Wortlaut sehe

---

208 Vornehmlich in der älteren Literatur: *Brambring*, NJW 1975, 1255; *Mann*, ZHR 138 (1974), 448 (452 f.); *van Randenborgh*, BB 1974, 483 ff.; *Winkler*, NJW 1972, 981 (982 f.); *ders.*, NJW 1973, 222 f.; aus jüngerer Zeit: *Haerendel*, DStR 2001, 1802 (1803); *Kröll*, ZGR 2000, 111 (115 ff.); *van Randenborgh/Kallmeyer*, GmbHR 1996, 908 (909); *Schervier*, NJW 1992, 593 (594).

209 *Kröll*, ZGR 2000, 111 (120 f.).

210 Gesetz zur Neuregelung des Internationalen Privatrechts vom 25.07.1986 (BGBl. 1986 I S. 1142), aufgehoben mit Wirkung zum 17.12.2009 durch Gesetz vom 25.06.2009 (BGBl. 2009 I S. 1574).

211 *Haerendel*, DStR 2001, 1802 (1803); *Schervier*, NJW 1992, 593 (594).

212 RGZ 160, 225 (231); dem folgend: BayObLG, NJW 1978, 500; OLG Stuttgart, Justiz 1981, 19; OLG Frankfurt a.M., DB 1981, 1456 (1457); OLG Düsseldorf, NJW 1989, 2200; Anm. *Bauer*, NZG 2001, 45 (46); *Behrens/Hoffmann*, in: Habersack/Casper/Löbbe, GmbHG, Einl. Rn. B 197 a.E.; *Bokelmann*, NJW 1972, 1729 (1731 f.); Anm. *Emde*, GmbHR 2000, 721 (729); *Leible*, in: Michalski et al., GmbHG, Syst. Darst. 2 Rn. 110; *Sick/Schwarz*, NZG 1998, 540 (542); *Spellenberg*, in: MünchKomm, BGB, Art. 11 EGBGB Rn. 197; *Stürner*, in: Erman, BGB, Art. 11 EGBGB Rn. 37; *Thorn*, in: Grüneberg, BGB, Art. 11 EGBGB Rn. 13; *Ulrich/Böhle*, GmbHR 2007, 566 (567); i.E. auch *Winkler v. Mohrenfels*, in: Staudinger, BGB, Art. 11 EGBG Rn. 281–290, der ausführlich auf die dagegen angeführten Argumente eingeht.

für solche Vorgänge keine Abweichung vom Grundsatz des Art. 11 Abs. 1 EGBGB vor.[213] In Übereinstimmung dazu hat der II. Zivilsenat des BGH in seiner Entscheidung vom 16.02.1981 ausgeführt, es spreche viel für die Richtigkeit der Ansicht des vorlegenden Oberlandesgerichts Stuttgart,[214] die Ortsform gelte auch für gesellschaftsrechtliche Vorgänge.[215]

In Zusammenhang mit der Entstehungsgeschichte des Art. 11 EGBGB wird schließlich angeführt, dass der Gesetzgeber bei der Neufassung der Vorschrift im Jahr 1986 den Vorschlag des Deutschen Rates für Internationales Privatrecht aus dem Jahr 1972, die Ortsform auch für statusrelevante Gesellschaftsakte auszuschließen habe,[216] bewusst nicht aufgenommen.[217]

3. *Ausschluss der Ortsform*

Nach einer mittlerweile in der Rechtsprechung[218] und in der Literatur[219] weitverbreiteten Ansicht findet die Ortsform keine Anwendung, soweit es um das Verfassungsrecht der Gesellschaft geht. Das Formerfordernis bestimme

---

213 BayObLG, NJW 1978, 500; OLG Frankfurt, DB 1981, 1456 (1457); OLG Düsseldorf, NJW 1989, 2200.

214 OLG Stuttgart, Justiz 1981, 19.

215 BGHZ 80, 76 (78).

216 Vgl. *Lauterbach*, Vorschläge und Gutachten zur Reform des deutschen internationalen Personen- und Sachenrechts, S. 4 u. 23.

217 OLG Düsseldorf, NJW 1989, 2200; dagegen: *Knoche*, in: FS des Rheinischen Notariats, 297 (300 f.).

218 OLG Hamm, NJW 1974, 1057 (1058); OLG Karlsruhe, RIW 1979, 567 (568); KG Berlin, DStR 2018, 534 (535); LG Augsburg GmbHR 1996, 941 (942); LG Kiel, BB 1998, 120; LG Mannheim, BWNotZ 2000, 150; AG Kö'ln, MittRhNotK 1990, 21 (22); AG Fürth, GmbHR 1991, 24; AG Berlin-Charlottenburg RNotZ 2016, 119 (121).

219 *Altmeppen*, in: Altmeppen, GmbHG, § 2 Rn. 20; *Bayer*, in: Lutter/Hommelhoff, GmbHG, § 2 Rn. 27; *ders.*, GmbHR 2013, 897 (903); *Bormann/Stelmaszczyk*, in: Michalski et al., GmbHG, § 2 Rn. 57; *Bredthauer*, BB 1986, 1864 (1865); *Cramer*, in: Scholz, GmbHG, § 2 Rn. 16; *ders.*, DStR 2018, 746 (748); *Dignas*, GmbHR 2005, 139 (140); *Ebenroth/Wilken*, JZ 1991, 1061 (1064); *Einsele*, in: MünchKomm, BGB, § 128 BGB Rn. 4; *Goette*, MittRhNotK 1997, 1 (2 ff.); *ders.*, DStR 1996, 709 (711) = FS Boujong, 131 (137 f.); *Haerendel*, DStR 2001, 1802 (1803); *Heckschen*, DB 1990, 161; *Heinze*, in: MünchKomm, GmbHG, § 2 Rn. 52; *Hertel*, in: Staudinger, BGB, BeurkG Rn. 856 u. 858; *Kropholler*, ZHR 140 (1976), 394 (402 f.); *Lieder*, ZIP 2018, 805 (808); *Pentz*, in: MünchKomm, AktG, § 23 Rn. 30; *Priester/Tebben*, in: Scholz, GmbHG, § 53 Rn. 72; *Schä'fer* in: Henssler/Strohn, Gesellschaftsrecht, § 2 GmbHG Rn. 16; *Schervier*, NJW 1992, 593 (594 f.); *Servatius*, in: Noack/Servatius/Haas,

sich in diesen Fällen ausschließlich nach dem Geschäftsrecht und damit dem Gesellschaftsstatut.

Für den Ausschluss der Ortsform bei statusrelevanten Gesellschaftsakten lasse sich zunächst der gesetzgeberische Wille anführen.[220] In der amtlichen Gesetzesbegründung heißt es wörtlich, dass „Art. 11 nicht die Form von Vorgängen regelt, die sich auf die Verfassung von Gesellschaften und juristischen Personen beziehen."[221] Der zweite Abschnitt des EGBGB betreffe sonst lediglich das Recht der natürlichen Personen.[222] Art. 11 Abs. 1 EGBGB sei daher teleologisch zu reduzieren, sodass die Ortsformregel auf statusrelevante Vorgänge keine Anwendung finde.[223]

Als weitere Begründung für diese vermittelnde Auffassung wird die analoge Anwendung von Art. 11 Abs. 4 EGBGB angeführt.[224] Maßgeblich für die Ausnahmeregelung, welche sachenrechtliche Rechtsgeschäfte betrifft, sei das öffentliche Interesse an derartigen Geschäften.[225] Vor diesem Hintergrund könne Art. 11 Abs. 4 EGBGB der allgemeine Rechtsgedanke entnommen werden, dass das Geschäftsrecht bei solchen Rechtsgeschäften gelten muss, die nicht nur die Interessen der unmittelbar Beteiligten, sondern auch die Interessen Dritter bzw. der Allgemeinheit betreffen.[226] Gesellschaftsrechtliche Vorgänge, welche die Verfassung betreffen, berührten das öffentliche Interesse, namentlich den

---

GmbHG, § 2 Rn. 9; *Stenzel*, GmbHR 2014, 1024 (1031); *Winkler*, in: BeurkG, Einl. Rn. 89.

220 AG Fürth, GmbHR 1991, 24; AG Köln, GmbHR 1990, 171 (172); AG Köln, GmbHR 1990, 172 (173); *Bredthauer*, BB 1986, 1864 (1869); *Goette*, DStR 1996, 709 (711) = FS Boujong, 131 (136 f.); *Heckschen*, DB 1990, 161; *Koch*, in: Koch, AktG, § 23 Rn. 10, *Schervier*, NJW 1992, 593 (594).

221 RegE, BT-Drs. 10/504, S. 49.

222 RegE, BT-Drs. 10/504, S. 49.

223 *Knoche*, in: FS des Rheinischen Notariats, 297 (302 f.); *Lieder*, ZIP 2018, 805 (809); *Pentz*, in: MünchKomm, AktG, § 23 Rn. 30; *Röhricht/Schall*, in: Hirte/Mülbert/Roth, Großkommentar, AktG, § 23 Rn. 70–73; *Schervier*, NJW 1992, 593 (594), dort Fn. 10.

224 *Bayer*, in: Lutter/Hommelhoff, § 2 Rn. 27; DNotI-Report 2016, 93 (94); *Süß*, DNotZ, 2011, 414 (417); *van Randenborgh*, BB 1974, 483 (484 f.), zu Art. 11 Abs. 2 EGBGB a.F.

225 AG Fürth, GmbHR 1991, 24; vertiefte Herleitung bei *Kropholler*, ZHR 140 (1976), 394 (402–403).

226 *Kropholler*, ZHR 140 (1976), 394 (400 f.), zu Art. 11 Abs. 2 EGBGB a.F.; *Weber*, MittBayNot 2018, 215 (216).

Verkehrsschutz und die Rechtssicherheit,[227] in gleicher Weise.[228] Sie könnten für jedermann bedeutsam werden.[229]

4. *Stellungnahme*

a) *Unanwendbarkeit des Art. 11 EGBGB*

Der Ansicht, die Art. 11 Abs. 1 EGBGB im Bereich des Gesellschaftsrechts für unanwendbar erachtet,[230] ist nicht zu folgen.

Die von den Vertretern vorgebrachten systematischen Argumente überzeugen nicht. Art. 11 EGBGB stand bzw. steht in einem gänzlich anderen Abschnitt (zweiter Abschnitt) und war damit von der Reichweite der Sperrwirkung des Art. 37 Nr. 2 EGBGB a.F.[231] nicht erfasst.[232] Die Regelung in einem anderen Abschnitt ist darauf zurückzuführen, dass die Formfrage im Internationalen Privatrecht einer Sonderanknüpfung unterliegt.

b) *Uneingeschränktes Alternativverhältnis*

Die uneingeschränkte Anwendung des Art. 11 Abs. 1 EGBGB auf statusrelevante Verfassungsakte ist ebenfalls abzulehnen.

Soweit sich die Vertreter dieser Ansicht auf die obiter dicta geäußerte Zustimmung des II. Zivilsenats des BGH berufen, sei zunächst angemerkt, dass diese Entscheidung vor der Novellierung des EGBGB im Jahr 1986 ergangen ist. Der Gesetzgeber hat in der Begründung des Regierungsentwurfes zu dem Gesetz zur Neuregelung des Internationalen Privatrechts vom 25.07.1986 ausdrücklich die Geltung der Ortsform für solche Geschäfte ausgeschlossen, die die Verfassung der Gesellschaft betreffen.[233] Die vom II. Zivilsenat des BGH geäußerte Auffassung dürfte bereits vor diesem Hintergrund überholt sein. Zudem zeigt der II. Zivilsenat des BGH dadurch, dass er die nachrangige

---

227 DNotI-Report 2016, 93 (94).

228 OLG Karlsruhe, RIW 1979, 567 (568); *Goette*, DStR 1996, 709 (710) = FS Boujong, 131 (135); *Kropholler*, ZHR 140 (1976), 394 (402).

229 *Kropholler*, ZHR 140 (1976), 394 (402).

230 S. dazu oben 2. Kapitel: D. I. 1.

231 Gesetz zur Neuregelung des Internationalen Privatrechts vom 25.07.1986 (BGBl. 1986 I S. 1142), aufgehoben mit Wirkung vom 17.12.2009 durch Gesetz vom 25.06.2009 (BGBl. 2009 I S. 1574).

232 *Hermanns*, RNotZ 2010, 38 (40); *Leible*, in: Michalski et al., GmbHG, Syst. Darst. 2 Rn. 104.

233 RegE, BT-Drs. 10/504, S. 49.

Substitutionsfrage behandelt, eine gewisse Reserviertheit hinsichtlich der Ortsformanknüpfung.

Auch das Argument, der Gesetzgeber habe bewusst keine ausdrückliche Regelung über den Ausschluss der Ortsform bei der Neufassung des EGBGB im Jahr 1986 mit aufgenommen,[234] verfängt nicht. Zwar hätte der Reformgesetzgeber durch eine ausdrückliche Ausnahmeregelung für statusrelevante Gesellschaftsakte in der Tat recht simpel für Klarheit sorgen können. Zum Zeitpunkt der Neufassung wurde der Gesetzgeber aber von dem Gedanken geleitet, durch eine „vorschnelle" nationale Regelung nicht den Weg zu einer weiteren[235] europäischen Harmonisierung im Bereich des Gesellschaftsrechts zu versperren.[236] Daher umfasste die Neuregelung das internationale Recht der juristischen Personen gerade nicht.[237]

c) Ausschluss der Ortsform

Zu folgen ist vielmehr der Auffassung, nach welcher die Ortsformregel für verfassungsrelevante Gesellschaftsakte ausgeschlossen ist.

Zur dogmatischen Begründung erachtet der Verfasser die teleologische Reduktion des Art. 11 Abs. 1 EGBGB als vorzugswürdig, da die entsprechende Anwendung des Art. 11 Abs. 4 EGBGB mangels Vergleichbarkeit der Interessenlage bei Gesellschaftsakten fraglich erscheint.[238]

Der Gesetzgeber hielt die eingeschränkte Anwendbarkeit des Art. 11 EGBGB in Bezug auf statusrelevante Gesellschaftsvorgänge für so selbstverständlich, dass ein ausdrücklicher Vorbehalt als nicht erforderlich erachtet wurde.[239] Vielmehr ist der in der Begründung des Regierungsentwurfs klar geäußerte Wille

---

234 S. dazu oben 2. Kapitel: D. I. 2.

235 Bis dato war insbesondere das Übereinkommen über die gegenseitige Anerkennung von Gesellschaften und juristischen Personen vom 29.02.1968 ratifiziert worden (BGBl. 1972 I S. 369).

236 *Goette*, DStR 1996, 709 (711) = FS Boujong, 131 (136 f.); *Kröll*, ZGR 2000, 111 (116).

237 Vgl. RegE, BT-Drs. 10/504, S. 28–29 (Gliederungspunkt: „Umfang der Neuregelung").

238 Ebenfalls kritisch gegenüber der analogen Anwendung: *Behrens/Hoffmann*, in: Habersack/Casper/Löbbe, GmbHG, Einl. Rn. B 197 a.E., unter Hinweis auf Ausnahmecharakter des Art. 11 Abs. 4 EGBGB; *Goette*, DStR 1996, 709 (710) = FS Boujong, 131 (134 f.); *Knoche*, in: FS des Rheinischen Notariats, 297 (305 f.); *Leible*, in: Michalski et al., GmbHG, Syst. Darst. 2 Rn. 108; *Saenger/Scheuch*, BB 2008, 65 (68); *Winkler v. Mohrenfels*, in: Staudinger, BGB, Art. 11 EGBGB Rn. 284.

239 *Süß*, DNotZ 2011, 414 (416).

zu berücksichtigen, die Ortsform auf solche Vorgänge nicht anzuwenden, die sich auf die Verfassung von Gesellschaften beziehen.[240]

Diese Sichtweise bestätigt sich zudem in dem nicht weiter verfolgten Referentenentwurf[241] für ein Gesetz zum Internationalen Privatrecht der Gesellschaften, Vereine und juristischen Personen.[242] Nach Art. 10 Abs. 1 RefE-EGBGB sollten Gesellschaften dem Recht des Staates unterliegen, indem sie in ein öffentliches Register eingetragen werden. Derselben Anknüpfung sollte gem. Art. 11 Abs. 6 RefE-EGBGB auch die Form von verfassungsrelevanten Gesellschaftsvorgängen unterliegen, d.h. im Ergebnis käme es nach dem Entwurf stets auf die Einhaltung des Geschäftsrechts (*lex causae*) an.

5. *Umwandlungsrechtliche Maßnahmen*

Umwandlungsrechtliche Maßnahmen betreffen ebenfalls die Verfassung der Gesellschaft, sodass sich keine Unterschiede zu den bisherigen Feststellungen ergeben. Vielmehr herrscht speziell bei der Beurkundung von Umwandlungsmaßnahmen Einigkeit über den Ausschluss der Ortsform.[243]

II. Form von sonstigen Gesellschaftsakten

Weder ein nicht statusrelevanter Hauptversammlungsbeschluss einer Aktiengesellschaft noch die Übertragung von GmbH-Geschäftsanteilen gem. § 15 Abs. 3 und Abs. 4 GmbHG betrifft unmittelbar die Verfassung von Gesellschaften. Jedoch besteht auch bei diesen Gesellschaftsakten eine

---

240 RegE, BT-Drs. 10/504, S. 49.

241 RefE, Gesetz zum Internationalen Privatrecht der Gesellschaften, Vereine und juristischen Personen aus dem Jahr 2008 (RefE-EGBGB), abgedruckt in: *Kindler*, Geschäftsanteilsabtretungen, S. 50–67; vertiefend zu dem Entwurf: *Leible*, in: Michalski et al., GmbHG, Syst. Darst. Nr. 2 Rn. 16–18.

242 *Heinze*, in: MünchKomm, GmbHG, § 2 Rn. 52; *Leible*, in: Michalski et al., GmbHG, Syst. Darst. 2, Rn. 109; *Süß*, DNotZ 2011, 414 (416).

243 KG Berlin, GmbHR 2018, 1202 (1203); LG Augsburg, ZIP 1996, 1872 (1873); LG Kiel, BB 1998, 120; AG Köln, DB 1989, 2014; AG Fürth, GmbHR 1991, 24 (m. Anm. *Heckschen*); *Böttcher*, in: Böttcher/Habighorst/Schulte, Umwandlungsrecht, § 6 UmwG Rn. 15; DNotI-Report 2016, 93 (94); *Drygala*, in: Lutter, UmwG, § 6 Rn. 9; *Goette*, DStR 1996, 709 (711) = FS Boujong, 131 (138); *Heckschen*, in: Widmann/Mayer, Umwandlungsrecht, § 6 UmwG Rn. 62; *Kröll*, ZGR 2000, 111 (121 f. u. 150 f.); *Lieder*, ZIP 2018, 1517 (1521); *Schervier*, NJW 1992, 593 (597); *Schröer/Greitemann*, in: Semler/Stengel/Leornard, UmwG, § 6 Rn. 16.

Parallelproblematik hinsichtlich der Bestimmung der international-privatrechtlichen Anknüpfung.

1. *Hauptversammlungsbeschlüsse börsennotierter Aktiengesellschaften*

Formfragen in Zusammenhang mit Hauptversammlungsbeschlüssen börsennotierter Aktiengesellschaften sind wegen des gesellschaftsrechtlichen Sachzusammenhangs vom Ausschluss des Art. 1 Abs. 2 lit. f) Rom I-VO erfasst, sodass Art. 11 Abs. 1 EGBGB hinsichtlich der Form des § 130 Abs. 1 S. 1 AktG Anwendung findet.[244]

Anders als bei Vorgängen, welche unmittelbar die Verfassung von Gesellschaften und juristischen Personen betreffen, steht der in der Begründung des Regierungsentwurfs zum Gesetz über die Neuregelung des Internationalen Privatrechts aufgestellte Ausschluss[245] der Anwendung des Art. 11 Abs. 1 EGBGB nicht entgegen, da gewöhnliche Hauptversammlungsbeschlüsse nicht die Gesellschaftsverfassung betreffen. Gleichwohl ist bei jeglichen Hauptversammlungsbeschlüssen nach zutreffender einhelliger Meinung die Wahrung der Ortsform nicht ausreichend, sondern aus Gründen der Rechtssicherheit und des Verkehrsschutzes zwingend die Form des Gesellschaftsstatuts zu wahren.[246]

2. *Übertragung von GmbH-Geschäftsanteilen*

Unter Berücksichtigung der Vorgaben des Internationalen Privatrechts ist die Übertragung von GmbH-Geschäftsanteilen bei grenzüberschreitenden Sachverhalten in vier kollisionsrechtliche Elemente zu unterteilen.[247]

---

244 BGHZ 203, 68 (73).

245 RegE, BT-Drs. 10/504, S. 49.

246 *Herrler*, in: Grigoleit, AktG, § 130 Rn. 12; *Koch*, in: Koch, AktG, § 121 Rn. 16; *Kubis*, in: MünchKomm, AktG, § 121 Rn. 94, unter Hinweis auf das Erfordernis der Einreichung einer beglaubigten Abschrift der Niederschrift durch den Notar gem. § 130 Abs. 5 AktG; *Liebscher*, in: Henssler/Strohn, Gesellschaftsrecht, § 121 AktG Rn. 25; *Mülbert*, in: Hirte/Mülbert/Roth, Großkommentar, AktG, § 130 Rn. 56; *Wicke*, in: BeckOGK, AktG (Stand: 01.10.2023), § 130 Rn. 44; offenlassend: BGHZ 203, 68 (73): „Dabei kann dahinstehen, ob die Einhaltung der jeweiligen Ortsform genügen könnte […]", da die Geschäftsform gewahrt werden könne.

247 *Seibt*, in: Scholz, GmbHG, § 15 Rn. 81; *Verse*, in: Henssler/Strohn, Gesellschaftsrecht, § 15 GmbHG Rn. 44 f.; *Weller/Reichert*, in: MünchKomm, GmbHG, § 15 Rn. 134.

a) Vertragsstatut

Zum einen ist bei der Übertragung von Geschäftsanteilen zwischen der Verpflichtung zur Abtretung, die regelmäßig im Rahmen eines Kaufvertrages eingegangen wird, und dem dinglichen Verfügungsgeschäft der Abtretung zu unterscheiden.

Das auf den Kaufvertrag als vertragliches Schuldverhältnis anwendbare materielle Recht richtet sich nach Art. 3 Abs. 1 Rom I-VO (Rechtswahlfreiheit) oder, sofern die Parteien keine Rechtswahl getroffen haben, regelmäßig nach Art. 4 Abs. 2 Rom I-VO,[248] also dem Recht des Staates, in dem der Veräußerer seinen gewöhnlichen Aufenthalt hat.[249]

Demgegenüber ist die dingliche Anteilsübertragung gem. Art. 1 Abs. 2 lit. f) Rom I-VO vom Anwendungsbereich der europäischen Verordnung ausgeschlossen, da das Verfügungsgeschäft als gesellschaftsrechtlicher Vorgang zu qualifizieren ist – namentlich geht es um den Wechsel der Mitgliedschaft in der Gesellschaft.[250] Demnach gilt für das Verfügungsgeschäft das Gesellschaftsstatut.[251] Nach der heute aufgrund europäischer Rechtsfortbildung[252]

---

248 Nach dem Auffangtatbestand des Art. 4 Abs. 2 Rom I-VO unterliegt der Vertrag dem Recht des Staates, in dem die Partei, welche die charakteristische Leistung zu erbringen hat (bei einem Anteilskaufvertrag dürfte das der Verkäufer sein), ihren gewöhnlichen Aufenthalt hat.

249 *Bayer*, in: Lutter/Hommelhoff, GmbHG, § 15 Rn. 51; *Behrens/Hoffmann*, in: Habersack/Casper/Löbbe, GmbHG, Einl. Rn. B 199; *Ebbing*, in: Michalski et al., GmbHG, § 15 Rn. 97; *Löbbe*, in: Habersack/Casper/Löbbe, GmbHG, § 15 Rn. 92; *Magnus*, in: Staudinger, BGB, Art. 1 Rom I-VO Rn. 87 u. Art. 4 Rom I-VO Rn. 221; *Pfisterer*, in: Saenger/Inhester, GmbHG, § 15 Rn. 67; *Reithmann/Stelmaszczyk*, in: Reithmann/Martiny, Internationales Vertragsrecht, Rn. 5.220; *Seibt*, in: Scholz, GmbHG, § 15 Rn. 66d.

250 *Engel*, DStR 2008, 1593; *Leible*, in: Michalski et al., GmbHG, Syst. Darst. Nr. 2 Rn. 102; *Löbbe*, in: Habersack/Casper/Löbbe, GmbHG, § 15 Rn. 140; *Mankowski*, NZG 2010, 201 (205 f.); *Reithmann/Stelmaszczyk*, in: Reithmann/Martiny, Internationales Vertragsrecht, Rn. 5.242; *Servatius*, in: Noack/Servatius/Haas, GmbHG, § 15 Rn. 22a; *Weller/Reichert*, in: MünchKomm, GmbHG, § 15 Rn. 134.

251 OLG Stuttgart, GmbHR 2000, 721 (724); *Bayer*, in: Lutter/Hommelhoff, GmbHG, § 15 Rn. 27; *Behrens/Hoffmann*, in: Habersack/Casper/Löbbe, GmbHG, Einl. Rn. B 200; *Brandes*, in: Bork/Schäfer, GmbHG, § 15 Rn. 48; *Ebbing*, in: Michalski et al., GmbHG, § 15 Rn. 126; *Löbbe*, in: Habersack/Casper/Löbbe, GmbHG, § 15 Rn. 139; *Seibt*, in: Scholz, GmbHG, § 15 Rn. 82; *Spellenberg*, in: MünchKomm, BGB, Art. 11 EGBGB Rn. 114; *Weller/Reichert*, in: MünchKomm, GmbHG, § 15 Rn. 134.

252 EuGH, Rs. C-208/00, NJW 2002, 3614 (Rn. 80 ff.) – Überseering; EuGH, Rs. C 167/01, NJW 2003, 3331 (Rn. 105) – Inspire Art.

geltenden Gründungstheorie findet also das Recht des Staates Anwendung, in dem die GmbH gegründet worden ist,[253] unabhängig von deren aktuellem Verwaltungssitz (vgl. § 4a GmbHG).[254]

b) Formstatut

Zum anderen bildet die davon abgekoppelte, gesonderte Bestimmung der Form[255] des obligatorischen und dinglichen Rechtsgeschäfts das dritte sowie das vierte Element.[256]

aa) Form des dinglichen Verfügungsgeschäfts

Da die Rom I-VO nur auf vertragliche Schuldverhältnisse Anwendung findet, ist die nationale Vorschrift des Art. 11 Abs. 1 EGBGB die einschlägige Kollisionsnorm für die Frage, welches Recht über die Formgültigkeit des Verfügungsgeschäfts entscheidet.[257] Auch in Zusammenhang mit Vorgängen, die eine Änderung des Gesellschafterbestandes bewirken, ist höchst umstritten, ob die Ortsformregel anwendbar ist.[258]

(1) Alternativverhältnis

Bislang bejahte die herrschende Meinung die Anwendbarkeit der Ortsformregel des Art. 11 Abs. 1 Alt. 2 EGBGB auf die Abtretung von Geschäftsanteilen.[259]

---

253 BGHZ 154, 185 (188 f.); BGH, NJW 2005, 1648 (1649); BGHZ 164, 148 (151).

254 *Löbbe*, in: Habersack/Casper/Löbbe, GmbHG, § 15 Rn. 139.

255 *Bayer*, in: Lutter/Hommelhoff, GmbHG, § 15 Rn. 27; *Olk*, NJW 2010, 1639 f.; *Weller/Reichert*, in: MünchKomm, GmbHG, § 15 Rn. 136.

256 S. dazu sogleich 2. Kapitel: D. II. 2. b) sowie D. II. 2. c).

257 OLG Düsseldorf, NZG 2011, 388; *Altmeppen*, in: Altmeppen, GmbHG, § 15 Rn. 90; *Bayer/Meier-Wehrsdorfer*, in: Hausschild/Kallrath/Wachter, Notarhandbuch, § 10 Rn. 11; *Kindler*, Geschäftsanteilsabtretungen, S. 38 f.; *Löbbe*, in: Habersack/Casper/Löbbe, GmbHG, § 15 Rn. 140; *Mankowski*, NZG 2010, 201 (206); *Laeger*, BB 2010, 2647; *Müller*, RIW 2010, 591 (592); *Reithmann/Stelmaszczyk*, in: Reithmann/Martiny, Internationales Vertragsrecht, Rn. 5.270; *Spellenberg*, in: MünchKommBGB, Art. 11 EGBGB Rn. 114; *Winkler v. Mohrenfels*, in: Staudinger, BGB, Art. 11 EGBGB Rn. 287 a.E.

258 Vgl. *Kröll*, ZGR 2000, 111 (122); *Winkler v. Mohrenfels*, in: Staudinger, BGB, Art. 11 EGBGB Rn. 287.

259 RGZ 160, 225 (229 ff.); sympathisierend, aber offenlassend: BGH, NZG 2005, 41 (42), zu einer Treuhandvereinbarung; BayObLG, NJW 1978, 500 (501); OLG Frankfurt, DNotZ 1982, 186 (188); OLG München, NJW-RR 1998, 758, obiter dictum zu § 15 Abs. 4 GmbHG; OLG Stuttgart, GmbHR 2000, 721 (724), zu § 15 Abs. 3 GmbHG; *Altmeppen*, in: Altmeppen, GmbHG, § 15 Rn. 91; *Ebbing*,

Daran hat sich nach überwiegender Ansicht[260] auch durch die Novellierungen des MoMiG[261] nichts geändert. Eine Absicht des Gesetzgebers, die Anforderungen an den Beurkundungsvorgang im Ausland durch das MoMiG zu verschärfen, lasse sich weder anhand der Gesetzesbegründung[262] noch des Telos der Novellierungsmaßnahmen feststellen, welche einen besseren Missbrauchsschutz sowie die Stärkung der Attraktivität der Rechtsform der GmbHG bezwecken.[263] Vielmehr habe der MoMiG-Gesetzgeber die Anteilsabtretung nach der Ortsform gebilligt.[264]

Für das Alternativverhältnis zwischen Wirkungsstatut und Ortsform spreche erneut der Wortlaut des Art. 11 Abs. 1 EGBGB, der keinerlei Einschränkung

---

in: Michalski et al., GmbHG, § 15 Rn. 97; *Engel*, DStR 2008, 1593 (1594); *Goette*, DStR 1996, 709 (711) = FS Boujong, 131 (138); *Götze/Mörtel*, NZG 2011, 727 (731); *Haerendel*, DStR 2001, 1802 (1803 f.); *Kröll*, ZGR 2000, 111 (123); *Landbrecht/Becker*, BB 2013, 1290 (1292); *Löbbe*, in: Habersack/Casper/Löbbe, GmbHG, § 15 Rn. 141; *Loritz*, DNotZ 2000, 90 (108); *Müller*, RIW 2010, 591 (592 ff.); *Müller-Chen*, IPRax 2008, 45 (48); *Olk/Nikoleyczik*, DStR 2010, 1576 (1580 ff.); *Reichert/Weller*, DStR 2005, 250 (254); Saenger/*Scheuch*, BB 2008, 65 (67 ff.); *Spellenberg*, in: MünchKomm, BGB, Art. 11 EGBGB Rn. 167 u. 196; *Peters*, DB 2010, 97 (98); *Seibt*, in: Scholz, GmbHG, § 15 Rn. 82; *Stauch*, Die Geltung ausländischer notarieller Urkunden in der BRD, S. 25; *Weller/Reichert*, in: MünchKomm, GmbHG, § 15 Rn. 154 u. 160.

260 OLG Düsseldorf, ZIP 2011, 564 (565 f.); *Armbrüster*, in: Armbrüster/Preuß, BeurkG, § 1 Rn. 58; *Behrens/Hoffmann*, in: Habersack/Casper/Löbbe, GmbHG, Einl. Rn. B 200; *Ebbing*, in: Michalski et al., GmbHG, § 15 Rn. 97; *Servatius*, in: Noack/Servatius/Haas, GmbHG, § 15 Rn. 22a; *Götze/Mörtel*, NZG 2011, 727 (731 f.); *Landbrecht/Becker*, BB 2013, 1290 (1292 f.); *Löbbe*, in: Habersack/Casper/Löbbe, GmbHG, § 15 Rn. 141 f.; *Ludwig*, in: jurisPK, BGB, § 128 Rn. 34; *Mäsch*, in: BeckOK, BGB, Art. 11 Rom I-VO Rn. 79; *Olk*, NJW 2010, 1639 (1640); *Olk/Nikoleyczik*, DStR 2010, 1576 (1580 ff.); *Seibt*, in: Scholz, GmbHG, § 15 Rn. 82; *Servatius*, in: Noack/Servatius/Haas, GmbHG, § 15 Rn. 22; *Thorn*, in: Grüneberg, BGB, Art. 11 EGBGB Rn. 13; *Trendelenburg*, GmbHR 2008, 644 (649); *Verse*, in: Henssler/Strohn, Gesellschaftsrecht, § 15 GmbHG Rn. 45; *Weller/Reichert*, in: MünchKomm, GmbHG, § 15 Rn. 158.

261 Gesetz zur Modernisierung des GmbH-Rechts und zur Bekämpfung von Missbräuchen vom 23.10.2008 (BGBl. 2008 I S. 2026).

262 RegE, BT-Drs. 16/6140, S. 37 ff.

263 RegE, BT-Drs. 16/6140, S. 25, daran anknüpfend: *Lager*, BB 2010, 2647 (2649).

264 *Böttcher/Blasche*, NZG 2006, 766 (771); *Engel*, DStR 2008, 1593 (1598); *Saenger/Scheuch*, BB 2008, 65 (68); *Schlößer*, GmbHR 2007, 301 (304); *Seibt*, in: Scholz, GmbHG, § 15 Rn. 87b.

für entsprechende Rechtsgeschäfte vorsieht.[265] Anders als bei Akten, welche die Verfassung der Gesellschaft betreffen, steht der Anwendbarkeit des Art. 11 Abs. 1 EGBGB auf die Anteilsabtretung auch die Gesetzesbegründung[266] nicht entgegen.[267] Eine höchstrichterliche Entscheidung über die Anwendbarkeit des Art. 11 Abs. 1 EGBGB bei Anteilsübertragungen steht bislang aus.[268]

(2) Ausschluss der Ortsform

Demgegenüber gibt es gewichtige Stimmen, welche die Möglichkeit der Ortsformanknüpfung nicht nur für statusrelevante Gesellschaftsakte, sondern generell und damit auch für Anteilsübertragungen ablehnen.[269]

Die vorgebrachten Argumente decken sich teilweise mit denjenigen, die hinsichtlich des Ausschlusses der Ortsform in Bezug auf statusrelevante Gesellschaftsakte angeführt werden.[270] Die Mitglieder müssten „stets gleichen Normen und einer gleichmäßigen rechtlichen Behandlung unterliegen", und zwar gleichgültig, ob es sich um eine Satzungsänderung oder die Übertragung eines Geschäftsanteils handele.[271] Damit verbunden ist der Gedanke, dass Anteilsübertragungen nicht nur die unmittelbar am Geschäft Beteiligten, sondern sämtliche, auch spätere Mitglieder des Verbands betreffen.[272]

---

265 *Ebbing*, in: Michalski et al., GmbHG, § 15 Rn. 97; *Olk/Nikoleyczik*, DStR 2010, 1576 (1581).

266 RegE, BT-Drs. 10/504, S. 49.

267 *Goette*, MittRhNotK 1997, 1 (3 f.); *Kröll*, ZGR 2000, 111 (123); *Max-Planck-Institut*, RabelsZ 47 (1983), 595 (621): Eine Ausnahme soll nicht für „die Übertragung eines GmbH-Geschäftsanteils" gemacht werden.

268 Der h.M. aber zugeneigt: BGH, NZG 2005, 41 (42), Gegenstand der Entscheidung ist die Form einer Treuhandvereinbarung gem. § 15 Abs. 4 GmbHG gewesen.

269 *Bayer*, DNotZ 2009, 887 (891 f.); *ders.*, GmbHR 2013, 897 (904); *ders.*, in: Lutter/Hommelhoff, GmbHG, § 15 Rn. 35 f.; *Großfeld/Berndt*, RIW 1996, 626 (628); *Hermanns*, RNotZ 2010, 38 (40 f.); *Hertel*, in: Staudinger, BGB, BeurkG Rn. 860; *Kindler*, Geschäftsanteilsübertragungen, S. 39 f.; *ders.*, BB 2010, 74 (76 f.); *König/Götte/Bormann*, NZG 2009, 881 (883); *Laeger*, BB 2010, 2647 (2648); *Pfisterer*, in: Saenger/Inhester, GmbHG, § 15 Rn. 68; *Schervier*, NJW 1992, 593 (598); *van Randenborgh/Kallmeyer*, GmbHR 1996, 908 (909); *Wicke*, GmbHG, § 15 Rn. 20; *Winkler*, NJW 1972, 981 (982 f.); *ders.*, BeurkG, Einl. Rn. 89.

270 S. dazu oben 2. Kapitel: D. I. 3.

271 *Winkler*, NJW 1972, 981 (982), dem folgend: OLG Hamm, NJW 1974, 1057 (1058): „Der Senat hält diese Erwägungen für überzeugend", wobei die Entscheidung die Beurkundung einer Satzungsänderung zum Gegenstand hat.

272 *Großfeld/Berndt*, RIW 1996, 625 (628); *Winkler*, NJW 1974, 1032.

Andere Stimmen aus der Literatur betonen, dass das Beurkundungserfordernis des § 15 Abs. 3 und Abs. 4 GmbHG die Erschwerung des spekulativen Handels mit Geschäftsanteilen bezweckt.[273] Vor diesem Hintergrund wird teilweise vertreten, die Vorschrift stelle für die GmbH, in Abgrenzung zu der auf häufigeren Mitgliederwechsel ausgerichteten Aktiengesellschaft, ein Strukturelement dar und ihr käme materiell-rechtliche Wirkung zu.[274] Der auf Formvorschriften beschränkte Anwendungsbereich des Art. 11 EGBGB sei daher nicht eröffnet.[275]

Andere Vertreter dieser Ansicht argumentieren, der Vorschrift des Art. 11 Abs. 4 EGBGB sei der verallgemeinerungsfähige Gedanke zu entnehmen, dass die Ortsform bei sämtlichen Verfügungsgeschäften, also auch über Rechte, keine Anwendung findet und daher für das Rechtsgeschäft der Anteilsabtretung analog gelte.[276]

Seit die Pflicht zur Einreichung der Gesellschafterliste gem. § 40 Abs. 2 GmbHG dem mitwirkenden Notar auferlegt worden ist und die Liste gleichzeitig nach § 16 Abs. 3 GmbHG als Rechtsscheinträger für den gutgläubigen Erwerb fungiert, werden auch diese Neuerungen für den Ausschluss der Ortsform bei dem Erwerb von Geschäftsanteilen angeführt.[277] Die notarielle Beurkundung des Abtretungsvertrages bezwecke nunmehr auch die Richtigkeitsgewähr der Gesellschafterliste.[278] Da der Normbefehl des § 40 Abs. 2 GmbHG sich

273 Statt vieler: *Verse*, in: Henssler/Strohn, Gesellschaftsrecht, § 15 GmbHG Rn. 38; ausführlich zu den Formzwecken der Anteilsübertragung unten 5. Kapitel: C. II.

274 *Bayer*, GmbHR 2013, 897 (904 f.); *Ebenroth/Wilken*, JZ 1991, 1061 (1065); *Kindler*, Geschäftsanteilsabtretungen, S. 16 f. u. 39 f.; *ders.*, BB 2010, 74 (75); *ders.*, RIW 2011, 257 (259); *König/Götte/Bormann*, NZG 2009, 881 (883); *Laeger*, BB 2010, 2647 /2648); *Wicke*, GmbHG, § 15 Rn. 20; ablehnend: *Müller*, RIW 2010, 591 (593); *Spellenberg*, in: MünchKomm, BGB, Art. 11 EGBGB Rn. 167; *Weller*, ZGR 2014, 865 (872).

275 *Großfeld/Berndt*, RIW 1996, 625 (628 ff.); *Kindler*, Geschäftsanteilsabtretungen, S. 39 f.

276 *Kindler*, Geschäftsanteilsabtretungen, S. 17 ff. u. 34 f.; *Süß*, in: jurisPK, BGB, Art. 11 EGBGB Rn. 83; *ders.*, DNotZ 2011, 414 (417); a.A. (die analoge Anwendung ablehnend): *Müller*, RIW 2010, 591 (594); *Seibt*, in: Scholz, GmbHG, § 15 Rn. 82; *Spellenberg*, in: MünchKomm, BGB, Art. 11 EGBGB Rn. 193–195.

277 *Bayer*, GmbHR 2013, 897 (904 ff.); *Hermanns*, RNotZ 2010, 38 (40 f.); *Hertel*, in: Staudinger, BGB, BeurkG Rn. 860a; *König/Götte/Bormann*, NZG 2009, 881 (884 ff.); tendenziell auch: LG Frankfurt, DNotZ 2009, 949 (obiter dictum).

278 *Bayer*, GmbHR 2013, 897 (905); *ders.*, DNotZ 2009, 887 (894); *König/Götte/Bormann*, NZG 2009, 881 (884 f.); *Hermanns* RNotZ 2011, 224 (226); *Süß*, DNotZ 2001, 414 (421); vertiefend dazu unten 5. Kapitel: C. II. 2. b).

aufgrund des Territorialitätsprinzips nur an inländische Notare richte,[279] seien ausländische Notare nicht zur Einreichung der Liste verpflichtet und könnten die Richtigkeit der Gesellschafterliste somit nicht in vollem Umfang gewährleisten.[280]

Aus praktischer Perspektive wird zudem die Manipulationsgefahr angeführt, sofern die ausländische Ortsform geringere Formerfordernisse zulässt – etwa die privatschriftliche Form für die Anteilsabtretung. Die Parteien könnten in dem Abtretungsvertrag einen beliebigen Abschlussort angeben und den Zeitpunkt der Vornahme des Rechtsgeschäfts rückdatieren.[281]

(3) Stellungnahme

Nach Ansicht des Verfassers bestehen keine Bedenken gegen die Geltung der Ortsform bei Anteilsübertragungen.

Der Gesetzgeber wollte die GmbH durch das MoMiG gerade für den internationalen Rechtsverkehr öffnen.[282] Dies zeigt sich beispielsweise anhand der Änderung des § 4a GmbHG, durch welche eine GmbH ihren Verwaltungssitz nunmehr in das Ausland verlegen kann, ohne dass sich dies auf das Gesellschaftsstatut auswirkt.[283]

Die Bedeutung der Novellierung der §§ 16, 40 GmbHG[284] hat keine Auswirkungen auf die international-privatrechtliche Anknüpfung. Die verstärkte Einbeziehung des Notars wird schlicht mit verfahrensökonomischen Erwägungen begründet.[285] Gleichzeitig knüpft der Gutglaubensschutz allein an die Gesellschafterliste an, und zwar unabhängig davon, ob diese von einem Notar oder im Falle des § 40 Abs. 1 GmbHG von einem Geschäftsführer erstellt worden ist.[286]

Als weiteres Argument lässt sich zudem anführen, dass die Ortsformregel nach Art. 11 Abs. 6 RefE-EGBGB[287] gerade nur für Rechtsgeschäfte

---

279 *Bayer*, in: Lutter/Hommelhoff, GmbHG, § 40 Rn. 51; *Oetker*, in: Henssler/Strohn, Gesellschaftsrecht, § 40 GmbHG Rn. 31.

280 *Heidinger*, in: MünchKomm, GmbHG, § 40 Rn. 333; ausführlich zur Einreichungskompetenz ausländischer Notare unten 5. Kapitel: C. II. 4. c).

281 *Bayer*, in: Lutter/Hommelhoff, GmbHG, § 15 Rn. 36; *ders.*, GmbHR 2013, 897 (907).

282 RegE, BT-Drs. 16/6140, S. 1 u. 25; BGHZ 199, 270 (278 f.); *Mankowski*, 2010, 201 (205); *Müller*, RIW 2010, 591 (597); *Peters*, DB 2010, 97 (106).

283 Vgl. RegE, BT-Drs. 16/6140, S. 29; OLG Düsseldorf, ZIP 2011, 564 (566).

284 S. dazu unten 5. Kapitel: C. II. 4.

285 RegE, BT-Drs. 16/6140, S. 44.

286 BGH, NJW 2014, 2026 (2029); OLG Düsseldorf, ZIP 2011, 564 (566).

287 RefE, Gesetz zum Internationalen Privatrecht der Gesellschaften, Vereine und juristischen Personen aus dem Jahr 2008.

ausgeschlossen werden sollte, welche die Verfassung der Gesellschaft betreffen, zu denen Anteilsübertragungen mangels organisationsrechtlicher Bedeutung aber nicht zählen.[288]

Demgegenüber überzeugen die Argumente der Gegner der Ortsformanknüpfung nicht. Zunächst ist an der formrechtlichen Qualifikation des § 15 Abs. 3 GmbHG festzuhalten.[289] Der weit zu verstehende kollisionsrechtliche Formbegriff des Art. 11 EGBGB umfasst alle Äußerungsmodi von Willenserklärungen.[290] Die Frage, welchen Zweck eine Formvorschrift verfolgt, spielt für die international-privatrechtliche Qualifikation der Norm keine Rolle.[291] Folgte man der gegenteiligen Argumentation, dann ließe sich letztlich jede Formvorschrift in ein materiell-inhaltliches Strukturmerkmal umdeuten. Der IPR-Gesetzgeber wollte aber zwischen Formvorschriften und anderen Vorschriften unterscheiden und hat eine Beeinträchtigung der mit den deutschen Formvorschriften verfolgten Zwecke bewusst in Kauf genommen.[292]

Die Ausnahmevorschrift des Art. 11 Abs. 4 EGBGB, die nach ihrem eindeutigen Wortlaut nur bei Verfügungen über Sachen greift, ist tendenziell eng auszulegen.[293] Die analoge Anwendung des Art. 11 Abs. 4 EGBGB scheidet jedenfalls mangels hinreichender Vergleichbarkeit der Interessenlage aus.[294] Da sich die Rechtswirkungen der Anteilsübertragung auf die Vertragsparteien beschränken, sind die Gesichtspunkte des Verkehrsschutzes und der Rechtssicherheit nicht in gleichem Maße wie bei Verfügungen über Sachen betroffen.

288 Mit zutreffender Differenzierung: *Müller*, RIW 2010, 591 (594); *Olk*, NJW 2010, 1639 (1640).

289 *Landbrecht/Becker*, BB 2013, 1290 (1292); *Müller*, RIW 2010, 591 (593 f.); *Odendahl*, RIW 2014, 189 (193); *Servatius*, in: Noack/Servatius/Haas, GmbHG, § 15 Rn. 22a; *Weller*, ZGR 2014, 865 (872 f.).

290 *Weller*, Der Konzern 2008, 253 (256); *ders.*, ZGR 2014, 865 (873); vgl. dazu oben 2. Kapitel: C. I. 2.

291 *Benecke*, RIW 2000, 280 (282); *Süß*, in: jurisPK, BGB, Art. 11 EGBGB Rn. 8; *Winkler v. Mohrenfels*, in: Staudinger, BGB, Art. 11 EGBGB Rn. 103.

292 *Seibt*, in: Scholz, GmbHG, § 15 Rn. 82; *Löbbe*, in: Habersack/Casper/Löbbe, GmbHG, § 15 Rn. 141; *Spellenberg*, in: MünchKomm, BGB, Art. 11 EGBGB Rn. 157; *Stauch*, Die Geltung ausländischer notarieller Urkunden in der BRD, S. 15.

293 *Landbrecht/Becker*, BB 2013, 1290 (1293); *Leible*, Michalski et al., GmbHG, Syst. Darst. 2 Rn. 108; *Reichert/Weller*, DStR 2005, 250 (254); *Spellenberg*, in: MünchKomm, BGB, Art. 11 EGBGB Rn. 193.

294 *Ebbing*, in: Michalski et al., GmbHG, § 15 Rn. 97; *Müller*, RIW 2010, 591 (594); *Reichert/Weller*, DStR 2005, 250 (254); *Weller*, Der Konzern 2008, 253 (255 f.).

Wenn man die alternative Geltung der Ortsform für die Anteilsübertragung zulässt, dann gilt das konsequenterweise bezüglich aller vom jeweiligen Ortsrecht vorgesehenen Formen und damit auch für die privatschriftliche Form.[295] Das damit einhergehende Umgehungs- oder Fälschungsrisiko ist eine notwendige Folge der allgemeinen Anerkennung der Ortsform, welcher jedoch eine bewusste gesetzgeberische Entscheidung zugrunde liegt.[296] Eine wertungsmäßige Korrektur ist nicht erforderlich, da die Gutglaubensvorschrift des § 16 Abs. 3 GmbHG ausreichend Schutz für die übrigen Gesellschafter und unbeteiligte Dritte bietet.[297]

bb) Form des schuldrechtlichen Verpflichtungsgeschäfts

Die in einem Aktien- oder Anteilskaufvertrag enthaltene Verpflichtung zur Abtretung stellt einen vertragsrechtlich zu qualifizierenden Vorgang dar, der ebenfalls nicht in Zusammenhang mit der Gesellschaftsverfassung steht.[298] Verträge über den Erwerb von Geschäftsanteilen sind nicht von dem Ausschlusstatbestand des Art. 1 Abs. 2 lit. f) Rom I-VO erfasst, da sie nur einen verpflichtenden Charakter haben, ohne bereits gesellschaftsrechtlich relevant zu sein.[299] Das Formstatut des schuldrechtlichen Verpflichtungsgeschäfts wird daher nach der Vorschrift des Art. 11 Rom I-VO bestimmt.[300]

Nach der Grundregel des Art. 11 Abs. 1 Rom I-VO ist ein Vertrag, bei dessen Abschluss die Parteien sich in demselben Staat befinden, wirksam, wenn er die Formerfordernisse des auf ihn anzuwendenden materiellen Rechts oder die Formerfordernisse des Rechts des Staates, in dem er geschlossen wird, erfüllt.

---

295 *Benecke*, RIW 2002, 280 (282); *Böttcher/Blasche*, NZG 2006, 766 (771 f.); *Mankowski*, NZG 2010, 201 (206); *Saenger/Scheuch*, BB 2008, 65 (68).

296 *Seibt*, in: Scholz, GmbHG, § 15 Rn. 82.

297 *Landbrecht/Becker*, BB 2013, 1290 (1293 f.); *Seibt*, in: Scholz, GmbHG, § 15 Rn. 82.

298 *Mankowski*, NZG 2010, 201 (205).

299 *Leible*, in: Michalski et al., GmbHG, Syst. Darst. Nr. 2 Rn. 102; *Winkler v. Mohrenfels*, in: Staudinger, BGB, Art. 11 EGBGB Rn. 259; *Weller/Reichert*, in: MünchKomm, GmbHG, § 15 Rn. 168.

300 *Altmeppen*, in: Altmeppen, GmbHG, § 15 Rn. 90; *Bayer*, in: Lutter/Hommelhoff, GmbHG, § 15 Rn. 51; *Bayer/Meier-Wehrsdorfer*, in: Hausschild/Kallrath/Wachter, § 10 Rn. 10; *Götze/Mörtel*, NZG 2011, 727 (732); *Mankowski*, RIW 2010, 591 (592); *Seibt*, in: Scholz, GmbHG, § 15 Rn. 66d; *Verse*, in: Henssler/Strohn, Gesellschaftsrecht, § 15 GmbHG Rn. 66; *Winkler v. Mohrenfels*, in: Staudinger, BGB, Art. 11 EGBGB Rn. 287 a.E.

Damit sieht die Regelung des Art. 11 Abs. 1 Rom I-VO ebenso wie die nationale Norm des Art. 11 Abs. 1 EGBGB eine alternative Anknüpfung an das Geschäftsrecht oder die Ortsform vor. Die Möglichkeit der alternativen Anknüpfung in Zusammenhang mit Verträgen i.S.d. § 15 Abs. 4 GmbHG wird allgemein anerkannt.[301] Aus gesellschaftsrechtlicher Sicht bestehen keine Bedenken gegen die Anwendbarkeit der Ortsformregel des Art. 11 Rom I-VO, da sich die Rechtswirkung auf die Vertragsparteien beschränkt.[302]

E. Zusammenfassung zur kollisionsrechtlichen Anknüpfung

Im Hinblick auf die kollisionsrechtliche Anknüpfung ist eine Differenzierung zwischen statusrelevanten und sonstigen Gesellschaftsakten sachlich geboten.

In Zusammenhang mit Verfassungsakten ist Art. 11 Abs. 1 EGBGB aufgrund der überwiegenden Interessen der Rechtssicherheit und des Verkehrsschutzes teleologisch zu reduzieren, sodass sich die Formwirksamkeit der Rechtsgeschäfte allein nach dem Geschäftsrecht richtet. Die Eingriffe in die Organisationsstruktur der Gesellschaft betreffen nicht nur die Vertragsparteien des jeweiligen Rechtsgeschäfts, sondern gerade auch unbeteiligte Dritte. Obwohl nicht satzungsändernde Hauptversammlungsbeschlüsse börsennotierter Aktiengesellschaften keinen Bezug zur Gesellschaftsverfassung aufweisen, richtet sich die Form aus Gründen der Rechtssicherheit ebenfalls allein nach dem Geschäftsrecht.

Demgegenüber findet die Ortsformregel bei Übertragung von GmbH-Geschäftsanteilen Anwendung, da öffentliche Interessen nicht in gleichem Maße berührt werden.

---

301 *Behrens/Hoffmann*, in: Habersack/Casper/Löbbe, GmbHG, Einl. Rn. B 199; *Görner*, in: Rowedder/Pentz, GmbHG, § 15 Rn. 58; *Haerendel*, DStR 2001, 1802 (1803 f.); *Laeger*, BB 2010, 2647 (2648); *Löbbe*, in: Habersack/Casper/Löbbe, GmbHG, § 15 Rn. 93; *Reichert/Weller*, DStR 2005, 292; *Schervier*, NJW 1992, 593 (598), noch in Bezug auf Art. 11 Abs. 1. Alt. 2 EGBGB; *Weller/Reichert*, in: MünchKomm, GmbHG, § 15 Rn. 166.

302 *Bayer*, in: Lutter/Hommelhoff, GmbHG, § 15 Rn. 51; *Bayer/Meier-Wehrsdorfer*, in: Hausschild/Kallrath/Wachter, Notarhandbuch, § 10 Rn. 10; Müller, RIW 2010, 591 (592).

Qualifikation	Vorgänge	Kollisionsnorm	Alternative Anknüpfung
Statusrelevante Gesellschaftsakte	Gründung (§§ 2 Abs. 1 GmbHG, 23 Abs. 1 AktG) und Satzungsänderung (§§ 53 Abs. 2 GmbHG, 130 Abs. 1 AktG)	Art. 11 Abs. 1 EGBGB	Nur Geschäftsrecht
	Verschmelzung, Spaltung und Formwechsel, (§§ 6, 193 Abs. 3 UmwG)	Art. 11 Abs. 1 EGBGB	Nur Geschäftsrecht
Sonstige Gesellschaftsakte	Nicht satzungsändernde Hauptversammlungsbeschlüsse börsennotierter Aktiengesellschaften (§ 130 Abs. 1 S. 1 AktG)	Art. 11 Abs. 1 EGBGB	Nur Geschäftsrecht
	Verpflichtungsgeschäft der Anteilsübertragung (§ 15 Abs. 4 GmbHG)	Art. 11 Abs. 1 Rom I-VO	Geschäftsrecht und Ortsform
	Verfügungsgeschäft der Anteilsübertragung (§ 15 Abs. 3 GmbHG)	Art. 11 Abs. 1 EGBGB	Geschäftsrecht und Ortsform

3. Kapitel: Der Notar im Beurkundungs- und Registerverfahren

Zum besseren Verständnis der nachfolgenden Kapitel soll die Stellung des deutschen Notars im Beurkundungs- und Registerverfahren untersucht werden. Dazu werden insbesondere die verschiedenen Arten des Beurkundungsverfahrens analysiert, welche ihrerseits zur Einhaltung der Formzwecke der notariellen Beurkundung beitragen. Anschließend wird die Funktion und die Zuständigkeit des Notars im Registerverfahren betrachtet. Besonderes Augenmerk wird dabei auf die in § 378 Abs. 3 FamFG kodifizierte Filter- und Entlastungsfunktion des Notars gerichtet.

A. Beurkundungsverfahren

I. Allgemeines

1. Abgrenzung zur öffentlichen Beglaubigung

Von der notariellen Beurkundung ist die öffentliche Beglaubigung abzugrenzen, bei der gem. § 129 Abs. 1 S. 1 Nr. 1 BGB lediglich die Unterschrift des Erklärenden von einem Notar beglaubigt wird.

Maßgebendes Abgrenzungsmerkmal ist, dass sich die öffentliche Beglaubigung nicht auf den Inhalt der Erklärung bezieht.[303] Die Tätigkeit der Urkundsperson beschränkt sich allein drauf, die Echtheit der Unterschrift bzw. Signatur zu bezeugen,[304] d.h. über die Identitätsfeststellung hinausgehende Zwecke werden mit der öffentlichen Beglaubigung nicht verfolgt. Das Verfahren der Beglaubigung ist in §§ 39, 40 BeurkG geregelt.

Exemplarisch für ein zu beglaubigendes Rechtsgeschäft ist die auf Übernahme eines Geschäftsanteils gerichtete Erklärung zu nennen, welche

303 *Einsele*, in: MünchKomm, BGB, § 129 Rn. 1; *Preuß*, in: Armbrüster/Preuß, BeurkG, § 40 Rn. 6; *Winkler*, BeurkG, Einl. Rn. 88 und § 40 Rn. 8 u. 14.

304 BGHZ 37, 79 (86).

gem. § 55 Abs. 1 Alt. 2 GmbHG[305] auch wirksam in beglaubigter Form abgegeben werden kann.[306]

Im Gegensatz zur öffentlichen Beglaubigung erstreckt sich die notarielle Beurkundung auch auf den Inhalt der Erklärung.[307] Die notarielle Beurkundung als solche ist im Bürgerlichen Gesetzbuch, bis auf die Spezialfrage der getrennten Beurkundung von Angebot und Annahme, nicht geregelt.[308] Nach § 128 BGB (i.V.m. § 152 BGB) genügt es für die Beurkundung eines Vertrages, wenn zunächst der Antrag und sodann die Annahme des Antrags von einem Notar beurkundet wird. Damit stellt die vorgenannte Vorschrift klar, dass die übereinstimmenden Willenserklärungen der Vertragsparteien nicht notwendig von demselben Notar beurkundet werden müssen, wodurch die Möglichkeit einer sukzessiven Beurkundung eröffnet wird.[309]

2. *Verfahrensarten*

Die allgemeinen Anforderungen der notariellen Beurkundung sowie die nähere Ausgestaltung des Verfahrens sind im Beurkundungsgesetz geregelt. Dieses differenziert zwischen der Beurkundung von Willenserklärungen (§§ 6–35 BeurkG) und von anderen Erklärungen (§§ 36–43 BeurkG).

Bei beiden Verfahrensarten hat der Notar eine Niederschrift zu errichten, deren Inhalt sich allerdings unterscheidet, vgl. §§ 9, 37 BeurkG. Lediglich in den für diese Untersuchung nicht relevanten Fällen des § 39 BeurkG genügt anstelle der Niederschrift ein Vermerk.[310]

Das entscheidende Kriterium für die Abgrenzung der Verfahrensarten ist die Frage des Vorliegens einer Willenserklärung. Dieser materiell-rechtliche

---

305 § 55 Abs. 1 Alt. 1 GmbHG sieht demgegenüber die notarielle Aufnahme (§ 128 BGB) der Übernahmeerklärung vor. Häufig wird die Übernahmeerklärung mit dem kapitalerhöhenden Gesellschafterbeschluss (§ 53 Abs. 2 GmbHG) in einer gemeinsamen Urkunde beurkundet.

306 *Altmeppen*, in: Altmeppen, GmbHG, § 55 Rn. 25; *Lieder*, in: MünchKomm, GmbHG, § 55 Rn. 128; *Priester/Tebben*, in: Scholz, GmbHG, § 55 Rn. 81; *Reithmann*, NJW 2003, 385 (387).

307 *Winkler*, BeurkG, Einl. Rn. 23.

308 *Hertel*, in: Staudinger, BGB, § 128 Rn. 1.

309 *Arnold*, in: Erman, BGB, § 128 Rn. 1; *Einsele*, in: MünchKomm, BGB, § 128 Rn. 6; *Ellenberger*, in: Grüneberg, BGB, § 128 Rn. 3; zur Möglichkeit der sukzessiven Beurkundung im GesR: *Scheller*, in: BeckOGK, BGB (Stand: 01.09.2023), § 128 Rn. 24–28.

310 Vgl. BT-Drs. V 3282, S. 37.

Gesichtspunkt beantwortet die Frage nach dem zu wählenden Verfahren.[311] Eine Willenserklärung im Sinne der Vorschriften des Allgemeinen Teils des BGB ist die Äußerung eines Willens, der unmittelbar auf die Herbeiführung einer Rechtswirkung (Rechtsbindungswille) gerichtet ist.[312]

a) Willenserklärungen

Ausgehend von der vorgenannten Definition sind der Abschluss des Gesellschaftsvertrags (§ 2 Abs. 1 GmbHG)[313] respektive die Feststellung der Satzung (§ 23 Abs. 1 AktG),[314] der Abschluss des Verschmelzungs-/Spaltungsvertrags (§ 6 UmwG i.V.m. § 125 Abs. 1 S. 1 UmwG),[315] umwandlungsrechtliche Verzichtserklärungen (§§ 8 Abs. 3; 9 Abs. 2; 16 Abs. 2 S. 2 UmwG),[316] der Abschluss des Abtretungs- (§ 15 Abs. 3 GmbHG) und Anteilskaufvertrages (§ 15 Abs. 4 GmbHG) sowie die Übernahmeerklärung[317] nach einer Kapitalerhöhung (§ 55 Abs. 1 GmbHG) als Willenserklärungen zu qualifizieren.

b) Andere Erklärungen

Demgegenüber handelt es sich bei Hauptversammlungsbeschlüssen börsennotierter Aktiengesellschaften (§ 130 Abs. 1 AktG)[318] oder satzungsändernden Beschlüssen (§ 53 Abs. 2 GmbHG; §§ 130 Abs. 1, 179 Abs. 2 AktG)[319] um andere

311 *Bord*, in: BeckOK, BeurkG (Stand: 01.02.2022), § 8 Rn. 4; *Ludwig*, in: jurisPK, BGB (Stand: 15.05.2023), § 128 Rn. 9.

312 BGHZ 145, 343 (346); *Ellenberger*, in: Grüneberg, BGB, Einf. v § 116 Rn. 1.

313 AG Berlin-Charlottenburg, RNotZ 2016, 119 (122); *Hertel*, in: Staudinger, BGB, BeurkG Rn. 600; *Limmer*, in: Frenz/Miermeister, BNotO, § 37 BeurkG Rn. 12.

314 *Limmer*, in: BeckOGK, AktG (Stand: 01.07.2023), § 23 Rn. 11.

315 DNotI-Report 2016, 93; *Heidinger*, in: Henssler/Strohn, Gesellschaftsrecht, § 6 UmwG Rn. 2; *Reithmann*, NJW 2003, 385 (387); *Süß*, in: jurisPK, BGB, Art. 11 EGBGB Rn. 77.

316 *Gehling*, in: Semler/Stengel/Leornard, UmwG, § 8 Rn. 71; *Mayer*, in: Widmann/Mayer, Umwandlungsrecht, § 8 UmwG Rn. 58.

317 *Trölitzsch*, in: BeckOK, GmbHG, § 53 Rn. 22.

318 BGHZ 180, 9 (15); BGHZ 203, 68 (75).

319 RegE, BT-Drs. V 3282, S. 36: Zur sonstigen Beurkundung „gehört insbesondere die Beurkundung von Versammlungsbeschlüssen"; *Bord*, in: BeckOGK, BeurkG (Stand: 01.10.2023), § 8 Rn. 8.1; *Hertel*, in: Staudinger, BGB, BeurkG Rn. 600; *Limmer*, in: Frenz/Miermeister, BNotO, § 37 BeurkG Rn. 37; *Priester/Tebben*, in: Scholz, GmbHG, § 53 Rn. 69; *Reithmann*, NJW 2003, 385 (387); *Süß*, in: jurisPK, BGB, Art. 11 EGBGB Rn. 76; *Winkler*, BeurkG, § 36 Rn. 5.

Erklärungen i.S.d. § 36 BeurkG. Gleiches gilt für Verschmelzungs-/Spaltungs-/Formwechselbeschlüsse.

Beschlüsse von Mitgliederversammlungen sind keine Willenserklärungen, sondern mehrseitige Rechtsgeschäfte eigener Art, die auf Stimmabgaben beruhen und auf kollektive Willensbildung gerichtet sind.[320] Richtigerweise gilt dies sowohl unabhängig von dem Gegenstand, über den ein Beschluss gefasst wird als auch von der Anzahl der Anteilsinhaber.[321] Denn bei der Bestimmung der Rechtsnatur des Beschlusses einer Mitgliederversammlung ist zwischen der internen Willensbildung in der Gesellschaft durch Stimmabgabe und der Umsetzung dieses Willens in Form des Beschlusses zu trennen.[322] Gegenstand der Beurkundung eines Versammlungsbeschlusses ist die Feststellung des tatsächlichen Hergangs der erfolgten Abstimmung – hingegen nicht die Stimmabgabe durch die Gesellschafter.[323]

c) Gemischte Beurkundung

Im Falle des Zusammentreffens von Willenserklärungen und anderen Erklärungen in einer Urkunde (gemischte Beurkundung) ist das strengere Verfahren der §§ 6 ff. BeurkG einzuhalten, da andernfalls die Beurkundung der Willenserklärung nichtig wäre.[324] Ein praktischer Anwendungsfall hierfür sind Willenserklärungen, die im Zusammenhang mit Versammlungsbeschlüssen in einer Urkunde beurkundet werden – etwa ein Verschmelzungsbeschluss (§ 13 Abs. 1 UmwG) und die Verzichtserklärungen der Anteilsinhaber (§§ 8 Abs. 3, 12 Abs. 3, 16 Abs. 2 UmwG).[325]

---

320 *Bayer*, in: Lutter/Hommelhoff, GmbHG, § 47 Rn. 1; *Theilig*, in: BeckOGK, BeurkG (Stand: 01.11.2022), § 36 Rn. 20; *Winkler*, BeurkG, § 36 Rn. 5 und § 37 Rn. 12; *Zöllner/Noack*, in: Noack/Servatius/Haas, GmbHG, § 47 Rn. 4 f.

321 OLG Celle, NZG 2017, 422 (423), zur Satzungsänderung bei einer Einmann-GmbH.

322 *Ludwig*, in: jurisPK, BGB, § 128 Rn. 19; *Römermann*, in: Michalski et al., GmbHG, § 47 Rn. 375.

323 *Altmeppen*, in: Altmeppen, GmbHG, § 53 Rn. 41; *Hoffmann/Bartlitz*, in: Michalski et al., GmbHG, § 53 Rn. 89; *Winkler*, BeurkG, vor § 36 Rn. 17.

324 Vgl. OLG Köln, MittBayNot 1993, 170 (171); *Bord*, in: BeckOGK, BeurkG (Stand: 01.10.2023), § 8 Rn. 6; *Harbarth*, MünchKomm, GmbHG, § 53 Rn. 68; *Hoffmann/Bartlitz*, in: Michalski et al., GmbHG, § 53 Rn. 91; *Limmer*, in: Frenz/Miermeister, BNotO, § 8 BeurkG Rn. 2; *Priester/Tebben*, in: Scholz, GmbHG, § 53 Rn. 70; *Trölitzsch*, in: BeckOK, GmbHG, § 53 Rn. 22; *Ulmer/Casper*, in: Habersack/Casper/Löbbe, GmbHG, § 53 Rn. 51 a.E., *Winkler*, BeurkG, vor § 36 Rn. 16.

325 *Gehling*, in: Semler/Stengel/Leonard, UmwG, § 8 Rn. 71.

II. Ablauf

Nachfolgend wird der Ablauf des qualifizierten (§§ 8–35 BeurkG) sowie des einfachen (§§ 36–43 BeurkG) Protokollverfahrens skizziert.

1. Qualifiziertes Protokollverfahren

a) Niederschrift über die Verhandlung

Bei der Beurkundung von Willenserklärungen muss der Notar gem. § 8 BeurkG eine Niederschrift über die Verhandlung aufnehmen, welche die Bezeichnung seiner Person und der Beteiligten sowie die von den Parteien abgegebenen Erklärungen enthält, vgl. § 9 Abs. 1 S. 1 BeurkG. Die Verhandlung ist das Ergebnis, das rechtsgeschäftlich niedergelegt werden soll, wohingegen die Vorphasen nicht mit in die Niederschrift aufzunehmen sind.[326]

Die Urkunde bedarf gem. § 13 Abs. 3 S. 1 BeurkG ebenfalls der Unterschrift des Notars. Neben dem nach § 9 Abs. 1 S. 1 Nr. 2 BeurkG aufzunehmenden Erklärungsinhalt enthält die Urkunde somit auch Angaben, welche die Tatsachenaspekte der Beurkundung treffen (Feststellungsinhalt).[327] Die in § 9 Abs. 1 S. 1 sowie § 13 Abs. 1 S. 1, Abs. 3 S. 1 BeurkG aufgezählten Inhalte sind Mussvorschriften, d.h. ohne diese Vorgaben errichtete Niederschriften sind unwirksam.

b) Prüfung und Belehrung

aa) Umfang

Die Vorschrift des § 17 Abs. 1 S. 1 BeurkG regelt vier Varianten der notariellen Prüfungs- und Belehrungspflicht. Danach soll der Notar den Willen der Beteiligten erforschen (Var. 1), den Sachverhalt klären (Var. 2), die Beteiligten über die rechtliche Tragweite des Geschäfts belehren (Var. 3) und ihre Erklärungen in der Niederschrift klar und unzweideutig wiedergeben (Var. 4).[328]

---

326 BGH, NJW 2017, 175 (176); *Grziwotz*, in: Grziwotz/Heinemann, BeurkG, § 8 Rn. 7; *Limmer*, in: Frenz/Miermeister, BNotO, § 8 BeurkG Rn. 7; *Piegsa*, in: Armbrüster/Preuß, BeurkG, § 8 Rn. 6; *Winkler*, BeurkG, § 8 Rn. 5.

327 *Heinemann*, in: Grziwotz/Heinemann, BeurkG, § 8 Rn. 35; *Limmer*, in: Frenz/Miermeister, BNotO, § 8 BeurkG Rn. 14 u. § 9 BeurkG Rn. 1.

328 Vertiefend zu den vier Varianten: *Armbrüster*, in: Armbrüster/Preuß, BeurkG, § 17 Rn. 17–45.

Die Vorschrift des § 17 BeurkG stellt eine Kernregelung des Beurkundungsgesetzes dar[329] und wird als „magna charta“[330] der notariellen Tätigkeit betitelt. Dennoch handelt es sich, ausweislich des gesetzlichen Wortlauts, um eine Soll-Vorschrift, d.h. der Notar, der pflichtwidrig nicht belehrt, begeht eine Dienstpflichtverletzung.[331] Die Wirksamkeit der Beurkundung hängt also von der Beachtung der Soll-Vorschrift nicht ab.[332] Da die Verletzung der Belehrungspflicht eine Amtshaftung des Notars gem. § 19 BNotO (i.V.m. § 839 BGB) begründen kann, trägt die zu dieser Vorschrift ergangene Rechtsprechung ihrerseits dazu bei, den konkreten Umfang der notariellen Belehrungspflichten zu bestimmen.[333]

Zur Belehrung über die wirtschaftliche Tragweite des Geschäfts oder über steuerrechtliche Folgen ist der Notar nicht verpflichtet, da beide Aspekte nicht zur „rechtlichen Tragweite“ gehören.[334] Ebenso trifft ihn keine Belehrungspflicht über die Kostenfolge seiner Urkundstätigkeit.[335]

bb) Anwendbarkeit ausländischen Rechts

Bei Sachverhalten mit Auslandsberührungen hat der Notar die Beteiligten gem. § 17 Abs. 3 S. 1 BeurkG darüber zu belehren, inwieweit das ausländische Recht Anwendung finden kann. Kein ausländisches Recht stellt das deutsche Internationale Privatrecht dar, welches im EGBGB sowie in den europäischen Sekundärrechtsakten geregelt und somit Bestandteil der nationalen Rechtsordnung ist.[336] Dementsprechend muss der Notar das deutsche Internationale

---

329 BGH, DNotZ 2015, 461 (463); *Lerch*, NotBZ, 452 (455); *Süß*, in: jurisPK, BGB, Art. 11 EGBGB Rn. 77; *Winkler*, BeurkG, § 17 Rn. 1.

330 Anm. *Schmitz-Valckenberg*, DNotZ 1994, 495 (496).

331 *Armbrüster*, in: Armbrüster/Preuß, BeurkG, § 17 Rn. 16.

332 RegE, BT-Drs. V/3882, S. 24; *Armbrüster/Preuß*, in: Armbrüster/Preuß, BeurkG, Einl. Rn. 23.

333 *Regler*, in: BeckOGK, BeurkG (Stand: 01.10.2023), § 17 Rn. 4.

334 *Armbrüster*, in: Armbrüster/Preuß, BeurkG, § 17 Rn. 63 und 70; *Frenz*, in: Frenz/Miermeister, BNotO, § 17 Rn. 18 f; *Grziwotz*, in: Grziwotz/Heinemann, BeurkG, § 17 Rn. 24; *Litzenburger*, in: BeckOK, BGB, § 17 BeurkG Rn. 6–7; *Winkler*, BeurkG, § 17 Rn. 237 u. 264.

335 *Grziwotz*, in: Grziwotz/Heinemann, BeurkG, § 17 Rn. 43; *Frenz*, Frenz/Miermeister, BNotO, § 17 Rn. 20; *Litzenburger*, in: BeckOK, BGB, § 17 BeurkG Rn. 11; *Regler*, in: BeckOGK, BeurkG (Stand: 01.10.2023), § 17 Rn. 96; *Winkler*, BeurkG, § 17 Rn. 268.

336 *Armbrüster*, in: Armbrüster/Preuß, BeurkG, § 17 Rn. 264; *Meyer*, DNotZ 2018, 726 (729).

Privatrecht und die darin geregelten Verweisungen auf ausländische Rechtsordnungen kennen.[337]

Dagegen ist der Notar nach § 17 Abs. 3 S. 2 BeurkG zur Belehrung über den Inhalt ausländischer Rechtsordnungen nicht verpflichtet. Diese Einschränkung der Belehrungspflicht folgt daraus, dass der Notar gem. § 15 Abs. 1 S. 1 BNotO zur Beurkundung verpflichtet ist, aber unmöglich sämtliche Rechtsordnungen kennen kann.[338]

c) Verlesung

Nach § 13 Abs. 1 S. 1 BeurkG muss die Niederschrift in Gegenwart des Notars den Beteiligten vorgelesen, von ihnen genehmigt und eigenhändig unterschrieben werden. Bei Änderungen des Vordrucks ist es zulässig, nur den geänderten Inhalt neu zu verlesen.[339]

2. Einfaches Protokollverfahren

a) Niederschrift über Wahrnehmungen

Auch bei der Beurkundung anderer Erklärungen sowie sonstiger Tatsachen oder Vorgänge ist grundsätzlich[340] eine Niederschrift aufzunehmen, in welcher der Notar über seine Wahrnehmungen berichtet, vgl. §§ 36, 37 Abs. 1 S. 1 Nr. 2 BeurkG. Anschließend muss der Notar diese Niederschrift gem. § 37 Abs. 3 i.V.m. § 13 Abs. 3 BeurkG unterschreiben.

Anders als bei der Beurkundung von Willenserklärungen ist für eine Tatsachenbeurkundung weder ein Verlesen noch die Unterschrift der Beteiligten erforderlich.[341] Die §§ 36 ff. BeurkG verzichten insgesamt auf den Begriff „Beteiligte", da allein der Bericht des Notars über seine Wahrnehmung wesentlicher Inhalt der Urkunde ist. In dem Bericht gibt der Notar die Tatsachen wieder, die

337 *Armbrüster*, in: Armbrüster/Preuß, BeurkG, § 17 Rn. 262; *Hertel*, in: Staudinger, BGB, BeurkG Rn. 507; *Regler*, in: BeckOGK, BeurkG (Stand: 01.10.2023), § 17 Rn. 247.

338 RegE, BT-Drs. V 3282, S. 32: „Eine Ausdehnung der Rechtsbelehrungspflicht des Notars und die damit verbundene Haftung für die Richtigkeit einer solchen Belehrung können dem Notar nicht zugemutet werden."; *Süß*, in: jurisPK, BGB, Art. 11 EGBGB Rn. 72.

339 *Ludwig*, in: jurisPK, BGB, § 128 Rn. 11.

340 Ausnahmsweise genügt in den Fällen des § 39 BeurkG anstelle einer Niederschrift eine Urkunde, welche die notarielle Unterschrift und das Siegel enthält.

341 *Bord*, in: BeckOGK, BeurkG (Stand: 01.10.2023), § 8 Rn. 3; *Hertel*, in: Staudinger, BGB, BeurkG Rn. 603; *Reithmann*, NJW 2003, 385 (387).

im Einzelfall rechtserheblich sind.[342] Im Ergebnis ist es dem Notar möglich, die Niederschrift auch nachträglich ohne Anwesenheit weiterer Personen zu erstellen.[343]

Ergänzend ist bei der Beurkundung einer Hauptversammlungsniederschrift zu berücksichtigen, dass die Sonderregelung des § 130 Abs. 2 AktG über die Mindestvorgaben des § 37 BeurkG hinausgehende Anforderungen enthält – u.a. die Angabe der Art und des Ergebnisses der Abstimmung.[344] Die bundesrechtliche Vorschrift des § 130 Abs. 2 AktG (*lex speciales*) bleibt gem. § 65 BeurkG[345] unberührt.[346]

b) Betreuungs- und Hinweispflicht

Bei der Beurkundung sonstiger Erklärungen finden die Prüfungs- und Belehrungspflichten nach § 17 BeurkG aus systematischen Gründen keine Anwendung.[347]

Eine Relativierung erfährt dieser Grundsatz in Zusammenhang mit der Beurkundung von Hauptversammlungsbeschlüssen einer Aktiengesellschaft.[348] Zwar braucht der Notar auch bei der Protokollierung von Hauptversammlungsbeschlüssen grundsätzlich keine Bedenken gegen die Gültigkeit

342 *Winkler*, BeurkG, § 37 Rn. 4.

343 BGHZ 180, 9 (15); *Grziwotz*, in: Grziwotz/Heinemann, BeurkG, § 37 Rn. 11; *Hertel*, in: Staudinger, BGB, BeurkG Rn. 603; *Winkler*, BeurkG, § 37 Rn. 7.

344 *Grziwotz*, in: Grziwotz/Heinemann, BeurkG, § 37 Rn. 13; *Limmer*, in: Frenz/Miermeister, BNotO, § 37 BeurkG Rn. 15; *Winkler*, BeurkG, § 37 Rn. 18 ff.

345 Vormals § 59 BeurkG a.F.

346 *Bungert*, AG 1995, 26 (29); *Hertel*, in: Staudinger, BGB, BeurkG Rn. 605; *Kanzleiter*, DNotZ 2007, 804 (807); *Limmer*, in: Frenz/Miermeister, BNotO, § 37 BeurkG Rn. 14; *Winkler*, BeurkG, § 36 Rn. 2 und § 37 Rn. 18; *ders.*, NJW 1973, 222 (224); die Vorschrift des § 37 BeurkG ist gegenüber der des § 130 AktG die jüngere, da das BeurkG erst am 01.01.1970 in Kraft getreten ist (BGBl. 1969 I, S. 1513).

347 BGHZ 203, 68 (74 f.); *Ganter*, DNotZ 2016, 483 (500); *Grziwotz*, in: Grziwotz/Heinemann, BeurkG, § 17 Rn. 7; *Heinze*, in: MünchKomm, GmbHG, § 2 Rn. 60; *Hertel*, in: Staudinger, BGB, BeurkG Rn. 604; *Koch*, in: Koch, AktG, § 130 Rn. 12; *Kubis*, in: MünchKomm, AktG, § 130 Rn. 34; *Limmer*, in: Frenz/Miermeister, BNotO, § 36 Rn. 13; *Preuß*, in: Armbrüster/Preuß, BeurkG, § 36 Rn. 14; *Stauch*, Die Geltung ausländischer notarieller Urkunden in der BRD, S. 80; *Theilig*, in: BeckOGK, BeurkG (Stand: 01.11.2022), § 36 Rn. 7; *Winkler*, BeurkG, § 17 Rn. 4 u. vor § 36 Rn. 14.

348 OLG Hamburg, BB 1993, 1544; *Heinze*, in: MünchKomm, GmbHG, § 2 Rn. 61.

der Erklärungen oder Vorgänge anmelden.[349] Etwas anderes gilt aber, wenn sich für ihn anhand einer Plausibilitätskontrolle Zweifel an der Ernsthaftigkeit und Eindeutigkeit der Erklärungen ergeben oder die Nichtigkeit des Beschlusses evident ist (Betreuungspflicht).[350] So hat der Notar bei der Beurkundung von Hauptversammlungsbeschlüssen die Ordnungsmäßigkeit der Einberufung, die Vollständigkeit des Teilnehmerverzeichnisses, die Einhaltung von Stimmverboten sowie generell das ordnungsgemäße Zustandekommen eines Beschlusses zu prüfen.[351] Zudem können sich aus der Funktion des Notars als unabhängigem Amtsträger (§§ 1, 14 BNotO) auch bei der Beurkundung gem. §§ 36 ff. BeurkG Hinweispflichten ergeben.[352]

III. Formzwecke der notariellen Beurkundung

Aufgrund der verfassungsrechtlich verbürgten Privatautonomie (Art. 2 Abs. 1 GG) können Rechtsgeschäfte grundsätzlich formfrei abgeschlossen werden.[353] Zur Rechtfertigung des mit der Formbedürftigkeit verbundenen Eingriffs dient die vom materiellen Recht für ein Rechtsgeschäft vorgeschriebene Form stets dem Erreichen bestimmter Zwecke.[354] In dogmatischer Hinsicht handelt es sich bei den Formzwecken um bloße gesetzgeberische Motive und nicht um Tatbestandsmerkmale.[355]

---

349 *Bredthauer*, DNotZ 1986, 1864 (1867); DNotI-Report, 1995, 219 (223); *Hertel*, in: Staudinger, BGB, BeurkG Rn. 78 u. 604; *Koch*, in: Koch, AktG, § 130 Rn. 12; *Limmer*, in: Frenz/Miermeister, BNotO, § 37 Rn. 13; *Winkler*, BeurkG, vor § 36 Rn. 14.

350 *Heckschen*, in: Beck'sches Notar-Handbuch, § 23 Rn. 342; *Herrler*, in: Grigoleit, AktG, § 130 Rn. 13; *Heinze*, in: MünchKomm, GmbHG, § 2 Rn. 61; *Koch*, in: Koch, AktG, § 130 Rn. 12; *Limmer*, in: Frenz/Miermeister, BNotO, § 37 Rn. 13; *Preuß*, in: Armbrüster/Preuß, BeurkG, § 36 Rn. 14 u. § 37 BeurkG Rn. 14; *Winkler*, BeurkG, vor § 36 Rn. 14; *Ziemons*, in: Lutter/Schmidt-AktG, § 130 Rn. 2.

351 OLG Hamburg, BB 1993, 1544: „[…] eine Vielzahl von Hinweis- und Prüfungspflichten für einzelne Situationen der Hauptverhandlung"; *Bredthauer*, BB 1986, 1864 (1867).

352 *Hertel*, in: Staudinger, BGB, BeurkG Rn. 604 u. 607; *Ziemons*, in: Schmidt/Lutter, AktG, § 130 Rn. 61 ff.; vertiefend zu den Hinweispflichten bei der Beurkundung von Hauptversammlungsbeschlüssen unten 5. Kapitel: C. I. 2. b).

353 *Arnold*, in: Erman, BGB, § 125 Rn. 1; *Ellenberger*, in: Grüneberg, BGB, § 125 Rn. 1; *Lieder*, Die rechtsgeschäftliche Sukzession, S. 325 f.

354 *Armbrüster/Preuß*, in: Armbrüster/Preuß, BeurkG, Einl. Rn. 11; *Mankowski*, JZ 2010, 662 (663).

355 *Arnold*, in: Erman, BGB, § 125 Rn. 1; *Einsele*, in: MünchKomm, BGB, § 125 Rn. 11.

Die Formvorschriften des materiellen Rechts, die eine öffentliche Beurkundung vorsehen, bedürfen einer verfahrensrechtlichen Ergänzung.[356] Die Einhaltung der Anforderungen des Beurkundungsverfahrens trägt somit „teils reflexartig, teils gezielt zur Erreichung der Formzwecke“ bei, kann aber auch über diese hinaus gehen.[357]

1. Individualschutz

Als umfassendste Form verfolgt die notarielle Beurkundung Warn-, Beweis- und Belehrungszwecke. Diese Zwecke werden abhängig davon, welche materiell-rechtliche Vorschrift die notarielle Form anordnet, in unterschiedlicher Ausprägung relevant. Die aufgezählten Zwecke dienen primär dem Schutz der am Rechtsgeschäft Beteiligten selbst (Individualschutz).[358]

a) Warnfunktion

Die Warnfunktion ist bei der notariellen Beurkundung im Vergleich zu den sonstigen Formerfordernissen[359] am stärksten ausgeprägt.[360] Bereits durch die Vereinbarung des Termins bei einem Notar wird den Beteiligten bewusst, dass sie den Abschluss eines besonders wichtigen Rechtsgeschäfts beabsichtigen.[361] Dem Einzelnen soll die Gelegenheit gegeben werden, sich ausführlich mit dem Gegenstand des maßgeblichen Rechtsgeschäfts auseinanderzusetzen und

---

356 RegE, BT-Drs. V 3282, S. 23; *Armbrüster/Preuß*, in: Armbrüster/Preuß, BeurkG, Einl. Rn. 10–13; *Kanzleiter*, DNotZ 1999, 292 (293).

357 *Armbrüster/Preuß*, in: Armbrüster/Preuß, BeurkG, Einl. Rn. 12.

358 *Hecht*, in: BeckOGK, BGB (Stand: 01.10.2023), § 125 Rn. 7 ff.; *Hertel*, in: Staudinger, BGB, BeurkG Rn. 5; *Mankowski*, JZ 2010, 662 (668), der zwischen Formzwecken differenziert, die im Individualinteresse stehen, und solchen, die überindividuellen Zwecken dienen.

359 Namentlich im Vergleich zu der Text-/Schriftform (§§ 126/126b BGB), der elektronischen Form (§ 126a BGB) sowie der öffentlichen Beglaubigung (§ 129 BGB).

360 *Heinze*, in: MünchKomm, GmbHG, § 2 Rn. 23; *Hertel*, in: Staudinger, BGB, BeurkG Rn. 7 u. § 125 Rn. 37.

361 *Armbrüster/Preuß*, in: Armbrüster/Preuß, BeurkG, Einl. Rn. 12: Die Beweis- und Warnfunktion wird „bereits durch die formalisierte Art des Zustandekommens notarieller Urkunden erreicht“; *Heinze*, in: MünchKomm, GmbHG, § 2 Rn. 21; *Hertel*, in: Staudinger, BGB, BeurkG Rn. 7; *Limmer*, in: FS des Rheinischen Notariats, 15 (34).

dessen Abschluss hinreichend zu überdenken.[362] Somit wird der Erklärende vor unüberlegten oder übereilten Bindungen geschützt (Übereilungsschutz).[363]

b) Klarstellungs- und Beweisfunktion

Durch die Einhaltung des Beurkundungserfordernisses wird klargestellt und bewiesen, dass und mit welchem Inhalt das Geschäft zustande gekommen ist.[364]

Die Beweisfunktion lässt sich kleinschrittiger in die Identitäts-, Echtheits- und Verifikationsfunktion unterteilen.[365] Die Identitätsfunktion lässt den Aussteller der Urkunde erkennen, d.h. es geht regelmäßig um die verlässliche Identifizierung der Beteiligten, vgl. § 10 BeurkG. Die Echtheitsfunktion gewährleistet, dass die Erklärung inhaltlich vom Aussteller stammt. Die Verifikationsfunktion ermöglicht die Überprüfung der Echtheit der Urkunde.[366]

In prozessualer Hinsicht erbringt die notarielle Niederschrift in Verfahren der streitigen sowie der freiwilligen Gerichtsbarkeit als öffentliche Urkunde vollen Beweis über die darin enthaltenen Willenserklärungen (§ 415 ZPO) beziehungsweise die vom Notar getroffenen Tatsachenfeststellungen (§ 418 ZPO).[367]

c) Beratungs- und Belehrungsfunktion

Das Beurkundungserfordernis soll die Gefahr der unrichtigen Gestaltung aus Rechtsunkenntnis beseitigen, indem der sachkundige und unabhängige Notar die Beteiligten berät und belehrt, vgl. § 17 Abs. 1 BeurkG.[368] Auf diese Weise

---

362 *Hecht*, in: BeckOGK, BGB (Stand: 01.10.2023), § 125 Rn. 8; *Limmer*, in: FS des Rheinischen Notariats, 15 (34).

363 BGHZ 58, 386 (394), in Bezug auf die Vorschrift des § 313 S. 1 BGB i.d.F. bis zum 31.12.2001 (= § 311b Abs. 1 S. 1 BGB n.F.); *Ellenberger*, in: Grüneberg, BGB, § 125 Rn. 2.

364 BGHZ 58, 386 (394); *Einsele*, in: MünchKomm, BGB, § 125 Rn. 9; *Ellenberger*, in: Grüneberg, BGB, § 125 Rn. 3; *Limmer*, in: BeckOGK, AktG (Stand: 01.07.2023), § 23 Rn. 14; *ders.*, in: FS des Rheinischen Notariats, 15 (35); *Mankowski*, JZ 2010, 662 (663); *Winkler*, BeurkG, Einl. Rn. 19 u. 21.

365 *Arnold*, in: Erman, BGB, § 125 Rn. 4; *Ellenberger*, in: Grüneberg, BGB, § 125 Rn. 3; *Hertel*, in: Staudinger, BGB, § 125 Rn. 43.

366 *Ellenberger*, in: Grüneberg, BGB, § 125 Rn. 3; *Hertel*, in: Staudinger, BGB, § 125 Rn. 43.

367 *Hertel*, in: Staudinger, BGB, § 125 Rn. 44 u. BeurkG Rn. 5, 19; *Limmer*, in: FS des Rheinischen Notariats, 15 (35); *ders.*, in: Frenz/Miermeister, BNotO, § 36 BeurkG Rn. 5; *Preuß*, in: Armbrüster/Preuß, BeurkG, § 36 Rn. 3; *Reithmann*, DNotZ 1995, 360 (365 f.); *Theilig*, in: BeckOGK, BeurkG (Stand: 01.11.2022), § 36 Rn. 4.

368 *Ellenberger*, in: Grüneberg, BGB, § 125 Rn. 5; *Einsele*, in: MünchKomm, BGB, § 128 Rn. 1; *Mankowski*, JZ 2010, 662 (666); *Winkler*, BeurkG, Einl. Rn. 22.

wird ein gegebenenfalls bestehendes Ungleichgewicht ausgeglichen, das auf überlegenen Kenntnissen einer Partei beruht.[369] Die Beratung stellt eine Übereinstimmung von Willen und Erklärung sowie eine klare und unzweideutige Formulierung der Erklärungen sicher.[370]

Zusätzlich belehrt der Notar die Beteiligten bei der Beurkundung über die Rechtsfolgen des Geschäfts und dessen besondere Gefahren sowie Tragweite.[371] Dabei lässt sich der Umfang der nicht standardisierten Belehrungspflicht nicht fest umgrenzen, sondern richtet sich „nach den Gegebenheiten des Einzelfalles."[372]

2. *Überindividuelle Formzwecke*

Über den Individualschutz hinaus verfolgt speziell die notarielle Beurkundung noch weitere Funktionen, die sich insbesondere im Schutz der Interessen Dritter sowie der Allgemeinheit äußern.[373] Diese über den Individualschutz hinausgehenden Zwecke sind anhand der jeweiligen gesetzlichen Rechtsvorschrift zu ermitteln, die die Einhaltung des Formerfordernisses verlangt.[374] Es existiert insoweit kein übergeordneter, allgemeingültiger Normzweck.[375] Ohne das Ergebnis der noch anzustellenden Untersuchung[376] vorwegzunehmen, sei bereits an dieser Stelle angemerkt, dass die jeweiligen Formerfordernisse teilweise ganz unterschiedliche überindividuelle Zwecke verfolgen.

Zudem ist bei allen gesellschaftsrechtlichen Maßnahmen, die zur Eintragung in das Handelsregister anzumelden sind, die notarielle Filterfunktion

369 *Frenz*, in: Armbrüster/Preuß, BeurkG, § 17 Rn. 1; *Hertel*, in: Staudinger, BGB, § 125 Rn. 39; *Lieder*, in: FS Bergmann, 471 (479); *Winkler*, BeurkG, Einl. Rn. 22.

370 *Einsele*, in: MünchKomm, BGB, § 128 Rn. 1.

371 *Hertel*, in: Staudinger, BGB, § 125 Rn. 38; *Mankowski*, JZ 2010, 662 (664).

372 BGH, DNotZ 1963, 308 (309); *Armbrüster*, in: Armbrüster/Preuß, BeurkG, § 17 Rn. 3; *Armbrüster/Krause*, NotBZ 2004, 325; *Hertel*, in: Staudinger, BGB, BeurkG Rn. 498; *Regler*, in: BeckOGK, BeurkG (Stand: 01.10.2023), § 17 Rn. 10; *Winkler*, BeurkG, § 17 Rn. 219.

373 *Blumenwitz*, DNotZ 1968, 712 (737); *Bormann*, ZGR 2017, 621 (628); *Hertel*, in: Staudinger, BGB, BeurkG Rn. 23.

374 *Hertel*, in: Staudinger, BGB, BeurkG Rn. 4; *Max-Planck-Institut*, IPG 1965–66 Nr. 68, S. 797 (806 f.).

375 BGH, NJW 1989, 1484; *Ellenberger*, Grüneberg, BGB, § 125 Rn. 1; *Herrler*, NJW 2018, 1787 (1788).

376 S. zu den Formzwecken der gesellschaftsrechtlichen Beurkundungserfordernisse unten 5. Kapitel.

unverzichtbar für eine geordnete und effektive Rechtspflege.[377] Soweit Notare esetzlichen Mitteilungs- und Meldepflichten unterliegen, wird als Nebenzweck der Beurkundung die Möglichkeit der Kontrolle durch Behörden eröffnet (Kontrollfunktion).[378]

IV. Beurkundung durch Konsularbeamte

Die Urkundsgewalt eines deutschen Notars beschränkt sich als Ausprägung der Staatsgewalt auf das Gebiet der Bundesrepublik Deutschland (§ 1 BNotO), d.h. eine im Ausland vorgenommene Beurkundung ist unzulässig.[379] Demgegenüber kann ein deutscher Konsularbeamter, der bei den deutschen Auslandsvertretungen[380] ansässig ist, die Beurkundung im Ausland wirksam vornehmen,[381] da von ihm aufgenommene Urkunden gem. § 10 Abs. 2 KonsG den von einem inländischen Notar aufgenommenen gleichstehen.

1. Erfordernis einer Richterbefähigung oder besonderen Ermächtigung

Nach § 1 KonsG fallen sowohl Berufskonsularbeamte (§ 18 Abs. 1 KonsG) als auch Honorarkonsularbeamte (§ 20 KonsG) unter den persönlichen Anwendungsbereich des Gesetzes. Davon sind aber lediglich Berufskonsularbeamte mit Befähigung zum Richteramt ohne Weiteres zur Wahrnehmung der vorgenannten konsularischen Aufgabe befugt, wohingegen andere Berufskonsularbeamte zur Beurkundung von Willenserklärungen einer besonderen Ermächtigung durch das Auswärtige Amt bedürfen, vgl. § 19 Abs. 1, Abs. 2 S. 1 Nr. 1 KonsG. Diese Einschränkung gilt gem. § 24 Abs. 1 KonsG entsprechend für Honorarkonsularbeamte.

Somit sind ausschließlich Konsularbeamte mit Befähigung zum Richteramt[382] bzw. mit besonderer Ermächtigung befugt, Niederschriften über die

---

377 S. dazu unten 3. Kapitel: B. II. 3. b).

378 S. dazu unten 4. Kapitel: C. IV.

379 BGHZ 138, 359 (361); *Baumann*, MittRhNotK 1996, 1 (15); *Blumenwitz*, DNotZ 1968, 712 (715 f.); *Biehler*, NJW 2000, 1243 (1245); *Pentz*, in: MünchKomm, AktG, § 23 Rn. 32; *Spellenberg*, in: MünchKomm, GmbHG, Art. 11 Rn. 59; *Stürner*, in: Erman, BGB, Art. 11 EGBGB Rn. 28; *Winkler*, BeurkG, Einl. Rn. 48.

380 Vgl. *Auswärtiges Amt*, Liste von deutschen Auslandsvertretungen.

381 BGHZ 203, 68 (73); *Pentz*, in: MünchKomm, AktG, § 23 Rn. 32; *Ulmer/Löbbe*, in: Habersack/Casper/Löbbe, GmbHG, § 2 Rn. 22.

382 Diese Einschränkung betonend: *Kropholler*, ZHR 140 (1976), 394 (408); *Raff*, in: Rowedder/Pentz, GmbHG, § 2 Rn. 73; *Ulmer/Löbbe*, in: Habersack/Casper/Löbbe, GmbHG, § 2 Rn. 22.

Beurkundung von vor ihnen abgegebenen Willenserklärungen zu erstellen, vgl. § 10 Abs. 1 Nr. 1 KonsG. Nach § 10 Abs. 3 KonsG gelten für das Anfertigen der konsularischen Urkunde – mit geringen Abweichungen[383] – die Vorschriften des BeurkG.

2. *Gebühren*

Die Erhebung der Gebühren und Auslagen für die aufgrund des Konsulargesetzes erbrachten Leistungen richtet sich vordergründig nach der Besonderen Gebührenverordnung des Auswärtigen Amtes (AABGebV).[384] Nach Nr. 5.3.3 Anlage 1 AABGebV richten sich die Gebühren für die hier untersuchten Beurkundungsgegenstände nach dem Zeitaufwand. Bei der Bestimmung der Zeitgebühr (§ 3 AABGebV) ist für einen Beamten des höheren Dienstes ein Stundensatz zwischen 131,74 und 186,39 EUR zugrunde zu legen, vgl. Anlage 2 AABGebV.

3. *Häufigkeit*

In seiner Internetpräsenz betont das Auswärtige Amt, der Konsul trete nicht „in Konkurrenz zu den deutschen Notaren“ und seine Beurkundung sei vielmehr als „ergänzende Dienstleistung“ zu verstehen.[385] Daher unterliegt der Konsularbeamte anders als der deutsche Notar auch keiner Urkundsgewährungspflicht i.S.d § 15 BNotO, sondern gewährt seinen Rat und Beistand nach pflichtgemäßem Ermessen, vgl. § 1 KonsG.[386] Zudem trägt die eher geringe Anzahl von Konsularbeamten mit Urkundsbefugnis dazu bei, dass nur in seltenen Einzelfällen deutsche Auslandsvertretungen zur Beurkundung aufgesucht werden.[387]

---

383 Eine erwähnenswerte Besonderheit besteht etwa darin, dass die Urschrift den Beteiligten, abweichend von § 45 Abs. 1 BeurkG (Verwahrung bei dem Notar), bei der Beurkundung durch Konsularbeamte grundsätzlich ausgehändigt wird, vgl. § 10 Abs. 3 Nr. 4 KonsG.

384 Besondere Gebührenverordnung des Auswärtigen Amts für individuell zurechenbare öffentliche Leistungen in dessen Zuständigkeitsbereich vom 23.08.2021 (BGBl. 2021 I S. 3920).

385 *Auswärtiges Amt*, Beurkundungen und Beglaubigungen durch Auslandsvertretungen.

386 Vgl. *Pentz*, in: MünchKomm, AktG, § 23 Rn. 32.

387 *Stauch*, Die Geltung ausländischer notarieller Urkunden in der BRD, S. 71, dort Fn. 301: Zum 10.04.1978 seien 414 Beamte mit Beurkundungsbefugnis in den deutschen Konsulaten bzw. Botschaften beschäftigt gewesen, dies ergäbe jährlich

V. Echtheit von Urkunden

Von einem deutschen Notar erstellte Urkunden haben gem. § 437 Abs. 1 ZPO die Vermutung der Echtheit für sich. Demgegenüber bedarf es für den Gebrauch einer ausländischen Urkunde im Inland respektive der inländischen Urkunde im Ausland eines Echtheitsnachweises für den jeweiligen Einzelfall (Legalisation).[388]

1. Legalisation

Soweit es um die Anerkennung ausländischer Urkunden im Inland geht, wird die Legalisation regelmäßig durch einen deutschen Konsul oder Gesandten der BRD (§ 13 Abs. 1 i.V.m. § 18 KonsG) im jeweiligen Ausstellerstaat durchgeführt, vgl. § 438 Abs. 2 ZPO.[389] Nach § 13 Abs. 3 KonsG wird die Legalisation durch einen auf der Urkunde zu setzenden Vermerk vollzogen.

In den vorgenannten nationalen Regelungen spiegelt sich die allgemeine Definition aus Art. 2 S. 2 des Haager Übereinkommens[390] wider. Danach meint die Legalisation eine Förmlichkeit, „durch welche die diplomatischen oder konsularischen Vertreter des Landes, in dessen Hoheitsgebiet die Urkunde vorgelegt werden soll, die Echtheit der Unterschrift, die Eigenschaft, in welcher der Unterzeichner der Urkunde gehandelt hat, und gegebenenfalls die Echtheit des Siegels oder Stempels, mit dem die Urkunde versehen ist, bestätigen." Somit ist im umgekehrten Fall, also der Anerkennung einer deutschen Urkunde im Ausland, die jeweilige Vertretung des ausländischen Staates in der BRD für die Legalisation zuständig.

2. Apostille

Der Echtheitsnachweis im Einzelfall ist dann entbehrlich, wenn entsprechende staatsvertragliche Regelungen vorliegen.[391] So genügt nach Art. 3 Abs. 1 des

---

etwa 2 bis 65 Beurkundungen pro diplomatischer Vertretung; ähnlich: *Liebscher*, in: MünchKomm, GmbHG, § 48 Rn. 91: Das Auswärtige Amt sei „insoweit außerordentlich zurückhaltend".

388 *Armbrüster*, in: Armbrüster/Preuß, BeurkG, § 1 Rn. 42; *Blumenwitz*, DNotZ 1968, 712 (728); *Limmer*, in: Frenz/Miermeister, BNotO, § 2 BeurkG Rn. 17.

389 *Blumenwitz*, DNotZ 1968, 712 (729); *Pfeiffer*, Rpfleger 2012, 240 (240); *Schaub*, NZG 2000, 953 (956).

390 Haager Übereinkommen zur Befreiung ausländischer öffentlicher Urkunden von der Legalisation vom 05.10.1961 (BGBl. 1965 II S. 875).

391 *Armbrüster*, in: Armbrüster/Preuß, BeurkG, § 1 Rn. 42–52, mit Nachweisen zu den einzelnen Ländern einschließlich der Schweiz.

Haager Übereinkommens anstelle der Legalisation für sämtliche Staaten, die das Übereinkommen ratifiziert haben,[392] eine Apostille als vereinfachte Form der Echtheitsbestätigung.[393]

Die Apostille ist nach dem als Anlage zu dem Übereinkommen beigefügten Muster abzufassen und wird auf der Urkunde selbst angebracht, vgl. Art. 4 Abs. 1 Haager Übereinkommen. Mit Ausnahme der Überschrift „*Apostille (Convention de La Haye du 5 octobre 1961)*“ kann die Apostille in der Amtssprache der ausstellenden Behörde abgefasst werden, vgl. Art. 4 Abs. 2 Haager Übereinkommen.

3. *Entbehrlichkeit*

Darüber hinaus gibt es zwischen der BRD und wenigen Staaten bilaterale Abkommen,[394] die für bestimmte ausländische Urkunden einen Verzicht auf jede Förmlichkeit vorsehen, sodass auch keine Apostille erforderlich ist[395] – etwa in Zusammenhang mit dem Personenstands- und Meldewesen.[396]

Im Verhältnis zur Schweiz ist jedenfalls eine Apostille zum Echtheitsnachweis erforderlich,[397] da der deutsch-schweizerische Vertrag über die Beglaubigung öffentlicher Urkunden[398] nicht für die notarielle Beurkundung gilt.

---

392 Vgl. *Auswärtiges Amt*, Das Haager Apostille-Übereinkommen, mit einer Liste aller Staaten, die das Übereinkommen ratifiziert haben.

393 *Armbrüster*, in: Armbrüster/Preuß, BeurkG, § 1 Rn. 54; *Blumenwitz*, DNotZ 1968, 712 (729);*Limmer*, in: Frenz/Miermeister, BNotO, § 2 BeurkG Rn. 19.

394 Vgl. *Auswärtiges Amt*, Das Haager Apostille-Übereinkommen (dort die einleitende Anmerkung), mit Aufzählung folgender Staaten: Belgien, Dänemark, Frankreich, Griechenland (nur bestimmte gerichtliche und behördliche Urkunden), Italien, Luxemburg, Österreich, Schweiz (nur für die Beglaubigung öffentlicher Urkunden); vgl. auch *DNotI*, Kurzü bersicht Apostille und Legalisation.

395 *Limmer*, in: Frenz/Miermeister, BNotO, § 2 BeurkG Rn. 20; *Pfeiffer*, Rpfleger 2012, 240 (241).

396 Vgl. Art. 4 VO (EU) 1016/1191 vom 06.07.2016 zur Förderung der Freizügigkeit von Bürgern durch die Vereinfachung der Anforderungen an die Vorlage bestimmter öffentlicher Urkunden innerhalb der Europäischen Union und zur Änderung der Verordnung (EU) Nr. 1024/2012.

397 KG Berlin, GmbHR 2018, 1202 (1204); OLG München, Beschl. v. 16.08.2021, Az. 31 Wx283/21 (unveröffentlicht); LG Augsburg, GmbHR 1996, 941 (942).

398 Vertrag zwischen dem Deutschen Reiche und der Schweiz über die Beglaubigung öffentlicher Urkunden vom 14.02.1907 (RGBl. 1907 II S. 411).

B. Registerverfahren

I. Anmeldungen zur Eintragung in das Handelsregister

Anmeldungen i.S.d. § 12 Abs. 1 HGB sind solche, „die in entsprechenden Gesetzesvorschriften vorgesehen und außerdem dort auch als solche bezeichnet sind.“[399]

Von den hiesigen Untersuchungsgegenständen sind insbesondere:

- Gesellschaftsgründungen (§§ 7 Abs. 1 GmbHG, 36 Abs. 1 AktG),
- Satzungsänderungen (§§ 54 Abs. 1 S. 1 GmbHG, 181 Abs. 1 AktG),
- die Erhöhung des Stamm-/Grundkapitals (§§ 57 Abs. 1 GmbHG, 184 Abs. 1, 188 Abs. 1 AktG),
- der Unternehmensvertrag und der entsprechende Zustimmungsbeschluss der beherrschten Gesellschaft (analog § 54 Abs. 1 S. 1 GmbHG),[400]
- der Verschmelzungs-/Spaltungsvertrag (§§ 16 Abs. 1, 129 UmwG) sowie
- der Beschluss über den Formwechsel (§ 198 Abs. 1 UmwG)

zur Eintragung in das Handelsregister anzumelden.

Die Subsumtion unter die einleitende Definition ergibt, dass die Übertragung von GmbH-Anteilen nicht im engeren Sinn anmeldungspflichtig ist und folglich nicht in das Handelsregister eingetragen wird.[401] Anstatt einer Handelsregisteranmeldung müssen die Geschäftsführer gem. § 40 Abs. 1 GmbHG eine von ihnen unterschriebene Gesellschafterliste zum Handelsregister einreichen.[402] Diese wird von dem verwahrenden Registergericht in einem digital geführten Registerordner abgespeichert, vgl. § 9 Abs. 1 Handelsregisterverordnung.[403] [404]

Ebenfalls nicht anmeldungspflichtig ist die Niederschrift über einfache Hauptversammlungsbeschlüsse einer börsennotierten Aktiengesellschaft. Es ist ausreichend, die notariell beglaubigte Niederschrift und ihre Anlagen beim

---

399 OLG Frankfurt, NZG 2015, 710; ähnlich: *Krafka*, MünchKomm, HGB, § 12 Rn. 2.

400 BGHZ 105, 324 (342); *Krafka*, in: Handbuch Registerrecht, Teil 1 Rn. 103.

401 *Noack*, in: FS Hüffer, 723 (726).

402 Sofern ein Notar mitgewirkt hat, muss dieser anstelle der Geschäftsführer die Liste unterschreiben und einreichen (§ 40 Abs. 2 GmbHG); s. vertiefend zur Gesellschafterliste unten 5. Kapitel: C. II. 4.

403 Verordnung über die Errichtung und Führung des Handelsregisters (HRV) vom 12.08.1937 (RMBl 1937 S. 515), die zuletzt durch Artikel 44 des Gesetzes vom 10.08.2021 (BGBl. 2021 I S. 3436) geändert worden ist.

404 RegE, BT-Drs. 16/6140, S. 44: „Das Registergericht nimmt die Liste lediglich entgegen und hat keine inhaltliche Prüfpflicht.“; *Noack*, in: FS Hüffer, 723 (726).

Handelsregister einzureichen, vgl. § 130 Abs. 5 AktG. Handelt es sich aufgrund anderer Vorschriften, etwa gem. § 181 Abs. 1 AktG, dennoch um einen eintragungspflichtigen Hauptversammlungsbeschluss, so wird die Pflicht zur Einreichung gem. § 130 Abs. 5 AktG durch Beifügung der Niederschrift zur Handelsregisteranmeldung erfüllt.[405]

Nach § 78 GmbHG sind die Anmeldungen durch die Geschäftsführer zu bewirken.[406] Auch im Übrigen trifft die Anmeldungspflicht durchgängig die Mitglieder der vertretungsberechtigten Organe, da diese die eintragungspflichtigen Tatsachen und Rechtsverhältnisse der Gesellschaft am besten kennen.[407] Dabei handeln die Organmitglieder regelmäßig als Anmeldende im Namen der Kapitalgesellschaft.[408]

Im Falle des Unterlassens kann die Pflicht zur Anmeldung oder Einreichung von Dokumenten zum Handelsregister durch Festsetzung eines Zwangsgeldes gegen die natürliche Person von bis zu 5.000,00 EUR erzwungen werden.[409] Von der Zwangsgeldfestsetzung sind ausnahmsweise Eintragungen mit konstitutiver Wirkung ausgenommen, da die Herbeiführung im Belieben der Gesellschaft liegen soll, vgl. §§ 79 Abs. 2 GmbHG, 316 Abs. 2 UmwG.[410]

II. Notarielle Zuständigkeiten

1. *Öffentliche Beglaubigung*

Nach § 12 Abs. 1 S. 1 HGB sind Anmeldungen zur Eintragung in das Handelsregister elektronisch in öffentlich beglaubigter Form einzureichen.

Dazu beglaubigt der Notar zunächst die von dem Erklärenden unterschriebene Anmeldungserklärung, vgl. § 129 Abs. 1 S. 1 Nr. 1 BGB. Sofern die an das Handelsregister gerichtete Erklärung bereits in einer notariellen Niederschrift

---

405 *Drinhausen*, in: Hölters/Weber, AktG, § 130 Rn. 41; *Koch*, in: Koch, AktG, § 130 Rn. 27; *Mülbert*, in: Hirte/Mülbert/Roth, Großkommentar, AktG, § 130 Rn. 127.

406 Vgl. *Grau/Kirchner*, GWR 2021, 23.

407 *Krafka*, in: Handbuch Registerrecht, Teil 1 Rn. 105; *Wamser*, in: Henssler/Strohn, Gesellschaftsrecht, § 14 HGB Rn. 2.

408 BGHZ 105, 324 (328); *Krafka*, in: Handbuch Registerrecht, Teil 1 Rn. 108 u. 117.

409 Vgl. *Krafka*, in: Handbuch Registerrecht, Teil 1 Rn. 136; *Merkt*, in: Hopt-HGB, § 14 Rn. 2; das Zwangsgeldverfahren richtet sich nach den Vorschriften der §§ 388–392 FamFG und bedarf insb. einer Androhung gem. § 388 Abs. 1 FamFG bevor das Gericht die Festsetzung des Zwangsgeldes beschließt.

410 BGHZ 105, 324 (328); *Altmeppen*, in: Altmeppen, GmbHG, § 79 Rn. 4; *Krafka*, in: Handbuch Registerrecht, Teil 1 Rn. 101; *Servatius*, in: Henssler/Strohn, Gesellschaftsrecht, § 79 GmbHG Rn. 6.

enthalten ist, wird die öffentliche Beglaubigung gem. § 129 Abs. 2 BGB durch die notarielle Beurkundung ersetzt.

2. *Vertretung bei der Anmeldung*

Die anmeldepflichtigen Personen können sich bei der Anmeldung durch einen Notar vertreten lassen, soweit es nicht um höchstpersönliche Versicherungen geht, vgl. §§ 8 Abs. 2, 57 Abs. 2 GmbHG.[411] Aus der Anmeldung muss unzweifelhaft hervorgehen, ob der Notar in fremden Namen und im Rahmen seiner Vertretungsmacht (Eigenurkunde) oder als Bote für den Antragsstellen handelt.[412]

Nach § 378 Abs. 2 FamFG gilt jeder deutsche[413] Notar, der die zu einer Eintragung erforderliche Erklärung beurkundet oder beglaubigt, als ermächtigt, im Namen des zur Anmeldung Berechtigten die Eintragung zu beantragen. Die vorgenannte Vorschrift schafft eine widerlegbare Vermutung der Vollmacht für das registerrechtliche Eintragungsverfahren.[414] Für den Notar besteht aber keine Pflicht den Antrag als Vertreter zu stellen, sondern er kann die Registeranmeldung alternativ auch als Bote überbringen.[415]

3. *Vorprüfung und Einreichungskompetenz*

a) *Ablauf*

Unabhängig von dem Beglaubigungserfordernis des § 12 Abs. 1 S. 1 HGB[416] sind Anmeldungen in Handelsregistersachen vor der Einreichung von einem Notar auf ihre Eintragungsfähigkeit zu prüfen und ausschließlich von einem solchen an das für die Eintragung zuständige Registergericht weiterzuleiten,

411 OLG Oldenburg, NZG 2011, 1233; OLG Karlsruhe, GmbHR 2011, 308 (309); *Krafka*, in: Handbuch Registerrecht, Teil 1 Rn. 121.

412 OLG Oldenburg, NZG 2011, 1233; *Krafka*, in: Handbuch Registerrecht, Teil 1 Rn. 126; *Otto*, in: BeckOK, FamFG, § 378 Rn. 20.

413 *Eickelberg*, in: Sternal, FamFG, § 378 Rn. 6; *Krafka*, in: MünchKomm, FamFG, § 378 Rn. 5; *Otto*, in: BeckOK, FamFG, § 378 Rn. 12.

414 DNotI-Report, 2010, 112 (113); *Grau/Kirchner*, GWR 2021, 23 (24); *Krafka*, in: MünchKomm, FamFG, § 378 Rn. 5.

415 *Krafka*, in: MünchKomm, FamFG, § 378 Rn. 7; *Otto*, in: BeckOK, FamFG, § 378 Rn. 20.

416 *Reithmann/Stelmaszczyk* in: Reithmann/Martiny, Internationaels Vertragsrecht, Rn. 5.341.

vgl. § 378 Abs. 3 FamFG. Die Pflicht zur Prüfung besteht auch dann, wenn der Notar die Anmeldung nicht selbst entworfen hat.[417]

Der Schwerpunkt der Prüfung liegt auf der abstrakten Eintragungsfähigkeit der dem Notar vorliegenden Anmeldungserklärung und ihrer inhaltlichen Vollständigkeit,[418] sodass „[a]ußerhalb der Anmeldung liegende Umstände [...] nicht von der Prüfungspflicht des Notars umfasst" sind.[419] Unabhängig von dem Ausgang der Vorprüfung muss der Notar das Ergebnis für das Registergericht dokumentieren[420] – etwa durch Beifügung eines Prüfvermerks.[421]

b) *Filter-/Entlastungsfunktion*

Die öffentliche Beglaubigung der Handelsregisteranmeldung bezweckt den Nachweis der Identität des Erklärenden und der Authentizität der Erklärung.[422] Neben diesem originären Zweck der notariellen Unterschriftsbeglaubigung[423] besteht die Filterfunktion, welche mit der Vorschrift des § 378 Abs. 3 FamFG kodifiziert worden ist.[424] Die notarielle Prüfung soll gewährleisten, dass das Registergericht „weitgehend rechtlich einwandfreie, sachgerecht formulierte

---

417 RegE, BT-Drs. 18/10607, S. 109 (Stellungnahme des BR).

418 *Attenberger*, MittBayNot 2017, 335 (338); *Krafka*, in: Handbuch Registerrecht, Teil 1 Rn. 138a; *ders.*, NZG 2017, 889 (892); *Otto*, in: BeckOK, FamFG, § 378 Rn. 39 f.; *Reithmann/Stelmaszczyk* in: Reithmann/Martiny, Internationales Vertragsrecht, Rn. 5.341; *Weber*, RNotZ 2017, 427 (435).

419 RegE, BT-Drs. 18/10607, S. 109 (Stellungnahme des BR).

420 OLG Schleswig, DNotZ 2017, 862 (864), zur Parallelvorschrift des § 15 Abs. 3 GBO; *Attenberger*, MittBayNot2017, 335 (342); *Eickelberg*, in: Sternal, FamFG, § 378 Rn. 39; *Eickelberg/Böttcher*, FGPrax 2017, 145 (147); *Krafka*, in: MünchKomm, FamFG, § 378 Rn. 24; *ders.*, NZG 2017, 889 (892); *Ott*, BWNotZ 2017, 146 (149 f.); *Otto*, in: BeckOK, FamFG, § 378 Rn. 63; a.A. (gar keine Dokumentation erforderlich): *Zimmer*, NJW 2017, 1909 (1912 f.), es sei selbstverständlich, dass der Notar seinen Dienstpflichten wahrnehme.

421 RegE, BT-Drs. 18/10607, S. 109 f. (Stellungnahme des BR); *Eickelberg*, in: Sternal, FamFG, § 378 Rn. 39.

422 RegE, BT-Drs. 18/10607, S. 106 (Stellungnahme des BR); *Ellenberger*, in: Grüneberg, BGB, § 129 Rn. 1; *Jeep/Wiedemann*, NJW 2007, 2439 (2440).

423 RegE, BT-Drs. 18/10607, S. 106 (Stellungnahme des BR): „über die bloße Identitäts- und Authentizitätsprüfung hinausgehende notariell[e] Funktionen".

424 Vgl. RegE, BT-Drs. 18/10607, S. 106–108 (Stellungnahme des BR), *Hertel*, in: Staudinger, BGB, BeurkG Rn. 25; *Krafka*, in: MünchKomm, FamFG, § 378 Rn. 1 u. 14; *Limmer*, in: BeckOGK, AktG (Stand: 01.07.2022), § 23 Rn. 16; *Otto*, in: BeckOK, FamFG, § 378 Rn. 26; *Pfeiffer*, Rpfleger 2012, 240 (243); *Weber*, RNotZ 2017, 427 (428); *Zimmer*, NJW 2017, 1909 f.

und vollzugsfähige Anträge und Erklärungen" erhält.[425] Der Notar nimmt damit im Eintragungsverfahren die Stelle eines „Kommunikationsmittlers zwischen den Registergerichten […] auf der einen Seite und den Beteiligten auf der anderen Seite" ein.[426]

Der Gedanke der vorsorgenden Rechtspflege[427] prägt das Kapitalgesellschaftsrecht und sorgt mit der zweistufigen Kontrolle durch Notar und Registergericht dafür, dass sich die Rechtsprüfung des eintragenden Gerichtes erheblich reduziert (Entlastungsfunktion).[428] Zusätzlich bewirkt die vorgeschaltete Richtigkeitskontrolle eine Entlastung der streitigen Gerichtsbarkeit.[429] Notariell errichtete Urkunden sind im Allgemeinen weniger streitanfällig, weil die Gesellschaft auf Basis einer fachkundig geprüften Satzung agiert.[430]

c) *Ausschließliche Zuständigkeit deutscher Notare*

Nach ganz überwiegender Ansicht kann nur ein deutscher Notar die Vorprüfung gem. § 378 Abs. 3 S. 1 FamFG vornehmen, da nur dieser der öffentlichen Amtspflicht unterliegt und zur Gewährleistung eintragungsfähiger Antragstellungen institutionell gesicherte Kenntnisse des deutschen Registerrechts erforderlich sind.[431] Namentlich wird die Prüfpflicht wie folgt hergeleitet: „[Sie] ist

---

425 RegE, BT-Drs. 18/10607, S. 106 (Stellungnahme des BR).

426 RegE, BT-Drs. 18/10607, S. 106 (Stellungnahme des BR).

427 *Bormann*, ZGR 2017, 621 (632); *Preuß*, RNotZ 2009, 529, definiert die vorsorgende Rechtspflege „als Tätigkeit, die durch Mitwirkung bei der Gestaltung und Sicherung privater Rechtsverhältnisse die schutzwerten rechtlichen Interessen des Einzelnen fördert, ihrer künftigen Verletzung vorbeugt, zugleich aber auch die Interessen der Allgemeinheit betreut und auf diese Weise der Gerechtigkeit, der Rechtssicherheit und dem Rechtsfrieden dient"; *Teichmann*, GmbHR 2018, 1 (2); *Wicke*, ZIP 2006, 977.

428 RegE, BT-Drs. 18/10607, S. 106 (Stellungnahme des BR); *Altmeppen*, in: Altmeppen, GmbHG, § 2 Rn. 17; *Bormann*, ZGR 2017, 621 (632); *Hertel*, in: Staudinger, BGB, BeurkG Rn. 25; *Lieder*, ZIP 2018, 805 (807); *Limmer*, in: BeckOGK, AktG (Stand: 01.07.2023), § 23 Rn. 16; *Otto*, in: BeckOK, FamFG, § 378 Rn. 22; *Süß*, in: jurisPK, BGB, Art. 11 EGBGB Rn. 69; *Wicke*, ZIP 2006, 977 f.

429 *Cramer*, in: Scholz, GmbHG, § 2 Rn. 10.

430 *Heinze*, in: MünchKomm, GmbHG, § 2 Rn. 23 (vorletzter Spiegelstrich); *Hertel*, in: Staudinger, BGB, BeurkG Rn. 26; *Lieder*, ZIP 2018, 805 (807); *ders.*, NZG 2018, 1081 (1088).

431 OLG München, Beschl. v. 16.08.2021, Az. 31 Wx 283/21 (unveröffentlicht); *Attenberger*, MittBayNot 2017, 335 (340); DNotI-Report, 2017, 89 (91); *Eickelberg*, in: Sternal, FamFG, § 378 Rn. 30; *Eickelberg/Böttcher*, FGPrax 2017, 145 (146); *Krafka*, in: MünchKomm, FamFG, § 378 Rn. 16; *ders.*, in: Handbuch Registerrecht,

eine öffentliche beziehungsweise justizielle Amtspflicht und Zuständigkeit des Notars, die dem Notar als Träger eines öffentlichen Amtes (§ 1 BNotO) ohne weiteres auferlegt werden kann."[432]

Vor diesem Hintergrund genügt der Prüfvermerk eines ausländischen Notars den Anforderungen des § 378 Abs. 3 S. 1 FamFG nicht. Selbst bei unterstellter Gleichwertigkeit der von einem ausländischen Notar vorgenommenen Beurkundung ist daher aufgrund der registerrechtlichen Bestimmung des § 378 Abs. 3 FamFG für die Prüfung sowie Übermittlung der Anmeldung zusätzlich ein deutscher Notar einzuschalten.[433]

4. *Elektronische Einreichung und strukturelle Datenaufbereitung*

Die in Papierform beglaubigten Erklärungen wandelt der Notar in ein elektronisches Dokument um, indem er die Papierdokumente entweder einscannt oder unmittelbar aus der Notarsoftware als Bilddatei in den Formaten PDF oder TIFF[434] abspeichert.[435]

Weiterhin erstellt der Notar eine XML-Datei, welche die Personendaten sowie eintragungsrelevanten Merkmale enthält und dem Registergericht in dieser Form die Möglichkeit bietet, die Daten automatisch in die Registersoftware zu übernehmen.[436] Dadurch werden Fehler bei der manuellen Übertragung vermieden und das Eintragungsverfahren wird beschleunigt.[437]

5. *Einfaches elektronisches Zeugnis*

Schließlich muss der Notar das elektronische Dokument mit einem einfachen elektronischen Zeugnis i.S.d. § 39a BeurkG versehen. Entgegen der systematischen Stellung gilt die Vorschrift des § 12 Abs. 2 S. 2 HS. 2 HGB auch für die

---

Teil 1 Rn. 137; *ders.*, NZG 2017, 889 (890); *Ott*, BWNotZ 2017, 146 (149); *Otto*, in: BeckOK, FamFG, § 378 Rn. 54; *Reithmann/Stelmaszczyk* in: Reithmann/Martiny, Internationales Vertragsrecht, Rn. 5.341; *Weber*, RNotZ 2017, 427 (432).

432 RegE, BT-Drs. 18/10607, S. 109 (Stellungnahme des BR).

433 *Attenberger*, MittBayNot 2017, 335 (340); *Otto*, in: BeckOK, FamFG, § 378 Rn. 55.

434 *Jeep/Wiedemann*, NJW 2007, 2439 (2440); *Sikora/Schwab*, MittBayNot 2007, 1 (4).

435 BGH, NJW-RR 2013, 632 (633); OLG Stuttgart, NZG 2010, 467; OLG Düsseldorf, NJOZ 2010, 242; *Krafka*, in: MünchKomm, HGB, § 13 Rn. 18.

436 *Jeep/Wiedemann*, NJW 2007, 2439; *Krafka*, in: Handbuch Registerrecht, Teil 1 Rn. 139a; *ders.*, NZG 2017, 889 (893); *Sikora/Schwab*, MittBayNot 2007, 1 (3).

437 RegE, BT-Drs. 18/10607, S. 107 (Stellungnahme des BR); BGH, NJW-RR 2013, 632 (633); *Heckschen*, DB 2018, 681 (688).

Übermittlung der zu beglaubigenden Anmeldung (§ 12 Abs. 1 S. 1 HGB) an das Registergericht.[438]

Die vom Notar selbst zu erzeugende qualifizierte elektronische Signatur ersetzt die herkömmliche Unterschrift des Notars, vgl. § 39a Abs. 1 BeurkG.[439] In Ergänzung dazu ist die Bestätigung der Notareigenschaft durch die zuständige Stelle (§ 39a Abs. 2 BeurkG) das digitale Äquivalent für das notarielle Siegel.[440] Technische Voraussetzung dafür ist, dass der Notar über eine Signaturkarte i.S.d. § 39a BeurkG mit dem Zertifikatsattribut „Notar"[441] und ein entsprechendes Lesegerät verfügt.

Selbst wenn ein ausländischer Notar über die zur Erstellung des elektronischen Zeugnisses erforderliche Software und eine Signaturkarte verfügte,[442] dann wäre für die Verwendung im Inland zusätzlich eine Bestätigung der Echtheit des elektronisch beglaubigten Dokuments erforderlich. Im Anwendungsbereich des Haager Übereinkommens[443]bedürfte es dazu einer elektronischen Apostille, welche sich auf die signierte Bilddatei bezieht und die Echtheit des elektronischen Zeugnisses bestätigt.[444] Das deutsche Verfahrensrecht ist grundsätzlich nur auf die papiergebundene, nicht aber auf die mittlerweile in einigen Ländern verfügbare elektronische Apostille abgestimmt.[445]

---

438 BGH, FGPrax 2021, 156 (157); *Jeep/Wiedemann*, NJW 2007, 2439; *Krafka*, in: MünchKomm, HGB, § 12 Rn. 62; *Reithmann/Stelmaszczyk*, in: Reithmann/Martiny, Internationales Vertragsrecht, Rn. 5.336.

439 *Jeep/Wiedemann*, NJW 2007, 2439; *Winkler*, BeurkG, § 39a Rn. 36.

440 *Jeep/Wiedemann*, NJW 2007, 2439; *Meichelbeck/Krauß*, DStR 2014, 752 (755); *Winkler*, BeurkG, § 39a Rn. 40.

441 *Weller*, ZGR 2014, 865 (880), dort Fn. 107; *Winkler*, BeurkG, § 39a Rn. 40.

442 *Götze/Mörtel*, NZG 2014, 369 (371); *Meichelbeck/Krauß*, DStR 2014, 752 (755), eine Zertifizierung könne auch Schweizer Notaren von dem Justizdepartement des zuständigen Kantons erteilt werden; *Link*, RNotZ 2009, 193 (199); ablehnend: *Krafka*, NZG 2017, 889 (890), faktisch verfügten nur deutsche Notare über eine Signaturkarte; *Mankowski*, NZG 2010, 201 (203), die wenigsten ausländischen Notare verfügten über das erforderliche Signaturzertifikat; *Schäfer*, in: Bork/Schäfer, GmbHG, § 2 Rn. 35.

443 S. zum Nachweis der Echtheit ausländischer öffentlicher Urkunden oben 3. Kapitel: A. V.

444 OLG München, Beschl. v. 16.08.2021, Az. 31 Wx 283/21 (unveröffentlicht); *Begemann/Galla*, GmbHR 2009, 1065 (1069); *Böttcher*, ZNotP 2010, 6 (10); Anm. *Krause*, BB 2009, 2501 (2502); *Link*, RNotZ 2009, 193 (199); *Trölitzsch*, in: BeckOK, GmbHG, § 53 Rn. 23c.

445 Instruktiv *Forschner/Kienzle*, DNotZ 2020, 724 (729 ff.), mit dem berechtigten Einwand, dass es einer Anpassung der völkerrechtlichen Verträge bedarf.

Daher müssen sich beispielsweise Schweizer Urkundspersonen, ungeachtet ihrer fehlenden Kompetenz zur Vorprüfung gem. § 378 Abs. 3 FamFG,[446] für die elektronische Anmeldung der Zuhilfenahme eines deutschen Notars bedienen, der die Dokumente mit einer qualifizierten elektronischen Signatur versieht und als Bote beim Handelsregister einreicht.[447] Die elektronisch beglaubigte Anmeldung kann allenfalls wirksam von ausländischen Notaren eingereicht werden, „für deren Amtstätigkeit es aufgrund bilateraler Abkommen im Einzelfall keines Echtheitsnachweises bedarf."[448]

6. *Beizufügende Dokumente*

Nach § 12 Abs. 2 S. 1 HGB sind in Zusammenhang mit der Anmeldung einzureichende Dokumente auch in elektronischer Form vorzulegen.

Sofern es sich bei den Dokumenten lediglich um Urschriften oder einfache Abschriften handelt, genügt die Übermittlung einer elektronischen Aufzeichnung ohne qualifizierte elektronische Signatur. Dazu zählen insbesondere Listen von GmbH-Gesellschaftern (§ 40 Abs. 1 GmbHG),[449] Unternehmensverträge (§ 293 Abs. 3 AktG) sowie nicht beurkundungsbedürftige Versammlungsbeschlüsse.[450]

Darüber hinaus sind notariell beurkundete Dokumente oder öffentlich beglaubigte Abschriften gem. § 12 Abs. 2 S. 2 HS. 2 HGB ebenfalls mit einem einfachen elektronischen Zeugnis (§ 39a BeurkG) zu versehen. Die Norm gilt in entsprechender Anwendung für ausländische öffentliche Urkunden sowie sonstige öffentliche Vermerke wie etwa Apostillen.[451] Folgende der im Rahmen dieser Untersuchung relevanten Unterlagen sind mit einem elektronischen Zeugnis zu versehen.

---

446 S. dazu oben 3. Kapitel: B. II. 3. c).

447 OLG Düsseldorf, ZIP 2011, 564 (567); KG Berlin, GmbHR 2018, 1202, in den beiden vorstehen Fällen reichte jeweils ein deutscher Notar die Anmeldung nebst Anlagen als Bote ein; *Cramer*, in: Scholz, GmbHG, § 2 Rn. 17; *Götze/Mörtel*, NZG 2014, 369 (371); Anm. *Krause*, BB 2009, 2501 (2502); *Pentz*, in: MünchKomm, AktG, § 23 Rn. 35; *Schnorbus*, in: Rowedder/Pentz, GmbHG, § 53 Rn. 59; *Servatius*, in: Noack/Servatius/Haas, GmbHG, § 2 Rn. 9; *Solveen*, in: Hölters/Weber, AktG, § 23 Rn. 12.

448 *Begemann/Galla*, GmbHR 2009, 1065 (1069).

449 *Heidinger*, in: MünchKomm, GmbHG, § 40 Rn. 178 u. 285.

450 *Krafka*, in: Handbuch Registerrecht, Teil 1 Rn. 132; *Sikora/Schwab*, MittBayNot 2007, 1 (3).

451 *Sikora/Schwab*, MittBayNot 2007, 1 (6), zustimmend: *Jeep/Wiedemann*, NJW 2007, 2439 (2445).

a) *Gesellschaftsvertrag*

Der Anmeldung über die Errichtung einer Kapitalgesellschaft muss gem. §§ 8 Abs. 1 Nr. 1 GmbHG, 37 Abs. 4 AktG insbesondere die Satzung oder eine beglaubigte Abschrift dieser Urkunde beigefügt sein.

b) *Änderungsbescheinigung*

Im Falle einer Satzungsänderung muss die Satzung mit einer Bescheinigung des Notars über die geänderten Bestimmungen versehen sein, vgl. §§ 54 Abs. 1 S. 2 GmbHG, 181 Abs. 1 S. 2 HS. 2 AktG.

c) *Übernahmeerklärungen*

Im Falle einer Kapitalerhöhung sind der Anmeldung gem. § 57 Abs. 3 GmbHG die Erklärung über die Übernahme des Geschäftsanteils am erhöhten Kapital beizufügen.

d) *Verschmelzungs-/Spaltungsvertrag*

Im Falle einer Verschmelzung bzw. Spaltung sind der Anmeldung gem. § 17 Abs. 1 UmwG der Verschmelzungsvertrag, die Niederschriften über die Verschmelzungsbeschlüsse, Zustimmungserklärungen, der Verschmelzungsbericht, der Prüfbericht oder die Verzichtserklärungen und ein Nachweis über die Zuleitung des Vertrages an den Betriebsrat beizufügen.

e) *Formwechselbeschluss*

Im Falle eines Formwechsels sind der Anmeldung gem. § 199 UmwG eine Niederschrift über den Formwechselbeschluss, etwaige Zustimmungserklärungen und der Umwandlungsbericht beizufügen.

III. Prüfung der Anmeldung durch das Registergericht

1. *Gerichtssprache*

Die Korrespondenz mit den Registergerichten ist gem. § 488 Abs. 3 S. 1 FamFG i.V.m. § 184 S. 1 GVG in deutscher Sprache zu führen. Somit ist ein in fremder Sprache verfasster Gesellschaftsvertrag zu übersetzen, bevor er dem Registergericht vorgelegt wird, vgl. § 5 BeurkG.[452] Diesem Aspekt kommt zumindest bei

---

452 LG Düsseldorf, GmbHR 1999, 609; *Pfeiffer*, Rpfleger 2012, 240 (246).

der Beurkundung in der Schweiz und Österreich eine untergeordnete Rolle zu, da Deutsch in diesen beiden Ländern ebenfalls Amtssprache ist.

2. *Prüfungsumfang*

Die notarielle Vorprüfung gem. § 378 Abs. 3 FamFG trägt entscheidend zur Entlastung der Registergerichte bei, führt aber nicht zu einer „Einschränkung der Prüfungskompetenzen oder Prüfpflichten des Registergerichtes".[453] Insbesondere ist das Gericht nicht an die Prüfungsfeststellungen des Notars gebunden.[454]

Grundsätzlich hat das Gericht die formellen Eintragungsvoraussetzungen zu prüfen und ist dabei gem. § 29 Abs. 1 FamFG in der Wahl der Beweismittel frei.[455] Hingegen beschränkt sich das materielle Prüfungsrecht auf einzelne Fälle, in denen „begründete Zweifel an der Wirksamkeit der zur Eintragung angemeldeten Erklärung oder an der Richtigkeit der mitgeteilten Tatsachen bestehen."[456]

Vereinzelt wird dem Registergericht die Prüfung der Rechtmäßigkeit und inhaltlichen Richtigkeit der Eintragungsgegenstände ausdrücklich auferlegt.[457] Etwa hat das Registergericht bei Ersteintragungen zu prüfen, ob die Gesellschaft ordnungsgemäß errichtet ist, vgl. § 9c Abs. 1 S. 1 GmbHG, § 38 Abs. 1 AktG. Aus Gründen der Verfahrensbeschleunigung ist der gerichtliche Prüfungsumfang insoweit aber auf die Verletzung von eintragungspflichtigen Umständen sowie dem Gläubigerschutz dienende Vorschriften beschränkt, vgl. §§ 9c Abs. 2 GmbHG, § 38 Abs. 4 AktG.[458]

---

453 RegE, BT-Drs. 18/10607, S. 110 (Stellungnahme des BR).

454 KG Berlin, GmbHR 2018, 1202 (1204); *Attenberger*, MittBayNot 2017, 335 (344); *Krafka*, in: MünchKomm, HGB, § 8 Rn. 70; *Otto*, in: BeckOK, FamFG, § 378 Rn. 77.

455 *Krafka*, in: MünchKomm, HGB, § 8 Rn. 68; *ders.*, in: Handbuch Registerrecht, Teil 1 Rn. 155, mit einer Aufzählung der formellen Eintragungsvoraussetzungen (Eintragungsantrag, Zuständigkeit des Gerichts, Form der Anmeldung, Eintragungsfähigkeit der Tatsachen, Anmeldeberechtigung, Vorliegen sämtlicher Anlagen); *Otto*, in: BeckOK, FamFG, § 382 Rn. 12.

456 BGH, NZG 2011, 907 (908).

457 Vgl. OLG Zweibrücken, RNotZ 2014, 326 (327), zu § 9c Abs. 1 GmbHG.

458 *Krafka*, in: Handbuch Registerrecht, Teil 1 Rn. 976 (zur GmbHG) u. 1319 (zur AG).

3. *Entscheidungsformen*

Wenn das Gericht zu dem Ergebnis kommt, dass der angemeldete Vorgang ordnungsgemäß durchgeführt worden ist, dann gibt es dem auf Eintragung gerichteten Antrag (§ 23 FamFG) statt, vgl. § 382 Abs. 1 S. 1 FamFG i.V.m. § 38 Abs. 1 S. 2 FamFG. Anschließend macht das Gericht die Eintragungen in das Handelsregister gem. § 10 S. 1 HGB elektronisch bekannt.

Im Falle eines behebbaren Eintragungshindernisses erlässt das Gericht zur effektiven Verfahrensabwicklung *Zwischenverfügungen*, die dem Antragsteller die Möglichkeit der Korrektur eröffnen und gem. § 382 Abs. 4 S. 2 FamFG isoliert mit der Beschwerde anfechtbar sind.[459] Im Gegensatz dazu ergeht die einen Eintragungsantrag ablehnende Entscheidung durch Beschluss, vgl. § 382 Abs. 3 FamFG i.V.m. § 38 Abs. 1 S. 1 FamFG. Der ablehnende Beschluss ist ebenfalls mit dem Rechtsmittel der Beschwerde gem. § 58 Abs. 1 FamFG anfechtbar.

4. *Gebühren*

Für Eintragungen in das Handelsregister sowie für die Entgegennahme, Prüfung und Aufbewahrung der einzureichenden Unterlagen werden Gebühren nach dem Gebührenverzeichnis der Anlage zur Handelsregistergebührenverordnung (HRegGebV)[460] erhoben, vgl. § 1 S. 1 HRegGebV.

IV. Wirkungen der Handelsregistereintragung

1. *Deklaratorische und konstitutive Eintragungen*

Bestimmte Rechtsgeschäfte werden erst mit der Eintragung in das Handelsregister wirksam (konstitutive Eintragung).[461] Dazu zählen bei Kapitalgesellschaften insbesondere die Eintragung von Errichtungsakten (§§ 11 Abs. 1 GmbHG, 41 Abs. 1 S. 1 AktG)[462] und von Satzungsänderungen (§§ 54 Abs. 3 GmbHG, 181 Abs. 3 AktG).[463] Demgegenüber spiegeln deklaratorische Eintragungen

---

459 *Krafka*, in: MünchKomm, FamFG, § 382 Rn. 18.

460 Verordnung über Gebühren in Handels-, Partnerschafts- und Genossenschaftsregistersachen vom 30.09.2004 (BGBl. 2004 I S. 2562).

461 *Eickelberg*, in: Sternal, FamFG, § 382 Rn. 15; *Otto*, in: BeckOK, FamFG, § 382 Rn. 41.

462 *Koch*, in: Koch, AktG, § 41 Rn. 1; *Krafka*, in: MünchKomm, FamFG, § 382 Rn. 11; *Servatius*, in: Noack/Servatius/Haas, GmbHG, § 11 Rn. 2.

463 *Altmeppen*, in: Altmeppen, GmbHG, § 53 Rn. 51; *Koch*, in: Koch, AktG, § 181 Rn. 24; *Krafka*, in: MünchKomm, FamFG, § 382 Rn. 11.

lediglich Rechtsverhältnisse wider, die unabhängig von der Eintragung bestehen.[464]

2. *Heilung von Formmängeln*

Sollte man zu dem Ergebnis kommen, dass die im Ausland vorgenommene Beurkundung formunwirksam ist, aber die funktional zuständige Person am jeweiligen Registergericht eine andere Rechtsauffassung vertritt und die eintragungspflichtige Tatsache folglich in das Handelsregister einträgt, so wird der Formfehler dadurch geheilt. Nach ganz herrschender Meinung ist in bestimmten Fällen die Heilung formeller und materieller Mängel des zugrunde liegenden Eintragungsvorgangs durch die Registereintragung anerkannt.[465] Für eine Einschränkung der heilenden Wirkung bei Fällen, in denen die Formunwirksamkeit aus der Beurkundung vor einem ausländischen Notar folgt, geben weder der Wortlaut noch der Telos Anhaltspunkte.[466]

Im Aktienrecht ist die Möglichkeit der Heilung von formunwirksamen und damit gem. § 241 Nr. 2 AktG nichtigen Hauptversammlungsbeschlüssen durch Eintragung in das Handelsregister ausdrücklich geregelt, vgl. § 242 Abs. 1, Abs. 2 AktG. Die entsprechende Anwendung der Vorschriften über die Heilung nichtiger Versammlungsbeschlüsse im Bereich des GmbH-Rechts ist allgemein anerkannt, da das Interesse der Rechtssicherheit nach erfolgter Eintragung in gleicher Weise berührt wird.[467] Für Umwandlungsvorgänge

---

464 *Eickelberg*, in: Sternal, FamFG, § 382 Rn. 15; *Otto*, in: BeckOK, FamFG, § 382 Rn. 41.

465 *Bayer*, in: Lutter/Hommelhoff, GmbHG, § 2 Rn. 39; *Bormann/Stelmaszczyk*, in: Michalski et al., GmbHG, § 2 Rn. 77; *Grunewald*, in: Lutter, UmwG, § 20 Rn. 74; *Hitzel*, NZG 2020, 1174 (1176); *Hoger*, in: Lutter, UmwG, § 202 Rn. 54; *Kröll*, ZGR 2000, 111 (127 f.); *Leonard*, in: Semler/Stengel/Leornard, UmwG, § 202 Rn. 35; *Mohr*, GmbH-StB 2001, 310 (312); *Heckschen*, DB 1990, 161 (163); *Pentz*, in: MünchKomm, AktG, § 23 Rn. 182; *Röhricht/Schall*, in: Hirte/Mülbert/Roth, Großkommentar, AktG, § 23 Rn. 279; *Schröer/Greitemann*, in: Semler/Stengel/Leornard, UmwG, § 6 Rn. 17; *Servatius*, in: Noack/Servatius/Haas, GmbHG, § 2 Rn. 15; *Winkler*, NJW 1973, 222 (225).

466 *Grunewald*, in: Lutter, UmwG, § 20 Rn. 74; *Heidinger*, in: Henssler/Strohn, Gesellschaftsrecht, § 20 UmwG Rn. 62; *Leonard*, in: Semler/Stengel/Leonard, UmwG, § 20 Rn. 82; *Trölitzsch*, in: BeckOK, GmbHG, § 53 Rn. 23c; einschränkend *Vossius*, in: Widmann/Mayer, Umwandlungsrecht, § 20 UmwG Rn. 370, der eine Heilung nur im Falle der Gleichwertigkeit annimmt.

467 Zu § 242 Abs. 2 S. 1 AktG: BGHZ 80, 212 (216 f.); BGHZ 144, 365 (367 f.); zu § 242 Abs. 1 AktG: BGH, NJW 1996, 257 (258); *Altmeppen*, in: Altmeppen,

ist die Heilung eines Mangels der notariellen Beurkundung durch Eintragung in das Handelsregister ebenfalls ausdrücklich in den Vorschriften der §§ 20 Abs. 1 Nr. 4, 131 Abs. 1 Nr. 4, 202 Abs. 2 Nr. 3 UmwG geregelt.[468]

GmbHG, § 53 Rn. 51; *Gummert*, in: Henssler/Strohn, Gesellschaftsrecht, § 54 GmbHG Rn. 26; *Heckschen*, DB 1990, 161 (163); *Noack*, in: Noack/Servatius/Haas, GmbHG, Anh. nach § 47 Rn. 74; *Trölitzsch*, in: BeckOK, GmbHG, § 54 Rn. 18a.

468 *Krafka*, in: MünchKomm, FamFG, § 382 Rn. 12; *ders.*, in: Handbuch Registerrecht, Teil 1 Rn. 191.

4. Kapitel: Die allgemeinen Voraussetzungen der Substitution

Die Substitution ist eine „Methode teleologischer Normauslegung“[469] anhand derer ermittelt wird, ob ein inländisches Rechtsinstitut - typischer Anwendungsfall ist die notarielle Beurkundung -[470] durch ein entsprechendes ausländisches Rechtsinstitut ersetzt werden kann.[471] Seltener wird in Zusammenhang mit dieser Methode auch von Fungibilität gesprochen.[472] Die Rechtsfigur der Substitution ist eines der Elemente der von *Lewald* geprägten Methodentrias aus Substitution, Transposition und Anpassung.[473]

Die Frage der Substitution der notariellen Form stellt sich überhaupt nur dann, wenn man - richtigerweise in Bezug auf statusrelevante Gesellschaftsakte[474] sowie Hauptversammlungsbeschlüsse börsennotierter Aktiengesellschaften[475] - die alternative Geltung des Ortsrechts ablehnt oder sofern im Ausland kein vergleichbares Rechtsgeschäft existiert (Normenleere[476]). In den vorgenannten Konstellationen kommt es entscheidend darauf an, ob

469 *Reithmann/Stelmaszczyk* in: Reithmann/Martiny, Internationales Vertragsrecht, Rn. 5.347.

470 *Looschelders*, in: Staudinger, BGB, Einl. zum IPR Rn. 1221; *Thorn*, in: Grüneberg, BGB, Einl. v. Art. 3 EGBGB Rn. 31.

471 *V. Hein*, in: MünchKomm, BGB, Einl. IPR Rn. 247; *Kropholler*, Internationales Privatrecht, S. 231; *Looschelders*, in: Staudinger, BGB, Einl. zum IPR Rn. 1219; *Mansel*, in: FS Lorenz, 689 f.; *Reithmann/Stelmaszczyk*, in: Reithmann/Martiny, Internationales Vertragsrecht, Rn. 5.347; *Stürner*, in: Erman, BGB, Einl. vor Art. 3 EGBGB Rn. 74; *Thorn*, in: Grüneberg, BGB, Einl. v. Art. 3 EGBGB Rn. 31; *Winkler v. Mohrenfels*, in: Staudinger, BGB, Art. 11 EGBGB Rn. 196.

472 *Blumenwitz*, DNotZ 1968, 712 (737); *Heinze*, in: MünchKomm, GmbHG, § 2 Rn. 58.

473 *Lewald*, Règles générales des conflits des lois, Basel 1941, S. 129 ff., zit. u.a. nach: *v. Hein*, in: MünchKomm, BGB, Einl. IPR Rn. 247; *Looschelders*, in: Staudinger, BGB, Einl. zum IPR Rn. 1218; *Weller*, ZGR 2014, 865 (875); *ders.*, IPRax 2017, 167 (172 f.), mit anschaulichen Beispielen zu der Methodentrias; vgl. zur Abgrenzung zu den beiden anderen Elementen: *v. Hein*, in: MünchKomm, BGB, Einl. IPR Rn. 248 f.

474 S. dazu oben 2. Kapitel: D. I.

475 S. dazu oben 2. Kapitel: D. II. 1.

476 S. dazu oben 2. Kapitel: C. III. 3.

die ausländische Urkundsperson eine Beurkundung vornehmen kann, die der notariellen Form nach deutschem Recht entspricht.

Die Substitutionsfrage ist im Allgemeinen positiv zu beantworten, wenn erstens[477] die inländische Sachnorm der Substitution offen steht und zweitens[478] die beiden Rechtsinstitute in ihren wesentlichen Merkmalen übereinstimmen.[479]

A. Statthaftigkeit der Substitution

Damit das inländische durch das ausländische Rechtsinstitut ersetzt werden kann, muss die anwendbare Sachnorm der Substitution zugänglich sein.[480] Durch Auslegung ist zu ermitteln, ob das betreffende Tatbestandsmerkmal nach dem Sinn und Zweck der Sachnorm nur durch ein inländisches Rechtsinstitut erfüllt werden kann (geschlossene Norm).[481] Im Zweifel ist von einem „offenen" Charakter der Norm auszugehen, d.h. es bedarf einer besonderen Begründung, warum der Zweck einer Sachnorm der Substitution ausnahmsweise entgegensteht.[482] Hinter dieser großzügigen Annahme der allgemeinen Substitutionsoffenheit steht das kollisionsrechtliche Ziel, trotz der Vielgestaltigkeit der Rechtsordnungen die internationale Freizügigkeit des Rechtsverkehrs weitestgehend zu ermöglichen.[483]

---

477 S. dazu unten 4. Kapitel: A.

478 S. dazu unten 4. Kapitel: B.

479 BAGE 152, 363 (Rn. 45); *Mansel*, in: FS Lorenz, 689 (696); *Reithmann/Stelmaszczyk*, in: Reithmann/Martiny, Internationales Privatrecht, Rn. 5.347– 5.351.

480 *Engel*, DStR 2008, 1593 (1595); *v. Hein*, in: MünchKomm, BGB, Einl. IPR Rn. 252; *Lorenz*, in: BeckOK, BGB, EGBGB Einl. IPR Rn. 95; *Mansel*, in: FS Lorenz, 689 (697); *Reithmann/Stelmaszczyk*, in: Reithmann/Martiny, Internationales Vertragsrecht, Rn. 5.351; *Spickhoff*, IPRax 2001, 37 (38); *Weller*, ZGR 2010, 679 (706).

481 *V. Hein*, in: MünchKomm, BGB, Einl. IPR Rn. 252; *Lieder*, ZIP 2018, 805 (810 f.); *Looschelders*, in: Staudinger, BGB, Einl. zum IPR Rn. 1220; *Mansel*, in: FS Lorenz, 689 (697); *ders.*, in: FS Kropholler, S. 353 (367).

482 *V. Hein*, in: MünchKomm, BGB, Einl. IPR Rn. 252; *Kropholler*, Internationales Privatrecht, S. 231; *Mansel*, in: FS Lorenz, 689 (697); *Reithmann/Stelmaszczyk* in: Reithmann/Martiny, Internationales Vertragsrecht, Rn. 5.353–5.355; *Stelmaszczyk*, RNotZ 2019, 177 (183).

483 *Blumenwitz*, DNotZ 1986, 712 (733 ff.), der den „Grundsatz der territorialen Ungebundenheit der Tatbestandselemente eines privatrechtlichen Geschäftes" aufstellt; *Kropholler*, Internationales Privatrecht, S. 232; *Kröll*, ZGR 2000, 111 (127); *Mansel*, in: FS Kropholler, 353 (367); *Reithmann/Stelmaszczyk* in: Reithmann/Martiny, Internationales Vertragsrecht, Rn. 5.353; *Stelmaszczyk*, RNotZ 2019, 177 (183); ähnlich: BAGE 152, 363 (Rn. 45 f.).

I. Substitutionsoffenheit der gesellschaftsrechtlichen Beurkundungserfordernisse

Teilweise lehnen ältere Stimmen die Wirksamkeit der Beurkundung von verfassungsrelevanten Gesellschaftsakten im Ausland *a priori* mit der Begründung ab, die ausländische Urkundsperson verfüge nicht über ausreichende Kenntnisse des deutschen Rechts.[484] Daher sei die Substitution schon nicht statthaft.

In der neueren gesellschaftsrechtlichen Literatur wurde dieser Gedanke insbesondere in Bezug auf Gründungsvorgänge sowie Satzungsänderungen bestätigt und ergänzend vorgebracht, dass die überindividuellen Formzwecke der materiellen Richtigkeitsgewähr und Rechtssicherheit im Ausland nicht gewährleistet werden könnten und dieser Umstand bereits im Rahmen der Statthaftigkeit zu berücksichtigen sei.[485]

Konträr dazu nimmt die herrschende Ansicht an, die Substitution von gesellschaftsrechtlichen Beurkundungserfordernissen sei statthaft, indem der offene Charakter der Sachnorm ohne weitere Erläuterung schlicht unterstellt wird.[486] Zur Begründung wird allenfalls auf das Interesse an der Erleichterung

---

484 OLG Karlsruhe, RIW 1979, 567 (568); LG München I, DNotZ 1976, 501; LG Augsburg, GmbHR 1996, 941 (942); *Brambring*, NJW 1975, 1255 (1259 f.); *Geimer*, DNotZ 1981, 406 (408); *Reithmann*, DNotZ 1995, 360 (362); *van Randenborgh/Kallmeyer*, GmbHR 1996, 908 (910); *Weber*, NJW 1955, 1784 (1786); *Winkler*, NJW 1972, 981 (987).

485 *Bormann/Stelmaszczyk*, in: Michalski et al., GmbHG, § 2 Rn. 62a-c; *Cziupka*, EWiR 2018, 137 (138); i.E. auch *Hertel*, in: Staudinger, BGB, BeurkG Rn. 858 f.; *Lieder*, ZIP 2018, 805 (811); *ders.*, NZG 2020, 1081 (1086), unter Hinweis auf die institutionelle Unerfahrenheit ausländischer Urkundspersonen; *Mayer/Weiler*, in: Beck'sches Notar-Handbuch, § 22 Rn. 35; *Priester/Tebben*, in: Scholz, GmbHG, § 53 Rn. 74–76; *Stelmaszczyk*, GWR 2018, 103 (105 f.); *Tebben*, GmbHR 2018, 1190 (1193 f.).

486 BGHZ 80, 76 (78): „Das im § 53 II GmbHG vorgeschriebene Beurkundungserfordernis kann grundsätzlich auch ein ausländischer Notar erfüllen."; BGHZ 199, 270 (277): „Die Regelung des § 15 Abs. 3 GmbHG [...] enthält keinen Hinweis darauf, dass die notarielle Beurkundung nur im Inland vorgenommen werden dürfte."; BGH NJW 2020, 1670 (1671): Im Gesellschaftsrecht ist anerkannt, dass „die notarielle Beurkundung auch durch einen im Ausland bestellten Notar dem Formerfordernis des deutschen Sachrechts genüg[t]"; KG Berlin, GmbHR 2018, 1202 (1203): „Die Anwendung des Wirkungsstatuts schließt [...] eine Beurkundung durch einen ausländischen Notar nicht generell aus."; AG Berlin-Charlottenburg, RNotZ 2016, 119 (122); *Bayer*, in: Lutter/Hommelhoff, § 2 Rn. 28; *v. Hein*, in: MünchKomm, BGB, Einl. IPR Rn. 253; *Kropholler*, ZHR 140 (1976), 394 (406 ff.); *Kröll*, ZGR 2000, 111 (125); *Schervier*, NJW 1992, 593 (595); *Servatius*, in: Noack/

des grenzüberschreitenden Rechtsverkehrs bzw. die zunehmende Internationalisierung der Lebensverhältnisse verwiesen.[487]

II. Exkurs: Auflassung vor einem ausländischen Notar

Der nachfolgende Exkurs soll dazu dienen, am Beispiel einer geschlossenen Norm Erkenntnisse für den Maßstab der Substitutionsoffenheit zu gewinnen. Bei der Vorschrift des § 925 Abs. 1 S. 2 BGB handelt es sich nach ganz herrschender Meinung, die jüngst durch eine höchstrichterliche Entscheidung bestätigt wurde,[488] um eine geschlossene Norm.[489] Entgegen des Wortlautes „jeder Notar" könne die Auflassung nur vor einem deutschen Notar erfolgen.[490] Im Folgenden wird daher untersucht, ob die in Zusammenhang mit der Auflassung geführte Argumentation auf gesellschaftsrechtliche Formerfordernisse übertragen werden kann.

1. Beurkundungserfordernis in Zusammenhang mit der Auflassung

Da die Vorschrift des § 925 Abs. 1 S. 1 BGB nur die Erklärung „vor einer zuständigen Stelle" verlangt, besteht für Auflassungserklärungen materiell-rechtlich kein Beurkundungszwang.[491] In verfahrensrechtlicher Hinsicht darf die

---

Servatius/Haas, GmbHG, § 2 Rn. 9; i.E. auch: *Stauch*, Die Geltung ausländischer notarieller Urkunden in der BRD, S. 73; *Winkler v. Mohrenfels*, in: Staudinger, BGB, Art. 11 EGBGB Rn. 291.

487 *Kropholler*, ZHR 140 (1976), 394 (408); *Mann*, NJW 1955, 1177 (1178); *Schervier*, NJW 1992, 593 (595); wohl auch *Bärmann*, AcP 159 (1960), 1 (23).

488 BGH NJW 2020, 1670 (1671 f.).

489 BGH NJW 2020, 1670 (1671 f.); OLG Köln, DNotZ 1972, 489; BayObLG, DNotZ 1978, 58; KG Berlin, NJW-RR 1986, 1462; KG Berlin, ZEV 2013, 153 (zu § 925 Abs. 1 S. 3 BGB); OLG Karlsruhe, BeckRS 2015, 128450 (Rn. 11 ff.); LG Ellwangen, BWNotZ 2000, 45 (46); *Blumenwitz*, DNotZ 1968, 712 (736); Anm. *Einsele*, LMK 2020, 430295, *Ferid*, GRUR Int 1973, 472 (473, 478); *v. Hein*, in: MünchKomm, BGB, Einl. IPR Rn. 252; *Hertel*, in: Staudinger, BGB, BeurkG Rn. 855; *Kropholler*, ZHR 140 (1976), 394 (410 f.); *Ruhwinkel*, in: MünchKomm, BGB, § 925 Rn. 15; *Thorn*, in: Grüneberg, BGB, Art. 11 EGBGB Rn. 10; *Weber*, in: BeckOGK, BGB (Stand: 01.07.2023), § 925 Rn. 66–68; a.A. (Erklärung der Auflassung vor einem ausländischen Notar sei möglich): *Mann*, NJW 1955, 1177 (1178 f.); *Spellenberg*, in: MünchKommBGB, Art. 11 EGBGB Rn. 81; *Stauch*, Die Geltung ausländischer notarieller Urkunden in der BRD, S. 119–122; *Stürner*, in: Erman, BGB, Art. 11 EGBGB Rn. 34 ff.; *Winkler v. Mohrenfels*, in: Staudinger, BGB, Art. 11 Rn. 302.

490 BGH, NJW 2020, 1670 (1671).

491 Vgl. *Ruhwinkel*, in: MünchKomm, BGB, § 925 Rn. 15.

Eintragung der Auflassung gem. § 20 GBO aber nur erfolgen, wenn die Parteien des dinglichen Vertrages dem Grundbuchamt die vor der zuständigen Stelle erklärte Einigung in der Form des § 29 Abs. 1 GBO, also durch eine öffentliche Urkunde, nachweisen.

Weiterhin folgt aus der Zusammenschau der Vorschrift des § 311b Abs. 1 S. 1 BGB und aus den immobiliarsachenrechtlichen Vorschriften ein faktischer Beurkundungszwang. An die dingliche Einigung über den Eigentumsübergang an einem Grundstück sind die Beteiligten vor Eintragung in das Grundbuch nur gebunden, wenn die Erklärungen notariell beurkundet werden, vgl. § 873 Abs. 2 BGB.

Der Kaufvertrag über das Grundstück bedarf gem. § 311b Abs. 1 S. 1 BGB der notariellen Beurkundung. Diese Beurkundungspflicht könnte dadurch umgangen werden, dass die Beteiligten lediglich die Auflassung erklären.[492] Vor diesem Hintergrund soll der Notar die Auflassungserklärung gem. § 925a BGB nur entgegennehmen, wenn der notariell beurkundete Kaufvertrag vorgelegt oder gleichzeitig errichtet wird. Dadurch werden die Zwecke des Formerfordernisses für Grundstückskaufverträge vor einer Umgehung durch Heilung (§ 311b Abs. 1 S. 2 BGB) geschützt.[493]

2. Der Beschluss des V. Zivilsenats des BGH vom 13.02.2020

Ausgangspunkt war der Beschluss des Amtsgerichts – Grundbuchamt – Lörrach über die Zurückweisung der Eintragung einer Auflassung, welche die Parteien vor einem Notar mit Amtssitz in Basel erklärt hatten.[494] In der zweiten Instanz wies der 14. Zivilsenat des Oberlandesgerichts Karlsruhe die dagegen gerichtete Beschwerde ebenfalls zurück.[495]

Mit seiner Entscheidung vom 13.02.2020 bestätigte der für das Grundstücksrecht zuständige V. Zivilsenat des BGH die Entscheidung des Grundbuchamts.[496] Die für die Auflassung bestimmte Form könne nur durch deren Erklärung vor einem im Inland bestellten Notar gewahrt werden.[497]

---

492 *Weber*, in: BeckOGK, BGB (Stand: 01.07.2023), § 925a Rn. 2.

493 *Herrler*, in: Grüneberg, BGB, § 925a Rn. 1; *Weber*, in: BeckOGK, BGB (Stand: 01.01.2022), § 925a Rn. 2.

494 Amtsgericht Lörrach, Beschl. v. 18.12.2014, Az.: GRG 4007/2014 (unveröffentlicht).

495 OLG Karlsruhe, BeckRS 2015, 128450.

496 Teilweise mit kritischen Anmerkungen zu diesem Beschluss: *Herrler*, NotBZ 2020, 391 ff.; Anm. *Lehmann/Krysa*, RIW 2020, 464 (465 f.); *Mäsch*, JuS 2020, 1215 ff.; Anm. *Raff*, DNotZ 2020, 750 ff.; *Strauß*, MittBayNot 2021, 69 ff.

497 BGH, NJW 2020, 1670 (1671).

Insbesondere aus entstehungsgeschichtlichen Gründen und zum Zwecke der Sicherheit des Grundbuchverkehrs sei die ausschließliche Zuständigkeit des inländischen Notars für die Entgegennahme der Auflassungserklärungen geboten.[498] Nach dem ursprünglichen gesetzgeberischen Willen sollte die Auflassung bei gleichzeitiger Anwesenheit der Beteiligten „vor offenem Buche" stattfinden, um eine verzögerte oder unvollständige Übermittlung der Erklärungen an das Grundbuchamt zu vermeiden und so letztlich die Richtigkeit des Grundbuchs zu gewährleisten. Dieses Prinzip habe der Gesetzgeber mit Inkrafttreten des Beurkundungsgesetzes im Jahr 1970 aufgegeben, da es sich bei den Notaren nicht um die Buch führende Stelle handelt – im Gegensatz zu den Gerichten, welche bei Einführung der Norm noch zuständig waren.

Heute setze der Gesetzgeber die mit der Auflassung verknüpften Schutzzwecke daher anders um. Dem Gedanken der Vorschrift des § 925a BGB folgend sollen Notare die Beurkundung des schuldrechtlichen Grundgeschäfts und seine Übereinstimmung mit dem Verfügungsgeschäft ebenso wie die materielle Richtigkeit der Auflassungserklärungen prüfen.[499] Durch die fachliche Expertise der inländischen Notare werde die Einhaltung der materiell-rechtlichen sowie verfahrensrechtlichen Vorgaben (§ 15 Abs. 3 S. 1 GBO) sichergestellt.

3. *Übertragbarkeit auf gesellschaftsrechtliche Beurkundungserfordernisse*

Der V. Zivilsenat begründet seine Annahme, die Vorschrift des § 925 Abs. 1 S. 2 BGB stelle eine geschlossene Norm dar, dogmatisch sauber. Die Auflassung kann primär aus historischen Gründen[500] nur vor einem inländischen Notar erklärt werden. Der Übereinstimmung von Verpflichtungs- und Verfügungsgeschäft kommt speziell bei der Auflassung von Grundstücken eine überragend wichtige Bedeutung zu,[501] da das dingliche Verfügungsgeschäft als solches nicht unmittelbar beurkundungspflichtig ist. Diese Argumentation ist auf gesellschaftsrechtliche Formerfordernisse jedoch nicht übertragbar. Im Gegensatz zu der Auflassungserklärung sind gesellschaftsrechtliche Verfügungsgeschäfte, etwa Anteilsübertragungen gem. § 15 Abs. 3 GmbHG, ihrerseits unmittelbar beurkundungspflichtig.

---

498 BGH, NJW 2020, 1670 (1672 f.).

499 BGH, NJW 2020, 1670 (1673); *Weber*, in: BeckOGK, BGB (Stand 01.07.2023), § 925a Rn. 2.

500 Vertiefend dazu: *Kropholler*, ZHR 140 (1976), 394 (411); *Spellenberg*, in: FS Schütze, 887 (894–897).

501 *Weber*, in: BeckOGK, BGB (Stand: 01.07.2023), § 925a Rn. 2.

Zudem reicht der Gutglaubensschutz des Grundbuchs weiter als die Publizitätswirkung des Handelsregisters.[502] Die Vorschrift des § 892 BGB fingiert zugunsten des gutgläubigen Erwerbers die Richtigkeit und Vollständigkeit des Grundbuchs.[503] Demgegenüber schützt die Vorschrift des § 15 Abs. 1, Abs. 2 HGB lediglich das Vertrauen darauf, dass eintragungspflichtige Tatsachen eingetragen sind.[504] Auf die Richtigkeit der Eintragung kann sich der Rechtsverkehr grundsätzlich nicht verlassen.[505] Nur ausnahmsweise kommt im Falle einer unrichtigen Bekanntmachung eine Rechtsscheinhaftung in Betracht, vgl. § 15 Abs. 3 HGB.[506]

III. Stellungnahme zur Statthaftigkeit der Substitution

Nach der hier vertretenen Ansicht stehen gesellschaftsrechtliche Beurkundungserfordernisse der Rechtsfigur der Substitution offen gegenüber.

Keine der gesellschaftsrechtlichen Beurkundungsvorschriften verfolgt das primäre Ziel, ausschließlich die Mitwirkung eines deutschen Notars sicherzustellen.[507] Insbesondere bleibt kein Platz für eine solche Auslegung im Umkehrschluss zu der Vorschrift des § 8 Abs. 3 S. 2 GmbHG, die ausdrücklich eine Belehrung „durch einen im Ausland bestellten Notar" zulässt.[508] Die Annahme, mit anders gewählten Formulierungen im Gesetzestext sei allein der inländische Notar gemeint, verbietet sich. Der Gesetzgeber wollte über diese singuläre Neuregelung hinaus, welche die Belehrung von Geschäftsführern

---

502 *Merkt*, in: Hopt, HGB, § 15 Rn. 1.

503 *Herrler*, in: Grüneberg, BGB, § 892 Rn. 1.

504 *Merkt*, in: Hopt, HGB, § 15 Rn. 1; *Wamser*, in: Henssler/Strohn, Gesellschaftsrecht, § 15 HGB Rn. 3.

505 *Merkt*, in: Hopt, HGB, § 15 Rn. 2; *Müther*, in: BeckOK, HGB, § 15 Rn. 6.

506 *Merkt*, in: Hopt, HGB, § 15 Rn. 16; *Wamser*, in: Henssler/Strohn, Gesellschaftsrecht, § 15 HGB Rn. 9.

507 BGHZ 199, 270 (277), in Bezug auf die Regelung des § 15 Abs. 3 GmbHG; OLG Hamm, NJW 1974, 1057 (1058); *Armbrüster*, in: Armbrüster/Preuß, BeurkG, § 1 Rn. 60; *Bokelmann*, NJW 1972, 1729 (1731 f.); *Ferid*, GRUR Int 1973, 472 (473); *Kröll*, ZGR 2000, 111 (125 u. 128); *Spellenberg*, in: MünchKomm, BGB, Art. 11 EGBGB Rn. 90; *ders.*, in: FS Schütze, 887 (889 f.); a.A.: *Saage*, DNotZ 1953, 584 (587); *Weber*, NJW 1955, 1784 (1786), beide mit der Begründung, dass nur die Beurkundung durch einen deutschen Notar gemeint sei, wenn das deutsche Recht eine notarielle Beurkundung verlange.

508 BGHZ 199, 270 (277 f.); *Armbrüster*, in: Armbrüster/Preuß, BeurkG, § 1 Rn. 60; *Mankowski*, NZG 2010, 201 (204); *Winkler v. Mohrenfels*, in: Staudinger, BGB, Art. 11 EGBGB Rn. 298.

in Zusammenhang mit Handelsregisteranmeldungen betrifft, keine weitergehende Aussage treffen.[509]

Eine besondere Begründung, warum die gesellschaftsrechtlichen Beurkundungserfordernisse der Substitution entgegenstehen, kann nicht gefunden werden. Vielmehr ist grundsätzlich im Interesse der internationalen Freizügigkeit des Rechtsverkehrs und der „zunehmenden grenzüberschreitenden Verflechtung deutscher Gesellschaften“[510] eine allgemeine Substitutionsoffenheit anzunehmen.[511] Im Gegensatz dazu kann die Eigentumsübertragung an einem Grundstück nur vor einem deutschen Notar erklärt werden. Die unterschiedliche Behandlung ist aufgrund der entstehungsgeschichtlichen Besonderheit der Vorschrift des § 925 BGB – der Notar ist an die Stelle des Grundbuchamtes getreten – sowie dem überragenden Allgemeininteresse an der Sicherung der Verlässlichkeit des Grundbuches gerechtfertigt.

B. Gleichwertigkeit im Bereich des Gesellschaftsrechts

Als weitere allgemeine Voraussetzung der Substitution müssen das zu ersetzende inländische und das ausländische Rechtsinstitut in ihren Funktionen übereinstimmen (funktionale Äquivalenz).[512] Dafür ist „keine Normenidentität“ erforderlich, sondern vielmehr genügt eine „Vergleichbarkeit der wesentlichen,

---

509 Vgl. RegE, BT-Drs. 16/6140, S. 35, mit dem Argument, die Belehrung über die unbeschränkte Auskunftspflicht des Geschäftsführers (§ 53 Abs. 2 BZRG) könne „angesichts [ihres] begrenzten Schwierigkeitsgehalts“ durch einen ausländischen Notar vorgenommen werden; bestätigend: BGHZ 199, 270 (277 f.).

510 *V. Hein*, in: MünchKomm, BGB, Einl. IPR Rn. 253.

511 *Blumenwitz*, DNotZ 1986, 712 (733 ff.); *v. Hein*, in: MünchKomm, BGB, Einl. IPR Rn. 253; *Kropholler*, Internationales Privatrecht, S. 232; *Kröll*, ZGR 2000, 111 (127); *Mansel*, in: FS Kropholler, 353 (367); *Reithmann/Stelmaszczyk* in: Reithmann/Martiny, Internationales Vertragsrecht, Rn. 5.353; *Stelmaszczyk*, RNotZ 2019, 177 (183); ähnlich: BAGE 152, 363 (Rn. 45 f.).

512 BGHZ 109, 1 (6); BGHZ 205, 289 (298); BAGE 152, 363 (Rn. 45); *Mansel*, in: FS Lorenz, 689 (698); *Reithmann/Stelmaszczyk*, in: Reithmann/Martiny, Internationales Privatrecht, Rn. 5.347; *Weller*, ZGR 2014, 865 (877); *Winkler v. Mohrenfels*, in: Staudinger, BGB, Art. 11 Rn. 196; vgl. dazu auch Art. 2 der Résolution *„La substitution et l'équivalence en droit international privé“* des Institut de Droit International vom 27.10.2007, IPRax 2008, 297, abgedruckt in französischer und englischer Sprache mit Anm. *Jayme*, wonach die Gleichwertigkeit auf einem funktionalen Vergleich der Vorschriften beruht.

normprägenden Merkmale“ im Sinne eines Wirkungsvergleichs.[513] Welche Funktion wesentlich ist, wird durch den Regelungszweck der Ausgangsnorm bestimmt.[514]

In Bezug auf die Substitution der notariellen Beurkundung hat die Rechtsprechung die Gleichwertigkeitsvoraussetzungen präzisiert. Nach dem mittlerweile „klassischen dictum“[515] in der Entscheidung des II. Zivilsenats des BGH vom 16.02.1981 ist die ausländische Beurkundung der deutschen gleichwertig, „wenn die ausländische Urkundsperson nach Vorbildung und Stellung im Rechtsleben eine der Tätigkeit des deutschen Notars entsprechende Funktion ausübt und für die Errichtung der Urkunde ein Verfahrensrecht zu beachten hat, das den tragenden Grundsätzen des deutschen Beurkundungsrechts entspricht.“[516] Grundsätzlich folgt die ganz überwiegende Ansicht im Schrifttum diesem Ansatz des II. Zivilsenats.[517]

---

513 *Mansel*, in: FS Kropholler, 353 (368); dem folgend: BGHZ 205, 289 (298); BAGE 152, 363 (Rn. 45); *Kropholler*, Internationales Privatrecht, S. 232; vgl. auch Art. 3 der Résolution „*La substitution et l'équivalence en droit international privé*“ das Institut de Droit International vom 27.10.2007, IPRax 2008, 297, wonach die Substitution keine identischen Normen erfordert, sondern eine Ähnlichkeit zwischen den Zielen und Interessen, die mit den Normen verfolgt werden, ausreicht.

514 *Kröll*, ZGR 2000, 111 (128); *Mansel*, in: FS Lorenz, 689 (699).

515 *Goette*, DStR 1996, 709 (712) = FS Boujong, 131 (139).

516 BGHZ 80, 76 (78), diesen Wortlaut wiederholend oder die Entsch. bestätigend: BGH, NJW-RR 1989, 1259 (1261, obiter dicta); BGHZ 199, 270 (276), Einreichung der Gesellschafterliste; BGHZ 203, 68 (73), Hauptversammlungsbeschluss; OLG Düsseldorf, NJW 1989, 2200, Kapitalerhöhungsbeschluss; OLG München, NJW-RR, 758, Anteilsübertragung; OLG Frankfurt, GmbHR 2005, 764 (766), Anteilsübertragung; OLG Düsseldorf, GmbHR 2011, 417 (418), Einreichung der Gesellschafterliste; KG Berlin, DStR 2018, 534 (536), Gesellschaftsvertrag; KG Berlin, GmbHR 2018, 1202 (1203), Verschmelzungsvertrag; ablehnend: OLG Hamburg, BB 1993, 1544 (1545); LG Augsburg GmbHR 1996, 941 (94), mit dem arg. vor dem Hintergrund der sog. Supermarkt-Entscheidung sei „davon auszugehen, dass der BGH seine bisherige Rspr. zur Auslandsbeurkundung ändert.“; vgl. auch Art. 5 S. 1 der Résolution „La substitution et l'équivalence en droit international privé“ des Institut de Droit International vom 27.10.2007, IPRax 2008, 297, wonach die Handlung einer ausländischen Urkundsperson gleichwertig ist, wenn die betreffenden Behörden dieselben oder ähnliche Funktionen ausüben.

517 *Altmeppen*, in: Altmeppen, GmbHG, § 2 Rn. 21; *Brück*, DB 2004, 2409 (2411); *Ebbing*, in: Michalski et al., GmbHG, § 15 Rn. 97; *Götze/Mörtel*, NZG 2011, 727 (729); *Harbarth*, in: MünchKomm, GmbHG, § 15 Rn. 76 ff.; *Hoffmann/Bartlitz*, in: Michalski et al., GmbHG, § 53 Rn. 97; *Koch*, in: Koch, AktG, § 23 Rn. 11; *Kröll*, ZGR 2000, 111 (125 ff.); *Mankowski*, NZG 2010, 201 (204 f.); *Pentz*, in: MünchKomm,

I. Hintergründe der Entscheidung des BGH vom 16.02.1981

Im Rahmen der Subsumtion unter die vorstehenden Voraussetzungen stellt der II. Zivilsenat des BGH in der vorbezeichneten Entscheidung die Gleichwertigkeit der Beurkundung im Schweizer Kanton Zürich in personeller und verfahrensrechtlicher Hinsicht fest.[518] Zur Begründung dieser Annahme verweist der Spruchkörper schlicht auf ein Gutachten aus einer Schriftenreihe des *Max-Planck-Instituts für internationales und ausländisches Privatrecht.*[519] Anlass für ebendiese Abhandlung war die Bitte des Amtsgerichts – Registergericht – Koblenz um ein Gutachten über deutsches internationales und schweizerisches Beurkundungsrecht.[520]

Für die weitere Untersuchung erachtet der Verfasser eine ausführliche Darstellung der Grundlagen, auf welchen der II. Zivilsenat des BGH seine Schlussfolgerungen gezogen hat, als zwingend erforderlich.

1. *Gutachten des Max-Planck-Instituts*

a) Sachverhalt

Der Anfrage des Amtsgerichts Koblenz an das *Max-Planck-Institut* lag folgender Sachverhalt zugrunde.[521]

Mit dem Einbringungsvertrag vom 28.09.1970,[522] der von einem Urkundsbeamten des Notariats Zürich/Altstadt beurkundet wurde, verpflichtete sich die bisherige Alleingesellschafterin, eine US-amerikanische Corporation (Inc.) mit Sitz in Oakland (Kalifornien), das gesamte ihr gehörende Betriebsvermögen (im

---

AktG, § 23 Rn. 33; *Reithmann/Stelmaszczyk*, in: Reithmann/Martiny, Internationales Vertragsrecht, Rn. 5.356 ff.; *Spellenberg*, in: MünchKomm, BGB, Art. 11 EGBGB Rn. 87 ff.; *Raff*, in: Rowedder/Pentz, GmbHG, § 2 Rn. 76 f.; *Weller/Reichert*, in: MünchKomm, GmbHG, § 15 Rn. 144; *Wicke*, GmbHG, § 15 Rn. 20; *Winkler v. Mohrenfels*, in: Staudinger, BGB, Art. 11 EGBGB Rn. 313; *Zöllner/Noack*, in: Noack/Servatius/Haas, GmbHG, § 15 Rn. 75.

518 BGHZ 80, 76 (78): „gut ausgebildetes Beamtennotariat“, das Züricher Beurkundungsverfahrensrecht „kennt die Prüfungs- und Belehrungspflicht des Notars, die Identitätsfeststellung der Beteiligten, die Verhandlungsniederschrift, das Vorlesen, Genehmigen und Unterzeichnen der Urkunde durch die Beteiligten sowie Siegeln und Unterzeichnen durch den Notar.“

519 *Max-Planck-Institut*, IPG 1971 Nr. 41, S. 403 ff.

520 *Max-Planck-Institut*, IPG 1971 Nr. 41, S. 403 (Präambel).

521 Die Sachverhaltsdarstellung basiert auf *Max-Planck-Institut*, IPG 1971 Nr. 41, S. 403–405.

522 Auszugsweise abgedruckt in *Max-Planck-Institut*, IPG 1971 Nr. 41, S. 403 (404 f.).

Wesentlichen zwei Werke in Deutschland) als Sacheinlage gegen Gewährung von Geschäftsanteilen in Höhe von 15 Mio. DM in eine deutsche GmbH mit Sitz in Koblenz einzubringen.[523] „Die Vertragspartner hatten den Bevollmächtigten zum [Abschluss des Einbringungsvertrages] zuvor in notariell beglaubigter Form in Deutschland Vollmacht erteilt."[524] Die Pflicht zur Beurkundung des Einbringungsvertrages folgte aus der Vorschrift des § 15 Abs. 4 GmbHG.

Einen Tag später beschloss die Gesellschafterversammlung der deutschen GmbH in notarieller Urkunde eines Notars mit Amtssitz in Düsseldorf, das Stammkapital der Gesellschaft von 2 Mio. auf 40 Mio. DM zu erhöhen. Zur teilweisen Übernahme der neuen Anteile zu einem Nennbetrag von 15 Mio. DM gegen Sacheinlage in gleicher Höhe wurde die US-amerikanische Corporation zugelassen, die bis dahin Alleingesellschafterin gewesen war. Weiterer Beschlussgegenstand war die Zustimmung der GmbH zu dem am Vortag vor dem Züricher Notar geschlossenen Einbringungsvertrag. Der von den Beschränkungen des § 181 BGB befreite Bevollmächtigte der US-amerikanischen Corporation hielt die vorgenannte „Gesellschafterversammlung [der deutschen Tochtergesellschaft] aufgrund einer notariell beglaubigten Vollmacht ab, die ihn auch ermächtigte, eine Übernahmeerklärung für eine durch Kapitalerhöhung neu gebildete Stammeinlage im Namen der [Mutter-]Gesellschaft abzugeben."[525] Eine solche Übernahmeerklärung i.S.d. § 55 Abs. 1 GmbHG gab der Bevollmächtigte im Rahmen der Gesellschafterversammlung mit Wirkung für und gegen die US-amerikanische Corporation ab.[526] Die Vollmacht zur Abgabe dieser Übernahmeerklärung war am Tag zuvor von einem Züricher Urkundsbeamten notariell beglaubigt worden.[527]

---

523 *Max-Planck-Institut*, IPG 1971 Nr. 41, S. 403 (404).

524 *Max-Planck-Institut*, IPG 1971 Nr. 41, S. 403 (405).

525 *Max-Planck-Institut*, IPG 1971 Nr. 41, S. 403 (404).

526 Der in *Max-Planck-Institut*, IPG 1971 Nr. 41, S. 403 (403–405) dargestellte Sachverhalt ist hinsichtlich des genauen Zeitpunktes der Abgabe der Übernahmeerklärung nicht ganz eindeutig. Eine „antizipierte" Abgabe der Übernahmeerklärung bereits im Einbringungsvertrag am 28.09.1970 ist m.E. nicht ersichtlich. Regelmäßig wird eine Übernahmeerklärung nach dem Beschluss über die Kapitalerhöhung – hier also am 29.09.1970 – abgegeben, da erst dann die laufenden Nummern der Geschäftsanteile bezifferbar sind bzw. auf den Erhöhungsbeschluss Bezug genommen werden kann. Vgl. allgemein zur zeitlichen Reihenfolge von Erhöhungsbeschluss und Übernahmeerklärung auch *Servatius*, in: Noack/Servatius/Haas, GmbHG, § 55 Rn. 39.

527 Die Ausführungen des *Max-Planck-Instituts*, IPG 1971 Nr. 41, S. 403 (406) sind insoweit irreführend als es dort heißt, „die Übernahmeerklärung der K. Inc [sei]

b) Substitution der öffentlichen Beglaubigung

Die rechtliche Würdigung des *Max-Planck-Instituts* ist überzeugend. Das Gutachten verhält sich richtigerweise primär[528] zur Gleichwertigkeit der im Ausland vorgenommenen öffentlichen Beglaubigung.[529] Zutreffend erkennen die Verfasser, dass es bei dem vor dem Amtsgericht Koblenz geführten Registerverfahren entscheidend auf die Wirksamkeit der Übernahmeerklärung respektive der Vollmacht zu dieser ankommt, welche von der Züricher Urkundsperson notariell beglaubigt worden ist. Abweichend von der allgemeinen Regelung in § 167 Abs. 2 BGB bedarf bereits die Vollmacht zur Abgabe einer Übernahmeerklärung entsprechend § 2 Abs. 2 GmbHG i.V.m. § 55 Abs. 1 GmbHG der notariellen Aufnahme (§ 128 BGB) oder Beglaubigung (§ 129 BGB).[530] Zusätzlich ist bei einer Kapitalerhöhung mit Sacheinlagen der im Gesellschafterbeschluss festgesetzte Gegenstand der Sacheinlage und der Nennbetrag der dazugehörigen Geschäftsanteile gem. § 56 Abs. 1 S. 2 GmbHG mit in die Übernahmeerklärung aufzunehmen.[531] Demgegenüber ist die Annahmeerklärung der emittierenden Gesellschaft nicht formbedürftig.[532] Der Übernahme-

---

als Teil des Einbringungsvertrages von einem Urkundsbeamten des Notariats Zürich/Altstadt in „öffentlicher Urkunde" aufgenommen worden", denn in dem Einbringungsvertrag ist – soweit abgedruckt – keine Erklärung enthalten, die auf Übernahme konkret bezeichneter Geschäftsanteile gerichtet ist. Vielmehr ist davon auszugehen, dass dem Bevollmächtigten von der Züricher Urkundsperson am 28.09.1970 separat vom Einbringungsvertrag eine notariell beglaubigte Vollmacht zur Abgabe der Übernahmeerklärung erteilt worden ist.

528 Die im Gutachten darüber hinaus enthaltenen Ausführungen zur Beurkundung sind wohl dem Umstand geschuldet, dass die einschlägige Formvorschrift des § 55 Abs. 1 GmbHG für die Übernahmeerklärung neben der Beglaubigung (Alt. 2) alternativ auch die Beurkundung vorsieht (Alt. 1).

529 *Max-Planck-Institut*, IPG 1971 Nr. 41, S. 403 (407): „[Die] Frage [, ob und unter welchen Voraussetzungen die von einer ausländischen Urkundsperson vorgenommene Beurkundung der vom deutschen Formstatut gebotenen notariellen Beurkundung des Rechtsgeschäfts gleichkommt,] braucht nicht entschieden werden, weil das deutsche Geschäftsrecht hier nur öffentliche Beglaubigung verlangt."

530 *Hermanns*, in: Michalski et al., GmbHG, § 55 Rn. 69; *Inhester*, in: Saenger/Inhester, GmbHG, § 55 Rn. 20; *Priester/Tebben*, in: Scholz, GmbHG, § 55 Rn. 81, *Servatius*, in: Noack/Servatius/Haas, GmbHG, § 55 Rn. 32; *Ulmer/Casper*, in: Habersack/Casper/Löbbe, GmbHG, § 55 Rn. 75; *Ziemons*, in: BeckOK, GmbHG, § 55 Rn. 109.

531 *Lieder*, in: MünchKomm, GmbHG, § 56 Rn. 27.

532 *Max-Planck-Institut*, IPG 1971 Nr. 41, S. 403 (406).

vertrag kommt somit nach den allgemeinen Regeln der Vertragsschlusslehre zustande.[533]

In Bezug auf die öffentliche Beglaubigung gem. § 129 BGB postuliert das *Max-Planck-Institut*, Sinn und Zweck dieser Formvorschrift seien gewahrt, „wenn die lex fori der ausländischen Urkundsperson nach ihrer Stellung im Rechtsleben eine der Tätigkeit des deutschen Notars gleichwertige Funktion zuweist und für die Herstellung des Beglaubigungsvermerks ein Verfahrensrecht setzt, das den Grundsätzen des deutschen Verfahrensrechts im wesentlichen entspricht."[534]

Das Erfordernis der öffentlichen Beglaubigung diene Beweiszwecken.[535] Zweck des § 55 Abs. 1 GmbHG sei es, „den Übernehmer vor unüberlegtem Handeln zu bewahren, den Nachweis der Übernahme zu sichern und die Gesellschaftsgläubiger zu schützen."[536]

Schließlich kommt das *Max-Planck-Institut* nach ausführlicher Darstellung des zürcherischen Notariats- und Beurkundungsverfahrensrechts zu dem Ergebnis, dass die Stellung des Züricher Notars und das für ihn verbindliche Verfahrensrecht in den wesentlichen Punkten dem deutschen Recht entspricht. „[D]er Züricher Notar [sei] der Rechtsstellung nach einem deutschen Notar gleichwertig."[537] Das zürcherische Beurkundungsrecht kenne „insbesondere den Verhandlungsgrundsatz und die Prüfungs- und Belehrungspflicht des Notars, die Identitätsfeststellung der Beteiligten, die Verhandlungsniederschrift, das Vorlesen, Genehmigen und Unterzeichnen der Urkunde durch die Beteiligten sowie Siegeln und Unterzeichnen durch den Notar."[538]

2. *Schlussfolgerungen des II. Zivilsenats des BGH*

Der II. Zivilsenat des BGH überträgt die vom *Max-Planck-Institut* hinsichtlich der Substitution einer öffentlichen Beglaubigung aufgestellte Gleichwertigkeitsformel unreflektiert auf das Formerfordernis der öffentlichen Beurkundung,

533 *Hermanns*, in: Michalski et al., GmbHG, § 55 Rn. 85; *Lieder*, in: MünchKomm, GmbHG, § 55 Rn. 128 u. 136.

534 *Max-Planck-Institut*, IPG 1971 Nr. 41, S. 403 (407).

535 *Max-Planck-Institut*, IPG 1971 Nr. 41, S. 403 (408).

536 *Max-Planck-Institut*, IPG 1971 Nr. 41, S. 403 (411), mit Verweis auf RGZ 149, 385 (395) u. RGZ 66, 116 (121).

537 *Max-Planck-Institut*, IPG 1971 Nr. 41, S. 403 (408–410).

538 *Max-Planck-Institut*, IPG 1971 Nr. 41, S. 403 (410) mit Verweis auf §§ 241, 243, 246 zürch. EGzZGB und §§ 13, 18, 19, 25–27, 29–31 NotV-ZH, diese Feststellungen hinsichtlich des zürcherischen Verfahrensrechts übernimmt BGHZ 80, 76 (78).

obwohl das *Max-Planck-Institut* explizit betont, dass es auf die Frage, „ob und unter welchen Voraussetzungen die von einer ausländischen Urkundsperson vorgenommene Beurkundung der vom deutschen Formstatut gebotenen notariellen Beurkundung des Rechtsgeschäfts gleichkommt“, nicht ankommt.[539] Das Registergericht erbat das *Max-Planck-Institut* lediglich „um Äußerung darüber, ob die Urkundsbeamten des Notariats Zürich/Altstadt ihrer Art nach dem deutschen Notar entsprechen und zur Aufnahme von Urkunden mit öffentlichem Glauben staatlich bestellt sind.“[540] Die im Gutachten stellenweise enthaltenen Ausführungen zur notariellen Beurkundung sind dem Umstand geschuldet, dass die einschlägige Formvorschrift des § 55 Abs. 1 GmbHG für die Übernahmeerklärung neben der Beglaubigung (Alt. 2) alternativ auch die Beurkundung vorsieht (Alt. 1).

In dem vom II. Zivilsenat des BGH zu entscheidenden Fall ging es jedoch um die notarielle Beurkundung eines satzungsändernden Beschlusses nach § 53 Abs. 2 GmbHG. Der bloße Verweis auf das dargestellte Gutachten des *Max-Planck-Instituts* ohne weitere Erläuterung, warum die darin aufgestellten Grundsätze auch in Bezug auf die Substitution der notariellen Beurkundung gelten sollen, ist daher wenig überzeugend.[541]

II. Eine der Tätigkeit des deutschen Notars entsprechende Funktion

Ob die Funktion der ausländischen Urkundsperson der eines deutschen Notars entspricht, ist anhand der „Vorbildung und Stellung [der ausländischen Person] im Rechtsleben“[542] zu ermitteln (im Folgenden: personelle Gleichwertigkeit).

---

539 *Max-Planck-Institut*, IPG 1971 Nr. 41, S. 403 (407), hinsichtlich der Substitution der notariellen Beurkundung mit Verweis (dort Fn. 5) auf die nachfolgenden weiteren Gutachten des *Max-Planck-Instituts*, IPG 1965–66 Nr. 68, S. 797 (801–809), zu § 2348 BGB; *dass.*, IPG 1965–66 Nr. 73, S. 875 (877 f.), zu § 313 Abs. 1 BGB a.F.; *dass.*, IPG 1970 Nr. 40, S. 403 (407–409), zu § 15 Abs. 3 GmbHG.

540 *Max-Planck-Institut*, IPG 1971 Nr. 41, S. 403 (405), dort unter der Überschrift „Anfrage“.

541 Ebenfalls kritisch: AG Köln, MittRhNotK 1990, 21 (22): Das „IPG-Gutachten der Universität Köln hat wesentliche Unterschiede zwischen deutschem und Züricher Notariatsrecht unter den Tisch fallen lassen“; *Bayer*, in: Lutter/Hommelhoff, GmbHG, § 15 Rn. 29; *Bredthauer*, BB 1986, 1864 (1867 f.); *Dignas*, GmbHR 2005, 139 (141), dort auch Fn. 22; *Goette*, DStR 1996, 709 (712) = FS Boujong, 131 (141): „Überinterpretation des genannten Kölner Gutachtens durch den II. Zivilsenat“; *Reithmann/Stelmaszczyk*, in: Reithmann/Martiny, Internationales Vertragsrecht, Rn. 5.360.

542 BGHZ 80, 76 (78).

Als Prüfungsmaßstab dienen dabei nicht die Kenntnisse des konkret beurkundenden Notars, sondern dessen Funktion wird abstrakt anhand des ausländischen Notariatssystems ermittelt.[543] Dafür spricht bereits der Wortlaut („im Rechtsleben") der vom II. Zivilsenat des BGH gewählten Formulierung.

1. Unterscheidung nach Rechtskreisen

In Bezug auf die personelle Gleichwertigkeit wird vielfach eine pauschale Unterscheidung zwischen zwei Rechtskreisen getroffen. Bei den kontinentaleuropäischen und lateinamerikanischen Notaren, die zusammen das sog. „lateinische Notariat"[544] bilden, sei die Gleichwertigkeit gegeben[545] – hingegen nicht bei Notaren des anglo-amerikanischen Rechtskreises, da Letzteren im Wesentlichen nur die innerstaatliche Funktion der Unterschriftsbeglaubigung zugewiesen sei.[546]

Die Unterscheidung nach Rechtskreisen vermag allenfalls einen groben Anhaltspunkt zu bieten.[547] Wegen der uneinheitlichen Anforderungen, die von den nationalen Rechtsordnungen an die Ausbildung der ausländischen Urkundspersonen gestellt werden, verbietet sich aber jegliche Pauschalisierung, sodass vielmehr die Besonderheiten des jeweiligen Landes zu beachten sind.[548] Es besteht lediglich dahingehend Einigkeit, dass die Funktion des englischen oder amerikanischen *notary public*, der keine juristische Kompetenz besitzt

---

543 *Süß*, in: jurisPK, BGB, Art. 11 EGBGB Rn. 89; die Frage nach dem Prüfungsmaßstab stellt sich sowohl in Bezug auf die personelle als auch die verfahrensrechtliche Gleichwertigkeit, s. vertiefend zum Prüfungsmaßstab unten 4. Kapitel: B. III. 1.

544 Vertiefend: *Hertel*, in: Staudinger, BGB, BeurkG Rn. 726 ff. u. Rn. 751–766, mit einer Übersicht zu der Notariatsform in den einzelnen Ländern.

545 KG Berlin, DStR 2018, 534 (536); *Blumenwitz*, DNotZ 1968, 712 (737), mit Einschränkungen; *Hertel*, in: Staudinger, BGB, BeurkG Rn. 726 (erster Spiegelstrich); *Servatius*, in: Noack/Servatius/Haas, GmbHG, § 2 Rn. 9; *Winkler*, NJW 1972, 981 (985).

546 *Hausmann*, in: Hausmann/Odersky, Internationales Privatrecht, § 3 Rn. 92; *Spellenberg*, in: MünchKomm, BGB, Art. 11 EGBGB Rn. 97; *Thorn*, in: Grüneberg, BGB, Art. 11 EGBGB Rn. 9; *Winkler*, NJW 1972, 981 (985).

547 *Raff*, in: Rowedder/Pentz, GmbHG, § 2 Rn. 78 a.E.: „im Regelfall"; *Stephan*, NJW 1974, 1596 (1597), der diese Diff. als „Faustregel" betitelt; *Weller/Reichert*, in: MünchKomm, GmbHG, § 15 Rn. 151 f.

548 Ähnlich: *Bayer*, in: Lutter/Hommelhoff, GmbHG, § 15 Rn. 29; *Löbbe*, in: Habersack/Casper/Löbbe, GmbHG, § 15 Rn. 146; *Reichert/Weller*, DStR 2005, 250 (253); *Winkler*, BeurkG, Einl. Rn. 82–84.

und eher die Rolle eines berufsmäßigen Zeugen einnimmt, jedenfalls nicht der eines deutschen Notares entspricht.[549]

2. *Vorbildung*

Nach § 5 BNotO darf zum Notar nur bestellt werden, wer neben der bestandenen notariellen Fachprüfung (§ 7a BNotO) die Befähigung zum Richteramt nach dem Deutschen Richtergesetz erlangt hat, welche ihrerseits den Abschluss eines rechtswissenschaftlichen Studiums an einer Universität mit der ersten Prüfung und des anschließenden Vorbereitungsdienstes mit der zweiten Staatsprüfung voraussetzt, vgl. § 5 Abs. 1 HS. 1 DRiG. Gegenstand der notariellen Fachprüfung ist gem. § 7a Abs. 4 S. 1 BNotO der „gesamt[e] Bereich der notariellen Amtstätigkeit", also insbesondere auch das Gesellschaftsrecht.[550]

Die auf ihre eigene Rechtsordnung bezogene[551] Ausbildung der ausländischen Urkundsperson müsse nicht in Gänze den hohen Anforderungen der eines deutschen Volljuristen entsprechen.[552] Da kein allzu enger Maßstab anzulegen sei, reiche es aus, wenn der ausländische Notar eine abgeschlossene juristische Ausbildung besitzt.[553] Ein nur viermonatiges Studium, so etwa die

---

549 OLG Stuttgart, GmbHR 2000, 721 (725); *Bayer*, GmbHR 2013, 897 (912 f.); *Biehler*, NJW 2000, 1243 (1245); *Blumenwitz*, DNotZ 1968, 712 (737 f.); *Hertel*, in: Staudinger, BGB, BeurkG Rn. 741 f.; *Max-Planck-Institut*, IPG 1965/66 Nr. 68, S. 797 (807–809), notary public in Pennsylvania; *Max-Planck-Institut*, IPG 1965/66 Nr. 73, S. 875 (878), notary public in New York; *Röhricht/Schall*, in: Hirte/Mülbert/Roth, Großkommentar, AktG, § 23 Rn. 82; *Spellenberg*, in: MünchKomm, BGB, Art. 11 EGBGB Rn. 97; *Stürner*, in: Erman, BGB, Art. 11 EGBGB Rn. 20; *Pentz*, in: MünchKomm, AktG, § 23 Rn. 34; *Thorn*, in: Grüneberg, BGB, Art. 11 EGBGB Rn. 9; *Weller/Reichert*, in: MünchKomm, GmbHG, § 15 Rn. 152; *Winkler*, BeurkG, Einl. Rn. 82; *Winkler v. Mohrenfels*, in: Staudinger, BGB, Art. 11 EGBGB Rn. 312.

550 Die Prüfungsgebiete sind im Einzelnen in der Verordnung über die notarielle Fachprüfung (NotFV) vom 07.05.2010 (BGBl. 2010 I S. 576) geregelt, davon ist vorliegend insb. folgendes Gebiet relevant: „das Recht der Personengesellschaften und Körperschaften einschließlich der Grundzüge des Umwandlungs- und Stiftungsrechts" (§ 5 Abs. 1 Nr. 2 NotFV); diesen Aspekt nicht berücksichtigend: *Winkler v. Mohrenfels*, in: Staudinger, BGB, Art. 11 EGBGB Rn. 300.

551 *Berger/Kleissl*, DB 2008, 2235 (2236); *Böttcher/Blasche*, NZG 2006, 766 (767), mit dem Einwand sonst bestünde ein Widerspruch zur Wertung des Art. 11 Abs. 1 EGBGB; *Götze/Mörtel*, NZG 2011, 727 (730).

552 *Pentz*, in: MünchKomm, AktG, § 23 Rn. 34.

553 *Böttcher/Blasche*, NZG 2006, 766 (767); *Röhricht/Schall*, in: Hirte/Mülbert/Roth, Großkommentar, AktG, § 23 Rn. 80; *Spellenberg*, in: MünchKomm, BGB, Art. 11 EGBGB Rn. 97; tendenziell auch *Hertel*, in: Staudinger, BGB, BeurkG

Mindestanforderung im Schweizer Kanton Zürich, reiche aber nicht aus.[554] In einer solchen kurzen Zeit könne die rechtswissenschaftliche Methodik und die damit verbundene Fähigkeit, sich in unbekannte respektive fremdartige Rechtsmaterien hineinzufinden, nicht erlernt werden.[555]

3. *Stellung*

Der deutsche Notar nimmt gem. § 1 BNotO die Stellung eines, in sachlicher sowie persönlicher Hinsicht, unabhängigen,[556] öffentlichen Amtsträgers ein und ist als Organ der vorsorgenden Rechtspflege zu qualifizieren.[557] Die Zuverlässigkeit des deutschen Notars äußert sich somit in seiner Funktion als „rechtskundige Vertrauensperson, […] die in gleichartiger Weise allen Rechtssuchenden zur Verfügung steht."[558]

Die Stellung entspricht der des deutschen Notares, wenn bei dem ausländischen Notar eine vergleichbare Unabhängigkeit und Zuverlässigkeit gewährleistet ist.[559] Eine Einordnung als Organ der Rechtspflege sei dafür aber nicht erforderlich.[560]

Rn. 871, der eine vergleichbare Vorbildung jedenfalls bei einem juristischen Studium sowie einer zusätzlichen praktischen Ausbildung annimmt.

554 *Bredthauer*, BB 1986, 1864 (1866); *Winkler v. Mohrenfels*, in: Staudinger, BGB, Art. 11 EGBGB Rn. 309; dem folgend *Süß*, in: jurisPK, BGB, Art. 11 EGBGB Rn. 89; a.A.: *Berger/Kleissl*, DB 2008, 2235 (2236); *Böttcher/Blasche*, NZG 2006, 766 (767).

555 *Lieder*, ZIP 2018, 1517 (1524), der ein „abgeschlossenes Vollstudium der Rechtswissenschaften" fordert; *Reithmann/Stelmaszczyk*, in: Reithmann/Martiny, Internationales Vertragsrecht, Rn. 5.358; *Winkler v. Mohrenfels*, in: Staudinger, BGB, Art. 11 EGBGB Rn. 309.

556 BGHZ 57, 351 (354); *Hertel*, in: Staudinger, BGB, BeurkG Rn. 770 u. 871; *Schäuble*, in: Hausmann/Odersky, Internationales Privatrecht, § 7 Rn. 56; *Winkler*, BeurkG, Einl. Rn. 27; vgl. auch § 14 Abs. 1 S. 2 BNotO.

557 *Reithmann*, DNotZ 1995, 360; *Reithmann/Stelmaszczyk*, in: Reithmann/Martiny, Internationales Vertragsrecht, Rn. 5.358.

558 *Reithmann*, DNotZ 1995, 360.

559 *Hertel*, in: Staudinger, BGB, BeurkG Rn. 871; *Reithmann/Stelmaszczyk*, in: Reithmann/Martiny, Internationales Vertragsrecht, Rn. 5.358; *Röhricht/Schall*, in: Hirte/Mülbert/Roth, Großkommentar, AktG, § 23 Rn. 80; *Spellenberg*, in: MünchKomm, BGB, Art. 11 EGBGB Rn. 97 (dort Fn. 230).

560 *Spellenberg*, in: MünchKomm, BGB, Art. 11 EGBGB Rn. 97 (dort Fn. 230).

III. Ein dem deutschen Beurkundungsrecht entsprechendes Verfahrensrecht

Nach dem dictum des II. Zivilsenats des BGH aus dem Jahr 1981 muss die ausländische Urkundsperson, als weitere Voraussetzung der Gleichwertigkeitsprüfung, bei der Errichtung der Urkunde ein „Verfahrensrecht zu beachten [haben], das den tragenden Grundsätzen des deutschen Beurkundungsrechts entspricht“[561] (im Folgenden: verfahrensrechtliche Gleichwertigkeit). Dass das Vorliegen dieser weiteren Voraussetzung anhand einer wertenden Betrachtungsweise[562] zu ermitteln ist, zeigt bereits der in der Formel enthaltene unbestimmte Rechtsbegriff „tragende Grundsätze“.

1. Prüfungsmaßstab: Einzelfallprüfung oder abstrakte Betrachtung

Hinsichtlich der verfahrensrechtlichen Gleichwertigkeit ist umstritten, ob es auf die abstrakte Ausgestaltung des ausländischen Beurkundungsrechts ankommt oder es genügt, dass die Anforderungen der deutschen Formvorschrift im konkreten Einzelfall erfüllt werden.[563]

a) Meinungsspektrum

Nach einer weitverbreiteten Auffassung kommt es abstrakt darauf an, dass der ausländische Notar nach der für ihn geltenden Notariatsverfassung ein gleichwertiges Verfahren einhalten muss.[564]

---

561 BGHZ 80, 76 (78).

562 Anm. *Diehn*, DNotZ 2019, 146 (149); *Röhricht/Schall*, in: Hirte/Mülbert/Roth, Großkommentar, AktG, § 23 Rn. 80, in Bezug auf die personelle Gleichwertigkeit.

563 Vgl. *Herrler*, in: Grigoleit, AktG, § 130 Rn. 14; *Lieder*, ZIP 2018, 1517 (1526).

564 OLG Hamm, NJW 1974, 1057 (1059): „Daß der ausländische Notar im Einzelfall ausnahmsweise die deutsche Rechtsordnung genau kennt, ist nicht entscheidend.“; OLG Karlsruhe, RIW 1979, 567 f. (568); LG Augsburg, GmbHR 1996, 941 (942); AG Berlin-Charlottenburg, RNotZ 2016, 119 (122); so auch: *Altmeppen*, in: Altmeppen, GmbHG, § 2 Rn. 24; *Bayer*, GmbHR 2013, 897 (912 f.); *Beckmann/Fabricius*, GWR 2016, 375 (377); *Cziupka*, EWiR 2018, 137 (138); *Cramer*, in: Scholz, GmbHG, § 2 Rn. 19; *ders.*, DStR 2018, 746 (751); DNotI-Report 2016, 93 (97); *Haerendel*, DStR 2001, 1802 (1804 f.); *Heckschen*, in: Widmann/Mayer, Umwandlungsrecht, § 6 UmwG Rn. 72.1; *ders.*, DB 2018, 685 (687); *Heinze*, in: MünchKomm, GmbHG, § 2 Rn. 67; *Herrler*, NJW 2018, 1787 (1788); *ders.*, ZGR 2015, 918 (932); *ders.*, GmbHR 2014, 225 (231); *Hertel*, in: Staudinger, BGB, BeurkG Rn. 874; *Jakobs*, MittRhNotK 1985, 57 (61 u. 75); *Knoche*, in: FS des Rheinischen Notariats, 297 (314); *Lieder*, ZIP 2018, 805 (811 f.); *ders.*, NZG 2018, 1517 (1523); *Röhricht/Schall*,

Im Gleichlauf mit dem Maßstab, welcher hinsichtlich der personellen Gleichwertigkeit gilt, sei auf das Heimatrecht des ausländischen Notars abzustellen.[565] Die konkrete Ausgestaltung der Beurkundung im Einzelfall dürfe nicht den Maßstab bilden, da dies mit einer erheblichen Rechtsunsicherheit verbunden wäre.[566] Etwas anderes gelte selbst dann nicht, wenn der ausländische Notar bei der konkreten Beurkundung auf überobligatorische Weise, d.h. mehr als sein Heimatrecht ihm vorgibt, die deutschen Verfahrensstandards anwendet.[567]

Die Gegenauffassung stellt jeweils auf die individuelle Ausgestaltung des Verfahrens durch die Urkundsperson ab, d.h. danach kommt es auf die Einhaltung der tragenden Verfahrensgrundsätze *in concreto* an.[568] Die Sichtweise,

---

in: Hirte/ Mülbert/Roth, Großkommentar, AktG, § 23 Rn. 84 f., aber mit Einschränkungen, wenn das ausländische Recht hinsichtlich bestimmter Erfordernisse dispositiv ausgestaltet ist; *Stelmaszczyk*, GWR 2018, 103 (105): „typisierende Betrachtung"; *Süß*, in: jurisPK, BGB, Art. 11 EGBGB Rn. 89; *Weller/Reichert*, in: MünchKomm, GmbHG, § 15 Rn. 145; *Winkler*, NJW 1972, 981 (987), dort Fn. 100: „Hier ist zu generalisieren und nicht auf den Einzelfall abzustellen, in dem ein ausländischer Notar vielleicht doch das deutsche Recht kennt."; *ders.*, NJW 1973, 222 (224).

565 *Müller*, NJW 2014, 1994 (1999).

566 OLG Karlsruhe, RIW 1979, 567 f. (568): „[…] aus Gründen der Rechtssicherheit [kann] nur eine generelle Entscheidung getroffen werden"; LG Augsburg, GmbHR 1996, 941 (942); AG Berlin-Charlottenburg, RNotZ 2016, 119 (122); *Bokelmann*, NJW 1972, 1729 (1732), dort Fn. 42; *Cramer*, in: Scholz, GmbHG, § 2 Rn. 19; *Haerendel*, DStR 2001, 1802 (1804 f.); *Heckschen*, DB 2018, 685 (687); *Heinze*, in: MünchKomm, GmbHG, § 2 Rn. 67; *Herrler*, GmbHR 2014, 225 (231); *Hermanns*, RNotZ 2010, 38 (41 f.); *ders.*, RNotZ 2014, 229 (231); *Herrler*, GmbHR 2014, 225 (231); *Hertel*, in: Staudinger, BGB, BeurkG Rn. 874; *Lieder*, ZIP 2018, 805 (812).

567 LG Augsburg, GmbHR 1996, 941 (942); AG Berlin-Charlottenburg, RNotZ 2016, 119 (122); *Beckmann/Fabricius*, GWR 2016, 375 (377); *Herrler*, NJW 2018, 1778 (1788); *Heckschen*, DB 2018, 685 (687); *Hermanns*, RNotZ 2010, 38 (41 f.), mit dem arg. bei einer gewillkürten Beurkundung fehle es an dem erforderlichen öffentlich-rechtlichen Verhältnis zwischen Urkundsperson und Urkundsbeteiligten; *ders.*, RNotZ 2011, 224 (227); *ders.*, RNotZ 2014, 229 (231); *Knoche*, in: FS des Rheinischen Notariats, 297 (314); *Müller*, NJW 2014, 1994 (1999); *Sander*, in: BeckOK, BNotO, § 20 Rn. 37; *Süß*, in: jurisPK, BGB, Art. 11 EGBGB Rn. 89; *Winkler*, BeurkG, Einl. Rn. 86.

568 KG Berlin, DStR 2018, 534 (537, Rz. 33); KG Berlin, GmbHR 2018, 1202 (1204); *v. Bar/Grothe*, IPrax 1994, 269 (270); *Bayer*, in: Lutter/Hommelhoff-GmbHR, § 15 Rn. 34; *Hoffmann/Bartlitz*, in: Michalski et al., GmbHG, § 53 Rn. 98; *Kröll*, ZGR 2000, 111 (127); *Leible*, in: M/H/L-GmbHG, Syst. Darst. 2 Rn. 119; *Lieder/Ritter*, notar 2014, 187 (192); *Mansel*, in: FS Lorenz, 689 (696), dort Fn. 31; *Müller*, RIW 2010, 591 (596); *Pentz*, in: MünchKomm, AktG, § 23 Rn. 34; *Schervier*,

welche auf die abstrakte Betrachtung abstellt, sei zu eng.[569] Den Registergerichten sei eine Prüfung des Einzelfalls ohne Weiteres möglich.[570] Aus Gründen der Beweisbarkeit sollte in der Niederschrift ein Vermerk über die Einhaltung der unverzichtbaren Bestandteile des Formgebots aufgenommen werden.[571]

Neuerdings stellen insbesondere *Bayer*[572] und *Röhricht/Schall*[573] Überlegungen an, in „Grenzfällen"[574] die abstrakte Sichtweise aufzuweichen, namentlich soweit es um dispositives, also abdingbares, Verfahrensrecht geht. In einem solchen Fall dürfe der ausländische Notar von den für ihn geltenden dispositiven Verfahrensvorschriften nicht abweichen, sondern müsse weitestgehend von der Möglichkeit der Annäherung an die inländische Formvorschrift Gebrauch machen.[575] In der Folge käme es nach dieser vermittelnden Ansicht auf den tatsächlichen Ablauf im konkreten Einzelfall an, sofern die ausländische Rechtsordnung die Möglichkeit der Annäherung an das deutsche Verfahrensrecht eröffnet.

b) Stellungnahme

Im Interesse der Rechtssicherheit kommt es richtigerweise abstrakt darauf an, dass der ausländische Notar nach der für ihn geltenden Notariatsfassung ein gleichwertiges Verfahren einhalten muss. Ansonsten erübrigte sich ein Vergleich der nationalen Beurkundungsverfahren. Eine andere Sichtweise hätte die höchst impraktikable Folge, dass man im Registerverfahren regelmäßig Beweis über den Ablauf des ausländischen Beurkundungsverfahrens erheben

---

NJW 1992, 593 (596); *Seibt*, in: Schmidt/Lutter, AktG, § 23 Rn. 18; *Spellenberg*, in: MünchKomm, BGB, Art. 11 EGBGB Rn. 99; *Stenzel*, GmbHR 2014, 1024 (1028); *Weller*, ZGR 2014, 865 (879): „für die Substitution [...] ist auf die konkretindividuelle Fallsituation abzustellen".

569 *Schervier*, NJW 1992, 593 (596).

570 KG Berlin, GmbHR 2018, 1202 (1204); a.A.: *Cramer*, DStR 2018, 746 (751); *Stelmaszczyk*, GWR 2018, 103 (105).

571 *Bayer*, in: Lutter/Hommelhoff, GmbHG, § 15 Rn. 34; *Stenzel*, GmbHR 2014, 1024 (1028).

572 *Bayer*, GmbHR 2013, 897 (913).

573 *Röhricht/Schall*, in: Hirte/Mülbert/Roth, Großkommentar, AktG, § 23 Rn. 85.

574 *Bayer*, GmbHR 2013, 897 (913).

575 *Bayer*, GmbHR 2013, 897 (913); *Röhricht/Schall*, in: Hirte/Mülbert/Roth, Großkommentar, AktG, § 23 Rn. 85; ähnlich: *v. Hein*, in: MünchKomm, BGB, Einl. IPR Rn. 257; *Tietz*, IPRax 2019, 36 (39), die sowohl auf die abstrakte als auch konkrete Ausgestaltung des Beurkundungsvorgangs abstellt.

müsste.[576] Solche weitergehenden Prüfpflichten für die Registergerichte sind mit dem Grundgedanken der notariellen Filterfunktion nicht vereinbar.

Die vermittelnde Ansicht bringt ebenfalls Rechtsunsicherheit sowie einen erhöhten Prüfungsaufwand für die Registergerichte mit sich und ist daher abzulehnen. Schließlich spricht auch die Formulierung in der Leitsatzentscheidung des II. Zivilsenats „ein Verfahrensrecht zu beachten hat" für einen abstrakten Gleichwertigkeitsvergleich.[577]

Eine überobligatorische Anwendung im Einzelfall wäre allenfalls dann zu berücksichtigen, wenn die ausländische Urkundsperson ihre besondere Sachkunde über das deutsche Beurkundungsverfahren nachweisen könnte. Solange die Bundesnotarkammer oder eine anderweitige nationale Stelle aber kein Prüfungsverfahren für ausländische Urkundspersonen anbietet, das ihnen ausreichende Kenntnis des deutschen Beurkundungsrechtes attestiert, ist die Rechtssicherheit nicht in ausreichendem Maße gewährleistet.[578]

Etwas anderes ergibt sich auch nicht aus dem berechtigten Einwand, dass bei einer abstrakten Betrachtung Verstöße gegen die Verfahrensanforderungen im konkreten Einzelfall unbeachtlich bleiben. Dem ist die Stellung der inländischen Notare als Organe der Rechtspflege entgegenzuhalten, die einen rechtmäßigen Verfahrensablauf garantiert. Die Beantwortung der Substitutionsfrage kann nicht von höchst unwahrscheinlichen Verstößen im Einzelfall abhängen.[579] Vielmehr geht es „bei der Frage der Substitution um eine institutionelle Gleichwertigkeit."[580]

2. *Tragende Grundsätze des deutschen Beurkundungsrechts*

Der II. Zivilsenat des BGH stellt in der Leitsatzentscheidung fest, dass das zürcherische Beurkundungsverfahrensrecht in „wesentlichen Punkten" dem deutschen Recht entspreche und zählt insoweit die folgenden Kriterien auf: „[Das zürcherische Beurkundungsverfahrensrecht] kennt die Prüfungs- und Belehrungspflicht des Notars, die Identitätsfeststellung der Beteiligten,

576 DNotI-Report 2016, 93 (97); *Herrler*, in: Grigoleit, AktG, § 130 Rn. 14; *ders.*, NJW 2018, 1787 (1788); *Sander*, in: BeckOK, BNotO, § 20 Rn. 39.

577 *Bayer*, GmbHR 2013, 897 (912); *Cramer*, DStR 2018, 746 (751); *Hermanns*, RNotZ 2010, 38 (41); *Herrler*, in: Grigoleit, AktG, § 130 Rn. 14; *ders.*, NJW 2018, 1787 (1788).

578 So tendenziell auch AG Berlin-Charlottenburg, RNotZ 2016, 119, (122).

579 *Röhricht/Schall*, in: Hirte/Mülbert/Roth, Großkommentar, AktG, § 23 Rn. 84.

580 *Bayer*, GmbHR 2013, 897 (912).

die Verhandlungsniederschrift, das Vorlesen, Genehmigen und Unterzeichnen der Urkunde durch die Beteiligten sowie Siegeln und Unterzeichnen durch den Notar";[581] damit seien zugleich auch „alle Pflichten des deutschen Notars umrissen."[582]

Diese Aufzählung lässt aber nicht mit Sicherheit den allgemeingültigen Rückschluss zu, welche Verfahrensgrundsätze des deutschen Beurkundungsrechts im Rahmen der Gleichwertigkeitsprüfung tragend sind.[583] Sie ist primär im Kontext des Vergleichs der Verfahren in Zürich und Deutschland ergangen.

Nach den Maßstäben des II. Zivilsenats des BGH gehören jedenfalls die beurkundungsrechtlichen Muss-Vorschriften, namentlich die §§ 8, 9 Abs. 1, 13 Abs. 1 BeurkG, zu den tragenden Verfahrensgrundsätzen.[584] Angesichts des Willens des historischen Gesetzgebers in Zusammenhang mit dem Beurkundungsgesetz können darüber hinaus aber auch solche Verfahrenserfordernisse, die nicht Wirksamkeitsvoraussetzung sind, gleichwohl tragende Grundsätze des deutschen Beurkundungsrechts darstellen.[585] Die Beschränkung auf wenige Muss-Vorschriften ist von dem Gedanken geleitet, dass das Beurkundungsverfahren der Verwirklichung der privaten Interessen der Bürger dienen soll.[586] Diesen Interessen widerspreche es, dass ein Versehen der Urkundsperson die Unwirksamkeit des Beurkundungsaktes oder sogar die Nichtigkeit zur Folge hätte.[587] Die Klassifizierung als Soll-Vorschrift korreliert

---

581 BGHZ 80, 76 (78), der Senat übernahm diese Formulierung von *Max-Planck-Institut*, IPG 1971, Nr. 41, S. 403 (410), dort noch mit dem Verweis auf die §§ 241, 243, 246 zürcherischen EGzZGB sowie §§ 13, 18, 19, 25, 27, 29–31 NotVO-ZH.

582 BGHZ 80, 76 (78).

583 Ebenfalls mit dieser Interpretation: *Reithmann*, Reithmann/Martiny, Internationales Vertragsrecht, Rn. 5.359: „Der BGH nennt dafür beispielhaft."; *Röhricht/Schall*, in: Hirte/Mülbert/Roth, Großkommentar, AktG, § 23 Rn. 83.

584 BGHZ 80, 76 (79), arg. e contr. hinsichtlich der als Soll-Vorschrift ausgestalteten Prüfungs- und Belehrungspflicht gem. § 17 BeurkG, welche nicht Wirksamkeitsvoraussetzung und nach Auffassung des II. Zivilsenats daher verzichtbar sei; mit derselben Interpretation der v.g. Entscheidung: *Spellenberg*, in: MünchKomm, BGB, Art. 11 EGBGB Rn. 101; *Süß*, DNotZ 2011, 414 (418).

585 *Hertel*, in: Staudinger, BGB, BeurkG Rn. 872; *Kröll*, ZGR 2000, 111 (133) „Gleichsetzung [...] nicht zwingend"; *Schäuble*, in: Hausmann/Odersky, Internationales Privatrecht, § 7 Rn. 55.

586 RegE, BT-Drucks. V/3282, S. 23, 29 u. 30; *Hertel*, Staudinger, BGB, BeurkG Rn. 231.

587 RegE, BT-Drucks. V/3282, S. 24.

daher nicht mit der Bedeutung des beurkundungsrechtlichen Verfahrenserfordernisses im Rahmen der Gleichwertigkeitsprüfung.[588]

Vielmehr sind die Anforderungen der verfahrensrechtlichen Gleichwertigkeit im Hinblick auf die Art des formbedürftigen Rechtsgeschäfts (Willenserklärung oder andere Erklärung) zu bestimmen.[589] Welche beurkundungsrechtlichen Grundsätze wesentlich bzw. tragend sind, hängt daher davon ab, ob die Erklärungen im einfachen oder qualifizierten Protokollverfahren beurkundet werden, d.h. das konkrete Beurkundungsverfahren, das der deutsche Notar im Einzelfall zu befolgen hätte, ist maßgeblich.[590] Etwa gelten die Prüfungs- und Belehrungspflichten (§ 17 Abs. 1 BeurkG) sowie die Pflicht zum Vorlesen der Niederschrift (§ 13 Abs. 1 BeurkG) nur für die Beurkundung von Willenserklärungen und nicht bei der Beurkundung sonstiger Erklärungen i.S.d. § 36 BeurkG.[591]

a) Pflicht zur Amtsverweigerung

Nach § 4 BeurkG[592] soll der Notar die Beurkundung ablehnen, wenn sie mit seinen Amtspflichten nicht vereinbar wäre. Diese Pflicht zur Verweigerung der Beurkundung besteht insbesondere, wenn der Notar bei Handlungen mitwirken würde, mit denen erkennbar unerlaubte oder unredliche Zwecke verfolgt werden.[593] „Unerlaubte Zwecke sind solche, die nach der Rechtsordnung verboten sind und unredliche solche, die zwar nicht verboten sind, aber mit der Rechts- und Sittenordnung nicht zu vereinbaren sind."[594]

In der Hauptsache werden durch die Amtsverweigerungspflicht öffentliche Interessen geschützt, welche der Disposition der Beteiligten entzogen sind.[595] Daher müssen auch für ausländische Notare auf Grundlage ihrer eigenen

---

588 AG Berlin-Charlottenburg, RNotZ 2016, 119 (123); DNotI-Report 2016, 93 (98); *Kröll*, ZGR 2000, 111 (133); *Lieder*, ZIP 2018, 805 (814); *Schäuble*, in: Hausmann/Odersky, Internationales Privatrecht, § 7 Rn. 55; Anm. *Strauß*, MittBayNot, 2021, 69 (73).

589 DNotI-Report 2016, 93 (96); *Heinze*, in: MünchKomm, GmbHG, § 2 Rn. 64; *Süß*, jurisPK, BGB, Art. 11 EGBGB Rn. 76 f.; *Weber*, MittBayNot 2018, 215 (217).

590 *Beckmann/Fabricius*, GWR 2016, 375 (377); *Hoffmann/Bartlitz*, in: Michalski et al., GmbHG, § 53 Rn. 98; *Reithmann*, NJW 2003, 385 (387); *Sander*, in: BeckOK, BNotO, § 20 Rn. 38.

591 S. dazu oben 3. Kapitel: A. II.

592 Die Vorschrift stimmt fast wörtlich mit § 14 Abs. 2 BNotO überein.

593 BGHZ 203, 68 (74).

594 *Winkler*, BeurkG, § 4 Rn. 28, mit Verweis auf BGH, DNotZ 1973, 245 (247).

595 *Cramer*, in: Scholz, GmbHG, § 2 Rn. 10: Der Notar bewahrt „die Öffentlichkeit vor GmbH-Gründungen, durch die unerlaubte oder unredliche Zwecke verfolgt

Notariatsverfassung entsprechende Weigerungsgründe gelten. Teilweise werden darüber hinaus noch die Ausschlussgründe der §§ 6, 7 BeurkG, die den Schutz vor Interessenkollisionen bezwecken, mit in die Gleichwertigkeitsprüfung einbezogen.[596]

Im Anwendungsbereich des Geldwäschegesetzes hat die allgemeine Pflicht zur Amtsverweigerung durch die Vorschrift des § 10 Abs. 9 S. 4 GwG eine Konkretisierung gefunden. Danach hat der Notar die Beurkundung eines grunderwerbsteuerpflichtigen Rechtsgeschäftes abzulehnen, solange die juristische Person ihrer Pflicht zur Vorlage einer textförmlichen Dokumentation der Eigentums- und Kontrollstruktur gem. § 12 Abs. 4 GwG nicht nachkommt.[597]

Demgegenüber misst *Kröll* der Amtsverweigerungspflicht ausländischer Notare keine allzu hohe Bedeutung zu und erachtet im Ergebnis die nachträgliche Rechtmäßigkeitskontrolle durch das Registergericht als ausreichend.[598] Dieser relativierenden Auffassung ist nicht zu folgen, da in Zusammenhang mit Auslandsbeurkundungen das Risiko ungleich höher ist, dass mit der Beurkundung unerlaubte oder unredliche Zwecke verfolgt werden. Regelmäßig wird eine ausländische Urkundsperson solche Absichten der Beteiligten mit einer geringeren Wahrscheinlichkeit als ein deutscher Notar erkennen.[599]

Einen Anwendungsfall für Beurkundungen, mit denen unerlaubte Zwecke verfolgt werden, stellen sog. Firmenbestattungen dar.[600] Hierbei dienen Umgehungsgeschäfte dazu, Unternehmen, bei denen bereits Gründe zur Eröffnung eines Insolvenzverfahrens[601] vorliegen, einem ordnungsgemäßen Insolvenzverfahren zu entziehen und stattdessen zu liquidieren. Die Übertragung von

---

werden“; *Heinze*, DNotZ 2017, 804 (806 f.); *Kröll*, ZGR 2000, 111 (145); *Lieder*, ZIP 2018, 805 (807); *Winkler*, BeurkG, Einl. Rn. 88a.

596 *Pentz*, in: MünchKomm, AktG, § 23 Rn. 34; *Spellenberg*, in: MünchKomm, BGB, Art. 11 EGBGB Rn. 101; *Stenzel*, GmbHR 2014, 1024 (1027 u. 1028, dritter Spiegelstrich): „kein Ausschließungsgrund nach § 6 f. BeurkG“.

597 Diese Neuerung ebenfalls betonend: *Reithmann/Stelmaszczyk*, in: Reithmann/Martiny, Internationales Vertragsrecht, Rn. 5.389.

598 *Kröll*, ZGR 2000, 111 (145 f.).

599 Ähnlich: *Lieder*, ZIP 2018, 805 (811).

600 Vgl. dazu BGH, DNotZ 2016, 227 (229), im dort entschiedenen Fall hätten sich dem beurkundenden Notar die 180 Beurkundungen von Geschäftsanteilsübertragungen bei verständiger Würdigung als unzulässige Firmenbestattungen darstellen müssen; BGH, DNotZ 2019, 838 (840 f.).

601 §§ 16–19 InsO.

Geschäftsanteilen an bis dahin unbeteiligte Dritte ist dabei der erste Schritt zur Verschleierung der geschäftlichen Verhältnisse.[602]

b) Identitätsfeststellung

Nach § 10 Abs. 1, Abs. 2 BeurkG soll sich der Notar Gewissheit über die Person der Beteiligten verschaffen und deren Identität zweifelsfrei in der Niederschrift festhalten. Wenn die ausländische Urkundsperson nach der für sie geltenden Rechtsordnung keine entsprechende Identitätsfeststellung vornehmen muss, dann scheidet die Annahme der Gleichwertigkeit aus.[603]

c) Aufnahme einer Verhandlungsniederschrift

Sowohl bei der Beurkundung von Willenserklärungen als auch von sonstigen Erklärungen muss über die Verhandlung eine Niederschrift aufgenommen werden, vgl. §§ 8, 9 und 36 BeurkG. Die zwingenden Vorgaben an den Inhalt der Niederschrift ergeben sich aus der Vorschrift des § 9 Abs. 1 S. 1 BeurkG. Namentlich muss die Niederschrift die Bezeichnung des Notars und der Beteiligten sowie die Erklärungen der Beteiligten bzw. die Wahrnehmungen des Notars enthalten.[604]

Die Aufnahme der Verhandlungsniederschrift stellt daher ebenfalls einen tragenden Grundsatz des deutschen Beurkundungsrechts dar, der bei der Auslandsbeurkundung entsprechend zu wahren ist.[605]

---

602 *Heinze*, DNotZ 2017, 804 (805 f.).

603 *Bayer*, in: Lutter/Hommelhoff, GmbHG, § 15 Rn. 32; *Röhricht/Schall*, in: Hirte/Mülbert/Roth, Großkommentar, AktG, § 23 Rn. 83 u. 85; dem folgend: *Pentz*, in: MünchKomm, AktG, § 23 Rn. 34; *Spellenberg*, in: MünchKomm, BGB, Art. 11 EGBGB Rn. 101; *Stenzel*, GmbHR 2014, 1024 (1027); *Weller/Reichert*, in: MünchKomm, GmbHG, § 15 Rn. 145.

604 Vgl. auch *Winkler*, BeurkG, § 8 Rn. 13 f.

605 *Armbrüster*, in: Armbrüster/Preuß, BeurkG, § 1 Rn. 65; *Bayer*, in: Lutter/Hommelhoff, GmbHG, § 15 Rn. 32; *Pentz*, in: MünchKomm, AktG, § 23 Rn. 34; *Röhricht/Schall*, in: Hirte/Mülbert/Roth, Großkommentar, AktG, § 23 Rn. 83; *Spellenberg*, in: MünchKomm, BGB, Art. 11 EGBGB Rn. 101; *Stenzel*, GmbHR 2014, 1024 (1027); *Weller/Reichert*, in: MünchKomm, GmbHG, § 15 Rn. 145; *Winkler*, BeurkG, Einl. Rn. 85: „Essentialia der Beurkundung"; *Winkler v. Mohrenfels*, in: Staudinger, BGB, Art. 11 EGBGB Rn. 293.

d) Prüfungs- und Belehrungspflichten (Willenserklärungen)

Die Prüfungs- und Belehrungspflichten bilden den entscheidenden Unterschied zwischen der Beurkundung von Willenserklärungen (§ 6 ff. BeurkG) und sonstigen Erklärungen (§§ 36 ff. BeurkG).[606] In einer aktuelleren Entscheidung hat der II. Zivilsenat des BGH diesen Unterschied am Beispiel eines Hauptversammlungsbeschlusses betont.[607]

Der Gesetzgeber misst den aufklärenden und beratenden Aufgaben der Urkundsperson, die „das konsultative Element bei der Beurkundung"[608] bilden, eine besondere Bedeutung bei. „[O]hne eine solche Mitwirkung der Urkundsperson [könne] der Zweck der Vorschriften des materiellen Rechts, welche die Form der öffentlichen Beurkundung fordern, nicht erreicht werden".[609] Auf das Verhältnis zwischen den Prüfungs- und Belehrungspflichten und der materiellen Richtigkeitsgewähr, d.h. dem Hinwirken des Notars auf die Abfassung materiell richtiger Urkunden,[610] wird an späterer Stelle eingegangen.[611]

aa) Verzichtsmöglichkeit auf Veranlassung des Notars

Nach herrschender Auffassung, insbesondere in der beurkundungsrechtlichen Literatur, kann ein deutscher Notar über die unbedingte Amtspflicht zur Rechtsbelehrung nach § 17 Abs. 1 S. 1 BeurkG nicht verfügen, da sie der Urkundstätigkeit immanent ist.[612] Sie wird daher auch als „magna charta" der notariellen Tätigkeit betitelt.[613]

---

606 *Heinze*, in: MünchKomm, GmbHG, § 2 Rn. 64; *Reithmann*, NJW 2003, 385 (386 f.); *Sander*, in: BeckOK, BNotO, § 2 Rn. 38; *Winkler*, BeurkG, Einl. Rn. 90.

607 BGHZ 203, 68 (75): „Für eine solche sonstige Beurkundung […] gelten die Prüfungs- und Belehrungspflichten nach § 17 BeurkG nicht."

608 RegE, BT-Drs. V 3282, S. 22, mit einer historischen Darstellung: Diese notariellen Mitwirkungspflichten seien erstmals in der Dienstordnung für Notare (AV d. RJM vom 05.06.1937) normiert worden und wurden dann durch Gesetz 24.02.1961 (BGBl. 1961 I S. 97) in den §§ 22 Abs. 4, 25–37 BNotO.

609 RegE, BT-Drs. V 3282, S. 22.

610 *Heckschen*, DB 1990, 161 (164).

611 S. dazu unten 5. Kapitel: A. I. 2. b) cc).

612 *Armbrüster*, in: Armbrüster/Preuß, BeurkG, § 17 Rn. 24 f.; *Armbrüster/Krause*, NotBZ 2004, 325; DNotI-Report 2016, 93 (97 f.); *Grziwotz*, in: Grziwotz/Heinemann, BeurkG, § 17 Rn. 2; *Heinze*, in: MünchKomm, GmbHG, § 2 Rn. 67; *Herrler*, GmbHR 2014, 225 (230); *Hertel*, in: Staudinger, BGB, BeurkG Rn. 76 u. 497; *König/Götte/Bormann*, NZG 2009, 881 (882); *Regler*, in: BeckOGK, BeurkG (Stand: 01.10.2023), § 17 Rn. 11 u. 14; *Reithmann*, NJW 2003, 385 (387 f.); *Süß*, DNotZ 2001, 414 (419); *ders.*, in: jurisPK, BGB, Art. 11 EGBGB Rn. 77; *Winkler*, BeurkG, § 17 Rn. 1.

613 Anm. *Schmitz-Valckenberg*, DNotZ 1994, 495 (496); *Tebben*, DB 2014, 585 (586); *Weller*, ZGR 2014, 865 (878).

Die Belehrungspflicht entfällt in engen Grenzen ausnahmsweise dann, wenn sich der Notar sicher ist, dass alle Beteiligten über die rechtliche Tragweite ihrer Erklärungen und das damit verbundene Risiko vollständig im Klaren sind und die konkrete Vertragsgestaltung gleichwohl ernsthaft wollen.[614] Mangels Schutzbedürftigkeit der Beteiligten ist eine Belehrung in einem solchen engen Ausnahmefall nicht erforderlich.[615] Im Streitfall muss der Notar die rechtliche Versiertheit der Parteien beweisen.[616]

bb) Verzichtsmöglichkeit auf Veranlassung der Beteiligten

Davon streng zu unterscheiden ist die Frage, ob die Beteiligten bewusst auf die ihrem Schutz dienende Vorschrift des § 17 Abs. 1 BeurkG verzichten können, indem sie ihre Erklärungen vor einem ausländischen Notar beurkunden lassen, der regelmäßig nicht in gleichem Maße wie sein deutscher Kollege über Kenntnisse im deutschen Recht verfügt (faktischer Verzicht[617]).

(1) Argumentation für einen faktischen Verzicht

Der II. Zivilsenat des BGH hat die Verzichtsmöglichkeit im vorgenannten Sinne erstmals in seiner Entscheidung vom 16.02.1981 als Argument für die Zulässigkeit der Auslandsbeurkundung angeführt.[618] Die Soll-Vorschrift des § 17 BeurkG sei keine Wirksamkeitsvoraussetzung für die Beurkundung und somit verzichtbar.[619]Mit dem Aufsuchen eines ausländischen Notars werde

---

614 BGH, WM 1963, 754 (757); BGH, DNotZ 1995, 407 (409 f.); AG Berlin-Charlottenburg, RNotZ 2016, 119 (123); *Regler*, in: BeckOGK, BeurkG (Stand: 01.10.2023), § 17 Rn. 11; *Süß*, in: jurisPK, BGB, Art. 11 EGBGB Rn. 77.

615 Vgl. etwa OLG Köln, BWNotZ 1997, 47, betr. eine Kapitalgesellschaft; OLG Koblenz, DNotZ 1996, 128 (129), betr. einen Rechtsanwalt.

616 BGH, DNotZ 1995, 407 (409); AG Berlin-Charlottenburg, RNotZ 2016, 119 (123): „der Notar [muss] sich durch gezieltes Nachfragen davon überzeugen, dass sich die Beteiligten [...] über die rechtlichen Konsequenzen ihres Tuns im Klaren sind"; *Süß*, in: jurisPK, BGB, Art. 11 EGBGB Rn. 77.

617 Diese Begrifflichkeit verwendet *Armbrüster*, in: Armbrüster/Preuß, BeurkG, § 17 Rn. 24.

618 BGHZ 80, 76 (78).

619 Diesem Ansatz folgend: BGHZ 199, 270 (276); OLG Düsseldorf, NJW 1989, 2200; KG Berlin, GmbHR 2018, 1202 (1204); LG Nürnberg, GmbHR 1991, 582 (583); *Benecke*, RIW 2002, 280 (285); *Berger/Kleissl*, DB 2008, 2235 (2237); *Böttcher/Blasche*, NZG 2006, 766 (768); *Kröll*, ZGR 2000, 111 (133 f.); *Kropholler*, ZHR 140 (1976), 394 (409); *Pentz*, in: MünchKomm, AktG, § 23 Rn. 33; *Röhricht/Schall*, in: Hirte/Mülbert/Roth, Großkommentar, AktG, § 23 Rn. 76; *Seibt*, in: Scholz, GmbHG, § 15 Rn. 85; *Sick/Schwarz*, NZG 1998, 540 (543 ff.); *Spellenberg*, in: MünchKomm, BGB,

dieser Verzicht konkludent erklärt.[620] Sofern Urkunden betroffen seien, welche Publizitätswirkung für Dritte entfalten, gewährleiste die inhaltliche Prüfung durch das Registergericht eine sichere Grundlage.[621]

Von Literaturstimmen wird ergänzend vorgebracht, die Vorschrift des § 17 Abs. 3 S. 2 BeurkG zeige, dass das BeurkG unter Umständen auch Beurkundungen ohne eine Belehrung als wirksam erachtet.[622] Nach ebendieser Vorschrift ist ein deutscher Notar nicht zur Belehrung über den Inhalt der ausländischen Rechtsordnung verpflichtet, wenn bei der Beurkundung ausländisches Recht zur Anwendung kommt. Für ausländische Notare müsse Entsprechendes gelten.[623]

(2) Argumentation gegen einen faktischen Verzicht
Gegen die Argumentation des II. Zivilsenats des BGH wird angeführt, die Ausgestaltung des § 17 BeurkG als Soll-Vorschrift ändere nichts daran, dass die Möglichkeit eines Verzichts ausgeschlossen ist. Für den Notar bedeute die Soll-Vorschrift ein dienstrechtliches „Muss", dessen Einhaltung durch die Mittel der Notarhaftung (§ 19 BNotO) und Dienstaufsicht (§ 95 BNotO) gewährleistet wird.[624] Ein Verzicht auf die dem Schutz der Beteiligten dienende öffentlich-rechtliche Amtspflicht sei daher ausgeschlossen.[625]

Art. 11 EGBGB Rn. 101 f.; *Stenzel*, GmbHR 2014, 1024 (1027); *Winkler v. Mohrenfels*, in: Staudinger, BGB, Art. 11 EGBGB Rn. 290 u. 295.

620 BGHZ 80, 76 (78); dem folgend: *Kröll*, ZGR 2000, 111 (134); *Stenzel*, GmbHR 2014, 1024 (1027); a.A.: *Bredthauer*, BB 1986, 1864 (1867); *Brambring*, NJW 1975, 1255 (1261).

621 BGHZ 80, 76 (78).

622 *Stürner*, DNotZ 1995, 343 (352); *Kröll* ZGR 2000, 111 (132 f.); *Weller*, ZGR 2014, 865 (879).

623 *Kropholler*, ZHR 140 (1976), 394 (409); *Stephan*, NJW 1974, 1596 (1598); *Weller*, ZGR 2014, 865 (879); a.A.: *Braun*, DNotZ 2009, 585 (591); *Dignas*, GmbHR, 2005, 139 (143); *Heckschen*, DB 1990, 161 (164); *Röhricht*, in: Hirte/Mülbert/Roth, Großkommentar, AktG, § 23 Rn. 55; *Süß*, in: jurisPK, BGB, Art. 11 EGBGB Rn. 77; vehement: *Weber*, MittBayNot 2018, 215 (219).

624 RegE, BT-Drucks. V/3282, S. 24; AG Berlin-Charlottenburg, RNotZ 119 (123), mit Verweis auf BT-Drs. V 4014, S. 1 (sub II.1.a) = Schriftlicher Bericht des Rechtsausschusses über den Entwurf eines BeurkG (BT-Drs. V/3282); *Armbrüster/Krause*, NotBZ 2004, 325; *Reithmann*, NJW 2003, 385 (387).

625 KG Berlin, DNotZ 2009, 47 (48) in Bezug auf die Regelung des § 17 Abs. 2a BeurkG; AG Berlin-Charlottenburg, RNotZ 119 (123); *Armbrüster*, in: Armbrüster/Preuß, BeurkG, § 17 Rn. 24; *Armbrüster/Krause*, NotBZ 2004, 325; *Beckmann/Fabricius*, GWR 2016, 375 (377); *Bredthauer*, BB 1986, 1864 (1867); *Cramer*, in: Scholz, GmbHG, § 2 Rn. 10 und 20; *Dignas*, GmbHR 2005, 139 (142 f.); DNotI-Report 2016, 93 (97); *Heinze*, in: MünchKomm, GmbHG, § 2 Rn. 65; *ders.*,

Das Entfallen der Belehrungspflicht in eng umgrenzten Ausnahmefällen könne bei der Auslandsbeurkundung nicht zur Regel gemacht werden.[626] Vielmehr habe der Gesetzgeber in Bezug auf gesellschaftsrechtliche Vorgänge gerade keine Ausnahme von der notariellen Belehrungspflicht vorgesehen.[627] Die Gegenauffassung laufe im Ergebnis auf einen unzulässigen Vertrag zulasten Dritter hinaus.[628] Sofern die beurkundeten Erklärungen über den Kreis der unmittelbar Beteiligten hinausreichen, etwa bei verfassungsrelevanten Gesellschaftsakten, sei ein Verzicht auf die Belehrung daher nicht möglich.[629]

Auch die entsprechende Anwendung der Vorschrift des § 17 Abs. 3 S. 2 BeurkG auf die ausländische Urkundsperson überzeuge nicht.[630] Da der Notar der Pflicht zur Urkundsgewährung unterliegt, müsse er vor ihm unmöglichen bzw. unzumutbaren Aufgaben geschützt werden, sodass die Vorschrift des § 17 Abs. 3 BeurkG als Korrektiv zu § 15 BNotO diene.[631] Auch wenn der deutsche Notar nicht zur Belehrung über den Inhalt der ausländischen Rechtsordnung verpflichtet ist, zeige die neu eingefügte Vorschrift des § 11a BNotO, welche die Zusammenarbeit mit einem im Ausland bestellten Notar betrifft,

---

DNotZ 2017, 804 (808); *ders.*, DStR 2018, 2536; *Knoche*, in: FS des Rheinischen Notariats, 297 (316); mit Zugeständnissen: *Kröll*, ZGR 2000, 111 (133); *Grziwotz*, in: Grziwotz/Heinemann, BeurkG, § 17 Rn. 2; *Haerendel*, DStR 2001, 1802 (1805); *Herrler*, GmbHR 2014, 225 (230); *Lieder*, ZIP 2018, 805 (812 ff.); *Pilger*, BB 2005, 1285 (1287); *Pfisterer*, Saenger/Inhester, GmbHG, § 2 Rn. 13; *Reithmann*, NJW 2003, 385 (387); Anm. *Strauß*, MittBayNot 2021, 69 (73); *Süß*, in: jurisPK, BGB, Art. 11 EGBGB Rn. 77; *Tebben*, DB 2014, 585 (586); *Ulmer/Löbbe*, in: Habersack/Casper/Löbbe, GmbHG, § 2 Rn. 21; *Weber*, MittBayNot 2018, 215 (220); *Winkler*, NJW 1972, 981 (987); *ders.*, BeurkG, § 17 Rn. 1.

626 *Dignas*, Die Auslandsbeurkundung von gesellschaftsrechtlichen Vorgängen einer deutschen GmbH, S. 193; *ders.*, GmbHR 2005, 139 (143).

627 AG Berlin-Charlottenburg, RNotZ 2016, 119 (122).

628 AG Berlin-Charlottenburg, RNotZ 2016, 119 (124); DNotI-Report 2016, 93 (98); *Lieder*, NZG 2018, 805 (813).

629 *Goette*, MittRhNotK, 1997, 1 (5), *ders.*, DStR 1996, 709 (713) = FS Boujong, 131 (142); bestätigend: *Haerendel*, DStR 2001, 1802 (1805); *Weber*, MittBayNot 2018, 215 (220); dagegen (die Belehrungsfunktion schütze allein die unmittelbar an der Beurkundung Beteiligten): *Pentz*, in: MünchKomm, AktG, § 23 Rn. 33; *Stenzel*, GmbHR 2014, 1024 (1031).

630 *Braun*, DNotZ 2009, 585 (591); *Dignas*, GmbHR, 2005, 139 (143); *Heckschen*, DB 1990, 161 (164); *Röhricht*, in: Hirte/Mülbert/Roth, Großkommentar, AktG, § 23 Rn. 55; *Schervier*, NJW 1992, 593 (596); *Süß*, in: jurisPK, BGB, Art. 11 EGBGB Rn. 77; vehement: *Weber*, MittBayNot 2018, 215 (219).

631 *Schervier*, NJW 1992, 593 (596).

dass die Belehrung über das ausländische Recht im Rahmen der Beurkundung keinesfalls obsolet ist.[632] Bei grenzüberschreitenden Sachverhalten soll der ausländische Notar auf das Ersuchen des inländischen Notars kollegiale Hilfe leisten, vgl. § 11a S. 3 BNotO.[633]

Schließlich sei es widersprüchlich, wenn dem Notar einerseits nach der höchstrichterlichen Rechtsprechung immer mehr Belehrungspflichten abverlangt werden, der BGH dann aber andererseits annimmt, diese seien bei einem ausländischen Beurkundungsvorgang verzichtbar.[634] Vielmehr habe der II. Zivilsenat des BGH in der Supermarkt-Entscheidung aus dem Jahr 1988[635] in Bezug auf das Gesellschaftsrecht die besondere Bedeutung der notariellen Prüfungs- und Belehrungspflicht hervorgehoben.[636]

(3) Stellungnahme

Der ursprünglichen Entscheidung aus dem Jahr 1981 lag die Beurkundung eines satzungsändernden Beschlusses zugrunde. Da es sich dabei um eine Beurkundung sonstiger Erklärungen handelt, ist das Verfahren der §§ 36 ff. BeurkG einschlägig, bei dem die Belehrungspflicht gem. § 17 BeurkG aus systematischen Gründen ohnehin keine Anwendung findet. Indem der II. Zivilsenat des BGH die Möglichkeit eines Verzichts auf die Belehrung diskutiert, zeigt er somit fehlendes Verständnis für die grundlegenden Unterschiede, die zwischen den beurkundungsrechtlichen Verfahrensarten bestehen.[637] Umso verwunderlicher erscheint es, dass der II. Zivilsenat des BGH in einer neueren Entscheidung[638] die vor mehr als 40 Jahren aufgestellte These unkritisch wiederholt.[639]

Vor dem Hintergrund der aufgezeigten Bedeutung der Belehrungspflicht erscheint es höchst unwahrscheinlich, dass der für Notarsachen zuständige III. Zivilsenat des BGH die von dem II. Zivilsenat, der für das Gesellschaftsrecht

---

632 *Dignas*, Die Auslandsbeurkundung von gesellschaftsrechtlichen Vorgängen einer deutschen GmbH, S. 196; *ders.*, GmbHR 2005, 139 (143).

633 RegE, BT-Drs. 13/4184, S. 23; AG Berlin-Charlottenburg, RNotZ 2016, 119 (123); *Dignas*, GmbHR 2005, 139 (143).

634 *Geimer*, DNotZ 1981, 406 (409); Anm. *Lerch*, DB 1992, 670 (671); *ders.*, NotBZ 2016, 452 (455); *Seebach*, DNotZ 2014, 413 (420); *Tebben*, DB 2014, 585 (586); *Winkler*, BeurkG, Einl. Rn. 95.

635 BGHZ 105, 324 (338).

636 OLG Hamburg, BB 1993, 1544 (1545); DNotI-Report 1995, 219 (222).

637 *Dignas*, GmbHR 2005, 139 (142).

638 BGHZ 199, 270 (276).

639 *Tebben*, DB 2014, 585 (586).

zuständig ist, konstruierte Verzichtsmöglichkeit bestätigen würde.[640] Schließlich hat der III. Zivilsenat des BGH im Hinblick auf die in § 17 Abs. 2a S. 2 Nr. 2 BeurkG normierte Regelfrist von zwei Wochen, die ebenfalls als Soll-Vorschrift ausgestaltet ist, klargestellt, dass der Notar gem. § 19 Abs. 1 S. 1 BNotO haftet, wenn er diese Frist unterschreitet.[641]

Die beiden als Soll-Vorschriften ausgestalteten Pflichten des § 17 Abs. 1 und § 17 Abs. 2a[642] BeurkG sind also nicht verzichtbar. § 17 Abs. 1 BeurkG ist allein zum Schutz der Beteiligten als Soll-Vorschrift ausgestaltet, denn je mehr Wirksamkeitsvoraussetzungen bestehen, desto eher wird die Verwirklichung der privaten Rechte gefährdet.[643]

Im Ergebnis sind damit über die Beachtung der Muss-Vorschriften hinaus, welche lediglich die Grundvoraussetzungen für die Wirksamkeit des Rechtsgeschäfts darstellen, die unverzichtbaren Prüfungs- und Belehrungspflichten auch bei der Auslandsbeurkundung zwingend einzuhalten, um die Gleichwertigkeit der Beurkundungsverfahren zu gewährleisten.[644]

e) Vorlesen der Niederschrift (Willenserklärungen)

Soweit es um die Beurkundung von Willenserklärungen geht, ist die notarielle Belehrung eng mit dem Vorlesen der Niederschrift verknüpft, welches der Selbstkontrolle des dabei anwesenden Notars und der Kenntnisnahme des Inhalts durch die Beteiligten dient, vgl. § 13 Abs. 1 BeurkG.[645]

aa) Vorzulesende Teile

Vorzulesen ist die gesamte Niederschrift.[646] Zur Niederschrift selbst gehören gem. § 9 Abs. 1 S. 2 BeurkG auch solche Erklärungen in einem Schriftstück, auf das in der Niederschrift verwiesen und dieser als Anlage beigefügt wird.[647] Auch

---

640 DNotI-Report 2016, 93 (98); *Herrler*, NJW 2018, 1787 (1789); sinngemäß auch *Knoche*, in: FS des Rheinischen Notariats, 297 (316 f.); *Lerch*, NotBZ, 2016, 452 (455).

641 BGH, DNotZ 2013, 552 (554 f.).

642 KG Berlin, DNotZ 2009, 47 (48).

643 RegE, BT-Drs. V 3282, S. 23 f.; bestätigend: *Brambring*, NJW 1975, 1255 (1259); s. dazu auch oben 3. Kapitel: A. III.

644 DNotI-Report 1995, 219 (223); *Reithmann/Stelmaszczyk*, Reithmann/Martiny, Internationales Vertragsrecht, Rn. 5. 399 f., hinsichtlich § 15 Abs. 3 GmbHG; *Seebach*, DNotZ 2014, 413 (421); *Winkler*, BeurkG, Einl. Rn. 85 f.

645 RegE, BT-Drs. V 3282, S. 30; *Kröll*, ZGR 2000, 111 (139).

646 *Piegsa*, in: Armbrüster/Preuß, BeurkG, § 13 Rn. 3; *Winkler*, BeurkG, § 13 Rn. 21.

647 *Piegsa*, in: Armbrüster/Preuß, BeurkG, § 13 Rn. 3; *Winkler*, BeurkG, § 13 Rn. 23.

diese Erklärungen sind somit von der Vorlesepflicht erfasst. Lediglich Karten, Zeichnungen oder Abbildungen, auf welche die Niederschrift verweist, müssen den Beteiligten gem. § 13 Abs. 1 S. 1 HS. 2 BeurkG zur Durchsicht vorgelegt werden, da bei dieser Art von Anlagen das Vorlesen nicht möglich ist.[648]

Ausnahmsweise sind lediglich andere notarielle Niederschriften (§ 13a Abs. 1 BeurkG) und bestimme Bestandsverzeichnisse (§ 14 Abs. 1 BeurkG) von der Vorlesepflicht ausgenommen, wenn den Beteiligten der Inhalt der anderen Urkunden bekannt ist und auf das Vorlesen der Verzeichnisse verzichtet wird.

bb) Zulässigkeit des Selbstlesens

Nach wohl herrschender Meinung ist das vollständige Vorlesen der Niederschrift als tragender Grundsatz des deutschen Beurkundungsrechts anzusehen.[649] Dieses Verfahrenserfordernis diene der Abgrenzung zur bloßen Beglaubigung.[650] Verstöße gegen die Vorlesepflicht machten die deutsche Urkunde nichtig.[651] Nur durch vollständiges Vorlesen sei die ununterbrochene

---

648 *Winkler*, BeurkG, § 13 Rn. 19.

649 AG Berlin-Charlottenburg, RNotZ 2016, 119 (122); *Altmeppen*, in: Altmeppen, GmbHG, § 2 Rn. 24; *Baumann*, MittRhNotK 1996, 1 (14); *Bayer*, in: Lutter/Hommelhoff, GmbHG, § 15 Rn. 32; *ders.*, GmbHR 2013, 897 (911 ff.); *Böttcher*, in: Böttcher/Habighorst/Schulte, Umwandlungsrecht, § 6 UmwG Rn. 16; *Brambring*, NJW 1975, 1255 (1258); *Bredthauer*, BB 1986, 1864 (1867); *Dignas*, Die Auslandsbeurkundung von gesellschaftsrechtlichen Vorgängen einer deutschen GmbH, S. 190 f.; *Haerendel*, DStR 2001, 1802 (1805); *Heckschen*, DB 1990, 161 (162 f.); *ders.*, in: Widmann/Mayer, Umwandlungsrecht, § 6 UmwG Rn. 62 u. 72.1; *Heinze*, in: MünchKomm, GmbHG, § 2 Rn. 64; *Hermanns*, RNotZ 2011, 224 (227); *Knoche*, in: FS des Rheinischen Notariats, 297 (315); *Pentz*, MünchKomm, AktG, § 23 Rn. 34; *Schervier*, NJW 1992, 593 (596); *Schröer/Greitemann*, in: Semler/Stengel/Leornard, UmwG, § 6 Rn. 17; *Süß*, DNotZ 2001, 414 (419); *Trölitzsch*, in: BeckOK, GmbHG, § 53 Rn. 23a; *Winkler*, BeurkG, Einl. Rn. 86.

650 AG Berlin-Charlottenburg, RNotZ 2016, 119 (122); *Heinze*, in: MünchKomm, GmbHG, § 2 Rn. 64; *Winkler*, BeurkG, Einl. Rn. 86.

651 OLG Hamm, NJW 1978, 2604: „Das Vorlesen ist mithin ein Wesensbestandteil der Beurkundung. Wird die Pflicht zum Vorlesen verletzt, dann tritt [...] Formnichtigkeit ein, [...].“; OLG Celle, NZG 2002, 479 f., zur Formunwirksamkeit wegen eines rechtswidrigen Verzichts auf die Verlesung eines Inventarverzeichnisses; OLG Bamberg, NJW-RR 2002, 1153 (1154), in Bezug auf die fehlende Verlesung eines gerichtlich protokollierten Vergleichs, der gem. § 127a BGB die notarielle Beurkundung ersetzen kann; AG Berlin-Charlottenburg, RNotZ 2016, 119 (122); *Reithmann*, NJW 2003, 385 (388); *Winkler*, BeurkG, § 13 Rn. 23.

Mitwirkung des Notars an dem betreffenden Akt und die zweifelsfreie Wiedergabe der Erklärungen der Beteiligten gesichert.[652]

Konträr dazu stellen sich mehrere Stimmen aus der Literatur auf den Standpunkt, für die Kenntnisnahme des Inhalts sei das Vorlesen überhaupt nicht erforderlich. Stattdessen reiche es aus, wenn der Notar die Niederschrift den Beteiligten zur Durchsicht vorlegt (Selbstlesen).[653] Auf diese Weise sei ausreichend sichergestellt, dass die Beurkundung dem Erklärten entspricht, d.h. der Wille der Beteiligten unverfälscht wiedergegeben wird.[654]

Eine vermittelnde Ansicht lässt anstelle einer vollständigen Verlesung die auszugsweise Verlesung der wichtigsten Teile verbunden mit einer Erläuterung der übrigen Teile genügen.[655]

cc) Stellungnahme

Den Stimmen, die das Selbstlesen durch die Beteiligten genügen lassen,[656] ist zu widersprechen. Gegen diese Auffassung lässt sich der gesetzgeberische Wille anführen. Nach der Vorschrift des § 13 Abs. 1 S. 4 BeurkG ist die Vorlage zur Durchsicht auf Verlangen der Beteiligten lediglich ergänzend („auch") neben dem Vorlesen zulässig. Die Vorlage kann das Vorlesen aber nicht ersetzen.[657] Durch das vollständige Verlesen soll die notarielle Mitwirkung während des gesamten Beurkundungsvorgangs sichergestellt werden. Aus Gründen der Rechtssicherheit ist daher auch bei der Auslandsbeurkundung das vollständige Verlesen der Urkunde zu verlangen.

---

652 *Haerendel*, DStR 2001, 1801, (1805); *Koche*, in: FS des Rheinischen Notariats 1998, 297 (315).

653 KG Berlin, GmbHR 2018, 1202 (1203 f.), sympathisierend aber im vorliegenden Fall offenlassend; *Berger/Kleissl*, DB 2008, 2235 (2236); *Götze/Mörtel*, NZG 2011, 727 (730); *Kropholler*, ZHR 140 (1976), 394 (406); *Kröll*, ZGR 2000, 111 (148), diesem zögerlich folgend: *Winkler v. Mohrenfels*, in: Staudinger, BGB, Art. 11 EGBGB Rn. 293 u. 299; neuerdings auch: *Röhricht/Schall*, in: Hirte/Mülbert/Roth, Großkommentar, AktG, § 23 Rn. 85 sowie *Spellenberg*, in: MünchKomm, BGB, Art. 11 EGBGB Rn. 99.

654 *Spellenberg*, in: MünchKomm, BGB, Art. 11 EGBGB Rn. 99.

655 *Hertel*, in: Staudinger, BGB, BeurkG Rn. 872; sympathisierend: *Stenzel*, GmbHR 2014, 1024 (1028); ablehnend: *Winkler v. Mohrenfels*, in: Staudinger, BGB, Art. 11 EGBGB Rn. 299.

656 S. dazu oben 4. Kapitel: B. III. 2. e) bb).

657 *Piegsa*, in: Armbrüster/Preuß, BeurkG, § 13 Rn. 19; *Winkler*, BeurkG, § 13 Rn. 37.

f) Genehmigen und Unterschreiben durch die Beteiligten (Willenserklärungen)

Im Anschluss an das Vorlesen der Niederschrift muss diese von den Beteiligten genehmigt und eigenhändig unterschrieben werden, vgl. § 13 Abs. 1 S. 1 BeurkG. Die Bedeutung der Genehmigung ist hoch, da sie den eigentlichen Entschluss zum Abschluss des Rechtsgeschäftes darstellt.[658] Daher wird das Genehmigen und Unterschreiben als unerlässlich für die Gleichwertigkeit des ausländischen Beurkundungsverfahrens angesehen.[659] Durch die eigenhändige[660] Unterschrift der Beteiligten wird gem. § 13 Abs. 1 S. 3 BeurkG vermutet, dass die Niederschrift in Gegenwart des Notars vorgelesen und genehmigt ist.

g) Unterschreiben durch den Notar

Schließlich muss auch der Notar die Niederschrift gem. § 13 Abs. 3 BeurkG eigenhändig unter Beifügung seiner Dienstbezeichnung unterschreiben. Dabei kommt der Unterschrift des Notars verfahrensrechtliche Wirkung zu, da das Fehlen der Unterschrift die Urkunde schwebend unwirksam macht.[661] Demzufolge muss auch das ausländische Verfahrensrecht diesem tragenden Grundsatz entsprechen.[662]

h) Siegeln

Wenn eine Urkunde wie im absoluten Regelfall aus mehreren Blättern besteht, dann sollen diese gem. § 44 S. 1 BeurkG mit Schnur und Prägesiegel verbunden werden. Einzelne Literaturstimmen erachten ohne nähere Begründung auch das Siegeln als tragenden Grundsatz des deutschen Beurkundungsrechts.[663]

---

658 *Piegsa*, in: Armbrüster/Preuß, BeurkG, § 13 Rn. 28; *Winkler*, BeurkG, § 13 Rn. 41.

659 *Pentz*, in: MünchKomm, AktG, § 23 Rn. 34; *Röhricht/Schall*, in: Hirte/Mülbert/Roth, Großkommentar, AktG, § 23 Rn. 83; *Weller/Reichert*, in: MünchKomm, GmbHG, § 15 Rn. 145; *Winkler v. Mohrenfels*, in: Staudinger, BGB, Art. 11 EGBGB Rn. 293.

660 BGH, NJW 1981, 1900 (1901); *Winkler*, BeurkG, § 13 Rn. 47.

661 BGH, DNotZ 2015, 548 (552); *Winkler*, BeurkG, § 13 Rn. 79 u. 86.

662 *Armbrüster*, in: Armbrüster/Preuß, BeurkG, § 1 Rn. 65; *Röhricht/Schall*, in: Hirte/Mülbert/Roth, Großkommentar, AktG, § 23 Rn. 83; dem folgend: *Pentz*, in: MünchKomm, AktG, § 23 Rn. 34; *Stenzel*, GmbHR 2014, 1024 (1027); *Winkler v. Mohrenfels*, in: Staudinger, BGB, Art. 11 EGBGB Rn. 293.

663 *Röhricht/Schall*, in: Hirte/Mülbert/Roth, Großkommentar, AktG, § 23 Rn. 83; *Weller/Reichert*, in: MünchKomm, GmbHG, § 15 Rn. 145.

Gegen diese Einstufung wird das Argument vorgebracht, auch bei dem Siegeln handele sich um keine Wirksamkeitsvoraussetzung.[664]

Nach Auffassung des Verfassers erschiene es als bloße Formalität, die Gleichwertigkeit allein daran scheitern zu lassen, dass der ausländische Notar eine mehrseitige Urkunde nicht mit seinem offiziellen Prägesiegel verbindet. Vielmehr dürfte es, sowohl in der nationalen als auch in der ausländischen notariellen Praxis, den absoluten Regelfall darstellen, dass die Einheit einer mehrseitigen Urkunde zumindest durch fortlaufende Paginierung oder durch eine Heftung gesichert ist. Demzufolge ist das Siegeln nicht als tragender Verfahrensgrundsatz einzustufen.

3. Zusammenfassung zu den tragenden Verfahrensgrundsätzen

Von den vorstehend untersuchten Verfahrensgrundsätzen ist lediglich das Siegeln nicht tragend. Bei der Beurkundung von Willenserklärungen ist besonderes Augenmerk auf die Prüfungs- und Belehrungspflicht zu richten, welche nach richtiger Ansicht – entgegen der überholten Auffassung des II. Zivilsenats des BGH – einen tragenden Grundsatz darstellt, auf den nicht konkludent durch die Wahl eines ausländischen Beurkundungsortes verzichtet werden kann.

IV. Bewertung der von der Rechtsprechung aufgestellten Kriterien

Im Rahmen der Diskussion um die Gleichwertigkeit nach den von der Rechtsprechung aufgestellten Kriterien werden regelmäßig zwei Themenkreise miteinander vermischt. Zum einen behandelt die Suche nach den Grundsätzen des Beurkundungsverfahrens eine verfahrensrechtliche Frage und zum anderen die Bestimmung der Zwecke, die mit dem jeweiligen Formerfordernis verfolgt werden, eine materiell-rechtliche Frage. Auch wenn die formellen Verfahrensvorschriften des Beurkundungsgesetzes und die materiell-rechtlichen Vorschriften zueinander in Wechselwirkung stehen,[665] bedarf es für eine dogmatisch saubere Substitutionsprüfung einer kleinschrittigen Betrachtung.

Vor diesem Hintergrund stellen die von der Rechtsprechung aufgestellten Kriterien lediglich die allgemeinen Voraussetzungen der Substitution dar, welche die Substitutionsfrage für sich genommen nicht abschließend beantworten können. Dies resultiert insbesondere aus dem Umstand, dass der II. Zivilsenat des BGH

---

664 *Pentz*, in: MünchKomm, AktG, § 23 Rn. 34, dem folgend: *Stenzel*, GmbHR 2014, 1024 (1027).

665 RegE, BT-Drs. V/3282, S. 23; *Armbrüster/Preuß*, in: Armbrüster/Preuß, BeurkG, Einl. Rn. 10; *Jakobs*, MittRhNotK 1985, 57 (62); *Kröll*, ZGR 2000, 111 (135 f.); *Winkler*, NJW 1974, 1032 (1033).

die Gleichwertigkeitsformel unreflektiert aus einer Passage des Gutachtens des *Max-Planck-Instituts* übernommen hat, welche sich ausdrücklich zu der Frage der Ersetzbarkeit der notariellen Beglaubigung verhält.[666]

Daher hat das von der wohl herrschenden Meinung aufgestellte pauschale Gleichwertigkeitspostulat in der Literatur[667] und in der Rechtsprechung[668] richtigerweise erhebliche Kritik erfahren. Zutreffend führen etwa *Lieder* und *Ritter* aus: „Die Substitutionsfrage ist nicht durch eine bloße Interpretation der Gleichwertigkeitsthese zu lösen."[669]

Im Ergebnis werden die von der Rechtsprechung aufgestellten Kriterien der personellen und verfahrensrechtlichen Gleichwertigkeit ohne weitere Konkretisierung der Bedeutung und Vielfalt der mit den materiell-rechtlichen Formvorschriften verfolgten Zwecke nicht gerecht.[670]

---

666 *Max-Planck-Institut*, IPG 1971 Nr. 41, S. 403 (407): „[…] das deutsche Geschäftsrecht [verlangt] hier nur öffentliche Beglaubigung. Sinn und Zweck der deutschen Formvorschrift sind in dieser Hinsicht jedenfalls gewahrt, wenn […].".

667 *Bayer*, in: Lutter/Hommelhoff, GmbHG, § 2 Rn. 30 u. § 15 Rn. 29; *Böttcher*, ZNotP 2010, 6 (7 f.); *Cramer*, in: Scholz, GmbHG, § 2 Rn. 17 f.; *Heinze*, in: MünchKomm, GmbHG, § 2 Rn. 59–63, der die arg. des BGH dezidiert widerlegt; *Hertel*, in: Staudinger, BGB, BeurkG Rn. 875; *Limmer*, in: BeckOGK, AktG (Stand: 01.07.2023), § 23 Rn. 26; *ders.*, in: Frenz/Miermeister, BNotO, § 2 BeurkG Rn. 16; *Priester/Tebben*, in: Scholz, GmbHG, § 53 Rn. 74 f.; *Schäfer*, in: Henssler/Strohn, Gesellschaftsrecht, § 2 GmbHG Rn. 17; *Schervier*, NJW 1992, 593 (595 f.); *Ulmer/Löbbe*, in: Habersack/Casper/Löbbe, GmbHG, § 2 Rn. 20 f.

668 OLG Hamburg, BB 1993, 1544 (1545), mit der Begr. die sog. Supermarkt-Entscheidung stehe den von dem II. Zivilsenat im Jahr 1981 aufgestellten Grundsätzen entgegen; LG Augsburg, GmbHR 1996, 941 (942), mit der Annahme, der BGH werde seine bisherige Rspr. zur Auslandsbeurkundung aufgrund der gestiegenen Bedeutung der materiellen Richtigkeitsgewähr ändern; LG Mannheim, BWNotZ 2000, 150, ebenfalls mit Verweis auf die Supermark-Entscheidung; AG Köln, MittRhNotK, 1990, 21 (22); dass., MittRhNotK, 1990, 22 (23), ebenfalls mit Verweis auf die Supermarkt-Entscheidung; AG Berlin-Charlottenburg, RNotZ 2016, 119 (122 ff.).

669 *Lieder/Ritter*, notar 2014, 187 (191).

670 *Bayer*, in: Lutter/Hommelhoff, GmbHG, § 2 Rn. 30; *ders.*, GmbHR 2013, 897 (913); *Braun*, DNotZ 2009, 585 (591 f.); *Goette*, DStR 1996, 709 (712 f.) = FS Boujong, 131 (142 f.); *Heinze*, in: MünchKomm, GmbHG, § 2 Rn. 71 ff.; *Lieder/Ritter*, notar 2014, 187 (191); *Pfisterer*, in: Saenger/Inhester, GmbHG, § 2 Rn. 20.

C. Erforderlichkeit zusätzlicher Kriterien

Die vorstehende Analyse der von der Rechtsprechung aufgestellten Voraussetzungen hat gezeigt, dass es zur Beantwortung der Gleichwertigkeitsfrage zusätzlicher Kriterien bedarf.[671] Im Folgenden werden deshalb die Notarhaftung, die dienstaufsichtsrechtliche Kontrolle, die Verwahrung der notariellen Urkunden sowie die Mitteilungs- und Meldepflichten dahingehend untersucht, ob die ausländische Urkundsperson auch insoweit Anforderungen unterliegen muss, die dem deutschen Recht entsprechen.

I. Notarhaftung

1. Haftung nach deutschem Recht

Um ein Verständnis für die Bedeutung der Haftung zu entwickeln, ist ebendiese des inländischen Notars genauer in den Blick zu nehmen. Die Vorschrift des § 19 Abs. 1 BNotO begründet eine eigene, ausschließliche[672] Haftung deliktsrechtlicher Natur für schuldhafte Amtspflichtverletzungen, bei der die Haftungsüberleitung auf den Staat gem. § 19 Abs. 1 S. 4 BNotO ausgeschlossen ist, sodass Art. 34 S. 1 GG keine Anwendung findet.[673] Der Verzicht auf die Staatshaftung wird durch die Pflicht des Notars zum Unterhalt einer Berufshaftpflichtversicherung kompensiert, vgl. § 19a Abs. 1 BNotO.

Die Reichweite der Schutzwirkung des § 19 Abs. 1 BNotO wurde richterrechtlich konkretisiert. Nach der Rechtsprechung des III. Zivilsenats des BGH kommt es für die Frage, welchen „anderen gegenüber"[674] die Amtspflicht besteht, auf die Beziehung der konkreten Pflichtverletzung zu dem anspruchsstellenden Dritten an.[675] Es sei derjenige geschützt, dessen Interessen „nach der besonderen Natur des Amtsgeschäftes gerade durch die statuierte Amtspflicht gegen

---

671 So auch: *Becht/Stephan-Wimmer*, GmbHR 2019, 45 (49 f.); *Beckmann/Fabricius*, GWR 2016, 375 (377); DNotI-Report 1995, 219 (223); *Heinze*, in: MünchKomm, GmbHG, § 2 Rn. 71 ff.; *Pfisterer*, in: Saenger/Inhester, GmbHG, § 2 Rn. 20.

672 *Schramm*, in: BeckOK, BNotO, § 19 Rn. 1 = *ders.*, in: Schippel/Eschwey, BNotO, § 19 Rn. 1; *Sandkühler*, in: Arndt/Lerch/Sandkühler, BNotO, § 19 Rn. 2.

673 *Frenz*, in: Frenz/Miermeister, BNotO, § 19 BNotO Rn. 2 f.; *Sandkühler*, in: Arndt/Lerch/Sandkühler, BNotO, § 19 Rn. 3.

674 So der Wortlaut des § 19 Abs. 1 S. 1 BNotO.

675 BGH, DNotZ 1960, 157; s. auch *Kröll*, ZGR 2000, 111 (142), zur Haftung des Notars gegenüber nicht an der Beurkundung beteiligten Dritten; *Sandkühler*, in: Arndt/Lerch/Sandkühler, BNotO, § 19 Rn. 94.

Beeinträchtigungen geschützt werden sollen".[676] Der Schutzzweck umfasse aber nicht jeden beliebigen Dritten, dessen Interessen durch die Amtshandlung tatsächlich berührt werden.[677]

Wegen des hoheitlichen Charakters der Amtsausübung kann die Haftung gegenüber den Urkundsbeteiligten, über die gesetzlichen Einschränkungen hinaus,[678] nicht vertraglich beschränkt oder gar ganz ausgeschlossen werden.[679] Dieser strenge Haftungsmaßstab wirke disziplinierend[680] und garantiere die „Qualität und Richtigkeit der Berufsausübung".[681] Regelmäßig werde der Notar die Haftung nur dann übernehmen, wenn er seine Kenntnisse in Bezug auf den konkreten Vorgang als ausreichend erachtet.[682]

2. *Meinungsspektrum*

Von zahlreichen Stimmen aus der Literatur wird als weitere Voraussetzung für die Gleichwertigkeit gefordert, dass der ausländische Notar entsprechend der deutschen Bundesnotarordnung für seine Tätigkeit haftet.[683] Die ausländische

---

676 BGH, DNotZ 1960, 157.

677 BGH, DNotZ 1960, 157; daran anknüpfend: *Schramm*, in: BeckOK, BNotO, § 19 Rn. 21–23 = *ders.*, in: Schippel/Görg, BNotO, § 19 Rn. 21–23, der die Drittbeziehungen in folgende drei Gruppen untereilt: Unmittelbar an der notariellen Tätigkeit Beteiligte, mittelbar Beteiligte und sonstige Dritte, die nach dem Zweck des Geschäfts von ihm unmittelbar betroffen sind; vgl. vertiefend zur Frage, ob auch Dritten aus der Verletzung von Prüfungs- und Belehrungspflichten Ansprüche zustehen können: BGHZ 58, 343 (353); BGH, DNotZ 1988, 372 (374).

678 Von Gesetzes wegen ist die notarielle Haftung zum einen bei lediglich fahrlässigen Pflichtverletzungen (§ 19 Abs. 1 S. 2 HS. 1 BNotO) subsidiär gegenüber anderen Ersatzansprüchen und zum anderen sogar ganz ausgeschlossen, wenn der Verletzte es schuldhaft unterlassen hat, seinen Schaden durch Gebrauch eines Rechtsmittels abzuwenden (§ 19 Abs. 1 S. 3 BNotO i.V.m. § 839 Abs. 3 BGB).

679 *Baumann*, MittRhNotK 1996, 1 (17); *Frenz*, in: Frenz/Miermeister, BNotO, § 19 BNotO Rn. 4; *Römer*, Notariatsverfassung und Grundgesetz, S. 27; *Schramm*, in: BeckOK, BNotO, § 19 Rn. 113 = *ders.*, in: Schippel/Eschwey, BNotO, § 19 Rn. 113.

680 *Heinze*, in: MünchKomm, GmbHG, § 2 Rn. 23 u. 68.

681 *Baumann*, MittRhNotK 1996, 1 (17).

682 *Schervier*, NJW 1992, 593 (596); *Spellenberg*, MünchKomm, BGB, Art. 11 EGBGB Rn. 100.

683 *Bayer*, GmbHR 2013, 897 (913); *Beckmann/Fabricius*, GWR 2016, 375 (377); *Böttcher*, in: Böttcher/Habighorst/Schulte, Umwandlungsrecht, § 6 UmwG Rn. 16; *Braun*, DNotZ 2009, 585 (591 f.); *Drygala*, in: Lutter, UmwG, § 6 Rn. 10; *Engel*, DStR 2008, 1593 (1595); *Heckschen*, in: Widmann/Mayer, Umwandlungsrecht, § 6 UmwG Rn. 62; *ders.*, DB 1990, 161 (164 f.); *Heinze*, in: MünchKomm, GmbHG,

Urkundsperson soll dadurch dazu angehalten werden, die Gewähr für die materielle Richtigkeit der Erklärungen zu übernehmen.[684] Es genüge, wenn die Haftung entweder nach dem ausländischen Berufsrecht oder durch eine explizite Vereinbarung im Einzelfall gesichert ist.[685]

Demgegenüber wenden Stimmen, die eine entsprechende Haftung des ausländischen Notars als Kriterium der Gleichwertigkeitsprüfung ablehnen,[686] ein, die Haftungsfrage sei für die Beurteilung der Gleichwertigkeit unbeachtlich, da sie nicht das eigentliche Beurkundungsverfahren betreffe.[687] Sie regele vielmehr die Beziehung der Beteiligten im Einzelfall.[688] Die nachgelagerte Haftung ersetze keine präventive Kontrolle und Beratung.[689] Gerade wegen der Wahl des Auslands als Beurkundungsort und der damit verbundenen

---

§ 2 Rn. 62; *Lieder/Ritter*, notar 2014, 187 (193); *Löbbe*, in: Habersack/Casper/Löbbe, GmbHG, § 15 Rn. 144; *Pilger*, BB 2005, 1285 (1288); *Reithmann*, NJW 2003, 385 (387 f.); *Schervier*, NJW 1992, 593 (596); *Schröer/Greitemann*, in: Semler/Stengel/Leornard, UmwG, § 6 Rn. 17; *Trölitzsch*, in: BeckOK, GmbHG, § 53 Rn. 23a; *Weller/Reichert*, in: MünchKomm, GmbHG, § 15 Rn. 145: Entsprechende „disziplinäre und haftungsrechtliche Bindung“; *Winkler*, BeurkG, Einl. Rn. 86 u. 96; *ders.*, NJW 1973, 222 (224 f.); *Wolfsteiner*, DNotZ 1978, 532 (534).

684 *Drygala*, in: Lutter, UmwG, § 6 Rn. 10; differenzierend: *Lieder/Ritter*, notar 2014, 187 (193): „Unmittelbar trägt die Haftung nichts zur Richtigkeit der Urkunde bei.“, aber gleichwohl messen die beiden Autoren der Haftung eine materielle Bedeutung zu; *Meichelbeck/Kraus*, DStR 2014, 752; *Pilger*, BB 2005, 1285 (1288): „[Die Haftung habe] einen direkten Bezug zur Prüfung und Belehrung sowie zur materiellen Richtigkeitsgewähr“; *Schervier*, NJW 1992, 592 (596).

685 *Schervier*, NJW 1992, 592 (596), mit der Empfehlung, sofern nach dem Berufsrecht keine Haftung besteht, eine entsprechende Haftungsvereinbarung mit in die Urkunde selbst aufzunehmen; dieser Empfehlung folgend: *Lieder/Ritter*, notar 2014, 187 (193); dagegen: *Braun*, DNotZ 2009, 585 (592), dort Fn. 40, mit dem arg. bei einer Haftungsübernahme für den Einzelfall könnten von dem Vorgang betroffene Dritte nicht wirksam miteinbezogen werden.

686 *Armbrüster*, in: Armbrüster/Preuß, BeurkG, § 1 Rn. 67; *Benecke*, RIW 2002, 280 (284); *Becht/Stephan-Wimmer*, GmbHR 2019, 45 (50); *Böttcher/Blasche*, NZG 2006, 766 (768); *Kröll*, ZGR 2000, 111 (149 f.); *Pentz*, in: MünchKomm, AktG, § 23 Rn. 34; *Stelmaszczyk*, GWR 2018, 103 (106); *Stenzel*, GmbHR 2014, 1024 (1028); *Stürner*, in: Erman, BGB, Art. 11 Rn. 20; *Winkler v. Mohrenfels*, in: Staudinger, BGB, Art. 11 EGBGB Rn. 295; *Zimmermann*, in: Kallmeyer, UmwG, § 6 Rn. 11.

687 *Böttcher/Blasche*, NZG 2006, 766 (768); *Stenzel*, GmbHR 2014, 1024 (1028); *Winkler v. Mohrenfels*, in: Staudinger, BGB, Art. 11 EGBGB Rn. 295.

688 *Stenzel*, GmbHR 2014, 1024 (1028).

689 *Stelmaszczyk*, GWR 2018, 103 (106).

Haftungsfreizeichnung hätten die Parteien sich vorher ausreichend beraten lassen.[690]

3. *Stellungnahme*

Das Kriterium der Notarhaftung ist unbedingt in die Prüfung der Gleichwertigkeit miteinzubeziehen.

Zunächst schadet es nicht, dass sich das Kriterium nicht auf das Beurkundungsverfahren als solches bezieht, da nach Auffassung des Verfassers die von der Rechtsprechung aufgestellten Voraussetzungen ohnehin einer Ergänzung bedürfen.[691] Auch die übrigen Argumente gegen das Haftungserfordernis können mangels eines dogmatischen Anknüpfungspunktes nicht überzeugen. Nach deutschem Recht wäre bereits eine privatrechtliche Beschränkung der Haftung des Notares unzulässig, da sie mit der notariellen Amtstätigkeit und der zwingenden Haftungsregelung des § 19 BNotO unvereinbar ist.[692] Für die Gleichwertigkeit ist daher erforderlich, dass die ausländische Urkundsperson nach ihrer eigenen Notarrechtsordnung einer unabdingbaren Haftung unterliegt.

Aus Gründen der Rechtssicherheit und zur Entlastung der Registergerichte muss auch für das zusätzliche Kriterium der Haftung ein abstrakter Prüfungsmaßstab gelten. Demzufolge scheidet die Gleichwertigkeit bereits dann aus, wenn nach der jeweiligen Notarrechtsordnung bei Urkunden, die für die Verwendung im Ausland bestimmt sind, ein Haftungsverzicht wirksam erklärt werden kann oder sogar muss. Selbst bei einer hypothetischen Prüfung durch das Registergericht ließe sich nicht mit hinreichender Sicherheit feststellen, ob die Urkundsbeteiligten im Einzelfall außerhalb der Urkunde – wie es allgemein in der Schweiz gängige Praxis sein soll[693] – die Entlastung des Notars erklärt haben.[694]

---

690 *Becht/Stephan-Wimmer*, GmbHR 2019, 45 (50); *Benecke*, RIW 280 (284); *Kröll*, ZGR 2000, 111 (142 f. u. 149).

691 S. dazu oben 4. Kapitel: C.

692 *Baumann*, MittRhNotK 1996, 1 (17); *Frenz*, in: Frenz/Miermeister, BNotO, § 19 BNotO Rn. 4; *Hogl*, in: Beck'sches Notar-Handbuch, § 35 Rn. 55; *Römer*, Notariatsverfassung und Grundgesetz, S. 27; *Schramm*, in: BeckOK, BNotO, § 19 Rn. 113 = *ders.*, in: Schippel/Eschwey, BNotO, § 19 Rn. 113; *Winkler*, NJW 1972, 981 (987); *ders.*, BeurkG, Einl. Rn. 86.

693 *Heckschen*, DB 1990, 161 (164); *Winkler*, NJW 1973, 222 (224).

694 S. dazu unten 6. Kapitel: E. I. 3.

II. Dienstaufsichtsrechtliche Kontrolle der Notare

Ebenfalls in Zusammenhang mit dem hoheitlichen Charakter der notariellen Tätigkeit steht die staatliche Aufsicht (§§ 92–94 BNotO), deren Prüfungsgegenstand wegen der Unabhängigkeit der Notare gem. § 93 Abs. 2 S. 1 BNotO auf die „ordnungsgemäße Erledigung der Amtsgeschäfte des Notars" begrenzt ist.[695] Daher unterliegt die inhaltliche Ausgestaltung der Urkunden im Einzelfall keiner Überprüfung, sodass der Notar bei verschiedenen rechtlichen Möglichkeiten die von ihm favorisierte Rechtsauffassung wählen kann und dabei auch von gerichtlichen Entscheidungen abweichen darf.[696] Die allgemeine Dienstaufsicht dient aufgrund ihrer Beobachtungsfunktion[697] der Vorbereitung für nachgelagerte disziplinarrechtliche Maßnahmen (§§ 95–110a BNotO).[698]

Nach § 92 BNotO üben die Präsidenten des Land- und des Oberlandesgerichts sowie die Landesjustizverwaltung die Notaraufsicht aus.[699] Die Aufsichtsbehörden haften ihrerseits nach Art. 34 GG i.V.m. § 839 BGB gegenüber Dritten für Schäden, welche aus der Verletzung von drittbezogenen Aufsichtspflichten resultieren, etwa wenn die Behörden als disziplinarrechtliche Maßnahme ein Amtsenthebungsverfahren (§ 97 Abs. 1 Nr. 3 BNotO) nicht oder zu spät einleiten.[700]

Vor diesem Hintergrund argumentieren einzelne Stimmen, dass das Fehlen einer entsprechenden Dienstaufsicht der Gleichwertigkeit der Beurkundung durch einen ausländischen Notar entgegenstehe, da die Einhaltung der berufsrechtlichen Bestimmungen bei der Beurkundung im Ausland nicht ausreichend gesichert sei.[701]

Nach Auffassung des Verfassers ist das Kriterium einer dienstaufsichtsrechtlichen Kontrolle im Rahmen der Gleichwertigkeitsprüfung nicht zu

---

695 Vertiefend: *Hermann*, in: BeckOK, BNotO, § 92 Rn. 1 u. § 93 Rn. 11–14 = *ders.*, in: Schippel/Eschwey, BNotO, § 92 Rn. 1 u. § 93 Rn. 11–14.

696 BGHZ 57, 351 (354); *Baumann*, MittRhNotK 1995, 1 (16), der insoweit einen Vergleich zu der Aufsicht über Richter zieht (vgl. § 26 DRiG).

697 *Lerch*, in: Arndt/Lerch/Sandkühler, BNotO, § 92 Rn. 4.

698 BGHZ 35, 44 (48).

699 Neben den Justizbehörden sind nach § 67 Abs. 1 S. 2 BNotO auch die Notarkammern unterstützend zur Überwachung der notariellen Amtsführung berufen.

700 BGHZ, 35, 44 (51 f.); *Frenz*, in: Frenz/Miermeister, BNotO, § 19 BNotO Rn. 7.

701 DNotI-Report 2016, 93 (97), *Heinze*, in: MünchKomm, GmbHG, § 2 Rn. 68; *Lieder*, ZIP 2018, 805 (811); *ders.*, NZG 2022, 1043 (1046); *Limmer*, Handbuch der Unternehmensumwandlungen, Teil 2 Rn. 497; *Reithmann*, NJW 2003, 385 (387); *Sander*, in: BeckOK, BNotO, § 20 Rn. 39.

berücksichtigen. Die staatliche Überwachung dient der sachgerechten Erfüllung der notariellen Aufgaben auf dem Gebiet der vorsorgenden Rechtspflege[702] und damit insbesondere dem „Schutz des rechtssuchenden Verbrauchers“[703]. Jedoch spielt der Verbraucherschutz in Zusammenhang mit der Beurkundung gesellschaftsrechtlicher Vorgänge im Ausland eher eine untergeordnete Rolle,[704] da die an der Beurkundung beteiligten natürlichen oder juristischen Personen regelmäßig unternehmerisch i.S.d. § 14 Abs. 1 BGB handeln. Auch dürfen die Anforderungen an die Gleichwertigkeitsprüfung nicht überspannt werden. Nach allgemeinen Grundsätzen der Substitution ist es ausreichend, wenn das zu ersetzende inländische und das ausländische Institut hinsichtlich der wesentlichen, normprägenden Merkmale vergleichbar sind.[705] Dazu ist die dienstaufsichtsrechtliche Kontrolle nicht zu zählen.

III. Verwahrungspflicht

Zur Sicherung der Urkundenexistenz[706] bleibt die Urschrift der notariellen Urkunde gem. § 45 Abs. 1 BeurkG grundsätzlich in der Verwahrung des Notars, wenn sie nicht auszuhändigen ist.[707] Im Rechtsverkehr wird die Urschrift durch die beglaubigte Abschrift (§ 42 BeurkG) oder die Ausfertigung (§ 47 BeurkG) vertreten.

Mit dem Gesetz zur Neuordnung der Aufbewahrung von Notariatsunterlagen[708] ist den Kapazitätsproblemen bei der Aufbewahrung der Unterlagen begegnet worden.[709] In diesem Zuge wurde das elektronische Urkundenarchiv

---

702 RegE, BT-Drs. III/219, S. 18; *Baumann*, in: Frenz/Miermeister, BNotO, § 92 BNotO Rn. 1; *Hermann*, in: BeckOK, BNotO, § 92 Rn. 1 = *ders.*, in: Schippel/Eschwey, BNotO, § 92 Rn. 1.

703 *Baumann*, MittRhNotK 1996, 1 (16).

704 Ähnlich: *Kröll*, ZGR 2000, 111 (145): „Auslandsbeurkundungen werden regelmäßig nicht von im Geschäftsverkehr unerfahrenen Personen [...] durchgeführt.“; *Lieder*, NZG 2020, 1081 (1086).

705 S. dazu oben 4. Kapitel: A.

706 *Preuß*, in: Armbrüster/Preuß, BeurkG, § 45a Rn. 2; *Winkler*, BeurkG, § 45 Rn. 4.

707 Jedenfalls die Urschrift von Urkunden, die in der Form einer Niederschrift (§§ 8, 36 BeurkG) verfasst sind. Bei Urkunden, die in der Form eines Vermerks (§ 39 BeurkG) verfasst sind, erfolgt die Verwahrung nur auf Verlangen, vgl. § 45 Abs. 3 BeurkG.

708 Gesetz vom 01.06.2017 (BGBl. 2017 I S. 1396), welches gem. Art. 11 in Teilen am 01.01.2020 in Kraft getreten.

709 RegE, BT-Drs. 18/10607, S. 1.

bei der Bundesnotarkammer errichtet, welches den Notaren die Führung der elektronischen Urkundensammlung, des Urkundenverzeichnisses und des Verwahrungsverzeichnisses ermöglicht, vgl. § 78h BNotO i.V.m. § 55 BeurkG. Gleichzeitig ist die Übertragung vorhandener Papierdokumente in die elektronische Form gem. § 56 BeurkG möglich.

In diesem Zusammenhang wird als weitere Gleichwertigkeitsvoraussetzung vereinzelt gefordert, dass auch der ausländische Notar zur Aufbewahrung der Niederschrift verpflichtet ist, damit der Beurkundungsvorgang aus retrospektiver Sicht auch noch nach vielen Jahren nachvollziehbar ist.[710] Dagegen lässt sich anführen, dass die Vorschriften über die Aufbewahrung, bloße „Organisationsregeln“[711] sind, deren Verletzung keinen Einfluss auf die Wirksamkeit der Urkunde hat.[712]

Wie auch im Hinblick auf die dienstaufsichtsrechtliche Kontrolle gilt richtigerweise, dass die Anforderungen an die Gleichwertigkeitsprüfung nicht überspannt werden dürfen. Nach dem allgemeinen Maßstab der Substitutionsprüfung[713] ist die Verpflichtung der Urkundsperson zur Aufbewahrung der Urkunde daher nicht als wesentlich anzusehen. Die retrospektive Nachvollziehbarkeit der gesellschaftsrechtlichen Vorgänge wird bereits ausreichend durch die Handelsregistereintragung gewährleistet.

Die Unbeachtlichkeit der Aufbewahrungspflicht für die Gleichwertigkeitsfrage bestätigt auch die folgende Überlegung: Nach § 45a Abs. 1 BeurkG soll die Urschrift einer Niederschrift mit Zustimmung aller ausfertigungsberechtigten Personen (§ 51 BeurkG) ohnehin an die Beteiligten ausgehändigt werden, wenn sie im Ausland verwendet werden soll. Grund für diese Sonderregelung ist, dass manche Staaten nur das Original einer Urkunde als Beweis zulassen.[714] Somit misst der deutsche Gesetzgeber der Verwahrung der Urschrift bei grenzüberschreitenden Sachverhalten eine verminderte Bedeutung zu. Diese Wertung ist allgemein auf solche Urkunden zu übertragen, die von einem ausländischen Notar zur Verwendung in Deutschland angefertigt werden.

710 *Heinze*, in: MünchKomm, GmbHG, § 2 Rn. 68, dem folgend: *Beckmann/Fabricius*, GWR 2016, 375 (377).

711 *Baumann*, MittRhNotK 1996, 1, (16).

712 *Winkler*, BeurkG, § 45 Rn. 22.

713 S. dazu oben 4. Kapitel: A.

714 *Heinemann*, in: Grziwotz/Heinemann, BeurkG, § 45a Rn. 7; *Preuß*, in: Armbrüster/Preuß, BeurkG, § 45a Rn. 8; *Winkler*, BeurkG, § 45 Rn. 9 i.V.m. § 45a Rn. 2.

IV. Mitteilungs- und Meldepflichten

Dadurch, dass Notare gesetzlichen Mitteilungs- und Meldepflichten unterliegen, wird als Nebenzweck der Beurkundung die Möglichkeit der Kontrolle durch Behörden eröffnet (Kontrollfunktion).[715] Insbesondere sind Notare nach § 54 Abs. 1 S. 1 EStDV verpflichtet, dem zuständigen Finanzamt eine Abschrift von Urkunden zu übersenden, welche verfassungsrelevante Gesellschaftsakte[716] oder die Verfügung über Anteile an Kapitalgesellschaften zum Gegenstand haben. Weiterhin unterliegen Notare seit dem 01.01.2020 in Umsetzung der Änderungsrichtlinie RL (EU) 2018/843[717] einer Pflicht zur Meldung von Unstimmigkeiten in Zusammenhang mit dem Transparenzregister, vgl. § 23a Abs. 1 S. 1GwG.[718]

Die für diese Untersuchung relevanten Mitteilungs- und Meldepflichten des Notars gegenüber anderen staatlichen Stellen, quasi ein Akt der Amtshilfe,[719] dienen fiskalischen Interessen (§ 54 Abs. 1 S. 1 EStDV) oder der Verhinderung der Geldwäsche oder Terrorismusfinanzierung (§§ 23a Abs. 1 S. 1, 43 Abs. 1 GwG). Infolgedessen besteht auch keine Haftung des Notars bei der Verletzung dieser Mitteilungspflichten, da es sich nicht um Amtspflichten i.S.d. § 19 BNotO handelt, die gegenüber einem konkreten Dritten bestehen – mit Ausnahme einer möglichen Haftung des Notars gegenüber dem Finanzamt.[720] Jedoch können Verstöße gegen die Mitteilungs- und Meldepflichten im Rahmen des notariellen Aufsichts- bzw. Disziplinarrechtes geahndet werden.[721]

Im Folgenden soll die Bedeutung dieser steuerlichen respektive geldwäscherechtlichen Pflichten für die Gleichwertigkeitsfrage untersucht werden.

---

715 *Arnold*, in: Erman, BGB, § 125 Rn. 6; *Einsele*, in: MünchKomm, BGB, § 125 Rn. 10; *Hertel*, in: Staudinger, BGB, BeurkG Rn. 27; *Mankowski*, JZ 2010, 662 (667).

716 Namentlich sind solche Urkunden zu übersenden, welche die Gründung, Kapitalerhöhung oder -herabsetzung, Umwandlung oder Auflösung von Kapitalgesellschaften zum Gegenstand haben.

717 Richtlinie vom 30.05.2018 zur Änderung der Richtlinie (EU) 2015/849 zur Verhinderung der Nutzung des Finanzsystems zum Zwecke der Geldwäsche und der Terrorismusfinanzierung und zur Änderung der Richtlinien 2009/138/EG und 2013/36/EU (ABl. L156/43).

718 Gesetz zur Umsetzung der Änderungsrichtlinie zur Vierten-Geldwäscherichtlinie vom 12.12.2019 (BGBl. 2019 I S. 2602).

719 *Baumann*, MittRhNotK 1996, 1 (20).

720 *Frenz*, in: Frenz/Miermeister, BNotO, § 19 BNotO Rn. 18.

721 *Heinze*, NZG 2017, 371 (373); *Lieder*, ZIP 2018, 805 (812).

1. Steuerrechtliche Mitteilungspflichten

a) Übersendung einer Abschrift an das Finanzamt

aa) Einkommenssteuer

Nach § 54 Abs. 1 S. 1 EStDV[722] sind Notare verpflichtet, dem zuständigen Finanzamt eine beglaubigte Abschrift aller aufgrund gesetzlicher Vorschrift aufgenommenen oder beglaubigten Urkunden zu übersenden, welche die Gründung, Kapitalerhöhung oder -herabsetzung, Umwandlung oder Auflösung von Kapitalgesellschaften oder die Verfügung über Anteile an Kapitalgesellschaften zum Gegenstand haben. Anschließend ist die Übersendung der Urkunde an das zuständige Finanzamt auf der zurückbehaltenen Urschrift zu vermerken, vgl. § 54 Abs. 2 S. 3 EStDV.[723] Die Übermittlung erfolgt aus Sicht der Parteien „geräuschlos" und betrifft Informationen, die dem Notar anlässlich der Beurkundung ohnehin vorliegen.[724]

Diese gesetzliche Mitteilungspflicht lässt dem Notar eine fiskalische Bedeutung zukommen.[725] Sie dient dem öffentlichen Interesse an der Sicherung des Steueraufkommens.[726] Durch die Übersendung der Urkunde an eine weitere öffentliche Stelle wird die Rückdatierung oder nachträgliche Veränderung der Urkunde verhindert.[727]

Zudem hat der Gesetzgeber im Hinblick auf das internationale Gesellschaftsrecht erkannt, dass nach ausländischem Gesellschaftsrecht gegründete Kapitalgesellschaften vermehrt ihre ausschließliche wirtschaftliche Tätigkeit

---

722 Eingeführt mit dem Jahressteuergesetz 1996 (BGBl. 1995 I S. 1250); weitere steuerliche Mitteilungs-/Übersendungspflichten sind etwa in § 18 GrEStG bei Grundstücksveräußerungen und in § 34 ErbStG bei erbschaftssteuerpflichtigen Vorgängen geregelt.

723 Ein entsprechender Übersendungsvermerk auf der Urschrift ist ebenfalls gem. § 18 Abs. 4 GrEStG und § 8 Abs. 1 S. 5 ErbStDV erforderlich.

724 *Deutscher Notarverein*, Stellungnahme von 02.08.2006 zum SEStBeglG, dort unter B.

725 *Wicke*, ZIP 2006, 977 (982).

726 *Altmeppen*, in: Altmeppen, GmbHG, § 2 Rn. 28; *Deutscher Notarverein*, Stellungnahme von 02.08.2006 zum SEStBeglG (dort unter A.); *Heinze*, NZG 2017, 371 (373); *Küpperkoch*, RNotZ 2002, 298 (299); *Lieder*, NZG 2020, 1081 (1087).

727 *Cramer*, in: Scholz, GmbHG, § 2 Rn. 10; *Deutscher Notarverein*, Stellungnahme von 02.08.2006 zum SEStBeglG (dort unter A.); *Heinze*, in: MünchKomm, GmbHG, § 2 Rn. 23; *Wicke*, ZIP 2006, 977 (982).

im Inland betreiben.[728] Um sicherzustellen, dass die Finanzbehörden von der inländischen Geschäftstätigkeit Kenntnis erlangen,[729] ist insoweit die Mitteilungspflicht deutscher Notare gem. § 54 Abs. 1 S. 2 EStDV auf die Anmeldung einer Zweigniederlassung im Inland[730] erweitert worden.[731]

Die Bedeutung der steuerrechtlichen Mitteilungspflicht unterstreicht die Regelung des § 54 Abs. 3 EStDV. Danach darf der Notar den Urkundsbeteiligten eine Ausfertigung oder Abschrift erst aushändigen, wenn eine Abschrift der Urkunde an das Finanzamt abgesandt ist. Diese Abfolge dient dem berechtigten Interesse der Finanzbehörden, frühzeitig Kenntnis von den steuerpflichtigen Vorgängen zu erlangen.[732]

bb) Grunderwerbssteuer

Weiterhin besteht bei der Übertragung von Anteilen an Kapitalgesellschaften gem. § 18 Abs. 1 S. 2, Abs. 2 S. 2 GrEStG ebenfalls eine Pflicht zur Übersendung einer Abschrift an das Finanzamt, wenn ein Grundstück zum Gesellschaftsvermögen gehört. Gleiches gilt im Rahmen von umwandlungsrechtlichen Maßnahmen, vgl. § 18 Abs. 1 S. 1 Nr. 1 GrEStG. Der Notar darf den Beteiligten die Urkunden über den anzeigepflichtigen Vorgang erst aushändigen oder Ausfertigungen erteilen, wenn die Abschrift an das Finanzamt abgesandt wurde, vgl. § 21 GrEStG.

b) Meinungsspektrum

Neuerdings wird die Ansicht vertreten, die Gleichwertigkeit sei nicht gegeben, wenn die steuerrechtliche Mitteilungspflicht nicht gesichert ist.[733] Für eine

---

728 Stellungnahme des BR, BT-Drs. 16/6739, S. 19.

729 Stellungnahme des BR, BT-Drs. 16/6739, S. 19.

730 Anmeldungen von Gesellschaften mit Sitz im Ausland, welche die inländische Zweigniederlassung betreffen, haben gem. § 13d Abs. 1 HGB i.V.m. § 13 e Abs. 1 HGB bei dem Gericht zu erfolgen, in dessen Bezirk die Zweigniederlassung besteht.

731 Die Erweiterung erfolgte durch das Jahressteuergesetz 2008 (BGBl. 2007 I S. 3150); vgl. zur Erfassung ausländischer Gesellschaften: *Spiegelberger*, in: Beck'sches Notar-Handbuch, § 29 Rn. 31 a.E.; *Winkler*, BeurkG, § 51 Rn. 67.

732 *Sander*, in: BeckOK, BNotO, § 18 Rn. 64 = *ders.*, in: Schippel/Eschwey, BNotO, § 18 Rn. 64.

733 *Beckmann/Fabricius*, GWR 2016, 375 (377); *Cramer*, in: Scholz, GmbHG, § 2 Rn. 21; *ders.*, DStR 2018, 746 (750); DNotI-Report 2016, 91 (99); *Heckschen*, in: Widmann/Mayer, Umwandlungsrecht, § 6 UmwG Rn. 71.1; instruktiv: *Heinze*, NZG 2017, 371 (374); *ders.*, in: MünchKomm, GmbHG, § 2 Rn. 71 f.; dem folgend: AG Berlin-Charlottenburg, RNotZ 2016, 119 (124);

ausländische Urkundsperson, die dem Normanwendungsbefehl der nationalen Vorschrift nicht unterliegt, gelte diese steuerliche Mitteilungspflicht nicht.[734] Dieser Umstand biete den Parteien einen Anreiz, die Beurkundung von steuerlich relevanten Vorgängen ins Ausland zu verlagern, um diese den deutschen Steuerbehörden vorzuenthalten.[735]

Das öffentliche Interesse an der Sicherung des Steueraufkommens werde bei der Auslandsbeurkundung erschwert.[736] Das Registergericht überprüfe die Einhaltung der Mitteilungspflicht nicht, sodass mangels Kontrolle der ausländischen Urkundsperson durch die deutsche Notaraufsicht die Einhaltung der Mitteilungspflicht bei der Beurkundung im Ausland insgesamt nicht gewährleistet sei.[737] Das Unterlassen der Mitteilung bliebe daher für die ausländische Urkundsperson ohne Folgen.

Andere Stimmen messen den steuerlichen Mitteilungspflichten im Rahmen der Gleichwertigkeitsprüfung keine Bedeutung zu[738] und bringen vor, diese Pflichten gehörten nicht mehr zum Beurkundungsvorgang als solchem.[739] Die für die Einkommensteuer-Durchführungsverordnung maßgebliche Ermächtigungsnorm des § 51 EStG sehe keine Beschränkung des Art. 11 Abs. 1 EGBGB vor.[740] Durch die Eintragung im deutschen Handelsregister sei die Publizität im Inland ausreichend gewahrt.[741]

Limmer, in: BeckOGK, AktG (Stand: 01.07.2023) § 23 Rn. 26; *Mayer*, MittBayNot 1997, 78 (83); *Sander*, in: BeckOK, BNotO, § 20 Rn. 39; *Solveen*, in: Hölters/Weber, AktG, § 23 AktG Rn. 12; *Weber*, MittBayNot 2018, 215 (221); Anm. *Wicke*, GmbHR, 2018, 380 (381); *Winkler*, BeurkG, Einl. Rn. 95 u. § 51 Rn. 67.

734 AG Berlin-Charlottenburg, DNotZ 2016, 119 (124); *Altmeppen*, in: Altmeppen, GmbHG, § 2 Rn. 28; DNotI-Report 2016, 91 (99); *Cramer*, DStR 2018, 746 (750).

735 *Cramer*, DStR 2018, 746 (750); *Heinze*, NZG 2017, 371 (374); Anm. *Wicke*, GmbHR 2018, 380 (381).

736 *Altmeppen*, in: Altmeppen, GmbHG, § 2 Rn. 28; *Küpperkoch*, RNotZ 2002, 298 (299); *Lieder*, ZIP 2018, 805 (812).

737 *Heinze*, NZG 2017, 371 (373 f.), u.a. unter Hinweis darauf, dass mit dem Wegfall der Registersperre aus dem Kapitalverkehrssteuergesetz der registerrechtliche Anreiz zur Nachholung der Mitteilung durch die Beteiligten weggefallen sei und eine solche Registersperre heute nur noch im Grunderwerbsteuerrecht Anwendung fände (§ 22 GrEStG).

738 KG Berlin, GmbHR 2018, 1202 (1203); *Altmeppen*, in: Altmeppen, GmbHG, § 2 Rn. 28; *Drygala*, in: Lutter, UmwG, § 6 Rn. 10a; *Trölitzsch*, in: BeckOK, GmbHG, § 53 Rn. 23a.

739 *Altmeppen*, in: Altmeppen, GmbHG, § 2 Rn. 28.

740 KG Berlin, GmbHR 2018, 1202 (1203).

741 *Drygala*, in: Lutter, UmwG, § 6 Rn. 10a.

c) Stellungnahme

Vorzugswürdig ist die Auffassung, welche die steuerlichen Mitteilungspflichten im Rahmen der Gleichwertigkeitsprüfung berücksichtigt. Es geht bei der Mitteilung an das Finanzamt um mehr als nur bloße Publizität. Nur durch die Einbeziehung der Notare ist das öffentliche Interesse an der Sicherung des Steueraufkommens effektiv gesichert.[742] Dieses Allgemeininteresse steht nicht zur Disposition der Urkundsbeteiligten und darf auch bei grenzüberschreitenden Sachverhalten nicht gefährdet werden.[743]

Dem Gedanken einer Registersperre[744] folgend wäre die Mitteilungspflicht bei Beurkundungen im Ausland jedenfalls dann gesichert, wenn das Registergericht die jeweilige Eintragung erst nach Vorlage eines Nachweises über die Übersendung einer Abschrift an das deutsche Finanzamt vornähme. Dies ginge aber über die an den deutschen Notar gestellten Anforderungen hinaus und würde zudem eine eingehende Einzelfallprüfung durch das Registergericht erforderlich machen, die dem Gedanken der notariellen Filterfunktion widerspricht. Auch nach deutschem Recht ist die Einhaltung der Meldepflicht lediglich durch die „Aushändigungssperre" des § 54 Abs. 3 EStDV sowie den Überwachungsdruck der Aufsichtsbehörden gesichert.

2. Meldepflichten nach dem Geldwäschegesetz

In Anknüpfung an die steuerlichen Mitteilungspflichten wird neuerlich vertreten, dass auch die Meldepflichten nach dem Geldwäschegesetz in die Gleichwertigkeitsprüfung miteinzubeziehen sind.[745] Schließlich bringe die Beurkundung gesellschaftsrechtlicher Vorgänge im Ausland eine erhöhte Gefahr der Umgehung geldwäscherechtlicher Meldepflichten mit sich.[746]

---

742 *Spiegelberger*, in: Beck'sches Notar-Handbuch, § 29 Rn. 30.

743 *Heinze*, NZG 2017, 371 (373); *Küpperkoch*, RNotZ 2017, 298 (299 f.).

744 Vgl. § 22 GrEStG in Bezug auf die Vorlage einer steuerlichen Unbedenklichkeitsbescheinigung gegenüber dem Grundbuchamt.

745 *Herrler*, NotBZ 2020, 391 (393); *Lieder*, NZG 2020, 1081 (1087); Anm. *Raff*, DNotZ 2020, 750 (754 f.); *Sander*, in: BeckOK, BNotO, § 14 Rn. 52 u. § 20 Rn. 39; Anm. *Strauß*, MittBayNot 2021 69 (73 f.).

746 *Lieder*, NZG 2020, 1081 (1087); *Herrler*, NotBZ 2020, 391 (393); Anm. *Raff*, DNotZ 2020, 750 (755); *Sander*, in: BeckOK, BNotO, § 14 Rn. 52.

a) *Erfasste notarielle Tätigkeiten*

Allgemein müssen deutsche Notare nach § 2 Abs. 1 Nr. 10 lit. a) sublit. ee) i.V.m. § 4 Abs. 1 GwG zur Verhinderung von Geldwäsche und von Terrorismusfinanzierung über ein wirksames Risikomanagement[747] verfügen, soweit sie für den Mandanten an der Planung oder Durchführung von „[der] Gründung, [dem] Betrieb oder [der] Verwaltung von Treuhandgesellschaften, Gesellschaften oder ähnlichen Strukturen" mitwirken.
Da diese Begriffe weit auszulegen sind,[748] empfiehlt die Bundesnotarkammer den Notaren, die geldwäscherechtlichen Pflichten im Bereich des Gesellschaftsrechts stets zu beachten.[749] Ebenfalls im Einklang mit den Vorgaben des Geldwäschegesetzes haben die Notare die „Beratung oder Dienstleistungen in Zusammenhang mit Zusammenschlüssen oder Übernahmen [zu] erbringen", vgl. § 2 Abs. 1 Nr. 10 lit. d) GwG.

Die allgemeine Risikovorsorge hat mit den Pflichten zur Meldung von Unstimmigkeiten (§ 23a Abs. 1 S. 1 GwG) und zur Verdachtsmeldung (§ 43 Abs. 1 GwG) eine Konkretisierung erfahren. In diesem Umfang werden seit dem 15.08.2002[750] auch die rechtsberatenden Berufe nach dem Geldwäschegesetz verpflichtet, damit die Täter für ihre Zwecke nicht die Verschwiegenheitsverpflichtung der Berufsangehörigen instrumentalisieren können.[751]

aa) *Pflicht zur Meldung von Unstimmigkeiten*

In Zusammenhang mit dem Transparenzregister[752] sind Notare, die an den in § 2 Abs. 1 Nr. 10 GwG aufgezählten Geschäften mitwirken,[753] gem. § 23a Abs. 1 S. 1 GwG verpflichtet, Unstimmigkeiten im Hinblick auf die Person des wirtschaftlich Berechtigten[754] an die registerführende Stelle zu melden.

---

747 Das Risikomanagement umfasst gem. § 4 Abs. 2 GwG eine Risikoanalyse (§ 5) sowie interne Sicherungsmaßnahmen (§ 6).

748 *Pelz*, in: BeckOK, GwG, § 2 Rn. 174.

749 *BNotK*, Auslegungs- und Anwendungshinweise GwG, S. 14.

750 Eingeführt mit dem Geldwäschebekämpfungsgesetz vom 08.08.2002 (BGBl. 2002 I S. 3105), der Katalog mit den erfassten (notariellen) Tätigkeiten war zuvor in § 3 GwG a.F. geregelt.

751 *Figura*, in: Herzog, GwG, § 2 Rn. 150 f.; *Pelz*, in: BeckOK, GwG, § 2 Rn. 152.

752 Vgl. dazu die Regelungen der §§ 18–26a GwG.

753 Außerhalb dieser Tätigkeiten greifen die Meldepflichten des GwG nicht, vgl. *Figura*, in: Herzog, GwG, § 2 Rn. 148.

754 Nach der Legaldefiniton des § 3 Abs. 1 GwG ist der wirtschaftlich Berechtigte die natürliche Person, in deren Eigentum oder unter deren Kontrolle der

Diese Meldepflicht dient der „Erhöhung der Datenqualität im Transparenzregister“.[755] Einer solchen Meldung an das Transparenzregister ist die Identifizierung der Urkundsbeteiligten anhand der Anforderungen des § 11 Abs. 4 GwG sowie die Prüfung des Geldwäsche- und Terrorismusfinanzierungsrisikos gem. § 5 Abs. 1 GwG im Hinblick auf das individuell zu beurkundende Geschäft vorgelagert.[756] Der Gesetzgeber hat die Unstimmigkeitsmeldung auch in Zusammenhang mit der Umstellung des Transparenzregisters von einem Auffang- zu einem Vollregister beibehalten.[757]

bb) Meldepflicht bei konkretem Verdacht

Vorbehaltlich der Einschränkungen des § 43 Abs. 2 GwG[758] besteht gem. § 43 Abs. 1 Nr. 1 GwG eine weitere Meldepflicht des Notars gegenüber der Zentralstelle für Finanztransaktionsuntersuchungen[759] i.S.d. § 27 Abs. 1 GwG, wenn Tatsachen vorliegen, die darauf hindeuten, dass ein Vermögensgegenstand aus einer strafbaren Vortat stammt, die eine Vortat der Geldwäsche darstellen könnte. Aufgrund des Spannungsverhältnisses zu der Verschwiegenheitspflicht ist der Notar nur dann zur Meldung verpflichtet, wenn er „weiß, dass die notarielle Amtstätigkeit für Zwecke der Geldwäsche, der Terrorismusfinanzierung oder einer anderen Straftat genutzt wurde oder wird („Wissensmeldung“)“.[760]

Zudem hat der Verordnungsgeber von der Ermächtigungsgrundlage des § 43 Abs. 6 GwG Gebrauch gemacht und mit der Geldwäschegesetzmeldepflichtverordnung-Immobilien (GwGMeldV-Immobilien)[761] die Meldepflichten für den besonders risikoanfälligen Immobiliensektor verschärft. Die zunehmende Bedeutung der Meldepflichten deutscher Notare wird besonders deutlich, wenn

---

Vertragspartner letztlich steht (Nr. 1), oder die natürliche Person, auf deren Veranlassung eine Transaktion letztlich durchgeführt oder eine Geschäftsbeziehung letztlich begründet wird (Nr. 2).

755 RegE, BT-Drs. 19/13827, S. 91.

756 RegE, BT-Drs. 18/11555, S. 88; *Kindler*, in: Beck'sches Notar-Handbuch, § 31 Rn. 227.

757 Vgl. RegE, BT-Drs. 19/28164, S. 1 u. 29 f., zum Transparenzregister- und Finanzinformationsgesetz.

758 Diese sind der notariellen Verschwiegenheitspflicht (§ 18 Abs. 1 BNotO) geschuldet.

759 Internationale Bezeichnung: Financial Intelligence Unit (FIU).

760 *BNotK*, Auslegungs- und Anwendungshinweise GwG, S. 46; *Barreto da Rosa*, in: Herzog, GwG, § 43 Rn. 74; *Pelz*, in: BeckOK, GwG, § 2 Rn. 153; Anm. *Raff*, DNotZ 2020, 750 (754).

761 Verordnung des Bundesministeriums der Justiz und Verbraucherschutz vom 20.08.2020, BGBl 2020 I S. 1965.

man das nach Verpflichtetengruppen differenzierte Meldeaufkommen betrachtet: Im Jahr 2020 haben Notare in *1.629 Fällen* einen Verdacht an die Financial Intelligence Unit (FIU) gemeldet.[762] Das ist gegenüber der Anzahl notarieller Meldungen im Vorjahr (*17 Fälle*) ein Anstieg des Meldeaufkommens um etwa 9.482%. Dagegen erhöhte sich das gesamte Meldeaufkommen aller Verpflichteten im Jahr 2020 um lediglich 25%.[763] Der überproportionale Anstieg aus der Verpflichtetengruppe der Notare steht also in direktem Zusammenhang mit dem Inkrafttreten der GwGMeldV-Immobilien zum 01.10.2020.[764]

b) Stellungnahme

Auch in Bezug auf die Rolle des Notars bei der Geldwäscheprävention vermag das Argument der restriktiven Stimmen, Meldepflichten gehörten nicht mehr zum Beurkundungsvorgang, nicht zu überzeugen.

In die Gleichwertigkeitsprüfung sind auch solche Anforderungen miteinzubeziehen, die untrennbar mit dem Beurkundungsvorgang verbunden sind bzw. unmittelbar an diesen anknüpfen. Die Meldung etwaiger Diskrepanzen zu den Angaben im Transparenzregister ist ohne eine eingehende geldwäscherechtliche Identitätsprüfung im Rahmen des Beurkundungsvorgangs schlicht nicht möglich. Daher schadet es nicht, dass die Unstimmigkeitsmeldung dem Beurkundungsvorgang zeitlich nachgelagert ist. Die Zusammengehörigkeit der Beurkundung und der geldwäscherechtlichen Prüfung wird besonders deutlich, wenn man die Pflicht des Notars zur Amtsverweigerung gem. § 10 Abs. 9 S. 4 GwG betrachtet, welche bei grunderwerbsteuerlichen Vorgängen so lange besteht, bis eine sichere Identifizierung des wirtschaftlich Berechtigten durch den Notar anhand von den Vertragsparteien beizubringenden Dokumenten möglich ist, vgl. § 12 Abs. 4 S. 1 GwG.

Im Ergebnis muss bei der Auslandsbeurkundung sowohl die Einhaltung der verdachtsabhängigen Meldepflicht als auch der Unstimmigkeitsmeldung gewährleistet sein. Dafür ist es erforderlich, dass die ausländischen Urkundspersonen vergleichbaren geldwäscherechtlichen Pflichten unterliegen, welche wie bei deutschen Notaren[765] die standesrechtlichen Pflichten ergänzen.

Bei der Prüfung, ob die ausländischen Urkundspersonen vergleichbaren geldwäscherechtlichen Pflichten unterliegen, ist zu beachten, dass die

762 *Generalzolldirektion*, Jahresbericht 2021 FIU, S. 17.

763 FIU, Jahresbericht 2020, S. 16 f.

764 FIU, Jahresbericht 2020, S. 17; vgl. § 8 GwGMeldV-Immobilien.

765 *Pelz*, in: BeckOK, GwG, § 2 Rn. 154.

ausländischen Notare meistens nicht in so hohem Maße entsprechenden Pflichten unterworfen sind wie in Deutschland, obwohl den geldwäscherechtlichen Vorschriften eine Harmonisierung durch europäische Richtlinien[766] zugrunde liegt.[767] Dies ist darauf zurückzuführen, dass Richtlinien den Mitgliedsstaaten die Wahl der Form und Mittel überlassen (Art. 288 Unterabs. 2 AEUV) und damit auch Raum für eine überschießende Umsetzung[768] besteht.

V. Zusammenfassung zur Erforderlichkeit zusätzlicher Kriterien

Zusätzlich zu den von dem II. Zivilsenat des BGH aufgestellten Voraussetzungen der personellen und verfahrensrechtlichen Gleichwertigkeit ist im Rahmen der allgemeinen Gleichwertigkeitsprüfung zu berücksichtigen, ob die ausländische Urkundsperson einer entsprechenden Haftung unterliegt.

Weiterhin muss gesichert sein, dass der ausländische Notar vergleichbaren steuerlichen Mitteilungs- und geldwäscherechtlichen Meldepflichten unterliegt. Sämtliche dieser zusätzlichen Kriterien betreffen, der von der Rechtsprechung vorgenommenen Einteilung folgend, eher die Funktion der Urkundsperson.[769]

D. Wesentlicher Ertrag zu den allgemeinen Voraussetzungen

1. Gesellschaftsrechtliche Beurkundungserfordernisse stehen – anders als die Auflassung – der Rechtsfigur der Substitution offen gegenüber.
2. Die Formel des II. Zivilsenats aus dem Jahr 1981 stellt mit ihrer Differenzierung nach personeller und verfahrensrechtlicher Gleichwertigkeit eine taugliche Grundlage dar. Sie bedarf aber der weiteren Konkretisierung, insbesondere hinsichtlich der Frage, welche Verfahrenserfordernisse zu den tragenden Grundsätzen des deutschen Beurkundungsrechts zu zählen sind.
3. Je nach Art des Beurkundungsverfahrens gehören zu den tragenden Verfahrensgrundsätzen:
   a) die Pflicht zur Amtsverweigerung,
   b) die Identitätsfeststellung,

---

766 Die Meldepflicht gem. § 23a GwG wurde durch das Gesetz vom 12.12.2019 (BGBl. 2019 I S. 2602) eingeführt und diente der Umsetzung der Änderungsrichtlinie (EU) 2018/843 zur vierten Geldwäscherichtlinie (EU) 2015/849.

767 Anm. *Strauß*, MittBayNot, 2021, 69 (74).

768 Vgl. Art. 5 der RL (EU) 2015/849.

769 Ebenso hinsichtlich der Haftungsfrage: *Engel*, DStR 2008, 1593 (1595); hinsichtlich der (steuerlichen) Mitteilungspflicht: *Heinze*, NZG 2017, 371 (373).

c) die Aufnahme einer Verhandlungsniederschrift,
d) die unverzichtbare Prüfungs- und Belehrungspflicht (*nur bei der Beurkundung von Willenserklärungen*),
e) das vollständige Vorlesen der Niederschrift (*nur bei der Beurkundung von Willenserklärungen*)
f) sowie die Genehmigung und das Unterschreiben der Niederschrift durch die Beteiligten (*nur bei der Beurkundung von Willenserklärungen*) und den Notar.

4. Zusätzlich zu den von dem II. Zivilsenat des BGH aufgestellten Voraussetzungen ist im Rahmen der allgemeinen Substitutionsprüfung ebenfalls zu berücksichtigen, ob die ausländische Urkundsperson einer entsprechenden Haftung unterliegt und ob die steuerlichen respektive geldwäscherechtlichen Mitteilungs- und Meldepflichten gesichert sind.

5. Kapitel: Die besonderen Voraussetzungen der Substitution

Weiterhin sind die von der jeweiligen Formvorschrift verfolgten materiellrechtlichen Zwecke zwingendes Element der Substitutionsprüfung. Die herrschende Meinung nimmt an, dass die Wahrung der Formzwecke das Charakteristikum der Substitution darstellt.[770] Demzufolge müssen die Zwecke des jeweiligen[771] gesellschaftsrechtlichen Formerfordernisses im Rahmen der Auslandsbeurkundung, über die von der Rechtsprechung aufgestellten Voraussetzungen hinaus,[772] in gleichwertiger Weise verwirklicht werden (zweckgebundene Gleichwertigkeit[773]). Nach dem hier gewählten Prüfungsaufbau handelt es sich dabei um die besonderen Voraussetzungen der Substitution.

---

770 BGHZ, 203, 68 (73): „Entscheidend [...] sind die mit der Beurkundung verbundenen Zwecke."; dem folgend: KG Berlin, DStR 2018, 534 (537, Rz. 31); BGHZ 199, 270 (279), mit der Feststellung, dass Sinn und Zweck des § 15 Abs. 3 GmbHG der Zulassung der Auslandsbeurkundung nicht entgegenstehen; *Altmeppen*, in: Altmeppen, GmbHG, § 2 Rn. 25; *Bayer*, GmbHR 2013, 897 (902 u. 911 f.); *Benecke*, RIW 2002, 280 (284); DNotI-Report 2016, 93 (95); *Goette*, DStR 1996, 709 (712) = FS Boujong, 131 (141): „erforderlich [ist], daß auch die im Ausland errichtete Urkunde den Zweck der Formvorschrift mit gleicher Gewißheit erfüllt."; *Heinze*, in: MünchKomm, GmbHG, § 2 Rn. 68; *Herrler*, in: Grigoleit, AktG, § 130 Rn. 13; *Jakobs*, MittRhNotK 1985, 57 (62); *Kröll*, ZGR 2000, 111 (126 u. 128 f.); *Lieder*, ZIP 2018, 805 (806); *ders.*, NZG 2020, 1081 f.; *Koch*, in: Koch, AktG, § 130 Rn. 16; *Limmer*, in: BeckOGK, AktG (Stand: 01.07.2023), § 23 Rn. 26; *Mann*, NJW 1955, 1177 (1178); *Pentz*, in: MünchKomm, AktG, § 2 Rn. 33 f.; *Reithmann/Stelmaszczyk*, in: Reithmann/Martiny, Internationales Vertragsrecht, Rn. 5.349; *Rohe*, in: FS Thümmel, 731 (733); *Schäuble*, in: Hausmann/Odersky, Internationales Privatrecht, § 7 Rn. 55; *Spellenberg*, in: MünchKomm, BGB, Art. 11 EGBGB Rn. 96 u. 100: „Generell ist die Gleichwertigkeit am Zweck der deutschen Formvorschrift zu messen."; *Stelmaszczyk*, GWR 2018, 103 (104); *Ulmer/Löbbe*, in: Habersack/Casper/Löbbe, GmbHG, § 2 Rn. 21; *Winkler*, BeurkG, Einl. Rn. 85; *Winkler v. Mohrenfels*, in: Staudinger, BGB, Art. 11 EGBGB Rn. 196.

771 *Reithmann/Stelmaszczyk*, in: Reithmann/Martiny, Internationales Vertragsrecht, Rn. 5.349; einschränkend: *Brambring*, NJW 1975, 1255 (1257 f.), der allein auf die Zwecke der Vorschrift des § 128 BGB abstellt.

772 Ähnlich: *Jakobs*, MittRhNotK 1985, 57 (62): Die „Funktion der notariellen Beurkundung [..., stellt] einen eigenständigen Prüfungspunkt neben der Gleichwertigkeit des Beurkundungsverfahrens [dar]."

773 Begrifflichkeit nach *Spellenberg*, in: MünchKomm, BGB, Art. 11 EGBGB Rn. 96.

Sofern in gerichtlichen Entscheidungen in Zusammenhang mit der Auslandsbeurkundung pauschal festgestellt wird, die Beurkundung verfolge diesen, oder jenen Zweck, ist stets zu überprüfen, aus welcher Vorschrift sich das Beurkundungserfordernis im zugrunde liegenden Einzelfall ergibt. Zum Teil verkennen die Gerichte diesen elementaren Umstand bei ihrer Entscheidungsfindung. So wird etwa in einem Beschluss in Bezug auf das Beurkundungserfordernis des § 2 Abs. 1 GmbHG festgestellt, die Beurkundung diene „in erster Linie der Rechtssicherheit und Transparenz, damit keine Unklarheiten über Annahme oder Ablehnung von Anträgen […] besteht" und dafür als Beleg „BGH, Urteil vom 21.10.2014 – II ZR 330/13"[774] angegeben.[775] Zwar wird die Rechtssicherheit sowohl bei der Beurkundung von Gründungsvorgängen als auch von Hauptversammlungsbeschlüssen bezweckt,[776] sodass der unsaubere Verweis folgenlos bleibt, aber in dem verwiesenen Urteil beschäftigt sich der BGH isoliert mit den Zwecken der Formvorschrift des § 130 Abs. 1 AktG.[777]

Nachfolgend werden daher im ersten Schritt die Vorschriften der §§ 2 Abs. 1, 15 Abs. 3 und Abs. 4, 53 Abs. 2 GmbHG; §§ 6, 8 Abs. 3, 9 Abs. 2, 16 Abs. 2 S. 1, 13 Abs. 3, 193 Abs. 3 S. 1 UmwG sowie §§ 23 Abs. 1, 130 Abs. 1 AktG auf die von ihnen verfolgten Zwecke hin untersucht. Die objektiv-teleologische Auslegung ist dabei nicht auf die Vorstellung des historischen Gesetzgebers beschränkt, d.h. es können andere als die ursprünglichen Zwecke in den Vordergrund rücken und die Bewertungsmaßstäbe sich im Laufe der Zeit wandeln.[778]

Anhand des dadurch gewonnenen Gesamteindrucks wird im nächsten Schritt untersucht, ob die von den materiell-rechtlichen Formerfordernissen verfolgten Zwecke im Rahmen der Auslandsbeurkundung in gleichwertiger Weise gewahrt werden können.[779]

---

774 BGH, NZG 2015, 18 (19).

775 KG Berlin, DStR 2018, 534 (537).

776 S. dazu unten 5. Kapitel: A. I. 2. a) und C. I. 2. a).

777 Ebenfalls kritisch: Anm. *Hermanns*, RNotZ 2018, 271 (272): „Das Kammergericht versäumt es, den Zweck des Beurkundungserfordernisses spezifisch für Beurkundungen im Gesellschaftsrecht zu definieren."

778 *Hertel*, in: Staudinger, BGB, § 125 Rn. 34 u. BeurkG, Rn. 6; *Kanzleiter*, ZIP 2001, 2105 (2106); *König/Götte/Bormann*, NZG 2009, 881; *Reithmann/Stelmaszczyk*, in: Reithmann/Martiny, Internationales Vertragsrecht, Rn. 5.288: Der „Normzweck des in Frage stehenden Formerfordernisses [ist] normativ-dynamisch […] zu bestimmen"; *Wicke*, ZIP 2006, 977 (979).

779 S. dazu unten 5. Kapitel: B. und C. I. 3. sowie C. II. 3.

A. Statusrelevante Gesellschaftsakte

I. Gesellschaftsgründungen (§ 2 Abs. 1 GmbHG, § 23 Abs. 1 AktG)

1. Individualschutz

Als neutraler Sachkenner berät der Notar die Beteiligten über die Rechtsfolgen der Gesellschaftsgründung. Insbesondere klärt er die Gründer über die damit verbundenen Haftungsrisiken (Differenz- und Unterbilanzhaftung) auf und wirkt auf eine effektive Aufbringung des Stamm- und Grundkapitals hin – etwa im Hinblick auf die Behandlung verdeckter Sachgründungen oder das Verbot des Hin- und Herzahlens.[780] Auch die Warnfunktion der Formvorschriften wird überwiegend bejaht.[781] Bei den Gründern soll das Bewusstsein über die Bedeutsamkeit ihrer Erklärungen geweckt werden, um sie vor übereilten Entscheidungen zu schützen.[782]

2. Überindividuelle Formzwecke

a) Rechtssicherheit

Primär bezweckt die notarielle Beurkundung der Satzung durch die Publizität des Gründungsvorgangs, Rechtssicherheit über die Grundlagen der künftigen Gesellschaft zu schaffen.[783] So ist aufgrund der notariellen Kontrolle ausgesch-

---

780 *Bayer/Meier-Wehrsdorfer*, in: Hausschild/Kallrath/Wachter, Notarhandbuch, § 10 Rn. 9; *Cramer*, in: Scholz, GmbHG, § 2 Rn. 10; *Heckschen*, DB 2018, 686 (688); *Lieder*, ZIP 2018, 805 (807); *Wicke*, ZIP 2006, 977.

781 Zur GmbH: *Bayer*, in: Lutter/Hommelhoff, GmbHG, § 2 Rn. 23; *Cramer*, in: Scholz, GmbHG, § 2 Rn. 10; *Heinze*, in: MünchKomm, GmbHG, § 2 Rn. 24; *Lieder*, ZIP 2018, 805 (806); *Ulmer/Löbbe*, in: Habersack/Casper/Löbbe, GmbHG, § 2 Rn. 13; zur AG: *Koch*, in: Koch, AktG, § 23 Rn. 1; *Körber*, in: Bürgers/Körber/Lieder, AktG, § 23 Rn. 6, *Pentz*, in: MünchKomm, AktG, § 23 Rn. 26; *Röhricht/Schall*, in: Hirte/Mülbert/Roth, Großkommentar, AktG, § 23 Rn. 62; *Seibt*, in: Schmidt/Lutter, AktG, § 23 Rn. 12; a.A. (die Schutz-/Warnfunktion ablehnend): *Flume*, in: FS Gessler, 3 (18 f.), mit dem arg. die nicht formbedürftige Errichtung von Personengesellschaften sei mit viel größeren Risiken für die Gründer verbunden.

782 RGZ 54, 418 (419); RGZ 66, 116 (121); *Bormann/Stelmaszczyk*, in: Michalski et al., GmbHG, § 2 Rn. 45; *Heinze*, in: MünchKomm, GmbHG, § 2 Rn. 24; *Hertel*, in: Staudinger, BGB, BeurkG Rn. 76; *Wicke*, ZIP 2006, 977.

783 Zur GmbH: RGZ 54, 418 (419): Für die GmbHG wurde „dieselbe zuverlässige Errichtungsgrundlage […] [wie] für die Errichtung des Aktiengesellschaftsvertrages gefordert"; RGZ 66, 116 (121); RGZ 149, 385 (395); *Altmeppen*, in: Altmeppen, GmbHG, § 2 Rn. 16; *Bayer*, in: Lutter/Hommelhoff, GmbHG, § 2 Rn. 23; *Bormann/*

lossen, dass eine Gesellschaft gegründet wird, mit der erkennbar unerlaubte oder unredliche Zwecke verfolgt werden, vgl. §§ 4 BeurkG, 14 Abs. 2 BNotO.[784] Die auf diese Weise erreichte Rechtssicherheit kommt Vertragspartnern der Kapitalgesellschaften sowie künftigen Erwerbern von Geschäftsanteilen zugute und schützt somit den Rechtsverkehr.[785]

b) Materielle Richtigkeitsgewähr

aa) Grundsätze

Mit der Formulierung der Satzung durch eine qualifizierte Urkundsperson geht zugleich die materielle Richtigkeit der Satzungsbestimmungen einher.[786] Die Unabhängigkeit und Zuverlässigkeit des Notars soll sicherstellen, dass die von den Gründern getroffenen Satzungsregelungen mit den anwendbaren Vorschriften des deutschen Gesellschaftsrechts vereinbar sind.[787] Dafür ist über die

---

Stelmaszczyk, in: Michalski et al., GmbHG, § 2 Rn. 45; *Cramer*, in: Scholz, GmbH, § 2 Rn. 10; *Heinze*, in: MünchKomm, GmbHG, § 2 Rn. 24; *Hertel*, in: Staudinger, BGB, BeurkG Rn. 76; *C. Jaeger*, in: BeckOK, GmbHG, § 2 Rn. 8; *Pfisterer*, in: Saenger/Inhester, GmbHG, § 2 Rn. 13; *Schäfer*, in: Bork/Schäfer, GmbHG, § 2 Rn. 24; *Ulmer/Löbbe*, in: Habersack/Casper/Löbbe, GmbHG, § 2 Rn. 13; *Wicke*, GmbHG, § 2 Rn. 5; zur AG: *Hertel*, in: Staudinger, BGB, BeurkG Rn. 76; *Koch*, in: Koch, AktG, § 23 Rn. 1; *Limmer*, in: BeckOGK, AktG (Stand: 01.07.2023), § 23 Rn. 14; *Pentz*, in: MünchKomm, AktG, § 23 Rn. 26; *Seibt*, in: Schmidt/Lutter, AktG, § 23 Rn. 12.

784 *Bormann*, ZGR 2017, 621 (628); *Cramer*, in: Scholz, GmbHG, § 2 Rn. 10; *Heinze*, in: MünchKomm, GmbHG, § 2 Rn. 23, *ders.*, DNotZ 2017, 804 (806).

785 *C. Jaeger*, in: BeckOK, GmbHG, § 2 Rn. 8; *Limmer*, in: BeckOGK, AktG (Stand: 01.07.2023), § 23 Rn. 16; *Wicke*, ZIP 2006, 977.

786 Zur GmbH: AG Köln, MittRhNotK 1990, 21 (22): „notarielle Richtigkeitsgewähr"; LG Augsburg, GmbHR 1996, 941 (942); AG Berlin-Charlottenburg, RNotz 2016, 119 (123 f.); *Bayer*, in: Lutter/Hommelhoff, GmbHG, § 2 Rn. 23; *Bormann/Stelmaszczyk*, in: Michalski et al., GmbHG, § 2 Rn. 45; *C. Jaeger*, in: BeckOK, GmbHG, § 2 Rn. 8; *Cramer*, in: Scholz, GmbHG § 2 Rn. 10; *Goette*, DStR 1996, 709 (713) = FS Boujong, 131 (142); *Heinze*, in: MünchKomm, GmbHG, § 2 Rn. 24; *Hertel*, in: Staudinger, BGB, BeurkG Rn. 23; *Solveen*, in: Hölters/Weber, AktG, § 23 Rn. 10; *Ulmer/Löbbe*, in: Habersack/Casper/Löbbe, GmbHG, § 2 Rn. 13; *Wicke*, GmbHG, § 2 Rn. 5; zur AG: *Limmer*, in: BeckOGK, AktG (Stand: 01.07.2023), § 23 Rn. 14; *Pentz*, in: MünchKomm, AktG, § 23 Rn. 26; *Seibt*, in: Schmidt/Lutter, AktG, § 23 Rn. 12.

787 AG Köln, MittRhNotK 1990, 21 (22); AG Berlin-Charlottenburg, RNotz 2016, 119 (123 f.); *Heckschen*, DB 1990, 161 (164); *Pentz*, in: MünchKomm, AktG, § 23 Rn. 26; *Pfisterer*, in: Saenger/Inhester, GmbHG, § 2 Rn. 13; *Priester/Tebben*, in: Scholz, GmbHG, § 53 Rn. 74; *Tebben*, GmbHR 2018, 1190 (1193).

Kenntnis der materiell-rechtlichen Vorschriften hinaus auch die der nationalen Rechtsprechung und Literatur erforderlich.[788]

Die Richtigkeitsgewähr ist bei der Aktiengesellschaft umso bedeutsamer, da die Satzungsautonomie der Gründergesellschafter durch den Grundsatz der Satzungsstrenge (§ 23 Abs. 5 AktG) eingeschränkt ist.[789]

bb) Supermarkt-Beschluss

In dem sog. Supermarkt-Beschluss hat der II. Zivilsenat des BGH anhand einer GmbH erstmals betont, dass der materiellen Richtigkeitsgewähr bei der notariellen Beurkundung von statusrelevanten Gesellschaftsakten eine entscheidende Bedeutung zukommt. In dem Beschluss vom 24.10.1988 heißt es wörtlich: „Die Änderung des Gesellschaftsvertrages unterliegt aus Beweissicherungs- und damit Rechtssicherheitsgründen […], aber auch zum Zwecke der materiellen Richtigkeitsgewähr […] sowie zur Gewährleistung einer Prüfungs- und Belehrungsfunktion […] der Beurkundungspflicht (§ 53 II GmbHG)".[790] Zur Begründung dieser Funktion verweist der II. Zivilsenat schlicht auf eine Kommentierung von *Priester*.[791]

Die vorbezeichnete Entscheidung des II. Zivilsenats des BGH betraf primär die Formbedürftigkeit eines Zustimmungsbeschlusses zu einem Unternehmensvertrag, dessen Inhalt und Wirkung eine entsprechende Anwendung der §§ 53, 54 GmbHG geboten.[792] In diesem Zusammenhang ist die hinsichtlich der Zwecke der Vorschrift des § 53 Abs. 2 GmbHG getätigte Aussage verallgemeinerungsfähig und lässt sich mit unterschiedlicher Gewichtung auf das Beurkundungserfordernis bei sämtlichen Strukturmaßnahmen übertragen.[793]

---

788 LG Augsburg, GmbHR 1996, 941 (942), in Bezug auf Verschmelzungsverträge; *Priester/Tebben*, in: Scholz, GmbHG, § 53 Rn. 74; *Winkler*, BeurkG, Einl. Rn. 85.

789 *Koch*, in: Koch, § 23 Rn. 34; *Limmer*, in: BeckOGK, AktG (Stand: 01.07.2023), § 23 Rn. 50.

790 BGHZ 105, 324 (338), betreffend das Beurkundungserfordernis bei Satzungsänderungen.

791 BGHZ 105, 324 (338), mit Verweis auf „(Scholz/Priester, [GmbHG] 7. Aufl. [1988] § 53 Rdnr. 70)", dieser a.a.O. wiederum mit Verweis auf: „Hachenburg/Behrens, Komm. z. GmbHG, 7. Aufl., 1985, Einl. Rdn. 54"; dazu mit konstruktiver Kritik in Form von Herleitungsansätzen: *Kröll*, ZGR 2000, 111 (136 ff.).

792 BGHZ 105, 324 (338).

793 *Bayer*, in: Lutter/Hommelhoff, GmbHG, § 2 Rn. 23; DNotI-Report 2016, 93 (95); *Ebenroth/Wilken*, JZ 1991, 1061 (1066); *Heckschen*, in: Widmann/Mayer, Umwandlungsrecht, § 6 UmwG Rn. 1; *Heidinger*, in: Henssler/Strohn, Gesellschaftsrecht,

Die bei einer Satzungsänderung verfolgten Formzwecke erlangen *a fortiori* bei dem vorgelagerten Gründungsakt Bedeutung.

cc) Verhältnis zwischen der materiellen Richtigkeitsgewähr und der notariellen Prüfungs- und Belehrungsfunktion

Die gesonderte Aufzählung der materiellen Richtigkeitsgewähr und der Prüfungs- und Belehrungsfunktion lässt vermuten, dass der II. Zivilsenat des BGH darin zwei selbstständige Funktionen sieht.[794] Demgegenüber postuliert *Kröll*, die materielle Richtigkeitsgewähr sei lediglich „ein Ausfluß der Prüfungs- und Belehrungspflicht des § 17 BeurkG."[795]

Zwar eröffnet die Belehrungspflicht dem Notar überhaupt erst die Möglichkeit zur Einflussnahme auf das zu beurkundende Geschäft,[796] jedoch zeigen die unterschiedlichen Schutzrichtungen, dass es sich um zwei selbstständige Funktionen handelt.[797] Anders als die Belehrung i.S.d. § 17 Abs. 1 BeurkG, welche primär die individuellen Interessen der Urkundsbeteiligten schützt,[798] besteht die materielle Richtigkeitsgewähr vor allem im Interesse der Allgemeinheit.[799]

---

§ 6 UmwG Rn. 1; *Heinze*, in: MünchKomm, GmbHG § 2 Rn. 24; *Schröer/Greitemann*, in: Semler/Stengel/Leonard, UmwG, § 6 Rn. 2; *Tebben*, GmbHR 2018, 1190 (1193).

794 *Kröll*, ZGR 2000, 111 (137).

795 *Kröll*, ZGR 2000, 111 (137).

796 *Behrens/Hoffmann*, in: Habersack/Casper/Löbbe, GmbHG, Einl. Rn. B 205: Die materielle Richtigkeitsgewähr beruhe „entscheidend auf der notariellen Prüfungs- und Belehrungspflicht"; *Kröll*, ZGR 2000, 111 (138); *Löbbe*, in: Habersack/Casper/Löbbe, GmbHG, § 15 Rn. 145: „die Realisierung [der materiellen Richtigkeitsgewähr ist] in der Prüfungsfunktion des Notars nach § 17 BeurkG zu sehen.".

797 *Ebenroth/Wilken*, JZ 1991, 1061 (1066); *Wicke*, ZIP 2006, 977 (979): „Hinzu [zur materiellen Richtigkeitsgewähr] tritt [...] die Aufgabe der Beratung der Beteiligten."; a.A. (keine selbstständige Funktion): *Kröll*, ZGR 2000, 111 (137); *Röhricht/Schall*, in: Hirte/Mülbert/Roth, Großkommentar, AktG, § 23 Rn. 62: Die „materielle Richtigkeitsgewähr [sei] bezüglich der Satzung keine zwingende Funktion [...], sondern nur eine, die typischerweise miterreicht wird."

798 *Armbrüster/Preuß*, in: Armbrüster/Preuß, BeurkG, Einl. Rn. 30; *Kröll*, ZGR 2000, 111 (140); *Lieder*, ZIP 2018, 805 (806); *Sick/Schwarz*, NZG 1998, 540 (544).

799 AG Köln, MittRhNotK 1990, 21 (22); DNotI-Report 2016, 93 (95); *Altmeppen*, in: Altmeppen, GmbHG, § 2 Rn. 17; *Goette*, DStR 1996, 709 (713) = FS Boujong, 131 (142); *Heckschen*, in: Widmann/Mayer, Umwandlungsrecht, § 6 UmwG Rn. 70; *ders.*, DB 1990, 161 (164); *Herrler*, NJW 2018, 1787 (1788); *Lieder*, ZIP 2018, 805 (807); *Priester/Tebben*, in: Scholz, GmbHG, § 53 Rn. 75; *Weber*, MittBayNot 2018, 215 (219); *Wicke*, ZIP 2006, 977 (979); einschränkend (ohne nähere Begr.): *Winkler v. Mohrenfels*, in: Staudinger, BGB, Art. 11 EGBGB

Für die Selbstständigkeit der materiellen Richtigkeitsgewähr spricht auch, dass der II. Zivilsenat die Bedeutung dieses Formzwecks anhand der Satzungsänderung betont, bei welcher die Belehrungspflicht i.S.d. § 17 BeurkG grundsätzlich keine Anwendung findet, da es sich um die Beurkundung anderer Erklärungen i.S.d. § 36 BeurkG handelt. Dass der II. Zivilsenat des BGH in dem sog. Supermarkt-Beschluss gleichwohl feststellt, die Änderung des Gesellschaftsvertrages unterliege „zur Gewährleistung einer Prüfungs- und Belehrungsfunktion […] der Beurkundungspflicht“, ist dem Verweis auf die Grundsatzentscheidung des II. Zivilsenats zur Auslandsbeurkundung aus dem Jahr 1981 geschuldet.[800] Insoweit wurde bereits an anderer Stelle die unsaubere Differenzierung des II. Zivilsenats zwischen den beiden Arten des Beurkundungsverfahrens kritisiert.[801]

dd) Herleitung

Richtigerweise wird der Formzweck der Richtigkeitsgewähr aus der Stellung des Notars als unabhängigem Träger eines öffentlichen Amtes und Organ der Rechtspflege hergeleitet, vgl. § 1 BNotO.[802] Mit der notariellen Form wird bei sämtlichen statusrelevanten Gesellschaftsakten mehr als die bloße Belehrung der Urkundsbeteiligten bezweckt. Durch die notarielle Mitwirkung soll eine „vollkommene Erklärung“ erreicht werden.[803] Die Bedeutung der Gesamtheit der notariellen Amtspflichten wird am Beispiel der Vorschrift des § 4 BeurkG deutlich.[804]

Rn. 298: Die materielle Richtigkeitsgewähr sei im „Interesse der Gesellschaft und der Gesellschafter“ begründet.

800 BGHZ 105, 324 (338), mit folgendem Verweis: „BGH Beschl. vom 16.02.1981 – II ZB 8/80, WM 1981, 375, 376“.

801 S. dazu oben 4. Kapitel: B. I. 2.

802 *Goette*, DStR 19996, 709 (713) = FS Boujong, 131 (142): „Einschaltung eines objektiven Dritten, der außensteht und nicht wie die unmittelbar Beteiligten […] an Betriebsblindheit leidet.“; *Priester/Tebben*, in: Scholz, GmbHG, § 53 Rn. 75: „dem Notar im Interesse der Rechtspflege auferlegte Rechtmäßigkeitsprüfung“; einschränkend: *Kröll*, ZGR 2000, 111 (138 f.), mit der Forderung die materielle Richtigkeitsgewähr müsse „im Wege konkreter Handlungspflichten Eingang in das zu beurkundende Geschäft“ finden.

803 So bereits: *Weber*, NJW 1955, 1784 (1785), dem folgend: OLG Hamm, NJW 1974, 1057 (1058); *Blumenwitz*, DNotZ 1986, 712 (737); *Winkler*, NJW 1972, 981 (987).

804 *Lieder*, ZIP 2018, 805 (807).

c) *Filter-/Kontrollfunktion*

Der Notar überprüft die an das Registergericht gerichteten Anmeldungen (§§ 7 Abs. 1 GmbHG, 36 Abs. 1 AktG) auf ihre Eintragungsfähigkeit und leistet damit eine Vorkontrolle, die der Entlastung der Registergerichte dient.[805] Anders als der Notar, der bei der Beurkundung regelmäßig selbst anwesend ist, kann der Registerrichter eine Prüfung lediglich aufgrund der Aktenlage durchführen.[806] Mit der Einschränkung des Umfangs des gerichtlichen Prüfungsrahmens auf bestimmte Inhaltsmängel durch die Regelungen der §§ 9c Abs. 2 GmbHG, 38 Abs. 4 AktG ist die Bedeutung der notariellen Vorprüfung weiter gestiegen.[807]

Die Gründung von Kapitalgesellschaften gehört zu den in § 54 Abs. 1 S. 1 EStDV aufgezählten Geschäften, sodass die Übersendung der Urkunde die Kontrolle durch das Finanzamt gewährleistet.

3. *Bedeutung der Digitalisierungsrichtlinie*

In Umsetzung der Richtlinie (EU) 2019/1151 als Teil des Europäischen *Company Law Packages*[808] hat der Bundestag am 05.07.2021 das Gesetz zur Umsetzung der Digitalisierungsrichtlinie (DiRUG)[809] beschlossen, welches am 01.08.2022 in Kraft getreten ist. Vor diesem Hintergrund wird untersucht, ob das neu eingeführte digitale Beurkundungsverfahren[810] die Formzwecke des § 2 Abs. 1 GmbHG beeinflusst.

---

805 *Limmer*, in: BeckOGK, AktG (Stand: 01.07.2023), § 23 Rn. 16: „dies gilt im besonderen Maße im Gesellschaftsrecht und besonders komplexen Aktienrecht.".

806 *Bredthauer*, BB 1986, 1864 (1868).

807 AG Berlin-Charlottenburg, RNotZ 2016, 119 (123); *Altmeppen*, in: Altmeppen, GmbHG, § 2 Rn. 27; *Cramer*, in: Scholz, GmbHG, § 2 Rn. 10; *Heinze*, in: MünchKomm, GmbHG, § 2 Rn. 26; *Lieder*, ZIP 2018, 805 (807); *Ulmer/Löbbe*, in: Habersack/Casper/Löbbe, GmbHG, § 2 Rn. 21.

808 Das „Company Law Package" besteht aus zwei Richtlinien, namentlich der RL (EU) 2019/1151 [Digitalisierungsrichtlinie] vom 20.06.2019 sowie der RL (EU) 2019/2121 [Mobilitätsrichtlinie] vom 27.11.2019. Die beiden vorgenannten Richtlinien ändern Teilbereiche der RL (EU) 2017/1132 [Gesellschaftsrechtsrichtlinie] vom 14.06.2017.

809 BGBl. 2021 I S. 3338, vgl. Art. 31 hinsichtlich des Inkrafttretens.

810 Vgl. zur neuartigen Frage der Substitution der Online-Beurkundung: RegE, BT-Drs. 20/1672, S. 13: „eine Substitution des Beurkundungsverfahrens durch ein Online-Verfahren [scheidet] von vornherein (unabhängig von dessen konkreter Ausgestaltung) aus, soweit das deutsche Recht ein Präsenzverfahren vorschreibt"; *Lieder*, NZG 2022, 1043 (1048 ff.).

a) *Gründung einer GmbH mittels Videokommunikation*

Nach § 2 Abs. 3 GmbHG ist es nunmehr möglich, den Gesellschaftsvertrag und im Rahmen der Gründung gefasste Beschlüsse ohne persönliche Teilnahme mittels Videokommunikation (§§ 16a bis e BeurkG)[811] über das von der Bundesnotarkammer betriebene Videokommunikationssystem (§ 78p BNotO)[812] beurkunden zu lassen.

Die mittels Videokommunikation an der Beurkundung teilnehmenden Gesellschafter unterzeichnen die Gründungsurkunde mit qualifizierten elektronischen Signaturen, vgl. § 2 Abs. 3 S. 2 GmbHG.[813] Der Notar muss gem. § 16b BeurkG eine elektronische Niederschrift über die Verhandlung aufnehmen. Für andere Beurkundungsgegenstände als die reine Bargründung einer GmbH bzw. UG ohne Sacheinlagen kommt das Onlineverfahren nicht zur Anwendung, vgl. § 16a Abs. 1 BeurkG i.V.m. § 2 Abs. 3 GmbHG.[814]

b) *Wahrung der Formzwecke*

In der Begründung des Regierungsentwurfs wird betont, dass die materiellrechtlichen Formvorschriften „in der Schwerpunktsetzung ihrer jeweils prägenden Zwecke teils erheblich voneinander abweichen."[815] Onlineverfahren böten gerade bei solchen Beurkundungsangelegenheiten einen besonderen Mehrwert, die eilbedürftig sind und keinen Bezug zu Sachverhalten aus der Vergangenheit aufweisen; diese Form sei daher für die Gründung von Gesellschaften in besonderer Weise geeignet.[816] Bei der Gründung von Gesellschaften sei die Warnfunktion regelmäßig von geringerer Bedeutung.[817] Insgesamt sei das Ziel der Regelungen zur Einführung von Beurkundungen mittels Videokommunikation, „die bewährten Standards des traditionellen Präsenzverfahrens behutsam auf die neu eingeführten Online-Verfahren zu übertragen."[818]

---

811 Vgl. dazu RegE, BT-Drs. 19/28177, S. 115–125.

812 Vgl. dazu RegE, BT-Drs. 19/28177, S. 110 f.

813 Vgl. zum Signaturerfordernis: *Keller/Schümmer*, NZG 2021, 573 (576), mit dem berechtigten Einwand, der damit verbundene „Informations- und Beschaffungsaufwand hinsichtlich der erforderlichen Hardware" stelle eine erhebliche Hürde dar.

814 RegE, BT-Drs. 19/28177, S. 113.

815 RegE, BT-Drs. 19/28177, S. 113.

816 RegE, BT-Drs. 19/28177, S. 113.

817 RegE, BT-Drs. 19/28177, S. 113.

818 RegE, BT-Drs. 19/28177, S. 112.

Nach Auffassung des Verfassers ist die Einhaltung der Formzwecke des § 2 Abs. 1 GmbHG bei einer Beurkundung mittels Videokommunikation in gleichem Maße wie bei einer Beurkundung in Präsenz gesichert.[819] Das digitale Verfahren wird aufgrund der Kommunikation in Echtzeit insbesondere der Beratungs- und Belehrungsfunktion gerecht.[820] Ebenso kann der Notar im Rahmen der Videokommunikation unverändert auf die inhaltliche Richtigkeit der Satzungsbestimmungen hinwirken.

Anhaltspunkte dafür, dass die Beweisfunktion oder die Filter- und Kontrollfunktion einer Beurkundung im Onlineverfahren entgegenstehen, sind nicht ersichtlich. Insbesondere stellt die elektronische Niederschrift i.S.d. § 16b BeurkG sicher, mit welchem Inhalt das beurkundete Geschäft zustande gekommen ist und perpetuiert gleichzeitig die Identität der Urkundsbeteiligten, vgl. §§ 16c, 16b Abs. 1 S. 2 i.V.m. § 10 BeurkG.[821] In Zusammenhang mit dem Onlineverfahren fungiert der Notar weiterhin als „Gatekeeper" bzw. Außenstelle der Justiz und entlastet durch seine Vorkontrolle die Registergerichte.[822]

Im Ergebnis beeinflusst das digitale Beurkundungsverfahren die Formzwecke des § 2 Abs. 1 GmbHG nicht, da diese gleichsam wie bei der Beurkundung in Präsenz gewahrt werden.[823]

4. *Zwischenergebnis zu Gesellschaftsgründungen*

Primär bezwecken die Formvorschriften der §§ 2 Abs. 1 GmbHG, 23 Abs. 1 AktG, Rechtssicherheit über die Gesellschaftsverfassung zu schaffen. Insbesondere soll die notarielle Form sicherstellen, dass die Satzungsregelungen mit den Vorgaben des deutschen Gesellschaftsrechts übereinstimmen. Zwangsläufig ist die Gewähr materieller Richtigkeit ohne vertiefte Kenntnisse im deutschen Gesellschaftsrecht nicht zu leisten. Die Richtigkeitsgewähr wird aus der Stellung

---

819 So auch: *Bock*, RNotZ 2021, 326 (329 f.); *Bormann*, ZGR 2017, 621 (642 ff.); *Bormann/Stelmaszczyk*, NZG 2019, 601 (609 f.); *Keller/Schümmer*, NZG 2021, 573 (574).

820 *Bock*, RNotZ 2021, 326 (329); *Bormann*, ZGR 2017, 621 (646); einschränkend: *Teichmann*, GmbHR 2018, 1 (13), eine ausführliche Beratung könne nur bei einem Gründungsgesellschafter geleistet werden.

821 Zu den hohen Anforderungen der Identitätsfeststellung im elektronischen Beurkundungsverfahren nach deutschem Recht: *Lieder*, NZG 2022, 1043 (1050 f.).

822 *Bormann/Stelmaszczyk*, NZG 2019, 601 (609); *Lieder*, NZG 2018, 1081 (1088); *Noack*, DB 2018, 1324 (1328).

823 RegE, BT-Drs. 19/28177, S. 115: Die „Formzwecke der Beurkundungspflicht [sind] auch in einem digitalen Beurkundungsverfahren ohne körperliche Anwesenheit der Beteiligten weitgehend funktionsäquivalent [abgebildet]."

des Notars als unabhängigem Träger eines öffentlichen Amtes und Organ der Rechtspflege hergeleitet.

Zudem kommt der notariellen Vorprüfung bei Gründungsvorgängen eine gesteigerte Bedeutung zu, da der gerichtliche Prüfungsrahmen auf bestimmte Inhaltsmängel beschränkt ist.

II. Satzungsändernde Beschlüsse (§ 53 Abs. 2 GmbHG, §§ 130 Abs. 1, 179 Abs. 2 AktG) und Zustimmungsbeschlüsse zu einem Gewinnabführungsvertrag

1. Individualschutz

Da die Niederschrift über Versammlungsbeschlüsse gem. §§ 36, 37 BeurkG in Form eines Tatsachenprotokolls erfolgt,[824] bezweckt die notarielle Form bei satzungsändernden Beschlüssen zuvörderst die Beweissicherung und Dokumentation der Willensbildung.[825]

Weitergehender Individualschutz folgt nicht daraus, dass GmbH in gängiger Praxis satzungsändernde Beschlüsse nach den Vorschriften über die Beurkundung von Willenserklärungen (§§ 6 ff. BeurkG) fassen.[826] Hintergrund für die Vornahme einer gemischten Beurkundung[827] ist, dass Satzungsänderungen üblicherweise in Versammlungen beschlossen werden, an denen ohnehin sämtliche Gesellschafter teilnehmen (Universalversammlung).[828] Jedoch hat

---

824 *Hitzel*, NZG 2020, 1174 (1175 f.); *Priester/Tebben*, in: Scholz, GmbHG, § 53 Rn. 69; *Trölitzsch*, in: BeckOK, GmbHG, § 53 Rn. 22.

825 Zur GmbH: *Altmeppen*, in: Altmeppen, GmbHG, § 53 Rn. 41; *Harbarth*, in: MünchKomm, GmbHG, § 53 Rn. 68; *Hitzel*, NZG 2020, 1174 (1175); *Hoffmann/Bartlitz*, in: Michalski et al., GmbHG, § 53 Rn. 6; *Ulmer/Casper*, in: Habersack/Casper/Löbbe, GmbHG, § 53 Rn. 49; *Noack*, in: Noack/Servatius/Haas, GmbHG, § 53 Rn. 71; zur AG: BGHZ 127, 107 (113); BGHZ 203, 68 (73); OLG Düsseldorf, ZIP 2003, 1147 (1150); *Herrler*, in: Grigoleit, AktG, § 130 Rn. 1; *ders.*, ZGR 2015, 917 (930); *Kubis*, in: MünchKomm, AktG, § 130 Rn. 1; *Liebscher*, in: Henssler/Strohn, Gesellschaftsrecht, § 130 AktG Rn. 1; *Mülbert*, in: Hirte/Mülbert/Roth, Großkommentar, AktG, § 130 Rn. 6; *Priester*, DNotZ 2001, 661 (664 f.); *Reul*, AG 2002, 543 (544); *Reger*, in: Bürgers/Körber/Lieder, AktG, § 130 Rn. 1; *Wicke*, in: BeckOGK, AktG (Stand: 01.10.2023), § 130 Rn. 1; *Ziemons*, in: Schmidt/Lutter, AktG, § 130 Rn. 2.

826 *Lieder*, in: FS Bergmann, 473 (481 f.); a.A.: *Wicke*, ZIP 2006, 977 (979), der dem Formerfordernis auch eine Beratungsfunktion zuspricht.

827 S. dazu oben 3. Kapitel: A. I. 2. c).

828 *Hertel*, in: Staudinger, BGB, BeurkG Rn. 600; *Priester/Tebben*, in: Scholz, GmbHG, § 53 Rn. 70; *Wicke*, ZIP 2006, 977 (979).

die Wahl eines für den Beurkundungsgegenstand nicht vorgesehenen Verfahrens keinen Einfluss auf die von dem materiell-rechtlichen Formerfordernis verfolgten Zwecke.[829] Nach dem eindeutigen Wortlaut der Vorschrift des § 53 Abs. 2 GmbH ist der auf kollektive Willensbetätigung gerichtete Versammlungsbeschluss Gegenstand der Beurkundung.[830]

2. *Überindividuelle Formzwecke*

a) *Rechtssicherheit*

Die Formerfordernisse der §§ 53 Abs. 2 GmbHG; 130 Abs. 1 S. 3, 179 Abs. 2 AktG bezwecken gleichzeitig Rechtssicherheit.[831] So führt der II. Zivilsenat des BGH aus, die Formvorschrift des § 130 Abs. 1 AktG „dient in erster Linie der Rechtssicherheit und Transparenz damit keine Unklarheiten über Annahme oder Ablehnung von Anträgen und die gestellten Anträge besteht.“[832]

b) *Materielle Richtigkeitsgewähr*

Nach den Ausführungen des II. Zivilsenats im Supermarkt-Beschluss unterliegt die Änderung der Satzung auch zum Zwecke der materiellen Richtigkeitsgewähr einer Beurkundungspflicht.[833] Dem ist richtigerweise zu folgen, da die

---

829 *Lieder*, in: FS Bergmann, 473 (482).

830 *Hitzel*, NZG 2020, 1174 (1176); *Lieder*, in: FS Bergmann, 473 (481); *Harbarth*, in: MünchKomm, GmbHG, § 53 Rn. 68; *Hoffmann/Bartlitz*, in: Michalski et al., GmbHG, § 53 Rn. 89.

831 Zur GmbH: BGHZ 105, 324 (338); *Harbarth*, in: MünchKomm, GmbHG, § 53 Rn. 68; *Hoffmann/Bartlitz*, in: Michalski et al., GmbHG, § 53 Rn. 6; *Noack*, in: Noack/Servatius/Haas, GmbHG, § 53 Rn. 71; zum AktG: BGHZ 105, 324 (338): „Diese Gesichtspunkte [der Supermarkt-Entscheidung] gelten gleichermaßen für die Mitwirkung des Notars in der Hauptversammlung der Aktiengesellschaft.“; BGHZ 127, 107 (113); BGHZ 203, 68 (73); OLG Hamburg, BB 1993, 1544 (1545); OLG Düsseldorf, ZIP 2003, 1147 (1150); FraktionsE, BT Drs. 12/6721, S. 9; *Mülbert*, in: Hirte/Mülbert/Roth, Großkommentar, AktG, § 130 Rn. 6; *Wicke*, in: BeckOGK, AktG (Stand: 01.10.2023), § 130 Rn. 1.

832 BGHZ 127, 107 (113); BGHZ 203, 68 (73); BGHZ, 216, 110 (119 f.).

833 BGHZ 105, 324 (338); bestätigend: LG Mannheim, BWNotZ 2000, 150 (Rspr. Nr. 6); *Goette*, DStR 1996, 709 (712 f.) = FS Boujong, 131 (141 f.); *Heckschen*, DB 1990, 161 (163 f.); *Hertel*, in: Staudinger, BGB, BeurkG Rn. 78; *Priester/Tebben*, Scholz, GmbHG, § 53 Rn. 74; *Wicke*, ZIP 2006, 977 (979); a.A. (keine Richtigkeitsgewähr): *Hitzel*, NZG 2020, 1174 (1176); *Hoffmann/Bartlitz*, in: Michalski et al., GmbHG, § 53 Rn. 6; *Noack*, in: Noack/Servatius/Haas, GmbHG, § 53 Rn. 71, ohne weitere Begr.: „geht zu weit“.

materielle Richtigkeitsgewähr einen selbstständigen Formzweck darstellt,[834] welcher bei der Beurkundung von statusrelevanten Gesellschaftsvorgängen unabhängig von einer Prüfungs- und Belehrungspflicht verfolgt wird.

c) *Filter-/Kontrollfunktion*

Der Notar überprüft die an das Registergericht gerichteten Anmeldungen (§§ 54 Abs. 1 GmbHG, 181 Abs. 1 AktG) auf ihre Eintragungsfähigkeit und leistet damit eine Vorkontrolle, die der Entlastung des Registergerichts dient.[835] Auf diese Weise soll die notarielle Urkunde „das Registergericht von der Rechtswirksamkeit des gefassten Satzungsänderungsbeschlusses überzeugen."[836] Gleichzeitig bescheinigt der Notar, dass die geänderten Bestimmungen der Satzung mit dem Beschluss über die Satzungsänderung und die unveränderten Bestimmungen mit dem zuletzt zum Handelsregister eingereichten vollständigen Wortlaut der Satzung übereinstimmen, vgl. §§ 54 Abs. 1 S. 2 GmbHG, 181 Abs. 1 S. 2 AktG.

Soweit die Satzungsänderung das Stammkapital der Gesellschaft betrifft, mithin eine Kapitalerhöhung oder -herabsetzung beschlossen wird, hat der Notar dem Finanzamt eine beglaubigte Abschrift der Urkunde zu übersenden, vgl. § 54 Abs. 1 S. 1 EStDV.

d) *Überwachungsfunktion*

Die notarielle Beurkundung von Hauptversammlungsbeschlüssen börsennotierter Aktiengesellschaften dient weiterhin der Einhaltung der gesetzlichen Verfahrensbestimmungen. Die Überwachungsfunktion wird an gesonderter Stelle behandelt.[837]

3. *Zwischenergebnis zu satzungsändernden Beschlüssen*

In Bezug auf satzungsändernde Beschlüsse bezweckt die notarielle Form zuvörderst die Beweissicherung. Darüber hinaus wird kein Individualschutz bezweckt, da Versammlungsbeschlüsse in Form eines Tatsachenprotokolls gem. §§ 36, 37 BeurkG beurkundet werden.

Weiterhin unterliegen Satzungsänderungen dem Formzwang damit, wie auch bei Gründungsvorgängen, Sicherheit über die Grundlagen der Gesellschaft besteht.

---

834 S. dazu oben 5. Kapitel: A. I. 2. b) cc).

835 Die Bedeutung der notariellen Vorprüfung betonend: *Priester/Tebben*, in: Scholz, GmbHG, § 53 Rn. 75.

836 *Hitzel*, NZG 2020, 1174 (1177).

837 S. dazu unten 5. Kapitel: C. I. 2. b).

Schließlich bezwecken die §§ 53 Abs. 2 GmbHG, 130 Abs. 1 S. 3, 179 Abs. 2 AktG auch die Gewähr materieller Richtigkeit.

III. Verschmelzungs-/Spaltungsverträge (§ 6 i.V.m. § 125 Abs. 1 S. 1 UmwG)

1. Individualschutz

Die Formvorschrift des § 6 UmwG knüpft an die Warnfunktion bzw. den Übereilungsschutz der Vorschrift des § 311b Abs. 3 BGB an, welche für Verträge über das Vermögen als Ganzes die notarielle Beurkundung anordnet.[838] Vertragliche Verpflichtungen zur umfangreichen Vermögensübertragung stuft der Gesetzgeber als besonders gefährlich ein, und er möchte die Vertragsparteien daher vor einem übereilten Abschluss solcher inhaltsschweren Geschäfte schützen.[839] Zudem soll die notarielle Beurkundung des Verschmelzungs-/Spaltungsvertrags die Belehrung der beteiligten Rechtsträger über die Tragweite der Umwandlungstransaktion gewährleisten.[840]

2. Überindividuelle Formzwecke

a) Rechtssicherheit und materielle Richtigkeit

Daneben dient die umwandlungsrechtliche Formvorschrift aber vor allem der Rechtssicherheit[841] und stellt die materielle Richtigkeit[842] des strukturprägenden,

---

838 RegE, BR-Drs. 75/94, S. 83 = FraktionsE, BT-Drs. 12/6699, S. 83 (zu § 311 BGB a.F. = § 311b Abs. 3 n.F.), auf den im RegE, BT-Drs. 12/7265, S. 4 verwiesen wird; DNotI-Report, 2016, 93 (95); *Drygala*, in: Lutter, UmwG, § 6 Rn. 1; *Stelmaszczyk*, RNotZ 2019, 177 (180).

839 DNotI-Report 2016, 93 (95); *Grüneberg*, in: Grüneberg, BGB, § 311b Rn. 63; *Ruhwinkel*, in: MünchKomm, BGB, § 311b Rn. 116; vgl. in diesem Zusammenhang auch die Vorschrift des § 179a Abs. 1 AktG, welche die notarielle Beurkundung der Verpflichtung zur Übertragung des ganzen Gesellschaftsvermögens einer Aktiengesellschaft sicherstellt.

840 DNotI-Report 2016, 93 (95); *Heckschen*, in: Widmann/Mayer, Umwandlungsrecht, § 6 UmwG Rn. 1; *Heidinger*, in: Henssler/Strohn, Gesellschaftsrecht, § 6 UmwG Rn. 1; *Lieder*, ZIP 2018, 1517 (1519); *Stelmaszczyk*, RNotZ 2019, 177 (180).

841 *Grziwotz*, in: Erman, BGB, § 311b Rn. 88; *Heckschen*, in: Widmann/Mayer, Umwandlungsrecht, § 6 UmwG Rn. 1.4 u. 5; *Krüger*, in: MünchKomm, BGB, § 311b Rn. 23; *Schröer/Greitemann*, in: Semler/Stengel/Leornard, UmwG, § 6 Rn. 2; *Schumacher*, in: Staudinger, BGB, § 311b Rn. 1.

842 KG Berlin, GmbHR 2018, 1202 (1204); LG Augsburg, GmbHR 1996, 941 (942); AG Köln, MittRhNotK 1990, 21 (22); AG Kiel, MittBayNot 1997, 116 (117); *Böttcher*,

korporativen Organisationsaktes sicher. Durch die notarielle Beurkundung wird gewährleistet, dass der von den Vertragsparteien gewollte Umwandlungsvorgang, der aufgrund seiner weitreichenden Wirkung auch unbeteiligte Dritte tangiert, den gesetzlichen Voraussetzungen entspricht.[843]

b) *Filter-/Kontrollfunktion*

Der Notar überprüft die Anmeldungen der Vertretungsorgane der beteiligten Rechtsträger (§ 16 Abs. 1 S. 1 UmwG) auf ihre Eintragungsfähigkeit und leistet damit eine Vorkontrolle, die der Entlastung der Registergerichte dient.[844]

Sämtliche Umwandlungsvorgänge fallen unter die in § 54 Abs. 1 S. 1 EStDV aufgezählten Geschäfte, sodass der Notar dem zuständigen Finanzamt eine beglaubigte Abschrift der Urkunde zu übersenden hat.

3. *Zwischenergebnis zu Verschmelzungs-/Spaltungsverträgen*

Die Formvorschrift des § 6 UmwG bezweckt die Warnung der beteiligten Rechtsträger vor dem inhaltsschweren Geschäft und stellt die Belehrung über die Tragweite der Umwandlungstransaktion sicher.

Da die Umwandlungsmaßnahmen über den Gesellschafterkreis hinaus auch unbeteiligte Dritte betreffen, kommt dem Zweck der Richtigkeitsgewähr eine besondere Bedeutung zu.

---

in: Böttcher/Habighorst/Schulte, Umwandlungsrecht, § 6 UmwG Rn. 2; DNotI-Report 2016, 93 (95); *Drygala*, in: Lutter, UmwG, § 6 Rn. 1; *Heckschen*, in: Widmann/Mayer, Umwandlungsrecht, § 6 UmwG Rn. 1 u. 5; *ders.*, DB 2018, 685 (688); *Heidinger*, in: Henssler/Strohn, Gesellschaftsrecht, § 6 UmwG Rn. 1; *Kröll*, ZGR 2000, 111 (150); *Lieder*, ZIP 2018, 1517 (1519); *Schröer/Greitemann*, in: Semler/Stengel/Leornard, UmwG, § 6 Rn. 2; *Tebben*, GmbHR 2018, 1190 (1193); *Stelmaszczyk*, RNotZ 2019, 177 (181); *Teichmann*, ZGR 2002, 383 (421); einschränkend, aber nur hinsichtlich der eG (die mat. Richtigkeitsgewähr komme nicht zum Tragen): LG Kiel, BB 1998, 120 f., mit dem Hinweis, dass Verschmelzungsverträge von eG gem. § 93c GenG a.F lediglich der Schriftform bedurften.

843 DNotI-Report 2016, 93 (95); *Heckschen*, in: Widmann/Mayer, Umwandlungsrecht, § 6 UmwG Rn. 1.2; *Lieder*, ZIP 2018, 1517 (1519); *Stelmaszczyk*, RNotZ 2019, 177 (181); *Tebben*, GmbHR 2018, 1190 (1193).

844 DNotI-Report 2016, 93 (95); *Heckschen*, in: Widmann/Mayer, Umwandlungsrecht, § 6 UmwG Rn. 1.1; *Heidinger*, in: Henssler/Strohn, Gesellschaftsrecht, § 6 UmwG Rn. 1; *Lieder*, ZIP 2018, 1517 (1521); *Stelmaszczyk*, RNotZ 2019, 177 (183).

IV. Verschmelzungs-/Spaltungs-/Formwechselbeschluss (§§ 13 Abs. 3 S. 1, 193 Abs. 3 S. 1 UmwG)

Der zustimmende Beschluss der beteiligten Rechtsträger ist Wirksamkeitsvoraussetzung für den Verschmelzungs-/Spaltungsvertrag, vgl. § 13 Abs. 1 UmwG. Der Wechsel der Rechtsform erfolgt allein durch den Formwechselbeschluss des formwechselnden Rechtsträgers, vgl. § 193 Abs. 1 UmwG.

1. Individualschutz

Grundsätzlich kommt der notariellen Beurkundung des Verschmelzungs-/Formwechselbeschlusses allein eine Beweisfunktion zu.[845] Etwas anderes gilt nur dann, wenn neben dem Versammlungsbeschluss aufgrund einer Vinkulierung zusätzlich die Zustimmungserklärungen der einzelnen Anteilsinhaber erforderlich sind, vgl. §§ 13 Abs. 2, 193 Abs. 2 UmwG. Da die Zustimmung eine Willenserklärung darstellt, verfolgen die Formvorschriften der §§ 13 Abs. 3 S. 1 Alt. 2, 193 Abs. 3 S. 1 Alt. 2 UmwG auch eine Warnfunktion.[846]

2. Überindividuelle Formzwecke

a) Rechtssicherheit und materielle Richtigkeitsgewähr

Die notarielle Beurkundung der umwandlungsrechtlichen Beschlüsse dient der Rechtssicherheit.[847] Aufgrund der wirtschaftlichen und rechtlichen Bedeutsamkeit der Umwandlungsbeschlüsse erscheint die Überwachung durch den Notar „schon allgemein wünschenswert“[848] und sorgt für die materielle Richtigkeit[849] des Umwandlungsvorgangs.[850] Denn der Notar übernimmt „die

845 *Gehling*, in: Semler/Stengel/Leornard, UmwG, § 13 Rn. 51; *Heckschen*, in: Widmann/Mayer, Umwandlungsrecht, § 13 UmwG Rn. 221.

846 RegE, BR-Drs. 75/94, S. 86; *Böttcher*, in: Böttcher/Habighorst/Schulte, Umwandlungsrecht, § 13 UmwG Rn. 43; *Gehling*, in: Semler/Stengel/Leornard, UmwG, § 13 Rn. 51; *Heckschen*, in: Widmann/Mayer, Umwandlungsrecht, § 13 UmwG Rn. 221–223.

847 RegE, BR-Drs. 75/94, S. 86; *Böttcher*, in: Böttcher/Habighorst/Schulte, Umwandlungsrecht, § 13 UmwG Rn. 43; *Drygala*, in: Lutter, UmwG, § 13 Rn. 17; *Gehling*, in: Semler/Stengel/Leornard, UmwG, § 13 Rn. 51.

848 RegE, BR-Drs. 75/94, S. 86.

849 *Heckschen*, in: Widmann/Mayer, Umwandlungsrecht, § 13 UmwG Rn. 221.

850 RegE, BR-Drs. 75/94, S. 86 u. 139.

Verantwortung dafür [...], dass die Versammlung der Anteilsinhaber ordnungsgemäß abgewickelt wird."[851]

b) Filter-/Kontrollfunktion

Auch in Bezug auf die Beurkundung des Verschmelzungsbeschlusses betont die Gesetzesbegründung, dass der Notar durch seine Vorkontrolle dem Registergericht die Prüfung erleichtert, ob alle Erfordernisse der Umwandlung erfüllt sind.[852]

Da die Urkunde die Umwandlung von Kapitalgesellschaften zum Gegenstand hat, ist der Notar gem. § 54 Abs. 1 S. 1 EStDV verpflichtet, eine Abschrift an das Finanzamt zu übersenden.

V. Verzichtserklärungen (§§ 8 Abs. 3 S. 2, 9 Abs. 2, 16 Abs. 2 S. 2, § 192 Abs. 2 S. 2 UmwG)

Die Beurkundung der Verzichtserklärungen gem. §§ 8 Abs. 3 S. 2, 192 Abs. 2 S. 2 UmwG (Verzicht auf Verschmelzungs-/Spaltungs-/Formwechselbericht) sowie § 9 Abs. 2 UmwG (Verzicht auf die Verschmelzungs-/Spaltungsprüfung) kann zusammen mit dem Verschmelzungsvertrag bzw. dem Umwandlungsbeschluss in einer Urkunde erfolgen.[853] Dabei gilt es zu beachten, dass die Beurkundung insoweit Willenserklärungen zum Gegenstand hat.[854]

Die Berichtspflicht des §§ 8 Abs. 1, 192 Abs. 1 UmwG dient dem Schutz der Anteilsinhaber und soll diesen vor ihrer Entscheidung ein ausreichendes Bild über die tatsächlichen Grundlagen verschaffen.[855] Da durch die vorgenannten Erklärungen auf diesen Schutz verzichtet wird, kommt den Formerfordernissen insbesondere eine Warnfunktion zu.[856] Das Beurkundungserfordernis der §§ 16 Abs. 2 S. 2, 198 Abs. 3 UmwG (Verzicht auf eine Anfechtungsklage) verfolgt denselben Formzweck.

---

851 RegE, BR-Drs. 75/94, S. 86.

852 RegE, BR-Drs. 75/94, S. 86; *Gehling*, in: Semler/Stengel/Leornard, UmwG, § 13 Rn. 51; *Heckschen*, in: Widmann/Mayer, Umwandlungsrecht, § 13 UmwG Rn. 230.

853 *Schröer/Greitemann*, in: Semler/Stengel/Leornard, UmwG, § 6 Rn. 1; *Zimmermann*, in: Kallmeyer, UmwG, § 6 Rn. 3.

854 *Mülbert*, in: Hirte/Mülbert/Roth, Großkommentar, AktG, § 130 Rn. 26 u. 28.

855 RegE, BR-Drs. 75/94, S. 84 u. 139, zu § 193 UmwG.

856 RegE, BR-Drs. 75/94, S. 84 u. 139, zu § 193 UmwG; *Böttcher*, in: Böttcher/Habighorst/Schulte, Umwandlungsrecht, § 8 UmwG Rn. 42; *Drygala*, in: Lutter, UmwG, § 8 Rn. 53; *Marsch-Barner/Oppenhoff*, in: Kallmeyer, UmwG, § 8 Rn. 38.

Darüber hinaus ermöglicht die notarielle Urkunde dem Registergericht eine sichere Prüfung, ob die vorgenannten Verzichtserklärungen tatsächlich abgegeben worden sind.[857]

B. Zweckgebundene Gleichwertigkeit statusrelevanter Gesellschaftsakte

I. Individualschutz

Zunächst kann ein ausländischer Notar wie sein deutscher Kollege die Warn- und Beweisfunktion wahren.[858] Durch den Gang zu einem ausländischen Notar wird den Parteien die Bedeutung des Geschäfts ausreichend bewusst. Sofern der ausländische Notar eine Niederschrift zu errichten hat,[859] stellt diese zudem in gleichwertiger Weise klar, dass und mit welchem Inhalt das Geschäft zustande gekommen ist.

Soweit Willenserklärungen zu beurkunden sind und die ausländische Verfahrensordnung zwingend eine Belehrung über die rechtliche Tragweite voraussetzt,[860] kann die ausländische Urkundsperson auch der unverzichtbaren Belehrungsfunktion gerecht werden. Die ausländische Urkundsperson hat die Belehrung über das ihr fremde Recht „im beschränkten Rahmen ihrer Möglichkeiten zu erteilen" und muss sich bei Unklarheiten in geschäftswesentlichen Punkten „um die Einholung einer fachlichen Auslegung bemühen".[861]

Dieser Gedanke findet sich auch in Zusammenhang mit der Belehrungspflicht nach deutschem Beurkundungsrecht wieder. Nach § 17 Abs. 3 S. 2 BeurkG ist der deutsche Notar zu einer Belehrung über das ausländische Recht nicht verpflichtet. Im Umkehrschluss darf er diese aber gleichwohl vornehmen, sofern ihm die jeweilige Rechtsordnung ausreichend bekannt ist und er bereit ist, die

---

857 RegE, BR-Drs. 75/94, S. 84.

858 BGHZ 203, 68 (73 f.); OLG Düsseldorf, NJW 1989, 2200; KG Berlin, DStR 2018, 534 (537); KG Berlin, GmbHR 2018, 1202 (1204); *Hertel*, in: Staudinger, BGB, BeurkG, Rn. 859; *Kallmeyer*, GmbHR 1996, 908 (911); *Kröll*, ZGR 2000, 111 (131); einschränkend: *Heinze*, in: MünchKomm, GmbHG, § 2 Rn. 68, mit dem arg. mangels Aufbewahrungspflicht der ausländischen Notare sei die Beweisfunktion nicht gewahrt.

859 S. dazu am Beispiel von vier Schweizer Kantonen unten 6. Kapitel: D. II. 3.

860 S. dazu am Beispiel von vier Schweizer Kantonen unten 6. Kapitel: D. II. 4.

861 *Brückner*, Schweizerisches Beurkundungsrecht, S. 509 f. und S. 314 f.; OLG München, NJW-RR 1998, 758, zur Anteilsübertragung, dem folgend: KG Berlin, DStR 2018, 534 (537); dagegen (allg. zur Schweiz u. speziell zum Kanton Bern): *Heckschen*, DB 2018, 685 (688 f.).

Haftung für die Richtigkeit seiner Belehrung über das ausländische Recht zu übernehmen. Zumindest ist es ihm möglich, die Urkunde auf „Widerspruchsfreiheit, Genauigkeit und die Einhaltung [ihm vorliegender Satzungsregelungen zu prüfen]".[862] Bei Zweifeln muss auch der deutsche Notar in Abstimmung mit den Parteien ein Gutachten oder eine Rechtsauskunft einholen[863] – etwa im Rahmen der kollegialen Hilfeleistung gem. § 11a S. 3 BNotO.[864]

II. Überindividuelle Zwecke

Demgegenüber können ausländische Urkundspersonen die überindividuellen Zwecke der notariellen Formerfordernisse nicht hinreichend wahren.

1. Rechtssicherheit und materielle Richtigkeitsgewähr

Bei der Beurkundung von statusrelevanten Gesellschaftsakten vor einem ausländischen Notar ist nicht gesichert, dass die Satzungsbestimmungen respektive umwandlungsrechtliche Vorgänge den materiell-rechtlichen Vorgaben des deutschen Gesellschaftsrechts genügen, sodass die Rechtssicherheit sowie die materielle Richtigkeit im Rahmen der Auslandsbeurkundung nicht in gleichwertiger Weise gewährleistet wird.[865] Nur durch die Mitwirkung eines

---

862 *Heckschen*, DB 1990, 161 (164).

863 *Winkler*, BeurkG, § 17 Rn. 271.

864 Die Bedeutung der Hilfeleistung betonend: AG Berlin-Charlottenburg, RNotZ 2016, 119 (123), unter Hinweis auf die Parallelvorschrift im österreichischen Recht (§ 31 Abs. 3 ÖNO).

865 OLG Hamburg, BB 1993, 1544 (1545), in Bezug auf einen satzungsändernden Beschluss der Hauptversammlung; OLG München, Beschl. v. 16.08.2021, Az.: 31 Wx 283/21 (unveröffentlicht); LG Augsburg, GmbHR 1996, 941 (942); LG Mannheim, BWNotZ 2000, 150 (Rspr. Nr. 6); AG Köln, MittRhNotK 1990, 21 (22); AG Fürth, GmbHR 1991, 24 (25); AG Kiel, MittBayNot 1997, 116 (117); AG Berlin-Charlottenburg, RNotZ 2016, 119 (124); *Bayer*, in: Lutter/Hommelhoff, GmbHG, § 2 Rn. 29 f.; *Bayer/Meier-Wehrsdorfer*, in: Hausschild/Kallrath/Wachter, Notarhandbuch, § 10 Rn. 9; *Beckmann/Fabricius*, GWR 2016, 375 (377); *Bormann/Stelmaszczyk*, in: Michalski et al., GmbHG, § 2 Rn. 62; *Böttcher*, in: Böttcher/Habighorst/Schulte, Umwandlungsrecht, § 6 UmwG Rn. 16; *Cramer*, in: Scholz, GmbHG, § 2 Rn. 19; DNotI-Report 2016, (97 ff.); *Goette*, DStR 1996, 709 (713) = FS Boujong, 131 (142); *Haerendel*, DStR 2001, 1802 (1804 f.); *Heckschen*, in: Widmann/Mayer, Umwandlungsrecht, § 6 UmwG Rn. 70; *ders.*, DB 1990, 161 (163 f.); *ders.*, DB 2018, 685 (688); *Heinze*, in: MünchKomm, GmbHG, § 2 Rn. 65; Anm. *Hermanns*, RNotZ 2018, 271 (272 f.); *Herrler*, in: Grigoleit, AktG, § 130 Rn. 15; *ders.*, ZGR 2015, 917 (933); *Hertel*, in: Staudinger, BGB, BeurkG,

deutschen Notars werden „Irrtümer, Zweifel und Unklarheiten" effektiv verhindert.[866] Anders als bei den deutschen Notaren, sind vertiefte Kenntnisse des deutschen Gesellschafts- und Umwandlungsrechts sowie der einschlägigen nationalen Rechtsprechung und Literatur nicht institutionell garantiert.[867]

Gleichzeitig steht der Formzweck der Richtigkeitsgewähr auch nicht zur Disposition der Urkundsbeteiligten,[868] da die Allgemeinheit an der Richtigkeit der Gesellschaftsgrundlagen interessiert ist – etwa im Hinblick auf die effektive Kapitalaufbringung.[869]

Rn. 859; *C. Jaeger*, in: BeckOK, GmbHG, § 2 Rn. 14; *Knoche*, in: FS des Rheinischen Notariats, 297 (303 f.); *Limmer*, in: BeckOGK, AktG (Stand: 01.07.2023), § 23 Rn. 26; *Solveen*, in: Hölters/Weber, AktG, § 23 Rn. 12; *Ulmer/Löbbe*, in: Habersack/Casper/Löbbe, GmbHG, § 2 Rn. 21; *van Randenborgh/Kallmeyer*, GmbHR 1996, 908 (910); *Wicke*, BeckOGK, AktG (Stand: 01.10.2023), § 130 Rn. 44; *ders.*, GmbHR 2018, 380 f.; *Winkler*, BeurkG, Einl. Rn. 92; *Zimmermann*, in: Kallmeyer, UmwG, § 6 Rn. 11; weitergehend (die Substitution sei schon gar nicht statthaft): *Lieder*, ZIP 2018, 805 (811); *ders.*, ZIP 2018, 1517 (1522 f.); *Priester/Tebben*, in: Scholz, GmbHG, § 53 Rn. 76; *Reithmann/Stelmaszczyk*, in: Reithmann/Martiny, Internationales Vertragsrecht, Rn. 5.373; *Stelmaszczyk*, GWR 2018, 103 (105 f.); *ders.*, RNotZ 2019, 177 (184 f.); *Tebben*, GmbHR 2018, 1190 (1193 f.); *Zimmermann*, in: Kallmeyer, UmwG, § 6 Rn. 11; a.A. (die ausländische Urkundsperson könne die mat. Richtigkeit gewährleisten, regelm. unter Hinweis auf die Verzichtbarkeit von Belehrung und Beratung): KG Berlin, GmbHR 2018, 1202 (1204), mit einer Einzelfallbetrachtung; *Drygala*, in: Lutter, UmwG, § 6 Rn. 10 f.; *Kröll*, ZGR 2000, 111 (150); *Pentz*, in: MünchKomm, AktG, § 23 Rn. 33; *Röhricht/Schall*, in: Hirte/Mülbert/Roth, Großkommentar, AktG, § 23 Rn. 76; *Sick/Schwarz*, NZG 1998, 540 (543 f.); *Schröer/Greitemann*, in: Semler/Stengel/Leornard, UmwG, § 6 Rn. 17; *Winter*, in: Schmitt/Hörtnagl, UmwG, § 6 Rn. 18.

866 *Lieder*, NZG 2020, 1081 (1085), in Bezug auf die Vorschrift des § 925a BGB.

867 So bereits: OLG Hamm, NJW 1974, 1057 (1058 f.); *Altmeppen*, in: Altmeppen, GmbHG, § 2 Rn. 26; *Cramer*, DStR 2018, 746 (749); *Herrler*, NJW 2018, 1787 (1788); *Lieder*, NZG 2018, 805 (811); *Stelmaszczyk*, GWR 2018, 103 (105 f.).

868 S. zur Parallelproblematik um die Verzichtbarkeit auf die Prüfungs- und Belehrungsfunktion oben 4. Kapitel: B. III. 2. d) bb).

869 AG Berlin-Charlottenburg, RNotZ 2016, 119 (124); *Bormann/Stelmaszczyk*, in: Michalski et al., GmbHG, § 2 Rn. 62 f; DNotI-Report 2016, 93 (98); *Goette*, DStR 1996, 709 (712 f.) = FS Boujong, 131 (141 f.); *Heckschen*, in: Widmann/Mayer, Umwandlungsrecht, § 6 UmwG Rn. 73; *Limmer*, in: BeckOGK, AktG (Stand: 01.07.2023), § 23 Rn. 26; *Priester/Tebben*, in: Scholz, GmbHG, § 53 Rn. 75; *Ulmer/Löbbe*, in: Habersack/Casper/Löbbe, GmbHG, § 2 Rn. 21.

2. *Filterfunktion*

Die mit der Beurkundung einhergehende Filterfunktion kann im Fall der Auslandsbeurkundung ebenfalls nicht hinreichend gewahrt werden.[870] Um die Funktionsfähigkeit und Verlässlichkeit der Handelsregister sicherzustellen, ist bei sämtlichen der statusrelevanten Gesellschaftsakten die Vorprüfung durch einen deutschen Notar unerlässlich für ein effektives Registersystem.[871] Die bezweckte Entlastung der Gerichte wird aufgrund der fehlenden Einbindung der ausländischen Notare in das deutsche Registerverfahren nicht erreicht.

3. *Kontrollfunktion*

Von den überindividuellen Zwecken kann der ausländische Notar allein die Kontrollfunktion wahren. Nach Auffassung des Verfassers ist die Einhaltung der Mitteilungspflicht i.S.d. § 54 Abs. 1 S. 1 EStDV ausreichend gesichert, wenn der ausländische Notar nach seiner eigenen Rechtsordnung einer vergleichbaren Pflicht zur Wahrung staatlicher Fiskalinteressen unterliegt. Dieser Maßstab entspricht den allgemeinen Grundsätzen der Substitutionsprüfung.[872]

Bei grenzüberschreitenden Sachverhalten ist die Pflicht des ausländischen Notars dahingehend auszulegen, dass diese gegenüber dem Staat zu erfüllen ist, in welchem die Urkunde verwendet werden soll bzw. die Urkundsbeteiligten der Steuerpflicht unterliegen. Dass die deutschen Aufsichtsbehörden die Einhaltung der Mitteilungspflicht durch die ausländische Urkundsperson nicht überwachen können, schadet nicht, sondern ist der Substitutionsfrage immanent, da für die Prüfung der Gleichwertigkeit insgesamt die Pflichten entscheidend sind, welche der Urkundsperson von der ausländischen Notarrechtsordnung auferlegt werden. Denn auch die Einhaltung der verfahrensrechtlichen Vorschriften unterliegt nicht der deutschen Notaraufsicht, sondern wird, sofern vorhanden, von ausländischen Aufsichtsbehörden überwacht.

---

870 *Bormann/Stelmaszczyk*, in: Michalski et al., GmbHG, § 2 Rn. 62e; *Cramer*, in: Scholz, GmbHG, § 2 Rn. 21; *Heinze*, in: MünchKomm, GmbHG, § 2 Rn. 68; *Lieder*, ZIP 2018, 805 (812); *ders.*, NZG 2020, 1081 (1087 f.); *Solveen*, in: Hölters/Weber, AktG, § 23 Rn. 12; *Stelmaszczyk*, GWR 2018, 103 (106); *ders.*, RNotZ 2019, 177 (187).

871 S. dazu oben 3. Kapitel: B. II. 3. b).

872 S. dazu oben 4. Kapitel: A.

C. Sonstige Gesellschaftsakte

I. Hauptversammlungsbeschlüsse börsennotierter Aktiengesellschaften (§ 130 Abs. 1 S. 1 AktG)

Zur Durchführung der Hauptversammlung im Ausland bedarf es zunächst einer entsprechenden Satzungsbestimmung. Der einschlägigen Vorschrift des § 121 Abs. 5 AktG ist keine Einschränkung auf inländische Versammlungsorte zu entnehmen, sodass ein ausländischer Versammlungsort nach herrschender Meinung als zulässig erachtet wird.[873] Zum Schutz der Minderheitsaktionäre darf eine entsprechende Satzungsbestimmung aber keine willkürliche Auswahl des Versammlungsorts ermöglichen; jedenfalls ein Versammlungsort im grenznahen Bereich sei für die Mitglieder „ebenso schnell und leicht erreichbar wie Orte in Deutschland".[874]

1. Individualschutz

In Bezug auf die individual schützenden Formzwecke ergeben sich keine Unterschiede zu der Beurkundung von satzungsändernden Hauptversammlungsbeschlüssen.[875] Somit dient die Formvorschrift des § 130 Abs. 1 AktG bei jeglichen Versammlungsbeschlüssen börsennotierter Aktiengesellschaften zuvörderst der Beweissicherung und Dokumentation der Willensbildung.[876]

2. Überindividuelle Formzwecke

a) Rechtssicherheit

Dass die Vorschrift des § 130 Abs. 1 AktG in erster Linie der Rechtssicherheit dient, wurde bereits an gesonderter Stelle festgestellt.[877]

---

873 BGHZ 203, 68 (71 f.); *Drinhausen*, in: Hölters/Weber, AktG, § 121 Rn. 43; *Heckschen*, in: Widmann/Mayer, Umwandlungsrecht, Anh. 14 Europ. Gesellschaft (SE) Rn. 494–497; *Herrler*, in: Grigoleit, AktG, § 121 Rn. 26; *Koch*, in: Koch, AktG, § 121 Rn. 15; *Kubis*, in: MünchKomm, AktG, 121 Rn. 88; *Liebscher*, in: Henssler/Strohn, Gesellschaftsrecht, § 121 AktG Rn. 25; *Reger*, in: Bürgers/Körber/Lieder, AktG, § 121 Rn. 24; *Ziemons*, in: Schmidt/Lutter, AktG, § 121 Rn. 95 f.

874 BGHZ 203, 68 (72 f.).

875 *Hertel*, in: Staudinger, BGB, BeurkG Rn. 79.

876 S. dazu oben 5. Kapitel: A. II. 1.

877 S. dazu oben 5. Kapitel: A. II. 2. a).

b) *Überwachungsfunktion*

Bei der Beurkundung von Hauptversammlungsbeschlüssen börsennotierter Aktiengesellschaften liegt ein Nebenzweck[878] darin, dass der Notar durch seine bloße Anwesenheit präventiv die Einhaltung der gesetzlichen Verfahrensbestimmungen bei der Beschlussfassung gewährleistet (Überwachungsfunktion).[879]

Auch wenn § 17 BeurkG keine Anwendung findet, treffen den Notar bei der Beurkundung von Hauptversammlungsbeschlüssen aufgrund seiner Stellung als unabhängigem Träger eines öffentlichen Amtes (vgl. §§ 1, 14 BNotO) gewisse Hinweis- und Prüfungspflichten,[880] deren Umfang im Schrifttum umstritten ist.[881] Die notariellen Prüfungspflichten bestehen insbesondere „bezüglich der Präsenzerfassung, der Erstellung des Teilnehmerverzeichnisses, des Abstimmungsverfahrens und der Ermittlung des Abstimmungsergebnisses".[882] Dabei bildet regelmäßig die bloße Evidenzkontrolle, gerade im Hinblick auf die Kürze der Zeit, den notariellen Prüfungsmaßstab.[883]

---

878 BGHZ 203, 68 (74): „Hauptzweck des Erfordernisses der notariellen Beurkundung ist die Sicherung eines rechtlich geordneten Verfahrensablaufs jedoch nicht."; *Herrler*, in: Grigoleit, AktG, § 130 Rn. 13.

879 BGHZ 203, 68 (74); OLG Düsseldorf, ZIP 2003, 1147 (1150); *Koch*, in: Koch, AktG, § 130 Rn. 1; *Kubis*, in: MünchKomm, AktG, § 130 Rn. 1 u. 39; *Herrler*, in: Grigoleit, AktG, § 130 Rn. 1; *Liebscher*, in: Henssler/Strohn, Gesellschaftsrecht, § 130 AktG Rn. 1; *Mülbert*, in: Hirte/Mülbert/Roth, Großkommentar, AktG, § 130 Rn. 6; *Priester*, DNotZ 2001, 661 (669); *Reger*, in: Bürgers/Körber/Lieder, AktG, § 130 Rn. 1; *Wicke*, in: BeckOGK, AktG (Stand: 01.10.2023), § 130 Rn. 2; *Ziemons*, in: Schmidt/Lutter, AktG, § 130 Rn. 2.

880 OLG Hamburg, BB 1993, 1544; OLG Düsseldorf, ZIP 2003, 1147 (1150); *Drinhausen*, in: Hölters/Weber, AktG, § 130 Rn. 16; *Hertel*, in: Staudinger, BGB, BeurkG Rn. 607 u. 621; *Kubis*, in: MünchKomm, AktG, § 130 Rn. 39; *Liebscher*, in: Henssler/Strohn, Gesellschaftsrecht, § 130 AktG Rn. 8; *Mülbert*, in: Hirte/Mülbert/Roth, Großkommentar, AktG, § 130 Rn. 42; *Reger*, in: Bürgers/Körber/Lieder, AktG, § 130 Rn. 26; *Wicke*, in: BeckOGK, AktG (Stand: 01.10.2023), § 130 Rn. 57 ff.; *Ziemons*, in: Schmidt/Lutter, AktG, § 130 Rn. 61 f.

881 *Kubis*, in: MünchKomm, AktG, § 130 Rn. 39; *Wicke*, in: BeckOGK, AktG (Stand: 01.10.2023), § 130 Rn. 58; einschränkend: *Ziemons*, in: Schmidt/Lutter, AktG, § 130 Rn. 62.

882 OLG Düsseldorf, ZIP 2003, 1147 (1150); vgl. auch *Wicke*, in: BeckOGK, AktG (Stand: 01.10.2023), § 130 Rn. 57.

883 OLG Düsseldorf, ZIP 2003, 1147 (1150); *Heinze*, in: MünchKomm, GmbHG, § 2 Rn. 61; Anm. *Hüren*, DNotZ 2015, 213 (214); *Koch*, in: Koch, AktG, § 130 Rn. 12; *Kubis*, in: MünchKomm, AktG, § 130 Rn. 39: „summarisch[e]

Wenn der Notar Mängel hinsichtlich der Ordnungsmäßigkeit des Versammlungsablaufs bemerkt, dann hat er auf ihre Beseitigung hinzuwirken.[884] Jedoch dient die notarielle Niederschrift nicht dazu, Beweis über die Gesetzmäßigkeit der Hauptversammlungsbeschlüsse zu erbringen.[885] Die Hinweis- und Einwirkungspflichten des Notars bestehen allein gegenüber dem Versammlungsleiter, der für den Verfahrensablauf primär verantwortlich bleibt.[886]

c) *Keine Richtigkeitsgewähr*

Anders als bei satzungsändernden Hauptversammlungsbeschlüssen dient das Formerfordernis des § 130 Abs. 1 S. 1 AktG nicht der materiellen Richtigkeitsgewähr.[887] Nach herrschender Meinung darf der Notar in der Hauptversammlung lediglich die Beurkundung evident sittenwidriger Beschlüsse verweigern (§ 4 BeurkG).[888] Hingegen muss er im Falle nur anfechtbarer Beschlüsse mitwirken, da insoweit die Wirksamkeit zur Disposition der Aktionäre steht,[889] die innerhalb eines Monats nach Beschlussfassung eine Anfechtungsklage erheben

---

Rechtmäßigkeitskontrolle"; *Mülbert*, in: Hirte/Mülbert/Roth, Großkommentar, AktG, § 130 Rn. 43; *Wicke*, in: BeckOGK, AktG (Stand: 01.10.2023), § 130 Rn. 60.

884 OLG Düsseldorf, ZIP 2003, 1147 (1150); *Mülbert*, in: Hirte/Mülbert/Roth, Großkommentar, AktG, § 130 Rn. 42 f.; *Kubis*, in: MünchKomm, AktG, § 130 Rn. 39; *Priester*, DNotZ 2001, 661 (669).

885 OLG Düsseldorf, ZIP 2003, 1147 (1150); *Hertel*, in: Staudinger, BGB, BeurkG Rn. 79; *Reul*, AG 2002, 543 (544).

886 BGHZ 203, 68 (74); OLG Düsseldorf, ZIP 2003, 1147 (1150); *Hertel*, in: Staudinger, BGB, BeurkG Rn. 621; *Mülbert*, in: Hirte/Mülbert/Roth, Großkommentar, AktG, § 130 Rn. 43; *Priester*, DNotZ 2001, 661 (669); *Wicke*, in: BeckOGK, AktG (Stand: 01.10.2023), § 130 Rn. 62; restriktiv (nur Hinweiserteilung): *Ziemons*, in: Schmidt/Lutter, AktG, § 130 Rn. 62.

887 *Butzke*, in: Hirte/Mülbert/Roth, Großkommentar, AktG, § 121 Rn. 123; *Heinze*, in: MünchKomm, GmbHG, § 2 Rn. 66, hinsichtlich reiner Tatsachenbeurkundungen; *Mülbert*, in: Hirte/Mülbert/Roth, Großkommentar, AktG, § 130 Rn. 56; *Ziemons*, in: Schmidt/Lutter, AktG, § 130 Rn. 63: „keine Pflicht zur Rechtmäßigkeitsprüfung".

888 BGHZ 203, 68 (74); dem folgend: *Kubis*, in: MünchKomm, AktG, § 130 Rn. 39 u. 45; *Ziemons*, in: Schmidt/Lutter, AktG, § 130 Rn. 63; unterhalb dieser Evidenzstufe besteht Uneinigkeit, ob der Notar zur Beurkundung fehlerhafter Beschlüsse verpflichtet ist.

889 BGHZ 203, 68 (74); OLG Düsseldorf, ZIP 2003, 1147 (1151); *Koch*, in: Koch, AktG, § 130 Rn. 13; *Kubis*, in: MünchKomm, AktG, § 130 Rn. 45; *Liebscher*, in: Henssler/Strohn, Gesellschaftsrecht, § 130 AktG Rn. 9; *Wicke*, in: BeckOGK, AktG (Stand: 01.10.2023), § 130 Rn. 58.

können, vgl. § 246 Abs. 1 AktG. Somit verdeutlicht die Pflicht des Notars zur Beurkundung fehlerhafter Beschlüsse, dass gerade keine Richtigkeitsgewähr bezweckt wird.

3. *Zweckgebundene Gleichwertigkeit (Hauptversammlungsbeschlüsse)*

Im Rahmen der Beurkundung von nicht statusrelevanten Hauptversammlungsbeschlüssen kann auch ein ausländischer Notar die Zwecke des § 130 Abs. 1 AktG verwirklichen.[890]

Insbesondere erfüllt eine unabhängige ausländische Urkundsperson die Beweisfunktion und fördert gleichfalls die Rechtssicherheit.[891] Dass ein ausländischer Notar die Überwachungsfunktion nicht in gleichwertiger Weise erfüllen kann, schadet nicht. Das Fehlen vertiefter Kenntnisse über die Rechtmäßigkeit der Beschlussfassung ist unbeachtlich, da die Sicherung eines rechtlich geordneten Verfahrensablaufs keinen Hauptzweck darstellt.[892] Schließlich ist das öffentliche Interesse bei einfachen Hauptversammlungsbeschlüssen nicht in dem gleichen Maße wie bei satzungsändernden Beschlüssen berührt.

---

890 BGHZ 203, 68 (73 f.), allerdings ohne Abgr. zu statusrelevanten Beschlüssen der Hauptversammlung; *Bungert*, AG 1995, 26 (30); *Butzke*, in: Hirte/Mülbert/Roth, Großkommentar, AktG, § 121 Rn. 123; *Drinhausen*, in: Hölters/Weber, AktG, § 130 Rn. 13; zögerlich: *Koch*, in: Koch, AktG, § 121 Rn. 16; *Kubis*, in: MünchKomm, AktG, § 130 Rn. 12; *Mülbert*, in: Hirte/Mülbert/Roth, Großkommentar, AktG, § 130 Rn. 56; *Reger*, in: Bürgers/Körber/Lieder, AktG, § 130 Rn. 9; wohl auch: *Rieckers*, in: BeckOGK, AktG (Stand: 01.10.2023), § 121 Rn. 95; *Wicke*, in: BeckOGK, AktG (Stand: 01.10.2023), § 130 Rn. 44, mit sauberer Abgr. zu statusrelevanten Beschlüssen der Hauptversammlung; *Winter*, in: Schmitt/Hörtnagl, UmwG, § 6 Rn. 17; a.A. (keine zweckgebundene Gleichwertigkeit): Anm. *Hüren*, DNotZ 2015, 213 (215 f.); skeptisch: *Herrler*, ZGR 2015, 917 (934); *ders*, Grigoleit, AktG, § 130 Rn. 13: „Es ist jedenfalls nicht ohne weiteres ersichtlich, wie eine mit dem deutschen Aktienrecht nicht vertraute Urkundsperson diesen Anforderungen […] gerecht werden soll."

891 BGHZ 203, 68 (73 f.).

892 BGHZ 203, 68 (74); dem folgend: *Butzke*, in: Hirte/Mülbert/Roth, Großkommentar, AktG, § 121 Rn. 123; *Mülbert*, in: Hirte/Mülbert/Roth, Großkommentar, AktG, § 130 Rn. 56; *Reger*, in: Bürgers/Körber/Lieder, AktG, § 130 Rn. 9; a.A.: OLG Hamburg, BB 1993, 1544 (1544), allerdings in Zusammenhang mit einem satzungsändernden Hauptversammlungsbeschluss.

II. Übertragung von GmbH-Geschäftsanteilen (§ 15 Abs. 3 und Abs. 4 GmbHG)

Auch wenn nach der hier vertretenen Ansicht sowohl für die Form des Verfügungs- als auch des Verpflichtungsgeschäfts alternativ die Einhaltung der Ortsform ausreicht,[893] stellt sich die Frage der Substitution des Beurkundungserfordernisses zumindest für den Fall, dass die ausländische Rechtsordnung kein vergleichbares Rechtsgeschäft kennt (Normenleere) und sich die Formwirksamkeit daher allein nach dem Geschäftsrecht richtet.[894]

Nach weit verbreiteter Ansicht legt die Gesetzesbegründung zu § 15 GmbHG aus dem Jahr 1892[895] und die bisherige Behandlung der Vorschrift in Rechtsprechung und Lehre „eine parallele Beurteilung der Normzwecke in Abs. 3 und 4 nahe".[896] Zudem zeige die Heilungsvorschrift des § 15 Abs. 4 S. 2 GmbHG, dass die Zwecke des zu heilenden Verpflichtungsgeschäfts nicht weiter reichen als diejenigen des Verfügungsgeschäfts.[897]

1. *Individualschutz*

a) *Beweisfunktion*

Das Beurkundungserfordernis des § 15 Abs. 3 und 4 GmbHG dient ebenfalls der Beweisfunktion.[898] Insoweit führt bereits der historische Gesetzgeber

893 S. dazu oben 2. Kapitel: D. II. 2. D. II. 2.

894 S. dazu oben 2. Kapitel: C. III. 3.

895 Reichstag, Begr. zum Gesetzesentwurf betr. die Gesellschaften mbH, Sten. Berichte über die Verhandlungen des Reichstages, 8. Legislaturperiode, I. Session 1890/1892, 5. Anlageband = Bd. 125 (nachfolgend „Begr. GmbHG-E"), Aktenstück Nr. 660, S. 3728 f., zu den Geschäftsanteilen und deren Übertragung.

896 *Weller/Reichert*, in: MünchKomm, GmbHG, § 15 Rn. 19; BGHZ 141, 207 (212): „Schutzzwecke des § 15 Abs. 3 und 4 GmbHG"; *Altmeppen*, in: Altmeppen, GmbHG, § 15 Rn. 66; *Ebbing*, in: Michalski et al., GmbHG, § 15 Rn. 112; *Pfisterer*, in: Saenger/Inhester, GmbHG, § 15 Rn. 24 u. 52; *Servatius*, in: Noack/Servatius/Haas, GmbHG, § 15 Rn. 21 u. 30; *Verse* in: Henssler/Strohn, Gesellschaftsrecht, § 15 GmbHG Rn. 62; Wicke, GmbHG, § 15 Rn. 12; einschränkend: *Löbbe*, in: Habersack/Casper/Löbbe, GmbHG, § 15 Rn. 43, der nur Abs. 3 eine Beweisfunktion zuspricht: „Der Formzweck des Abs. 4 […] deckt sich nicht vollständig mit dem des Abs. 3".

897 *Weller/Reichert*, in: MünchKomm, GmbHG, § 15 Rn. 19: „durch Abs. 3 limitierter Beurkundungszweck des Abs. 4".

898 RGZ 57, 60 (61); RGZ 164, 162 (170); BGHZ 13, 49 (51 f.); BGHZ 130, 71 (74); BGH, ZIP 1996, 1901 (1902); BGHZ 141, 207 (211); BGH, DNotZ 2017, 295 (296); OLG Düsseldorf, ZIP 2011, 564 (565); *Altmeppen*, in: Altmeppen, GmbHG, § 15

aus: „Die Form des Uebertragungsaktes selbst [müsse] eine derart authentische sein, daß Zweifel oder Unklarheiten über die Thatsache der Uebertragung nicht entstehen können."[899] Mangels Verbriefung der Mitgliedschaft in der GmbH soll durch die notarielle Urkunde ein zuverlässiger Beweis über die Anteilsinhaberschaft erreicht werden.[900] In Zusammenhang mit den Novellierungen des MoMiG ist die Bedeutung der Beweisfunktion durch die Pflicht des Notars zur Einreichung einer aktualisierten Gesellschafterliste gestiegen, da diese gem. § 16 Abs. 3 GmbHG als Rechtsscheinträger für den gutgläubigen Anteilserwerb fungiert.[901]

Entgegen der ständigen Rechtsprechung sprechen Teile der Literatur dem Beurkundungserfordernis des § 15 Abs. 4 GmbHG mangels eigenem Beweiswert des Verpflichtungsgeschäfts die Beweisfunktion ab.[902] Für Klarheit bzw. Legitimation über die Anteilsinhaberschaft sorge allein das Verfügungsgeschäft. Eine Stellungnahme zu diesem Streitstand ist entbehrlich, da die ausländische Urkundsperson die Beweisfunktion ohnehin erfüllen kann.

b) *Keine Belehrungs- und Warnfunktion*

Vereinzelte Stimmen aus der Literatur postulieren insbesondere in Bezug auf die Vorschrift des § 15 Abs. 4 GmbHG, dass das Beurkundungserfordernis den

---

Rn. 66; *Behrens/Hoffmann*, in: Habersack/Casper/Löbbe, GmbHG, Einl. Rn. B 198; *Ebbing*, in: Michalski et al., GmbHG, § 15 Rn. 112; *Hertel*, in: Staudinger, BGB, BeurkG Rn. 90; *Löbbe*, in: Habersack/Casper/Löbbe, GmbHG, § 15 Rn. 115, isoliert in Bezug auf § 15 Abs. 3 GmbHG; *Pfisterer*, in: Saenger/Inhester, GmbHG, § 15 Rn. 24 u. 52; *Schlüter*, in: FS Bartholomeyczik, 359 (361); *Servatius*, in: Noack/Servatius/Haas, GmbHG, § 15 Rn. 21 u. 30; *Verse*, in: Henssler/Strohn, Gesellschaftsrecht, § 15 GmbHG Rn. 38: „doppelter Regelungszweck", in Bezug auf § 15 Abs. 3; *Weller/Reichert*, in: MünchKomm, GmbHG, § 15 Rn. 17 u. 79.

899 Reichstag, Begr. GmbHG-E, Aktenstück Nr. 660, S. 3728.

900 RGZ 164, 162 (170); BGHZ 13, 49 (51 f.); *Löbbe*, in: Habersack/Casper/Löbbe, GmbHG, § 15 Rn. 115: „Klarheit über die Beteiligungsverhältnisse"; *Verse*, in: Henssler/Strohn, Gesellschaftsrecht, § 15 GmbHG Rn. 38; *Weller/Reichert*, in: MünchKomm, GmbHG, § 15 Rn. 17.

901 *Bayer*, DNotZ 2009, 887 f.; *Hertel*, in: Staudinger, BGB, BeurkG Rn. 90; *Lieder*, Die rechtsgeschäftliche Sukzession, S. 356; *Löbbe*, in: Habersack/Casper/Löbbe, GmbHG, § 15 Rn. 115; *Weller/Reichert*, in: MünchKomm, GmbHG, § 15 Rn. 17.

902 *Armbrüster*, DNotZ 1997, 762 (773 f.); *Bayer*, DNotZ, 2009, 887; *Hermann*, GmbHR 2009, 625 (626); *Lieder/Villegas*, GmbHR 2018, 169 (171); *Löbbe*, in: Habersack/Casper/Löbbe, GmbHG, § 15 Rn. 43 u. 115; *Seibt*, in: Scholz, GmbHG, § 15 Rn. 6; *Verse*, in: Henssler/Strohn, Gesellschaftsrecht, § 15 GmbHG Rn. 62.

Schutz der Anleger vor einem übereilten Geschäftsabschluss (Warnfunktion) bezwecke.[903] Weiterhin gewährleiste die Beurkundung durch die notarielle Belehrung eine Mindestberatung der Beteiligten.[904]

Diese Wirkungen der Formvorschrift des § 15 GmbHG stellen aber einen bloßen Reflex des aus anderen Gründen angeordneten Formzwangs dar, d.h. ein über die Beweisfunktion hinausreichender Individualschutz wird mit der Formvorschrift nicht bezweckt.[905] Die Gesetzesmaterialien bieten für die weitergehenden Zwecke keinerlei Anhaltspunkte.[906]

---

903 *Altmeppen*, in: Altmeppen, GmbHG, § 15 Rn. 66; *Fastrich*, in: Noack/Servatius/Haas, GmbHG, Einl. Rn. 6; *Frenz*, Freudesgabe Weichler, 175 (179); *Hertel*, in: Staudinger, BGB, BeurkG Rn. 89; *Mankowski*, JZ 2010, 662 (667): „besonders stark ausgeprägter Übereilungsschutz"; *Servatius*, in: Noack/Servatius/Haas, GmbHG, § 15 Rn. 21 u. 30; *Walz/Fembacher*, NZG 2003, 1134 (1140); *Wicke*, GmbHG, § 15 Rn. 12; a.A. (keine Warnfunktion, h.M.): RGZ 135, 70 (71) „ohne daß dabei der Gedanke des Schutzes der Anteilsberechtigten gegen vorschnelle Bindung in Betracht käme"; BGHZ 13, 49 (51 f.): „die Bedeutung liegt [...] nicht darin, eine leichtfertige Veräußerung [...] zu verhindern"; BGH, ZIP 1996, 1901 (1902) „dienen nicht dem Schutz des Verkäufers"; BGH, DNotZ 1998, 841 (842); BGHZ 141, 207 (211 f.), der in den beiden zuletzt genannten Entscheidungen lediglich der Vorschrift des § 313 BGB a.F. (= 311b BGB) Übereilungsschutz zuspricht; OLG Frankfurt, NZG 2008, 19 (20); *Armbrüster*, DNotZ 1997, 762 (770 ff.); *Löbbe*, in: Habersack/Casper/Löbbe, GmbHG, § 15 Rn. 43; *Olk*, NJW 2010, 1639; *Reichert/Weller*, DStR 2005, 250 (252 f.); *Seibt*, in: Scholz, GmbHG, § 15 Rn. 7 u. 85; *Verse*, in: Henssler/Strohn, Gesellschaftsrecht, § 15 GmbHG Rn. 62; *Weller*, ZGR 2014, 865 (879 f.); *Weller/Reichert*, in: MünchKomm, GmbHG, § 15 Rn. 18 u. 80.

904 *Ebbing*, in: Michalski et al., GmbHG, § 15 Rn. 55; *Hertel*, in: Staudinger, BGB, BeurkG Rn. 89; *König/Götte/Bormann*, NZG 2009, 881 (882); *Pfisterer*, in: Saenger/Inhester, GmbHG, § 15 Rn. 24; *Walz/Fembacher*, NZG 2003, 1134 (1137 f. u. 1140), insb. zur Beratung über Haftungsgefahren; *Wicke*, GmbHG, § 15 Rn. 12; *ders.*, ZIP 2006, 977 (979 f.).

905 RGZ 135, 70 (71); BGH, ZIP 1996, 1901 (1902): „Die Formvorschriften des § 15 Abs. 3 und Abs. 4 S. 1 GmbHG dienen nicht dem Schutz des Verkäufers."; BGHZ 141, 207 (211); *Armbrüster*, DNotZ 1997, 762 (771 f.); *Bayer*, in: Lutter/Hommelhoff, GmbHG, § 15 Rn. 1; *Görner*, in: Rowedder/Pentz, GmbHG, § 15 Rn. 2; *Götze/Mörtel*, NZG 2011, 727 (730); *Hertel*, in: Staudinger, BGB, BeurkG Rn. 88; *Lieder*, Die rechtsgeschäftliche Sukzession, S. 353 f.; *Lieder/Villegas*, GmbHR 2018, 169 (171 f.); *Löbbe*, in: Habersack/Casper/Löbbe, GmbHG, § 15 Rn. 43; *Schlüter*, in: FS Bartholomeyczik, 359 (362); *Seibt*, in: Scholz, GmbHG, § 15 Rn. 7; *Verse*, in: Henssler/Strohn, § 15 GmbHG Rn. 39; *Weller/Reichert*, in: MünchKomm, GmbHG, § 15 Rn. 18; *Wilhelmi*, in: BeckOK, GmbHG, § 15 Rn. 87.

906 *Lieder*, Die rechtsgeschäftliche Sukzession, S. 354; *Löbbe*, in: Habersack/Casper/Löbbe, GmbHG, § 15 Rn. 43.

2. *Überindividuelle Formzwecke*

a) *Erschwerungsfunktion zur Marktregulierung*

Das Beurkundungserfordernis des § 15 Abs. 3 und Abs. 4 GmbHG verfolgt primär den historischen Zweck, den Handel mit Gesellschaftsbeteiligungen zu erschweren. Nach der Gesetzesbegründung soll die notarielle Beurkundung der Anteilsabtretung „in erster Linie Gewähr dafür bieten, da[ss] die Anteilsrechte [...] nicht zu einem Gegenstande des Handelsverkehrs werden.“[907] Anders als die auf häufigen Mitgliederwechsel ausgerichtete Aktiengesellschaft folgt das gesetzliche Leitbild der GmbH einer personalistischen Struktur, bei der die Mitgliedschaft typischerweise auf Dauer angelegt ist.[908]

Die Rechtsprechung und die überwiegende Ansicht in der Literatur hat bestätigt, dass das Beurkundungserfordernis vorrangig verhindern soll, dass GmbH-Geschäftsanteile zum Gegenstand des freien Handelsverkehrs werden respektive einem spekulativen Börsenhandel unterliegen.[909] Da bereits das schuldrechtliche Geschäft die Bindung der Parteien begründet, bezweckt § 15 Abs. 4 GmbHG ebenfalls die Verhinderung des spekulativen Handels.[910]

---

907 Reichstag, Begr. GmbHG-E, Aktenstück Nr. 660, S. 3729; bestätigt durch den Gesetzgeber des MoMiG: RegE, BT-Drs. 16/6140, S. 30.

908 Reichstag, Begr. GmbHG-E, Aktenstück Nr. 660, S. 3729; *Armbrüster*, DNotZ 1997, 762 (768); *Hertel*, in: Staudinger, BGB, BeurkG Rn. 89; *Lieder*, Die rechtsgeschäftliche Sukzession, S. 352; *Löbbe*, in: Habersack/Casper/Löbbe, GmbHG, § 15 Rn. 43; *Schlüter*, in: FS Bartholomeyczik, 359 (360 f.); *Weller/Reichert*, in: MünchKomm, GmbHG, § 15 Rn. 16.

909 RGZ 53, 107 (110); RGZ 57, 60 (61); RGZ 68, 394 (396 f.); RGZ 87, 246 (248); RGZ 135, 70 (71); RGZ 164, 162 (170); BGHZ 13, 49 (51 f.); BGHZ 75, 352 (353); BGHZ 127, 129 (135 f.); BGHZ 130, 71 (74); BGH, ZIP 1996, 1901 (1902); BGHZ 141, 207 (211 f.); BGH, DNotZ 2017, 295 (296); OLG Düsseldorf, ZIP 2011, 564 (565); *Altmeppen*, in: Altmeppen, GmbHG, § 15 Rn. 66; *Bayer*, in: Lutter/Hommelhoff, GmbHG, § 15 Rn. 1; *Behrens/Hoffmann*, in: Habersack/Casper/Löbbe, GmbHG, Einl. Rn. B 198; *Kröll*, ZGR 2000, 111 (128); *Löbbe*, in: Habersack/Casper/Löbbe, GmbHG, § 15 Rn. 43 u. 115; *Maier-Reimer*, BB 1974, 1230 (1232); *Servatius*, in: Noack/Servatius/Haas, GmbHG, § 15 Rn. 21 u. 30; *Weller/Reichert*, in: MünchKomm, GmbHG, § 15 Rn. 16 u. 80; *Wicke*, GmbHG, § 15 Rn. 12; das Formerfordernis generell in Frage stellend: *König*, ZIP 2004, 1838 (1839 f.); *Harbarth*, ZGR 2016, 84 (109 f.); *Loritz*, DNotZ 2000, 90 (96 ff.), der den historischen Formzweck als überholt ansieht; *Seibt*, Scholz, GmbHG, § 15 Rn. 8 f.

910 Reichstag, Begr. GmbHG-E, Aktenstück Nr. 660, S. 3729; BGHZ 13, 49 (51 f.); BGH, ZIP 1996, 1901 (1902); *Pfisterer*, in: Saenger/Inhester, § 15 Rn. 24; *Servatius*, in: Noack/Servatius/Haas, GmbHG, § 15 Rn. 30.

b) Keine Richtigkeitsgewähr der Gesellschafterliste

Vor dem Hintergrund der Vorschriften der §§ 16 Abs. 1, 40 Abs. 2 GmbHG wird vereinzelt postuliert, dass das Beurkundungserfordernis die materielle Richtigkeitsgewähr der Abtretungsvereinbarung[911] und insbesondere der Gesellschafterliste bezwecke.[912]

Jedoch deutet diese Auffassung den gesetzgeberischen Willen falsch, welcher dahin geht, „das Verfahren [der Listeneinreichung] besonders einfach und unbürokratisch [auszugestalten] und die Abänderung der Gesellschafterliste [...] gelegentlich der Abtretungsbeurkundung gleich [mit zu erledigen].“[913] Die erhöhte Richtigkeitsgewähr beruht vielmehr auf „der allgemeinen Sorgfaltspflicht de[s] Geschäftsführer[s], [der] bei entdeckten Fehlern der Liste für eine Berichtigung gegenüber dem Handelsregister zu sorgen hat.“[914]

Hingegen trifft den Notar in Bezug auf die einzureichende Gesellschafterliste nur eine begrenzte Prüfungspflicht. „Er hat zwar die Veränderungen, an denen er mitgewirkt hat, zutreffend abzubilden;[915] darüber hinaus [trifft ihn

---

911 *Frenz*, in: Freudesgabe Weichler, 175 (180); *Walz/Fembacher*, NZG 2003, 1134 (1140).

912 LG Frankfurt, DNotZ 2009, 949 (950), unter Hinweis auf die geänderte Vorschrift des § 40 Abs. 2 GmbHG; OLG Köln, DNotZ 2011, 310 (311); *Bauer/Anders*, BB 2012, 593 (595); *Bayer*, in: Lutter/Hommelhoff, GmbHG, § 15 Rn. 31; *ders.*, GmbHR 2013, 897 (904 f. u. 911); *Bayer/Meier-Wehrsdorfer*, in: Hausschild/Kallrath/Wachter, Notarhandbuch, § 10 Rn. 18; *Böttcher*, ZNotP 2010, 6 (10); *Braun*, DNotZ 2009, 585 (590 f.); *Kindler*, RIW 2011, 257 (259 f.); *König/Götte/Bormann*, NZG 2009, 881 (884 f.); zurückhaltend: *Lieder/Ritter*, notar 2014, 187 (191 f.): Eine „auf die Person der Beteiligten, den Übertragungsakt und die anschließende Listenkorrektur beschränkte Richtigkeitsgewähr.“; *Pfisterer*, Saenger/Inhester-GmbH, § 15 Rn. 68 u. 70; *Süß*, DNotZ 2011, 414 (421 f.); *Winkler*, BeurkG, Einl. Rn. 89.

913 RegE, BT-Drs. 16/6140, S. 44; daran anknüpfend: BGHZ 199, 270 (280): „verfahrensökonomisch[e] Erwägungen“; OLG Düsseldorf, ZIP 2011, 564 (566); *Altmeppen*, in: Altmeppen, GmbHG, § 15 Rn. 94; *Götze/Mörtel*, NZG 2011, 727 (729); *Müller*, RIW 2010, 591 (597); *Peters*, DB 2010, 97 (99); *Seibt*, in: Scholz, GmbHG, § 15 Rn. 87b.

914 RegE, BT-Drs. 16/6140, S. 37 u. 44: Durch die Prüfpflicht der Geschäftsführer „sollte im Regelfall die gebotene Sorgfalt bei Abgabe der Liste gewährleistet sein.“; dies betonend: *Laeger*, BB 2010, 2647 (2650).

915 Namentlich hat der Notar die Gesellschafterliste gem. § 40 Abs. 2 S. 2 GmbHG mit einer Änderungsbescheinigung zu versehen.

aber] keine Prüfpflicht, ob die Gesellschafterliste inhaltlich zutreffend ist."[916] Die Verpflichtung zur nachfolgenden Kontrolle und zur Korrektur einer unrichtig gewordenen Liste obliegt auch im Falle der notariellen Mitwirkung allein den Geschäftsführern.[917] Im Ergebnis verfolgt das Beurkundungserfordernis gem. § 15 Abs. 3 und Abs. 4 GmbHG nach vorzugswürdiger Auffassung keine Richtigkeitsgewähr.[918]

c) Kontrollfunktion

Die Verfügung über Anteile an Kapitalgesellschaften fällt unter die in § 54 Abs. 1 S. 1 EStDV aufgezählten Geschäfte, sodass der Notar dem Finanzamt eine beglaubigte Abschrift der Urkunde zu übersenden hat. Mit der Beurkundung der Anteilsabtretung wird daher auch ein fiskalischer Zweck verfolgt.[919]

3. Zweckgebundene Gleichwertigkeit (Übertragung von GmbH-Geschäftsanteilen)

Die Zwecke des § 15 Abs. 3 und Abs. 4 GmbHG, namentlich die Beweis- und Erschwerungsfunktion, können im Rahmen der Auslandsbeurkundung in gleichwertiger Weise verwirklicht werden.[920]

---

916 OLG München, ZIP 2009, 1421 (1422), bestätigend: OLG Düsseldorf, ZIP 2011, 564 (566); *Götze/Mörtel*, NZG 2011, 727 (729); *Mayer*, DNotZ 2008, 403 (411).

917 RegE, BT-Drs. 16/6140, S. 44.

918 OLG Düsseldorf, ZIP 2011, 564 (566); LG Frankfurt, DNotZ 2009, 949 (950): „Eine Richtigkeitsgewähr ist hier nicht verlangt.", allerdings mit dem Hinweis, dass aufgrund der Änderung des § 40 Abs. 2 GmbHG eine andere Einschätzung möglich sei; *Hasselmann*, ZIP 2010, 2486 (2487 f.); *Heckschen*, DB 2018, 685 (689); *Laeger*, BB 2010, 2647 (2650); *Mankowski*, NZG 2010, 201 (203 f.), *Olk*, NZG 2011, 381 (383).

919 *Walz/Fembacher*, NZG 2003, 1134, 1138 f.

920 BGH, NJW-RR 1989, 1259 (1261), ohne nähere Begr.; OLG Frankfurt, GmbHR 2005, 764 (766 f.); *Altmeppen*, in: Altmeppen, GmbHG, § 15 Rn. 94; *Brandes*, in: Bork/Schäfer, GmbHG, § 15 Rn. 49; *Ebbing*, in: Michalski et al., GmbHG, § 15 Rn. 98 u. 126, speziell für Österreich und die Schweiz; *Götze/Mörtel*, NZG 2011, 727 (730); *Kröll*, ZGR 2000, 111 (151); *Landbrecht/Becker*, BB 2013, 1290 (1291 f.); *Löbbe*, in: Habersack/Casper/Löbbe, GmbHG, § 15 Rn. 145; *Maier-Reimer*, BB 1974, 1230 (1232); *Olk/Nikoleyczik*, DStR 2010, 1576 (1582); *Peters*, DB 2010, 97 (100); *Seibt*, in: Scholz, GmbHG, § 15 Rn. 85 f.; *Servatius*, in: Noack/Servatius/Haas, GmbHG, § 15 Rn. 22b; *van Randenborgh/Kallmeyer*, GmbHR 1996, 908 (911); *Verse*, in: Henssler/Strohn, Gesellschaftsrecht, § 15 GmbHG Rn. 46a u. 66; *Weller*, ZGR 2014, 865 (877 ff.), speziell für Basel-Stadt unter Auswertung von BGHZ 199,

Mit der vorgenannten Formvorschrift wird nach zutreffender Ansicht weder eine Richtigkeitsgewähr noch eine Beratung oder Belehrung bezweckt, sodass anders als bei statusrelevanten Gesellschaftsakten vertiefte Kenntnisse des deutschen Gesellschaftsrechts nicht erforderlich sind.[921] Demzufolge ist bei der Beurkundung durch eine ausländische Urkundsperson gewährleistet, dass die Verkehrsfähigkeit der Geschäftsanteile erschwert ist und keine Zweifel über die Tatsache der Übertragung entstehen.

An anderer Stelle wurde bereits erörtert, dass auch die Kontrollfunktion der Gleichwertigkeit nicht entgegensteht, sofern die ausländische Urkundsperson nach ihrer eigenen Notarrechtsordnung einer vergleichbaren Pflicht zur Wahrung staatlicher Fiskalinteressen unterliegt.[922]

4. *Zuständigkeit zur Einreichung der Gesellschafterliste*

Sofern man die zweckgebundene Gleichwertigkeit bejaht, stellt sich bei Anteilsübertragungen vor einem ausländischen Notar die Folgefrage, ob dieser im Hinblick auf die Regelung des § 40 Abs. 2 GmbHG die Kompetenz besitzt, die Gesellschafterliste zusammen mit der Änderungsbescheinigung zum Handelsregister einzureichen.

a) Normzweck des § 16 Abs. 1 GmbHG

In Zusammenhang mit der Übertragung von GmbH-Geschäftsanteilen genügt die bloße Anmeldung zum Handelsregister nicht, um die neuen Anteilsinhaber zur Ausübung ihrer Gesellschafterrechte zu legitimieren. Vielmehr gilt im Verhältnis zur Gesellschaft als Inhaber eines Geschäftsanteiles gem. § 16 Abs. 1 S. 1 GmbHG

270; wohl auch: *Weller/Reichert*, in: MünchKomm, GmbHG, § 15 Rn. 147 u. 151; offenlassend: BGHZ 199, 270 (279), aber mit der Tendenz die Gleichwertigkeit zu bejahen; a.A. (die Gleichwertigkeit ablehnend, regelmäßig unter Hinweis auf die Richtigkeitsgewähr der Gesellschafterliste): LG Frankfurt, DNotZ 2009, 949 (950); *Bayer*, DNotZ 2009, 887 (891); *ders.*, GmbHR 2013, 897 (911); *Böttcher*, ZNotP 2010, 6 (10 f.); *Braun*, DNotZ 2009, 585 (594); *Hermanns*, RNotZ 2010, 38 (40 f.); *Pfisterer*, in: Saenger/Inhester, GmbHG, § 15 Rn. 70; *Süß*, in: jurisPK, BGB, Art. 11 EGBGB Rn. 90; *ders.*, DNotZ 2011, 414 (421 ff.); *Winkler*, BeurkG, Einl. Rn. 89; vermittelnd: *Lieder/Ritter*, notar 2014, 187 (194), Gleichwertigkeit nur bei privatautonomer Verpflichtung des ausländischen Notars zur Listeneinreichung.

921 *Göthel*, in: Reithmann/Martiny, Internationales Vertragsrecht Rn. 33.36; *Seibt*, in: Scholz, GmbHG, § 15 Rn. 85; *Weller/Reichert*, in: MünchKomm, GmbHG, § 15 Rn. 145.

922 S. dazu oben 5. Kapitel: B. II. 3.

nur, wer als solcher in der im Handelsregister aufgenommenen Gesellschafterliste eingetragen ist. Der Eintrag als Gesellschafter in die bei dem Registergericht geführte Liste ist aber keine Wirksamkeitsvoraussetzung für den Erwerb des Geschäftsanteils.[923] Auch bewirkt die Aufnahme der geänderten Gesellschafterliste in das Handelsregister, im Gegensatz zur Eintragung von anmeldungspflichtigen Rechtsgeschäften, keine Heilung etwaiger Mängel der Anteilsabtretungen.[924]

Vor diesem Hintergrund soll die Regelung des § 16 Abs. 1 GmbHG zum einen innerhalb der Gesellschaft klare Verhältnisse über die Berechtigung oder Verpflichtung der Gesellschafter schaffen[925] und zum anderen zur Missbrauchs- und Geldwäschebekämpfung Transparenz über die Anteilseignerstrukturen bewirken.[926]

b) Adressaten der Einreichungspflichten gem. § 40 GmbHG

Nach der Grundregel des § 40 Abs. 1 S. 1 GmbHG haben die Geschäftsführer unverzüglich nach Wirksamwerden einer jeden Veränderung in den Personen der Gesellschafter oder des Umfangs ihrer Beteiligungen eine von ihnen unterschriebene Liste der Gesellschafter zum Handelsregister einzureichen.

Anstelle der Geschäftsführer hat ein Notar die Liste zu unterschreiben und zum Handelsregister einzureichen, wenn er an den vorgenannten Veränderungen mitgewirkt hat, vgl. § 40 Abs. 2 S. 1 GmbHG. Durch die Verpflichtung des mitwirkenden Notars wollte der Gesetzgeber das Verfahren der Listeneinreichung besonders einfach und unbürokratisch ausgestalten, da die Änderung der Liste direkt mit der Abtretungsbeurkundung zusammen erledigt wird.[927] Im Falle der notariellen Mitwirkung an der Veränderung entfällt die Verpflichtung der Geschäftsführer zur Erstellung und Einreichung der geänderten Liste („anstelle").[928]

---

923 RegE, BT-Drs. 16/6140, S. 37; *Heidinger*, in: MünchKomm, GmbHG, § 16 Rn. 4; *Servatius*, in: Noack/Servatius/Haas, GmbHG, § 16 Rn. 2, *Verse*, in: Henssler/Strohn, Gesellschaftsrecht, § 16 Rn. 10.

924 *Seibt*, in: Scholz, GmbHG, § 16 Rn. 25; *Servatius*, in: Noack/Servatius/Haas, GmbHG, § 16 Rn. 2; *Verse*, in: Henssler/Strohn, Gesellschaftsrecht, § 16 Rn. 10.

925 BGHZ 220, 207 (215); *Kanzleiter*, in: in: FS Roth, 355 (366); *Seibt*, in: Scholz, GmbHG, § 16 Rn. 4; *Verse*, in: Henssler/Strohn, Gesellschaftsrecht, § 16 GmbHG Rn. 1.

926 RegE, BT-Drs. 16/6140, S. 37.

927 RegE, BT-Drs. 16/6140, S. 44: „*Folgeformali*[e]" der Abtretung; dies betonend: BGHZ 199, 270 (280).

928 RegE, BT-Drs. 16/6140, S. 44.

c) *Listeneinreichung durch ausländischen Notar*

aa) *Einreichungskompetenz*

Nach allgemeiner Meinung unterliegt der ausländische Notar nicht dem Normbefehl des § 40 Abs. 2 GmbH, da die öffentlich-rechtliche Einreichungspflicht nur deutsche Notare betrifft.[929] Ungeachtet dieser fehlenden Pflicht ist die Listeneinreichung durch einen ausländischen Notar aber zulässig, da sich dessen Einreichungskompetenz als Annex aus seiner Beurkundungskompetenz ergibt.[930] In seiner Entscheidung vom 17.12.2013 hat der II. Zivilsenat

---

929 OLG Düsseldorf, NZG 2011, 564 (567); OLG München, NZG 2013, 340; *Altmeppen*, in: Altmeppen, GmbHG, § 40 Rn. 41; *Bayer*, in: Lutter/Hommelhoff, GmbHG, § 40 Rn. 51; *Bayer/Meier-Wehrsdorfer*, in: Hausschild/Kallrath/Wachter, Notarhandbuch, § 10 Rn. 16; *Berger/Kleissl*, DB 2008, 2235 (2239); *Berninger*, GmbHR 2009, 679 (682); *Böttcher*, ZNotP 2010, 6 (9); *Braun*, DNotZ 2009, 585 (592); *Görner*, in: Rowedder/Pentz, GmbHG, § 40 Rn. 25; *Götze/Bressler*, NZG 2007, 894 (896); *Hasselmann*, ZIP 2010, 2486 (2489); *Heidinger*, in: MünchKomm, GmbHG, § 40 Rn. 333; *Hermanns*, RNotZ 2010, 38 (42); *Kanzleiter*, in: FS Roth, 355 (357); *Löbbe*, GmbHR 2012, 7 (13); *Mankowski*, NZG 2010, 201 (203); *Mayer*, DNotZ 2008, 403 (411), der später aber eine andere Ansicht vertritt; *Müller*, RIW 2010, 591 (597); *Oetker*, Henssler/Strohn, Gesellschaftsrecht, § 40 GmbHG Rn. 30 f.; *Paefgen*, in: Habersack/Casper/Löbbe, GmbHG, § 40 Rn. 157; *Peters*, DB 2010, 97 (99); *Ries*, GWR 2011, 54 (55); Anm. *Ries*, GWR 2013, 137; *Saenger/Scheuch*, BB 2008, 65 (67); *Schneider*, GmbHR 2009, 393 (396); *Seibt*, in: Scholz, GmbHG, § 40 Rn. 103; *Servatius*, in: Noack/Servatius/Haas, GmbHG, § 40 Rn. 69; *Terlau*, in: Michalski et al., GmbHG, § 40 Rn. 27; *Wachter*, ZNotP, 2008, 378 (390); *Weller*, Der Konzern 2008, 253 (258 f.).

930 BGHZ 199, 270 (276); OLG Düsseldorf, NZG 2011, 564 (567); ebenfalls für eine Einreichungskompetenz ausländischer Notare: *Altmeppen*, in: Altmeppen, GmbHG, § 15 Rn. 94; *Görner*, in: Rowedder/Pentz, GmbHG, § 40 Rn. 25; *Göthel*, in: Reithmann/Martiny, Internationales Vertragsrecht Rn. 33.35; *Götze/Bressler*, NZG 2007, 894 (896): „die Eignung zur Einreichung der Gesellschafterliste samt notarieller Bescheinigung [stellt] einen Annex der Eignung zur Beurkundung dar.“; *Götze/Bressler*, NZG 2014, 369 (370); *Kanzleiter*, in: FS Roth, 355 (357); *Mankowski*, NZG 2010, 201 (203); *Mayer*, DNotZ 2008, 403 (411); *Meichelbeck/Krauß*, DStR 2014, 752 (754 f.); *Peters*, DB 2010, 97 (100), mit dem Hinweis, dass in der Praxis der süddt. RegG keine Bedenken gegen die Listeneinreichung durch einen Schweizer Notar bestehen; *Schneider*, GmbHR 2009, 393 (396); *Servatius*, in: Noack/Servatius/Haas, GmbHG, § 40 Rn. 69; *Spellenberg*, in: MünchKomm, BGB, Art. 11 EGBGB Rn. 196; *Terlau*, in: Michalski et al., GmbHG, § 40 Rn. 27; *Verse*, in: Henssler/Strohn, Gesellschaftsrecht, § 15 GmbHG Rn. 46b; *Vossius*, DB 2007, 2299 (2304); *Weller*, ZGR 2014, 865 (880);

des BGH dem Registergericht im Hinblick auf die Einreichungszuständigkeit ein umfangreiches Prüfungsrecht abgesprochen.[931] Das Registergericht habe lediglich ein auf die formalen Anforderungen des § 40 GmbHG beschränktes Prüfungsrecht und dürfe die Einreichung der Gesellschafterliste durch einen ausländischen Notar allenfalls dann beanstanden, wenn dieser unter keinen Umständen zur Einreichung berechtigt wäre. Ein im Ausland ansässiger Notar sei zur Einreichung der Gesellschafterliste über eine Veränderung, an der er mitgewirkt hat, jedenfalls dann berechtigt, wenn die von ihm im Ausland vorgenommene Beurkundung einer Beurkundung durch einen deutschen Notar gleichwertig und deshalb im Inland wirksam ist.[932] Ob die Beurkundung der Anteilsabtretung im Schweizer Kanton Basel-Stadt tatsächlich gleichwertig ist, lässt der II. Zivilsenat des BGH in der vorgenannten Entscheidung dahinstehen und verweist lediglich pauschal auf die Grundsatzentscheidung[933] aus dem Jahr 1981.

bb) Verhältnis zur Einreichungspflicht der Geschäftsführer

Selbst wenn man dem ausländischen Notar in Abweichung von der vorzugswürdigen Auffassung keine Einreichungsbefugnis zuspräche, dann bliebe mangels Mitwirkung eines deutschen Notars allein die haftungsbewehrte (§ 40 Abs. 3 GmbHG) Einreichungspflicht der Geschäftsführer.[934] Die Zuständigkeiten nach

---

Wachter, ZNotP 2008, 378 (390); *ders.*, in: Bork/Schäfer, GmbHG, § 40 Rn. 112; a.A. (keine Einreichungsbefugnis ausländischer Notare): OLG München, NZG 2013, 340, unter Hinweis auf den Gesamtzusammenhang und den Telos des § 40 GmbHG, dagegen jedoch: BGHZ 199, 270; LG Frankfurt, DNotZ 2009, 949 (950); *Bayer*, in: Lutter/Hommelhoff, GmbHG, § 40 Rn. 52 f., insb. aus Haftungsgesichtspunkten; *Bayer/Meier-Wehrsdorfer*, in: Hausschild/Kallrath/Wachter, Notarhandbuch, § 10 Rn. 20; Anm. *Hasselmann*, NZG 2013, 325 (328); wohl auch: *Heidinger*, in: MünchKomm, GmbHG, § 40 Rn. 334; *Heilmeier*, BeckOK, GmbHG, § 40 Rn. 160; *Hermanns*, RNotZ 2011, 224 (227 f.); *Herrler*, GmbHR 2014, 225 (227 f.); *Mayer*, ZIP 2009, 1037 (1046), unter Hinweis auf die Neufassung des § 8 Abs. 3 S. 2 GmbHG; *Kindler*, RIW 2011, 257 (260 f.); *Löbbe*, GmbHR 2012, 7 (14); *Noack*, in: FS Hüffer, 723 (726); *Olk*, NZG 2011, 381 (383); *Paefgen*, in: Habersack/Casper/Löbbe, GmbHG, § 40 Rn. 158 ff.; Anm. *Ries*, GWR 2013, 137.

931 BGHZ 199, 270 (275 ff.).

932 BGHZ 199, 270 (275 f.), mit Verweis auf OLG Düsseldorf, ZIP 2011, 564.

933 BGH, NJW 1981, 1160.

934 RegE, BT-Drs. 16/6140, S. 44; *Heidinger*, in: MünchKomm, GmbHG, § 40 Rn. 339; *Hasselmann*, NZG 2013, 325 (327); *Laeger*, BB 2010, 2647 (2650); *Löbbe*, GmbHR 2012, 7 (13); *Mayer*, DNotZ 2008, 403 (411); *Servatius*, in: Noack/Servatius/Haas,

§ 40 Abs. 1 und 2 GmbHG schließen sich nur insoweit aus, als es um die Verpflichtung zur Einreichung geht.[935] Ungeachtet der Verpflichtung haben die Geschäftsführer vor dem Hintergrund des § 16 Abs. 1 GmbHG ein erhebliches Eigeninteresse nach einer Beurkundung im In- oder Ausland die aktualisierte Gesellschafterliste einzureichen, da sie andernfalls gegenüber der Gesellschaft nicht legitimiert sein würden.[936]

D. Unionsrechtliche Vereinbarkeit

Vor dem Hintergrund, dass hinsichtlich der Beurkundung von statusrelevanten Gesellschaftsakten im Ausland die zweckgebundene Gleichwertigkeit ausscheidet, stellt sich die Frage, ob aufgrund der Anforderungen, welche an die Substitution gestellt werden, ein Verstoß gegen die europäischen Grundfreiheiten vorliegt.

I. Bereichsausnahme des Art. 51 AEUV

Zunächst fällt die notarielle Tätigkeit nicht unter die Bereichsausnahme des Art. 51 Unterabs. 1 AEUV (i.V.m. Art. 62 AEUV[937]).[938] Nach dieser Vorschrift finden die Art. 49–55 AEUV (2. Kapitel) in einem Mitgliedsstaat keine Anwendung auf Tätigkeiten, die dauernd oder zeitweise mit der Ausübung öffentlicher Gewalt verbunden sind. Die unionsgerichtliche Rechtsprechung verlangt dafür eine unmittelbare und spezifische Teilnahme an der Ausübung öffentlicher Gewalt,[939] worunter die Tätigkeit der Notare nicht

GmbHG, § 40 Rn. 71; *Verse*, Henssler/Strohn, Gesellschaftsrecht, § 15 GmbHG Rn. 46b; *Vossius*, DB 2007, 2299 (2304).

935 BGHZ, 199, 270 (275); zustimmend: *Altmeppen*, in: Altmeppen, GmbHG, § 40 Rn. 38.

936 *Hasselmann*, ZIP 2010, 2486 (2488).

937 Art. 62 AEUV erklärt die Bestimmungen der Art. 51–54 AEUV (Vorschriften aus dem Kapitel über das Niederlassungsrecht) auf das Kapitel über die Dienstleistungsfreiheit (Art. 56–62 AEUV) für entsprechend anwendbar.

938 EuGH, Rs. C-54/08, NJW 2011, 2941 (Rn. 116) – Komm./Deutschland; *Basedow*, RabelsZ 55 (1991), 409 (427 ff.); *Hoffmann/Bartlitz*, in: Michalski et al., GmbHG, § 53 Rn. 99; *Korte*, in: Calliess/Ruffert, EUV/AEUV, Art. 51 AEUV Rn. 16; *Spellenberg*, in: MünchKomm, BGB, Art. 11 EGBGB Rn. 117; a.A. (die Beurkundungstätigkeit sei Ausübung von Hoheitstätigkeit): *Fischer*, DNotZ 1989, 467 (495 ff.); *Kropholler*, ZHR 140 (1976), 394 (407); *Kröll*, ZGR 2000, 111 (118 ff.).

939 St. Rspr.: EuGH, Rs. 2/74, NJW 1975, 513 (515) – Reyners; EuGH, Rs. C-42/92, BeckRS 2004, 77151 (Rn. 8) – Thijssen; EuGH, Rs. C-114/97, BeckRS 2004, 74166

fällt – nicht einmal im Hinblick auf die Errichtung vollstreckbarer Urkunden gem. § 794 Abs. 1 Nr. 5 ZPO.[940]

II. Eingriff in die Schutzbereiche

Das Erfordernis der Beurkundung durch einen deutschen Notar stellt eine Beschränkung des Schutzbereichs der aktiven Dienstleistungsfreiheit (Art. 56 Abs. 1 AEUV) der anbietenden ausländischen Notare als auch der passiven Dienstleistungsfreiheit der inländischen Nachfrager von Beurkundungsleistungen dar.[941] Der freie Dienstleistungsverkehr verlangt nach ständiger Rechtsprechung der Unionsgerichte „nicht nur die Beseitigung jeder Diskriminierung des in einem anderen Mitgliedstaat ansässigen Dienstleistenden aufgrund seiner Staatsangehörigkeit, sondern auch die Aufhebung aller Beschränkungen – selbst wenn sie unterschiedslos für inländische Dienstleistende wie für solche aus anderen Mitgliedstaaten gelten –, sofern sie geeignet sind, die Tätigkeiten des Dienstleistenden, der in einem anderen Mitgliedstaat niedergelassen ist und dort rechtmäßig vergleichbare Dienstleistungen erbringt, zu unterbinden, zu behindern oder weniger attraktiv zu machen."[942]

Sofern die Erbringung der notariellen Leistung am Ort der Nachfrage dauerhaft als feste Einrichtung betrieben wird, kommt daneben eine Beschränkung des Schutzbereichs der Niederlassungsfreiheit (Art. 49 Abs. 1 AEUV) in Betracht.[943] Die Zuordnung zur jeweiligen Grundfreiheit ist im Einzelfall

---

(Rn. 35) – Komm./Spanien; *Korte*, in: Calliess/Ruffert, EUV/AEUV, Art. 51 AEUV Rn. 12.

940 EuGH, Rs. C-54/08, NJW 2011, 2941 (Rn. 86) – Komm./Deutschland; *Korte*, in: Calliess/Ruffert, EUV/AEUV, Art. 51 AEUV Rn. 16; *Lieder*, ZIP 2018, 805 (814).

941 *Hoffmann/Bartlitz*, in: Michalski et al., GmbHG, § 53 Rn. 99; *Spellenberg*, in: MünchKomm, BGB, Art. 11 EGBGB Rn. 256; vgl. auch EuGH, Rs. C-342/15, NJW 2017, 1455 (Rn. 35) – Piringer.

942 EuGH, Rs. C-369/96, EuZW 2000, 88 (Rn. 33) – Arblade; EuGH, Rs. C-205/99, BeckRS 2004, 74925 (Rn. 35) – Analir/Spanien; EuGH, Rs. C-439/99, BeckRS 2004, 77261 (Rn. 22) – Komm./Italien; EuGH, Rs. C-265/12, GRUR 2013, 1154 (Rn. 35) – Citroën/FvF.

943 EuGH, Rs. C-55/94, NJW 1996, 579 (Rn. 25 f.) – Gebhard; vgl. *Korte*, in: Calliess/Ruffert, EUV/AEUV, Art. 49 AEUV Rn. 25 f., zu den Begriffsmerkmalen der Niederlassungsfreiheit sowie *Kluth*, in: Calliess/Ruffert, EUV/AEUV, Art. 57 AEUV Rn. 15, zur Subsidiarität der Dienstleistungsfreiheit.

anhand von Dauer, Häufigkeit, Periodizität und Kontinuität der Tätigkeit vorzunehmen.[944]

III. Rechtfertigung

Beschränkungen der Dienstleistungs- bzw. Niederlassungsfreiheit in nicht diskriminierender Weise sind gerechtfertigt, wenn dafür zwingende Gründe des Allgemeininteresses vorliegen, diese geeignet sind, die Verwirklichung des mit ihnen verfolgten Zieles zu gewährleisten, und dabei nicht über das hinausgehen, was zur Erreichung des Zieles erforderlich ist.[945]

Hinsichtlich der Beurkundung von Gesellschaftsgründungen zählt *Lieder*[946] als zwingende Gründe des Allgemeininteresses richtigerweise die Gewährleistung der materiellen Richtigkeit, die Funktionsfähigkeit der Registersysteme, den Schutz der vorsorgenden Rechtspflege[947] sowie die Rechtssicherheit bei Rechtsgeschäften zwischen Privatpersonen[948] auf. Demzufolge ist die Nichtanerkennung der Beurkundung von Rechtshandlungen deutscher Kapitalgesellschaften durch einen europäischen Notar jedenfalls dann gerechtfertigt, wenn die vorstehenden überindividuellen Zwecke nicht gewahrt werden können.[949]

---

944 EuGH, Rs. C-55/94, NJW 1996, 579 (Rn. 27) – Gebhard; EuGH, Rs. C 3/95, BeckRS 2004, 76480 (Rn. 22) – Reisebüro Broede/Sandker.

945 Vgl. EuGH, Rs. C-55/94, NJW 1996, 579 (Rn. 37) – Gebhard; EuGH, Rs. C 3/95, BeckRS 2004, 76480 (Rn. 28) – Reisebüro Broede/Sandker; EuGH, Rs. C 369/96, EuZW 2000, 88 (Rn. 35) – Arblade; *Kluth*, in: Calliess/Ruffert, EUV/AEUV, Art. 57 AEUV Rn. 72; *Randelzhofer/Forsthoff*, in: Grabitz/Hilf/Nettesheim, EUV/AEUV, Art. 56/57 AEUV Rn. 172.

946 *Lieder*, ZIP 2018, 805 (814); die Rechtfertigung ebenfalls bejahend: AG Berlin-Charlottenburg, RNotZ 2016, 119 (124); *Behrens/Hoffmann*, in: Habersack/Casper/Löbbe, GmbHG, Einl. Rn. B 207, unter Hinweis auf Sicherstellung der Funktionsfähigkeit des Handelsregisters; *Cramer*, in: Scholz, GmbHG, § 2 Rn. 20; *Pohl*, EWS 2011, 353 (355); vgl. auch EuGH, Rs. C-342/15, NJW 2017, 1455 (Rn. 56 ff.) – Piringer, in Zusammenhang mit einem Zuständigkeitsvorbehalt für österreichische Notare (§ 53 Abs. 3 ÖstGBG) in liegenschaftsrechtlichen Angelegenheiten.

947 Auch der EuGH sieht darin einen zwingenden Grund des Allgemeininteresses: EuGH, Rs. C-3/95, BeckRS 2004, 76480 (Rn. 36) – Reisebüro Broede/Sandker; EuGH, Rs. C-342/15, NJW 2017, 1455 (Rn. 59) – Piringer.

948 Auch der EuGH sieht darin einen zwingenden Grund des Allgemeininteresses: EuGH, Rs. C-342/15, NJW 2017, 1455 (Rn. 60 f.) – Piringer.

949 Vgl. AG Berlin-Charlottenburg, RNotZ 2016, 119 (124); *Bormann/Stelmaszczyk*, in: Michalski et al., GmbHG, § 2 Rn. 62i; *Cramer*, in: Scholz, GmbHG, § 2 Rn. 21; *Heinze*, in: MünchKomm, GmbHG, § 2 Rn. 70; *Lieder*, ZIP 2018, 805 (814); *ders.*, NZG 2020, 1081 (1088 f.); kritisch gegenüber einer Rechtfertigung durch zwingende

IV. Verhältnis zur Schweiz

Da die Schweiz kein Mitgliedsstaat der Europäischen Union ist, finden die Grundfreiheiten im Verhältnis zu diesem Staat keine Anwendung.[950] Die Dienstleistungsfreiheit wird aber gem. Art. 5 des zwischen der Europäischen Gemeinschaft und ihren Mitgliedsstaaten einerseits sowie der Schweiz andererseits geschlossenen Abkommens über die Freizügigkeit[951] garantiert. Beschränkungen der Freizügigkeit sind nach Anhang I: Art. 5 Abs. 1 FreizügAbk EG/CH durch solche Maßnahmen zulässig, die aus Gründen der öffentlichen Ordnung, Sicherheit und Gesundheit gerechtfertigt sind. Die Rechtfertigung hängt damit im Gleichlauf zu der Beschränkung der Grundfreiheiten von der Gewährleistung der vom jeweiligen Formerfordernis verfolgten Allgemeinwohlinteressen ab.

E. Wesentlicher Ertrag zu den besonderen Voraussetzungen

1. In Bezug auf die statusrelevanten Gesellschaftsakte ist nicht ausreichend gewährleistet, dass im Rahmen der Beurkundung durch ausländische Notare die überindividuellen Zwecke der Rechtssicherheit und materiellen Richtigkeit sowie die Filterfunktion gewahrt werden. Anders als bei den deutschen Notaren sind vertiefte Kenntnisse des deutschen Gesellschafts- und Umwandlungsrechts nicht institutionell garantiert.
2. Die Zwecke des § 130 Abs. 1 AktG können bei der Beurkundung von nicht statusrelevanten Hauptversammlungsbeschlüssen auch durch einen ausländischen Notar verwirklicht werden. Anders als bei statusrelevanten Gesellschaftsakten ist das Fehlen vertiefter Kenntnisse über die Rechtmäßigkeit der Beschlussinhalte unbeachtlich, da die Überwachungsfunktion keinen Hauptzweck darstellt und öffentliche Interessen nicht in gleichem Maße berührt werden.
3. Die Zwecke des § 15 Abs. 3 und Abs. 4 GmbHG, namentlich die Beweis- und Erschwerungsfunktion, können im Rahmen der Auslandsbeurkundung in gleichwertiger Weise verwirklicht werden. Auch ist der ausländische Notar zur Einreichung der Gesellschafterliste berechtigt, da sich dessen Einreichungskompetenz als Annex aus seiner Beurkundungskompetenz ergibt.

Allgemeinwohlinteressen: *Hoffmann/Bartlitz*, in: Michalski et al., GmbHG, § 53 Rn. 99, in Bezug auf Satzungsänderungen, bei denen die Interessen der Verkehrskreise nicht gefährdet seien.

950 AG Berlin-Charlottenburg, DNotZ 2016, 119 (124).

951 Freizügigkeit-Abkommen (FreizügAbk) EG/CH (ABl. 2002, L 114, 6).

4. Den besonderen Substitutionsvoraussetzungen stehen auch keine europarechtlichen Bedenken entgegen. Als zwingende Gründe des Allgemeininteresses sind die materielle Richtigkeitsgewähr, die Funktionsfähigkeit der Registersysteme und der Schutz der vorsorgenden Rechtspflege grundsätzlich geeignet, Beschränkungen der Niederlassungs- oder Dienstleistungsfreiheit zu rechtfertigen.

6. Kapitel: Die allgemeinen Substitutionsvoraussetzungen am Beispiel der Schweiz

Anhand der bisher gewonnenen Ergebnisse wird am Beispiel von vier Schweizer Kantonen, namentlich Basel-Stadt, Bern, Zug und Zürich,[952] untersucht, ob bei der Beurkundung durch die ausländischen Urkundspersonen die allgemeinen Voraussetzungen der Substitution[953] vorliegen. Dabei wird besonderes Augenmerk auf die Einhaltung der zusätzlichen allgemeinen Gleichwertigkeitsvoraussetzungen[954] gelegt, die im vierten Kapitel entwickelt worden sind.

Die vorgenannten Kantone werden nicht zuletzt wegen ihrer geographischen Nähe[955] zu Deutschland als Beurkundungsort gewählt und sind Gegenstand zahlreicher Entscheidungen von deutschen Gerichten gewesen.[956] Mangels einheitlicher bundesgesetzlicher Vorgaben an die Beurkundung[957]

---

952 Mit einer ähnlichen Auswahl: *Winkler v. Mohrenfels*, in: Staudinger, BGB, Art. 11 EGBGB, Rn. 304–309.

953 S. dazu oben 4. Kapitel.

954 S. dazu oben 4. Kapitel: C.

955 S. zu den Motiven für die Auslandsbeurkundung unten: 7. Kapitel.

956 Basel-Stadt: BGHZ 199, 270, Einreichung der Gesellschafterliste (zuvor: OLG München, NZG 2013, 340); OLG München NJW-RR 1998, 758, Anteilsübertragung; OLG Frankfurt, GmbHR 2005, 764, Anteilsübertragung; OLG Düsseldorf, ZIP 2011, 564, Anteilsübertragung; KG Berlin, GmbHR 2018, 1202, Verschmelzungsvertrag; LG Nürnberg, GmbHR 1991, 582, Verschmelzungsvertrag (zuvor AG Fürth, GmbHR 1991, 24); LG Mannheim, BWNotZ 2000, 150, Kapitalerhöhung; LG Frankfurt, DNotZ 2009, 949, Anteilsübertragung;

Bern: OLG Hamburg, IPRspr. 1979, Entsch. Nr. 9, 40, Ehevertrag; KG Berlin, DStR 2018, 534, GmbH-Gründung (zuvor AG Berlin-Charlottenburg, RNotZ 2016, 119); Zug: LG Stuttgart, IPRspr 1976, 24, Entsch. Nr. 5A, Anteilsabtretung; Zürich: BGHZ 80, 76, Satzungsänderung (zuvor OLG Stuttgart, Die Justiz 1981, 19); die v.g. Entsch. obiter dicta bestätigend: BGH, NJW-RR 1989, 1259 (1261), Anteilsübertragung in der Schweiz ohne Angabe des Kantons; OLG Hamm, NJW 1974, 1057, Satzungsänderung; OLG Frankfurt, DNotZ 1982, 186, Anteilsübertragung; LG Köln, MittRhNotK 1990, 21, Verschmelzungsvertrag (zuvor AG Köln, MittRhNotK 1990, 21); LG Augsburg, GmbHR 1996, 941, Verschmelzungsvertrag.

957 Nach Art. 55 Abs. 1 des Schlusstitels zum Schweizerischen Zivilgesetzbuch (SchlT ZGB) bestimmen die Kantone, „in welcher Weise auf ihrem Gebiete die

und der daraus resultierenden Befugnis der Kantone, eigene zivilrechtliche Bestimmungen aufzustellen, ist die personelle sowie verfahrensrechtliche Gleichwertigkeit der Schweizer Notare für jedes Bundesland gesondert festzustellen,[958] vgl. Art. 5 des Schweizerischen Zivilgesetzbuches (ZGB). Der dadurch geschaffene weite Spielraum der kantonalen Gesetzgeber ist der Grund für „die Vielfalt der beurkundungsrechtlichen Verfahren und Bestimmungen in der Schweiz."[959] Jedoch ist der Versuch, auf die Rechtslage in jedem der 26 Schweizer Kantone[960] einzugehen, nicht zweckmäßig und würde gleichfalls den Umfang dieser Untersuchung sprengen.[961]

A. Vorgaben durch das Bundesrecht

Allein im Hinblick auf die Frage, was unter einer öffentlichen Beurkundung zu verstehen ist und welchen Mindestanforderungen sie zu genügen hat, setzt das schweizerische Bundesrecht den kantonalen Regelungen Grenzen.[962] In Ermangelung einer gesetzlichen Definition[963] definiert das Schweizerische Bundesgericht die öffentliche Beurkundung eines Vertrages als „das Herstellen eines Schriftstückes, das den Vertrag enthält, durch eine vom Staat mit dieser

---

öffentliche Beurkundung hergestellt wird."; instruktiv zur dogmatischen Einordnung der v.g. Norm: *Jakobs*, MittRhNotK 1985, 57 (64).

958 KG Berlin, DStR 2018, 534 (536); *Altmeppen*, in: Altmeppen, GmbHG, § 2 Rn. 19; *Berger/Kleissl*, BB 2008, 2235 (2236); *Geimer*, DNotZ 1981, 406 f.; *Hertel*, in: Staudinger, BGB, BeurkG Rn. 751; *Huber*, ZBJV 1967, 249 (250); *Marti*, in: FS Bern, 17 (24); *Notter*, NZ 1995, 145; *Peter*, DNotZ 1987, 600; *Süß*, in: jurisPK, BGB, Art. 11 EGBGB Rn. 89; *Winkler*, NJW 1972, 981 (986); *ders.*, BeurkG, Einl. Rn. 84; *Wolfsteiner*, DNotZ 1978, 532 (534).

959 *Jakobs*, MittRhNotK 1985, 57 (64).

960 *Universität Bern*, Notariatswesen in der Schweiz, mit einer gelungenen Übersicht über die Notariatsformen der einzelnen schweizerischen Kantone (Lehrstuhl Stephan Wolf).

961 Mit der Zielsetzung einer gesamtheitlichen Betrachtung des Beurkundungsrechts aller Schweizer Kantone: *Brückner*, Schweizerisches Beurkundungsrecht, S. 20 ff.; alle 26 Kantone untersuchend: *Pigors*, Die Anerkennung schweizerischer Beurkundungen.

962 BGE 84 II 636, 640 E. 1; BGE 90 II 274, 280 E. 5; BGE 99 II 159, 161 E. 2a; BGE 106 II 146, 147 E. 1; daran anknüpfend: KG Berlin, DStR 2018, 534 (537); instruktiv zu den Mindest- und Maximalanforderungen: *Brückner*, Schweizerisches Beurkundungsrecht, S. 4–11.

963 *Jakobs*, MittRhNotK 1985, 57 (64).

Aufgabe betraute Person, in der vom Staate geforderten Form und in dem von ihm vorgeschriebenen Verfahren."[964] Damit stimmen der schweizerische und der deutsche Beurkundungsbegriff vom Grundsatz her überein.[965]

Für die Substitutionsprüfung kann anhand dieser Definition wegen ihrer Abstraktheit aber keinerlei Erkenntnis gewonnen werden. Vielmehr ist vor der dem Hintergrund der bislang erarbeiteten allgemeinen sowie besonderen Substitutionsvoraussetzungen höchst fraglich, ob der pauschalen These des II. Zivilsenats des BGH, „jedenfalls bei Beurkundung durch einen Schweizer Notar [sei] auch das in deutschen Gesetzesvorschriften aufgestellte Formerfordernis der notariellen Beurkundung erfüllt",[966] gefolgt werden kann. Dies gilt umso mehr, als dass die rechtliche Ausgestaltung des Beurkundungsverfahrens den Kantonen obliegt.

B. Schweizerische Notariatsformen

Die kantonale Rechtssetzungsbefugnis und die historischen Gegebenheiten[967] führen dazu, dass es in der Schweiz drei Notariatsformen gibt. Dem *freiberuflichen Notar*, der regelmäßig ein Hochschulstudium[968] absolviert hat, wird eine staatliche Befugnis zur Beurkundung verliehen.[969] Er übt seine Tätigkeiten in eigenem Namen und auf eigene Rechnung aus.[970]

In Abgrenzung dazu besitzen die Urkundspersonen des staatlich organisierten *Amtsnotariats* den Beamtenstatus; sie sind weisungsgebunden und werden

964 BGE 90 II 274, 281 E. 6; bestätigend: BGE 99 II 159, 161 E. 2a: „Die öffentliche Beurkundung ist die Aufzeichnung rechtserheblicher Tatsachen oder rechtsgeschäftlicher Erklärungen durch eine vom Staat mit dieser Aufgabe betraute Person in der vom Staate geforderten Form und in dem dafür vorgesehenen Verfahren."

965 KG Berlin, DStR 2018, 534 (537); OLG Düsseldorf, ZIP 2011, 564 (565); OLG Frankfurt, GmbHR 2005, 764 (767);

966 BGH NJW-RR 1989, 1259, mit Verweis auf BGHZ 80, 76 (78).

967 *Notter*, NZ 1995, 145: Die Westschweiz habe unter dem französischen Einfluss das lateinische Notariat übernommen. Andere Kantone seien hingegen der deutschen Tradition gefolgt, nach welcher die öffentliche Beurkundung ursprünglich Beamten vorbehalten war; *Santschi*, DNotZ 1962, 626 (627).

968 *Notter*, NZ 1995, 145 (147).

969 *Jakobs*, MittRhNotK 1985, 57 (65); *Notter*, NZ 1995, 145.

970 *Jakobs*, MittRhNotK 1985, 57 (65); *Marti*, in: FS Bern, 17 (27); *Santschi*, DNotZ 1962, 626 (627).

von ihrem Dienstherrn besoldet.[971] Zur Beurkundung sind ausschließlich Staats- oder Gemeindebeamte befugt.[972] In seiner klassischen Form existiert ein solches Staatsnotariat nur noch in den Kantonen Zürich und Schaffhausen.[973] Schließlich ist das Notariatswesen in manchen Kantonen als *Mischform* der beiden vorgenannten Systeme organisiert. Insoweit wird die Zuständigkeit zwischen dem Amts- und Berufsnotar regelmäßig anhand des Sachgebietes bzw. der Beurkundungsgegenstände abgegrenzt.[974]

Mit Ausnahme von Grundstücksgeschäften, für welche die kantonalen Ordnungen regelmäßig eine ausschließliche Zuständigkeit des Notars am Belegenheitsort des Grundstücks vorsehen, ist es innerhalb der Schweiz möglich, für die Beurkundung eine Urkundsperson aus einem anderen Kanton aufzusuchen.[975] Der Errichtungsort ist bestimmend für das Beurkundungsverfahren; eine nach dem Recht eines anderen Kantons errichtete öffentliche Urkunde muss von allen anderen Kantonen als solche anerkannt werden.[976]

C. Personelle Gleichwertigkeit

I. Basel-Stadt (Freiberufliches Notariat[977])

In dem Kanton Basel-Stadt sind die Rechte und Pflichten der Notare (§§ 2–22) sowie das Beurkundungsverfahren (§§ 23–54) in dem Notariatsgesetz vom 18.01.2006 (NotG-BS) geregelt.[978]

Zum einen müssen Notarbewerber ihre Fähigkeiten gem. § 3 NotG-BS im Rahmen einer Notariatsprüfung nachweisen. Gegenstand dieser Prüfung

---

971 *Jakobs*, MittRhNotK 1985, 57 (65); *Santschi*, DNotZ 1962, 626 (627); vgl. etwa § 18 NotG-ZH: „Die Notare und ihre Mitarbeiter unterstehen dem kantonalen Personalrecht."

972 *Santschi*, DNotZ 1962, 626 (629).

973 BGE 103 Ia 85, 91, zusätzlich wird hier der Kanton Thurgau genannt; *Schweizer Notarenverband*, Das Schweizer Mischsystem.

974 *Notter*, NZ 1995, 145 (146).

975 *Marti*, in: FS Bern, 17 (25); *Notter*, NZ 1995, 145 (146): „Für die [...] öffentlichen Beurkundungen gilt an sich vollständige Freizügigkeit."; *Santschi*, ZBGR 1968, 1 (6); *Schmid*, ZBGR 1993, 1 (10): „Grundsatz der Freizügigkeit der öffentlichen Urkunde".

976 *Marti*, in: FS Bern, 17 (24 f.).

977 *Brückner*, Schweizerisches Beurkundungsrecht, S. 970; *Santschi*, DNotZ 1962, 626 (627).

978 Systematische Gesetzessammlung Basel-Stadt [im Folgenden: SG Basel-Stadt] 292.100, Stand: 01.07.2020.

sind gem. § 5a Abs. 1 NotG-BS „die für die Notariatstätigkeit massgebenden Teile des eidgenössischen und kantonalen Privat- und öffentlichen Rechts". Die Einzelheiten der Notariatsprüfung sind in §§ 1–7 der vom Regierungsrat beschlossenen Notariatsverordnung (NoVo-BS) vom 18.12.2007 geregelt.[979] Zur Notariatsprüfung werden gem. § 4 NotG-BS nur solche Bewerber zugelassen, die ein Studium an einer schweizerischen juristischen Fakultät absolviert und praktische Tätigkeiten in einem basel-städtischen Notariatsbüro, beim Grundbuchamt und beim Handelsregisteramt ausgeübt haben. Damit entspricht die Vorbildung des basel-städtischen Notars der seines deutschen Kollegen.[980]

Zum anderen besitzen die Notare im Kanton Basel-Stadt eine mit der Stellung des deutschen Notars vergleichbare Unabhängigkeit (§ 18 Abs. 1 NotG-BS) und Zuverlässigkeit. Basel-städtische Notare dürfen gem. § 16 NotG-BS nur solche Willenserklärungen und Sachverhalte bezeugen, die nach ihrer Überzeugung der Wahrheit entsprechen.

Unter Berücksichtigung der Vorbildung und Stellung übt der basel-städtische Notar also insgesamt eine Funktion aus, die der seines deutschen Kollegen entspricht.[981]

II. Bern (Freiberufliches Notariat[982])

In dem Kanton Bern gilt das Notariatsgesetz vom 22.11.2005 (NotG-BE).[983] Nach Art. 5 Abs. 1 NotG-BE ist zur Erlangung des bernischen Notariatspatents

979 SG Basel-Stadt 292.110, Stand: 01.07.2016; etwa wird der schriftliche Teil der Prüfung gem. § 2 NoVO-BS als zwölfstündige Klausur durchgeführt.

980 OLG Frankfurt, GmbHR 2005, 746 (767), mit Verweis auf die Homepage des Schweizer Notarenverbandes; OLG Düsseldorf, ZIP 2011, 564 (565).

981 OLG München, NJW-RR 1998, 758, mit Verweis auf *Brückner*, Schweizerisches Beurkundungsrecht, S. 970; OLG Frankfurt, GmbHR 2005, 764 (767); OLG Düsseldorf, ZIP 2011, 564 (565); KG Berlin, GmbHR, 2018, 1202 (1203); LG Nürnberg, GmbHR 1991, 582; *Berger/Kleissl*, DB 2008, 2235 (2236); *Böttcher/Blasche*, NZG 2006, 766 (767): „in den betreffenden Kantonen [werden] jeweils profunde juristische Kenntnisse verlangt"; *Götze/Mörtel*, NZG 2011, 727 (729 f.); *Maier-Reimer*, BB 1974, 1230 (1232); *Pigors*, Die Anerkennung schweizerischer Beurkundungen, S. 65 f.; *Weller*, ZGR 2014, 865 (877 f.); *Winkler v. Mohrenfels*, in: Staudinger, BGB, Art. 11 EGBGB Rn. 305; a.A. (keine gleichwertige Funktion): *Pilger*, BB 2005, 1285 (1287), mit der Warnung die Vorbildung der Schweizer Notare weise generell Defizite auf.

982 *Brückner*, Schweizerisches Beurkundungsrecht, S. 967; *Santschi*, DNotZ 1962, 626 (627).

983 Systematische Gesetzessammlung Bern [im Folgenden: BSG Bern] 169.11, Stand: 01.06.2021.

die bestandene Notariatsprüfung Voraussetzung, zu welcher zugelassen wird, wer „das juristische Lizentiat oder Masterdiplom einer schweizerischen Hochschule [...] erworben hat, und eine praktische Ausbildung im Kanton Bern absolviert hat“, vgl. Art. 5 Abs. 2 NotG-BE.[984] Die praktische Ausbildungszeit für die Tätigkeit als Notar beträgt 24 Monate, vgl. Art. 7 Abs. 1 der vom Kantonsrat erlassenen Verordnung über die Notariatsprüfung vom 25.10.2006 (NPV-BE).[985] Der genaue Inhalt der sich daran anschließenden Notariatsprüfung ist in Art. 12 Abs. 2, Abs. 3 NPV-BE geregelt. Damit entspricht die Vorbildung des bernischen Notars der seines deutschen Kollegen.[986]

Zudem besitzen die Notare im Kanton Bern eine mit der Stellung des deutschen Notars vergleichbare Unabhängigkeit (Art. 3 Abs. 1 NotG-BE) und Zuverlässigkeit.[987] Der Notar darf gem. Art. 34 Abs. 1 NotG-BE nur Willenserklärungen und Tatsachen beurkunden, die „er selbst vorschriftsgemäss wahrgenommen hat“. Ferner ist er gem. Art. 37 Abs. 1 NotG-BE zur unparteiischen und gewissenhaften Interessenwahrnehmung verpflichtet.

Somit übt der bernische Notar unter Berücksichtigung der Vorbildung und Stellung insgesamt eine Funktion aus, die der seines deutschen Kollegen entspricht.[988]

---

984 Die besondere Qualifizierung des bernischen Notars betonend: BGE 103 Ia 85, 92 ff.; KG Berlin, DStR 2018, 534 (536), unter Verweis auf die Vorschrift des Art. 5 Abs. 2 NotG-BE.

985 BSG Bern 169.221, Stand: 01.11.2020; *Jakobs*, MittRhNotK 1985, 57 (67), der die Dauer der praktischen Ausbildung betont.

986 OLG Hamburg, IPRspr. 1979, Entsch. Nr. 9, 40 (41): „keine die Qualifikation als Urkundsperson in Frage stellend[e] Unterschiede“; KG Berlin, DStR 2018, 534 (536); a.A. *Becker*, NotBZ 2016, 321 (323), mit dem arg., in der BRD seien die Befähigung zum Richteramt und die Bestenauslese Voraussetzung zum Zugang zum Notarberuf.

987 *Marti*, in: FS Bern, 17 (33 u. 35).

988 OLG Hamburg, IPRspr. 1979, 40 (41), Entsch. Nr. 9; KG Berlin, DStR 2018, 534 (536); *Maier-Reimer*, BB 1974, 1230 (1232); *Pigors*, Die Anerkennung schweizerischer Beurkundungen, S. 76 f.; *Winkler v. Mohrenfels*, in: Staudinger, BGB, Art. 11 EGBGB Rn. 306; a.A. (keine entsprechende Funktion): *Becker*, NotBZ 2016, 321 (322 f.).

III. Zug (Mischform[989])

In dem Kanton Zug gibt es drei Arten von Urkundspersonen, vgl. § 1 Abs. 1 des Gesetzes über die öffentliche Beurkundung vom 03.06.1946 (BeurkG-ZG).[990] Die Beurkundung dinglicher Rechtsgeschäfte ist gem. § 6 BeurkG-ZG grundsätzlich dem *Grundbuchverwalter* vorbehalten.

Weiterhin sind *besonders ermächtigte Rechtsanwälte* gem. § 7 BeurkG-ZG zu allen öffentlichen Beurkundungen in Zivilsachen befugt. Für sie sind das zugerische Anwaltspatent und ein Gesuch an die Aufsichtskommission ausreichend, um als Notar tätig zu werden, vgl. § 2 Abs. 1 BeurkG-ZG.[991] Das Anwaltspatent setzt seinerseits ein abgeschlossenes juristisches Studium und zudem ein mindestens einjähriges Praktikum in der Schweiz voraus, das mit einem Examen abgeschlossen wurde, vgl. Art. 7 Abs. 1 Bundesgesetz über die Freizügigkeit der Anwälte vom 23.06.2000 (Anwaltsgesetz, BGFA)[992] i.V.m. § 6 Zugerisches EG zum BGFA vom 25.04.2002.[993] Zudem ist die Anwaltsprüfung aufgrund der Vorgabe des § 34 BeurkG-ZG auf die Feststellung der praktischen Befähigung zur Beurkundung ausgedehnt worden. In Umsetzung dazu hat das zugerische Obergericht beschlossen, dass sich die mündliche Prüfung der zugerischen Anwaltsprüfung auf das Beurkundungsrecht erstreckt, vgl. § 5 Abs. 2 lit. e) der Verordnung über die Anwaltsprüfung und die Beurkundungsprüfung für Rechtsanwälte (AnwPrüfVO-ZG) vom 12.11.2021.[994]

Schließlich sind gem. § 4 Abs. 1 BeurkG-ZG auch sog. *Gemeindeschreiber* zu allen öffentlichen Beurkundungen in Zivilsachen befugt, sofern sie „sich gegenüber der Aufsichtsbehörde in einer Prüfung über hinreichende theoretische und praktische Kenntnisse im Beurkundungsrecht ausgewiesen haben." Die Prüfung für Gemeindeschreiber umfasst die Abfassung von zwei öffentlichen Urkunden und eine mündliche Prüfung, „die sich auf die privatrechtlichen Grundbegriffe und Zusammenhänge der zu beurkundenden Rechtsgeschäfte […]

989 *Brückner*, Schweizerisches Beurkundungsrecht, S. 969; *Santschi*, DNotZ 1962, 626 (628).

990 Systematische Sammlung Zug [im Folgenden: BGS Zug] 223.1, Stand: 01.01.2018.

991 *Pilger*, BB 2005, 1285 (1287); *Santschi*, DNotZ 1962, 626 (628): „Rechtsanwälte, die ohne den Titel eines Notars zu besitzen, bestimmte Urkundsgeschäfte besorgen dürfen."

992 SR 935.61, Stand: 01.03.2021.

993 BGS Zug 163.1, Stand: 12.11.2016.

994 BGS Zug 163.2, Stand: 01.01.2022; die Vorschriften der §§ 13–16 der AnwPrüfVO-Zug enthalten besondere Regelungen für Personen mit außerkantonalem Anwaltspatent, welche sich der zugerischen Beurkundungsprüfung unterziehen wollen.

erstreckt", vgl. § 5 Prüfungsreglement für Gemeindeschreiber im Beurkundungsrecht vom 02.10.1989.[995]

Da die Vorbildung der zugerischen Gemeindeschreiber kein juristisches Hochschulstudium voraussetzt, entspricht diese nicht der eines deutschen Notars. Die insbesondere in Bezug auf das Gesellschaftsrecht unzureichende Vorbildung der gemeindlichen Urkundspersonen hat der zugerische Gesetzgeber erkannt und diesem Aspekt in Zusammenhang mit dem Grundsatz der Beurkundungspflicht (§ 9a Abs. 1 BeurkG-ZG) Rechnung getragen. Nach der Ausnahmevorschrift des § 9a Abs. 3 BeurkG-ZG bestimmen die Gemeinden, ob sie gesellschaftsrechtliche Rechtsgeschäfte und Vorgänge durch ihre Urkundspersonen beurkunden lassen.[996] Diese Regelung soll verhindern, „dass die Beurkundungspflicht für eine gemeindliche Urkundsperson auch dann besteht, wenn die betreffende Gemeinde in einem bestimmten Rechtsgebiet keine öffentliche Beurkundung anbietet."[997] Nicht alle gemeindlichen Urkundspersonen besäßen ausreichend Kenntnisse und Erfahrungen mit gesellschaftsrechtlichen Beurkundungen.[998] Demgegenüber besitzt die vorgenannte Sondervorschrift keine Bedeutung für die Kompetenz der besonders ermächtigten zugerischen Rechtsanwälte.

Im Ergebnis scheidet die personelle Gleichwertigkeit der zugerischen Urkundspersonen insgesamt aus, da die Gemeindeschreiber ohne juristisches Studium zur Vornahme aller öffentlichen Beurkundungen befugt sind.[999] Dass demgegenüber die Vorbildung der zur Beurkundung ermächtigten Rechtsanwälte der von deutschen Notaren entspricht, führt zu keinem anderen Ergebnis. Die personelle Gleichwertigkeit ist anhand eines abstrakten Prüfungsmaßstabes zu ermitteln,[1000] d.h. das deutsche Registergericht hat nicht zu prüfen, ob im

---

995 BGS Zug 171.4, Stand: 15.07.2000.

996 *Stadt Zug*, StRB Nr. 209.15 vom 24.03.2015, danach verzichtet das Notariat der Stadtkanzlei Zug auf die Beurkundung von gesellschaftsrechtlichen Rechtsgeschäften undVorgängen.

997 *Regierungsrat/Obergericht des Kantons Zug*, Bericht und Antrag vom 03.12.2013 auf Teilrevision des BeurkG-ZG, S. 17.

998 *Regierungsrat/Obergericht des Kantons Zug*, Bericht und Antrag vom 03.12.2013 auf Teilrevision des BeurkG-ZG, S. 17.

999 So auch: *Pilger*, BB 2005, 1285 (1287), mit der Warnung die Vorbildung der Schweizer Notare weise generell Defizite auf; *Winkler*, NJW 1972, 981 (986); a.A. (gleichwertige Funktion): *Böttcher/Blasche*, NZG 2006, 766 (767): „in den betreffenden Kantonen [werden] jeweils profunde juristische Kenntnisse verlangt"; zögerlich: *Pigors*, Die Anerkennung schweizerischer Beurkundungen, S. 313 f.

1000 S. dazu oben 4. Kapitel: B. II. sowie B. III. 1.

Einzelfall ein zugerischer Gemeindeschreiber oder ein ermächtigter Rechtsanwalt die Beurkundung durchgeführt hat.

Vor diesem Hintergrund kommt es nicht mehr entscheidend darauf an, dass die zugerischen Urkundspersonen die notarielle Tätigkeit unabhängig ausüben und auch die erforderliche Zuverlässigkeit besitzen, vgl. §§ 8, 10a Abs. 2, 10b Abs. 1 BeurkG-ZG.

IV. Zürich (Amtsnotariat[1001])

In dem Kanton Zürich gilt das Notariatsgesetz vom 09.06.1985 (NotG-ZH).[1002] In Vertiefung dazu regelt die von dem Obergericht erlassene Verordnung über die Geschäftsführung der Notariate vom 23.11.1960 (NotV-ZH)[1003] die Amtsführung der Notariate, vgl. § 37 lit. c) NotG-ZH.

Die Ausbildung zum Notar erfolgt gem. § 6 Abs. 1 NotG-ZH „über eine Lehre oder Mittelschule oder über ein Studium". Vor Aufnahme der notariellen Tätigkeit hat die Urkundsperson eine Fähigkeitsprüfung (§ 7 Abs. 2 NotG-ZH) zu absolvieren, deren Gegenstände sich im Einzelnen aus der Vorschrift des § 12 Abs. 2 der Notariatsprüfungsverordnung vom 04.09.2013 (NotPV-ZH) ergeben.[1004] Weiterhin ist nach § 8 Abs. 1 lit. e) NotPV-ZH eine zweijährige praktische Tätigkeit als Notarstellvertreter Voraussetzung für die Zulassung zur Prüfung.[1005] Insgesamt dauere es zehn Jahre vom Beginn der Lehre an, bis sich der Notarstellvertreter in jedem zürcherischen Notariatskreis zur Wahl stellen kann.[1006]

Aufgrund der alternativen Zulassung einer Ausbildung oder Lehre bestehen erhebliche Zweifel, ob die Stellung des Züricher Notars der eines deutschen Notars entspricht, da das Erlernen der rechtswissenschaftlichen Methodik

---

1001 *Brückner*, Schweizerisches Beurkundungsrecht, S. 967; *Santschi*, DNotZ 1962, 626 (629).

1002 Offizielle Sammlung Zürich [im Folgenden OS Zürich] 49, S. 423, Ordnungsnummer 242, Stand: 01.01.2017.

1003 OS Zürich 40, S. 1247, Ordnungsnummer 242.2, Stand: 01.07.2016.

1004 OS Zürich 68, S. 393, Ordnungsnummer 242.1, Prüfungsgegenstand sind das „Notariats- und Grundbuchrecht, Privatrecht (einschließlich internationales Privatrecht), Schuldbetreibungs- und Konkursrecht, Zivilprozessrecht, Planungs- und Baurecht, Strafrecht".

1005 Vgl. zum Erfordernis der praktischen Tätigkeit auch die Vorschrift des § 8 NotG-ZH.

1006 *Peter*, DNotZ 1987, 600 (603).

nicht mit ausreichender Sicherheit gewährleistet ist.[1007] Diese Zweifel werden durch den Umstand verstärkt, dass der Ausbildung über Lehre oder Mittelschule lediglich „ein auf die Prüfungsfächer bezogenes Teilstudium an einer schweizerischen Hochschule" nachfolgt, vgl. § 6 Abs. 2 lit. c) NotG-ZH.[1008]

Nach Auffassung des Verfassers vermag selbst die recht lange Ausbildungszeit mit praktischen Bezügen die Zweifel an der Gleichwertigkeit der Vorbildung nicht endgültig zu beseitigen. Negativ fällt zudem ins Gewicht, dass das Gesellschaftsrecht nicht ausdrücklich als Pflichtfach der zürcherischen Notariatsprüfung genannt ist.[1009]

Somit kommt es nicht mehr entscheidend darauf an, dass der zürcherische Notar die erforderliche Unabhängigkeit und Unparteilichkeit besitzt, da er gem. § 18 NotG-ZH dem kantonalen Personalrecht unterliegt.[1010] Auch besitzt die zürcherische Urkundsperson eine vergleichbare Zuverlässigkeit, weil sie bei ihren Beurkundungshandlungen gem. § 18 NotV-ZH größtmögliche Sorgfalt walten zu lassen hat.[1011]

Im Ergebnis entspricht die Funktion des zürcherischen Notars aber nicht der seines deutschen Kollegen, da ein rechtswissenschaftliches Studium keine zwingende Voraussetzung für die notarielle Tätigkeit ist.[1012]

1007 *Brückner*, Schweizerisches Beurkundungsrecht, S. 114 f.: „Von einer Urkundsperson mit juristischem Hochschulabschluss kann bessere Rechtsberatung und Geschäftsgestaltung erwartet werden als von einer Urkundsperson mit kaufmännischer Ausbildung und Notariatslehre."; *Jakobs*, MittRhNotK 1985, 57 (70); *Winkler v. Mohrenfels*, in: Staudinger, BGB, Art. 11 EGBGB Rn. 309; s. dazu auch oben 4. Kapitel: B. II. 2.

1008 Mit nahezu demselben Wortlaut: § 8 Abs. 2 lit. a Nr. 2 NotPV-ZH; diesen Umstand erkennend, aber mit anderer Bewertung: *Böttcher/Blasche*, NZG 2006, 766 (767).

1009 So bereits: *Bredthauer*, BB 1986, 1864 (1866), dort Fn. 30; vgl. § 12 Abs. 2 NotPV-ZH.

1010 *Peter*, DNotZ 1987, 600 (603).

1011 *Fellmann*, ZBGR 1986, 129 (132).

1012 AG Köln, MittRhNotK 1990, 21 (22); *Bredthauer*, BB 1986, 1864 (1866): „in Schulbildung als auch in der fachlichen Ausbildung nicht vergleichbar"; *Geimer*, DNotZ 1981, 406 (409 f.); *Pilger*, BB 2005, 1285 (1287), mit der Warnung die Vorbildung der Schweizer Notare weise generell Defizite auf; *Winkler v. Mohrenfels*, in: Staudinger, BGB, Art. 11 EGBGB Rn. 309; *Wolfsteiner*, DNotZ 1978, 532 (534 f.); a.A. (gleichwertige Funktion): BGHZ 80, 76 (78), mit dem bloßen Verweis auf das Gutachten des *Max-Planck-Instituts* aus dem Jahr 1971; OLG Hamm, NJW 1974, 1057 (1058), ebenfalls mit Verweis auf das vorgenannte Gutachten; OLG Frankfurt, DNotZ 1982, 186 (187), mit Verweis auf die v.g. Entsch. des OLG Hamm; *Böttcher/Blasche*, NZG 2006, 766 (767): „in

V. Zusammenfassung zur personellen Gleichwertigkeit

Lediglich der basel-städtische und der bernische Notar[1013] üben eine Funktion aus, die der ihres deutschen Kollegen entspricht. In dem Kanton Zug scheitert die personelle Gleichwertigkeit an der grundsätzlichen Befugnis der lückenhaft vorgebildeten Gemeindeschreiber zu allen öffentlichen Beurkundungen. In Bezug auf den zürcherischen Notar scheitert die personelle Gleichwertigkeit daran, dass die notarielle Tätigkeit nicht zwingend ein rechtswissenschaftliches Studium voraussetzt.

D. Verfahrensrechtliche Gleichwertigkeit

I. Anwendung zusätzlicher Verfahrensvorschriften

In Zusammenhang mit den allgemeinen Substitutionsvoraussetzungen wurde bereits festgestellt, dass richtigerweise anhand einer abstrakten Betrachtung zu bestimmen ist, ob der ausländische Notar nach der für ihn geltenden Notariatsverfassung ein gleichwertiges Beurkundungsverfahren einhalten muss.[1014] Demzufolge besitzen kantonale Vorschriften, nach denen bei Beurkundungen für das Ausland auf Verlangen der Urkundsbeteiligten zusätzlich Verfahrensvorschriften des Staates zu beachten sind, dessen materielles Recht das Formerfordernis aufstellt,[1015] für die Gleichwertigkeitsprüfung keine Bedeutung.[1016] Vielmehr implizieren solche Vorschriften, dass der kantonale Gesetzgeber bei

den betreffenden Kantonen [werden] jeweils profunde juristische Kenntnisse verlangt"; *Max-Planck-Institut*, IPG 1971 Nr. 41, S. 403 (410), aber unter Zugrundelegung der a.F. des NotG-ZH vom 28.07.1907; *Maier-Reimer*, BB 1974, 1230 (1232); *Stephan*, NJW 1974, 1596 (1598); zögerlich: *Pigors*, Die Anerkennung schweizerischer Beurkundungen, S. 332.

1013 Vgl. BGE 103 Ia 85, 86: In dem Verfahren brachte die Justizdirektion des Kantons Bern vor, dass die „im Kanton Bern praktizierenden Notare über eine abgeschlossene Hochschulausbildung verfügen und demgemäss wesentlich besser in der Lage seien, das Publikum in zivil- und steuerrechtlicher Hinsicht zu beraten als z.B. ein zürcherischer Notar [...]".

1014 S. dazu oben 4. Kapitel: B. III. 1.

1015 Solche Regelungen finden sich etwa in § 33 Abs. 4 NotG-BS (bezüglich Verfahrenserleichterungen ausländischer Staaten: § 11 Abs. 3 NoVo-BS) oder § 34 NotV-ZH, hingegen nicht in den Ordnungen der Kantone Bern und Zug.

1016 Vgl. AG Berlin-Charlottenburg, RNotZ 2016, 119 (122); *Beckmann/Fabricius*, GWR 2016, 375 (377).

internationalen Urkundsgeschäften eher nicht von einer Gleichwertigkeit des eigenen Beurkundungsverfahrens ausgeht.[1017]

II. Kantonale Verfahrensgrundsätze

1. Pflicht zur Amtsverweigerung

In sämtlichen der hier untersuchten Kantonen entsprechen die Amtsverweigerungspflichten denen des deutschen Notars – insbesondere im Hinblick auf die Vorschrift des § 4 BeurkG. Im Einzelnen:

Basel-städtische Notare haben gem. § 20 NotG-BS solche Beurkundungen abzulehnen, für die kein schützenswertes Interesse ersichtlich ist. Gleiches gilt, wenn aus Sicht des Notars trotz Belehrungen über die Wahrheitspflicht und die Straffolgen bei unwahrer Erklärungsabgabe begründete Zweifel an der Ernsthaftigkeit und Aufrichtigkeit der erklärenden Person bestehen bleiben, vgl. §§ 16, 32 Abs. 2 NotG-BS.

Ebenso hat der bernische Notar das Beurkundungsbegehren gem. Art. 31 Abs. 1 lit. b) NotG-BE abzulehnen, „wenn der Inhalt der Beurkundung offensichtlich rechtlich unmöglich, rechts- oder sittenwidrig ist".

Auch zugerische Urkundspersonen lehnen eine Beurkundung gem. § 9a Abs. 2 lit. b) BeurkG-ZG ab, „wenn der Inhalt der Beurkundung offensichtlich rechtlich unmöglich, rechts- oder sittenwidrig ist."

Schließlich hat auch der zürcherische Notar die Beurkundung abzulehnen, wenn er befürchtet, dass das Geschäft nichtig oder anfechtbar ist, insbesondere weil es einen widerrechtlichen Inhalt hat oder gegen die guten Sitten verstößt, vgl. § 20 Abs. 3 NotV-ZH.

2. Identitätsfeststellung

Die untersuchten kantonalen Ordnungen gewährleisten gleichsam wie das deutsche Verfahrensrecht (§ 10 BeurkG) eine sichere Feststellung der Identität der Urkundsbeteiligten. Im Einzelnen:

Die basel-städtischen Notare haben bei der Beurkundung von Willenserklärungen gem. § 30 Abs. 1 NotG-BS die Personalien der am Beurkundungsvorgang teilnehmenden Personen zu prüfen. Im Falle der Beurkundung von Vorgängen sind die Personalien und die Zuständigkeit der versammlungsleitenden Person zu überprüfen, vgl. § 39 Abs. 1 NotG-BS. Nach § 14 Abs. 6 NoVo-BS erfolgt die Identitätsprüfung grundsätzlich durch Einsichtnahme in ein

1017 *Müller*, NJW 2014, 1994 (1997).

amtliches Ausweispapier und die Art der Feststellung ist in der Urkunde anzugeben. Die genaue Bezeichnung der am Beurkundungsverfahren anwesenden Parteien bzw. der versammlungsleitenden Person ist sodann im Ingress der Urkunde festzuhalten, vgl. § 14 Abs. 1, Abs. 2, Abs. 3 NoVo-BS.

Ebenso hat der bernische Notar bei der Beurkundung von Willenserklärungen gem. Art. 43 Abs. 1 NV-BE die Identität sowie die Handlungsfähigkeit der Urkundsparteien zu prüfen und in der Urkunde festzuhalten. Dabei ist gem. Art. 34 Abs. 3 NV-BE anzugeben, wie die Identität festgestellt worden ist.

Nach § 13 Abs. 1 BeurkG-ZG hat sich die zugerische Urkundsperson ebenfalls „über die Identität und Handlungsfähigkeit der vor ihr erscheinenden Personen zu vergewissern." Schließlich überprüft auch der zürcherische Notar gem. § 13 Abs. 1, Abs. 2 NotV-ZH die Identität der am Rechtsgeschäft beteiligten Personen, indem er die Vorlegung eines amtlichen Identitätsausweises verlangt. Unter Hinweis auf den Mangel ist auf Verlangen der Parteien die Beurkundung trotz Fehlens von Ausweisen vorzunehmen, vgl. § 17 NotV-ZH.[1018]

3. *Von der Urkundsperson unterzeichnete Niederschrift*

Die Vorgaben an den Inhalt der Niederschrift sind in allen hier untersuchten kantonalen Ordnungen mit den Anforderungen kongruent, die sich nach den Vorschriften der §§ 9, 10, 36, 37 BeurkG für die von einem deutschen Notar errichtete Niederschrift ergeben. Auch ist die Unterzeichnung durch den Notar (§ 13 Abs. 3 S. 1 i.V.m. § 37 Abs. 3 BeurkG) in gleichwertiger Weise sichergestellt. Im Einzelnen:

Nach basel-städtischem Recht zählen zum notwendigen Inhalt der Urkunde insbesondere der Name und Amtssitz des Notars, Ort und Datum des Beurkundungsvorgangs, die genaue Bezeichnung der Parteien bzw. des Versammlungsleiters und die beurkundungsbedürftigen bzw. rechtserheblichen Erklärungen, vgl. §§ 47 NotG-BS, 14 NoVo BS. Die Niederschrift endet gem. § 33 Abs. 3 NotG-BS mit der Unterschrift des Notars.

Ebenso hat die nach bernischem Recht errichtete Urkunde außer dem Gegenstand der Beurkundung die Bezeichnung des Notars und der Urkundsparteien sowie Ort und Datum der Beurkundung zu enthalten, vgl. Art. 34 Abs. 1 der Bernischen Notariatsverordnung[1019] vom 26.04.2006 (NotV-BE).[1020] In der

1018 Vorlage für diese Regelung ist die Vorschrift des Art. 239 Abs. 2 EG-ZH zum ZGB vom 02.04.1911, OS 29, S. 145 u. GS II, S. 214, Ordnungsnummer 230.

1019 BSG (Bern) 169.112, Stand: 01.03.2022.

1020 Vgl. zum Protokollinhalt bei der Beurkundung von Vorgängen oder Zuständen: Art. 52 Abs. 1 NV-BE.

bereinigten Urkunde (Art. 46 Abs. 3 NV-BE) muss die Unterschrift des Notars enthalten sein, die eine Wirksamkeitsvoraussetzung darstellt, vgl. Art. 24 lit. f) NotG-BE.

Auch nach dem Verfahrensrecht in dem Kanton Zug enthält die Beurkundungserklärung insbesondere Angaben zur Bezeichnung der Urkundsperson und den Erklärungen der Parteien, vgl. § 19 Abs. 2 BeurkG-ZG. Die zugerische Urkundsperson unterzeichnet die Beurkundungserklärung gem. § 19 Abs. 3 (i.V.m. § 21 Abs. 3) BeurkG-ZG unter Angabe von Ort und Datum.

Schließlich muss bei der Beurkundung von Willenserklärungen auch die zürcherische Urkunde die anhand der Identitätsprüfung gewonnenen Angaben über die mitwirkenden Personen enthalten, vgl. § 12 Abs. 1 NotV-ZH. Nach § 19 Abs. 1 NotV-ZH veranlasst und überwacht der Notar sodann die Abfassung sowie die Reinschrift der Urkunde. Anschließend unterzeichnet der zürcherische Urkundsbeamte die datierte Urkunde unter Angabe des Ortes, vgl. § 30 Abs. 1 NotV-ZH.

4. *Prüfungs- und Belehrungspflicht (Willenserklärungen)*

a) Basel-Stadt

Das basel-städtische Notariatsgesetz differenziert, parallel zum deutschen Beurkundungsrecht, zwischen der Beurkundung von Willenserklärungen (§§ 30–37) und von Sachbeurkundungen[1021] (§§ 38–46).

Bei der Beurkundung von Willenserklärungen müssen Notare den wirklichen Geschäftswillen der Parteien sorgfältig ermitteln und im Urkundenentwurf niederlegen, vgl. §§ 30 Abs. 2 NotG-BS. Zusätzlich berät der Notar gem. § 31 Abs. 2 NotG-BS über verschiedene Gestaltungsmöglichkeiten, soweit danach gefragt wird oder sich die Beratung aufdrängt.

In jedem Fall haben Notare die Erklärenden gem. § 32 Abs. 1 NotG-BS „im erforderlichen Umfange zu belehren“. Dies umfasst insbesondere die Erläuterung von Sinn und Inhalt der Urkunde, den Hinweis auf die wichtigsten Rechtsfolgen des Geschäftes und den Hinweis auf ungewöhnliche Abweichungen von dispositivem Gesetzesrecht, vgl. § 32 Abs. 1 NotG-BS.

Auch bei der Beurkundung von Vorgängen, namentlich in Zusammenhang mit Versammlungen, erteilt der Notar gem. § 39 Abs. 2 NotG-BS „der

1021 Zu Sachbeurkundungen i.d.S. zählen Vorgänge (§§ 39–41 NotG-BS), bestehende Tatsachen (§ 40 NotG-BS), Beglaubigungen (§§ 43–45 NotG-BS) und Wissenserklärungen (§ 46 NotG-BS).

versammlungsleitenden Person die nötigen Belehrungen bezüglich des rechtmässigen Versammlungsablaufs und überprüft diesen".

b) Bern

Auch die bernische Notariatsverordnung differenziert zwischen der Beurkundung von Willenserklärungen (Art. 43–50) sowie von Vorgängen und Zuständen (Art. 51–64). Nach Art. 35 NotG-BE belehrt der Notar „die Urkundsparteien über Form und Inhalt der Urkunde und ihre rechtlichen Wirkungen." Detailliertere Regelungen zur Prüfung und Belehrung finden sich weder in dem bernischen Notariatsgesetz noch in der Notariatsverordnung.

c) Zug

Das zugerische Beurkundungsgesetz ist ebenfalls in die Beurkundung von Willenserklärungen (§§ 13–20 BeurkG-ZG) und die Beurkundung der übrigen Rechtshandlungen (§ 21 BeurkG-ZG) unterteilt.

Nach § 10b Abs. 3 (i.V.m. § 16 Abs. 1) BeurkG-ZG hat die zugerische Urkundsperson den wahren Parteiwillen zu ermitteln, indem sie „die Parteien über die rechtliche Tragweite des Geschäfts [belehrt], ihnen die für die Willensbildung erforderlichen Auskünfte [erteilt] und auf die Beseitigung von Widersprüchen und Unklarheiten [hinwirkt]." Diese Pflichten gelten gem. § 10b Abs. 4 BeurkG-ZG auch dann, wenn der Urkundsperson eine vorbereitete Urkunde vorgelegt wird.

d) Zürich

Schließlich differenziert auch die zürcherische Notariatsverordnung zwischen der Beurkundung von Willenserklärungen (§§ 12–34) und der Errichtung anderer öffentlicher Urkunden über Vorgänge oder rechtliche bzw. tatsächliche Verhältnisse (§§ 35–43). Bei der Beurkundung von Willenserklärungen hat der Notar gem. § 18 Abs. 1 NotV-ZH „den wahren und eindeutigen Willen der vor ihm auftretenden Personen festzustellen, um allfällige Irrtümer und Missverständnisse zu verhüten." Dazu unterrichtet der Notar die Parteien über die Tragweite ihrer Entschlüsse und macht sie auf Widersprüche ihrer Erklärungen zu gesetzlichen Vorschriften aufmerksam, vgl. § 18 Abs. 2 NotV-ZH.

e) Stellungnahme

Die Prüfungs- und Belehrungspflichten der Urkundspersonen in den vorbezeichneten Kantonen entsprechen den Pflichten des deutschen Notars gem.

§ 17 Abs. 1 BeurkG.[1022] Die Belehrungspflicht ist in allen hier untersuchten kantonalen Verfahrensordnungen ausdrücklich geregelt und betrifft insbesondere die Erläuterung von Sinn und Inhalt des Geschäftes sowie dessen Rechtsfolgen.[1023] Dabei richtet sich der genaue Umfang der Belehrung nach den Umständen des Einzelfalls und der Geschäftserfahrenheit der Urkundsparteien.[1024] Aufgrund der unterschiedlichen Anforderungen, die an die Ausbildung der Urkundsperson gestellt werden, kann die Belehrung zwar nicht in allen Kantonen gleich weit gehen, jedenfalls ist aber „ein gewisses Minimum an Belehrung" gewährleistet.[1025]

5. *Vollständige Verlesung (Willenserklärungen)*

a) Basel-Stadt

Nach § 33 Abs. 1 NotG-BS besteht für den Notar alternativ zum Verlesen die Möglichkeit, die Urkunde den Erschienenen zur Selbstlesung vorzulegen.[1026] Weiterhin ist gem. § 50 Abs. 1 NotG-BS auf Beilagen zur Urkunde unter Angabe ihrer Nummer zu verweisen. Sofern der Hauptteil ohne die Beilagen verständlich ist, reicht es mithin aus, diese der Urkunde schlicht beizufügen.

b) Bern

Nach Art. 46 Abs. 1 NV-BE liest der Notar „den Urkundsparteien die Urkunde vor, soweit sie Willenserklärungen enthält." Anders als in den übrigen Kantonen reicht ein Selbstlesen durch die Parteien, außer in Zusammenhang mit Bürgschaftsgeschäften (Art. 46 Abs. 2 NV-BE), gerade nicht aus.[1027] Beilagen sind gem. Art. 39 NV-BE zu nummerieren und der Urkunde beizulegen.[1028]

1022 So auch: *Santschi*, ZBGR 1968, 1 (10): „die Notariatsgesetze [machen] dem Notar regelmässig […] die Rechtsbelehrung zur Pflicht."; a.A.: *Heckschen*, DB 1990, 161: „Der Schweizer Notar berät die Parteien nicht.", ohne nähere Begr.; *Berger/Kleissl*, DB 2008, 2235 (2236), mit der (falschen) Behauptung, die Belehrungspflicht sei in der Schweiz gesetzlich nicht geregelt.

1023 *Brückner*, Schweizerisches Beurkundungsrecht, S. 488.

1024 *Brückner*, Schweizerisches Beurkundungsrecht, S. 489; *Santschi*, ZBGR 1968, 1 (11).

1025 *Brückner*, Schweizerisches Beurkundungsrecht, S. 490.

1026 Dies erkennend *Müller*, NJW 2014, 1994 (1997); *Weller*, ZGR 2014, 865 (878).

1027 Vgl. *Müller*, NJW 2014, 1994 (1998 f.), der diesen Unterschied betont.

1028 Dies erkennend AG Berlin-Charlottenburg, RNotZ 2016, 119 (122).

c) Zug

Um die Übereinstimmung zwischen den Erklärungen und dem Parteiwillen zu garantieren,[1029] hat die Urkundsperson den Parteien die Urkunde gem. § 16 Abs. 1 BeurkG-ZG vorzulesen oder zu lesen zu geben. Zum Umgang mit Beilagen enthält die zugerische Verfahrensordnung keine gesonderte Regelung.

d) Zürich

Je nach Wunsch der Parteien liest der Notar ihnen den endgültigen Text der Urkunde vor, oder legt diese zum Selbstlesen vor, vgl. § 25 NotV-ZH.[1030] In der Urkunde ist gem. § 29 Abs. 2 NotV-ZH anzugeben, ob sie den Parteien vorgelesen oder von ihnen selbst gelesen worden ist. „Daß die Niederschrift nicht vorgelesen wird“, stelle aber den Regelfall in der Züricher Notariatspraxis dar.[1031]

Nach § 48 NotV-ZH reicht es aus, auf die erklärungsergänzenden Beilagen zu verweisen und diese mit der Urkunde zu verbinden.

e) Stellungnahme

aa) Möglichkeit des Selbstlesens

Da die Verfahrensordnungen in den Kantonen Basel-Stadt, Zürich[1032] und Zug alternativ ein Selbstlesen durch die Urkundsbeteiligten zulassen, verstoßen diese gegen den tragenden Grundsatz des deutschen Beurkundungsrechts, dass die Urkunde von dem Notar vorgelesen werden muss.[1033] Bei der Selbstlesung

---

1029 Kritisch: *Brückner*, Schweizerisches Beurkundungsrecht, S. 540 (dort Fn. 194), primärer Zweck der Lesung sei vielmehr die Bewusstmachung des Geschäftsinhaltes.

1030 Die NotV-ZH verweist dabei auf die Vorschrift des § 240 Abs. 1 EG-ZH zum ZGB.

1031 *Bredthauer*, BB 1986, 1864 (1865); AG Berlin-Charlottenburg, RNotZ 2016, 119 (121).

1032 *Bayer*, GmbHR, 2013, 897 (909): „In der Praxis der Züricher Beurkundung wird die Urkunde nicht verlesen.“; *Bredthauer*, BB 1986, 1864 (1867): „in der Züricher Notariatspraxis [ist es] aber fast ausnahmslos so, daß die Niederschrift nicht vorgelesen wird.“; *Heckschen*, DB 1990, 161; a.A. (Gleichwertigkeit des zürcherischen Verfahrensrechts): *Stephan*, NJW 1974, 1596 (1598), allerdings ohne Erörterung des Selbstleseverfahrens.

1033 AG Fürth, GmbHR 1991, 24 (25): „Auch ein Verlesen der Niederschrift erfolgt nicht“; *Bayer*, GmbHR 2013, 897 (909); *Brückner*, Schweizerisches Beurkundungsrecht, S. 542 f., der unter Hinweis auf § 13 BeurkG betont, dass die lückenlose Verlesung durch die Urkundsperson bei der (Auslands-)Beurkundung von Geschäften, die ihre Rechtswirkung in Deutschland entfalten sollen, besonders

wird den Urkundsparteien der Geschäftsinhalt nicht in gleichem Maße wie bei dem Vorlesen bewusst gemacht. Dass in dem Kanton Zürich in der Urkunde selbst eine Angabe über die Art der Verlesung enthalten sein muss,[1034] ändert an dieser Feststellung nichts, da die verfahrensrechtliche Gleichwertigkeit anhand einer abstrakten Betrachtung zu bestimmen ist.

Allein in dem Kanton Bern ist das vollständige Verlesen durch die Urkundsperson garantiert.[1035] Die bernische Notariatsverordnung lässt – in Abweichung von dem für alle Kantone geltenden[1036] Grundsatz des § 240 Abs. 1 Einführungsgesetzes zum Schweizer Zivilgesetzbuch (EGzZGB a.F.)[1037] – das Selbstlesen nicht alternativ zu.

bb) Umgang mit Anlagen

Der Umgang mit erklärungsergänzenden Beilagen ist in allen der hier untersuchten Kantone anders als bei dem deutschen Beurkundungsverfahren, nach welchem grundsätzlich auch sämtliche Anlagen verlesen werden, vgl. § 9 Abs. 1 S. 2 BeurkG.[1038] Demgegenüber müssen Schweizer Notare die beigefügten Dokumente grundsätzlich nicht verlesen; lediglich Beilagen mit objektiv wesentlichen, geschäftstypischen Inhalten müssen mitgelesen werden.[1039]

Dieser Umstand schadet der Gleichwertigkeit der Beurkundung vor dem bernischen Notar jedoch nicht, da keine Identität der Verfahrenen erforderlich ist, sondern ausreichend ist, dass die Verlesung des Hauptteils der Urkunde gesichert ist.[1040] Selbst das deutsche Verfahrensrecht sieht, wenn auch in

---

wichtig ist; *Heckschen*, DB 1990, 161 (162 f.); a.A. (Selbstlesung schade nicht, da die unverfälschte Willenswiedergabe gewährleistet werde): OLG Hamburg, IPRspr. 1979, Entsch. Nr. 9, 40 (42); *Berger/Kleissl*, DB 2008, 2235 (2236); *Spellenberg*, in: MünchKomm, BGB, Art. 11 EGBGB Rn. 99.

1034 Die basel-städtische und zugerische Verfahrensordnung trifft keine Regelung zu diesem besonderen Vermerk.

1035 *Heckschen*, DB 2018, 685 (686 f.); *Müller*, NJW 2014, 1994 (1998): Die Kantone Bern und Luzern kommen „mit ihren Verfahrensvorschriften dem deutschen Vorlesungsgebot noch am nächsten".

1036 *Bredthauer*, BB 1986, 1864 (1867).

1037 OS 29, S. 145 u. GS II, S. 214 vom 02.04.1911, das Bundesgesetz wurde mittlerweile durch kantonale Einführungsgesetze ersetzt.

1038 S. dazu oben 4. Kapitel: B. III. 2. e) aa).

1039 *Brückner*, Schweizerisches Beurkundungsrecht, S. 559 f., mit einer ganzheitlichen Feststellung für die Schweiz.

1040 Zögerlich: *Müller*, NJW 2014, 1994, 1998; a.A. (keine Gleichwertigkeit mangels Verlesung der Anlagen): AG Berlin-Charlottenburg, RNotZ 2016, 119 (122); dem

geringerem Umfang, in den §§ 13 Abs. 1 S. 1 HS. 2, 13a Abs. 1 und 14 Abs. 1 BeurkG bestimmte Einschränkungen der Verlesungspflicht vor.

6. *Genehmigen und Unterschreiben durch die Parteien (Willenserklärungen)*

Das Verfahren in allen der vorliegend untersuchten Kantone entspricht dem Genehmigungserfordernis i.S.d. § 13 Abs. 1 S. 1 BeurkG. Im Einzelnen:

Zur Bestätigung, dass die Urkunde ihren Willen enthält, haben die Erschienenen nach erfolgter Lesung die von dem basel-städtischen Notar errichtete Urkunde gem. § 33 Abs. 2 NotG-BS zu genehmigen und zu unterzeichnen.

Gleichfalls unterzeichnen die Urkundsparteien die bereinigte Fassung der von dem bernischen Notar errichteten Urkunde und bezeugen damit ihre Zustimmung, vgl. Art. 46 Abs. 3 NV-BE.

Die zugerische Urkundsperson lässt die Urkunde von den Parteien ebenfalls unterzeichnen, wenn diese sich mit dem Inhalt der Urkunde einverstanden erklären, vgl. §§ 16 Abs. 1 S. 2, 19 Abs. 2 BeurkG-ZG.

Schließlich haben sich die Parteien auch bei der Beurkundung vor dem zürcherischen Notar nach Kenntnisnahme des Inhalts gem. § 26 NotV-ZH darüber zu erklären, „ob die Urkunde in allen Teilen ihrem Willen [entspricht] und richtig abgefasst [ist].“ Anschließend unterzeichnen sie die Urkunde, vgl. § 27 Abs. 1 NotV-ZH.

III. Zusammenfassung zur verfahrensrechtlichen Gleichwertigkeit

Der generelle Ablauf des Beurkundungsverfahrens in allen der hier untersuchten Kantone entspricht dem deutschen Verfahren. Daher ist die Beurkundung von sonstigen Erklärungen auch gleichwertig.

Keine verfahrensrechtliche Gleichwertigkeit – mit Ausnahme in dem Kanton Bern – besteht hingegen bei der Beurkundung von Willenserklärungen. Zwar sind die Urkundspersonen ebenso wie ihre deutschen Kollegen zur Prüfung der vor ihnen abgegebenen Willenserklärungen und anschließenden Belehrung der Parteien über die Tragweite der Erklärung verpflichtet. Jedoch stellt bei der Beurkundung von Willenserklärungen das Selbstleseverfahren, welches in Basel-Stadt, Zug und Zürich alternativ zum Verlesen zulässig ist, einen entscheidenden Unterschied dar. Da beim Selbstlesen die Kenntnisnahme des

folgend: *Cramer*, DStR 2018, 746; *Cziupka*, EWiR 2018, 137 (138); Anm. *Diehn*, DNotZ 2019, 146 (147).

Inhalts der Urkunde durch die Beteiligten nicht in ausreichendem Maße gesichert ist, weicht das Verfahren in den drei vorgenannten Kantonen von einem tragenden Grundsatz des deutschen Beurkundungsrechts ab.

E. Zusätzliche Gleichwertigkeitskriterien

I. Notarhaftung

1. Haftungssystem in den Kantonen

Sowohl die Haftung der frei erwerbenden Notare als auch der Amtsnotare richtet sich nach Art. 61 Abs. 1[1041] des Schweizerischen Obligationenrechts.[1042] Nach dieser Vorschrift sind der Bund und die Kantone befugt, über die Pflicht zum Schadensersatz von öffentlichen Beamten oder Angestellten auf dem Wege der Gesetzgebung abweichende, also von Art. 41–60 OR[1043] verschiedene, Bestimmungen aufzustellen. Wegen der weiten Auslegung, die der Begriff „öffentliche Beamte" erfahren hat, sind davon auch freiberufliche Notare ohne öffentlich-rechtliches Dienstverhältnis erfasst, denn auch sie üben eine amtliche Tätigkeit aus.[1044]

Bundesrechtliche Vorschriften über die Haftung der Notare für ihre Beurkundungstätigkeit bestehen nicht.[1045] Träfe ein Kanton keine Regelungen über die Haftung seiner Urkundspersonen, so kämen unmittelbar die Regelungen der Art. 41 ff. OR zur Anwendung.[1046] Sämtliche der hier untersuchten Kantone, namentlich Basel-Stadt[1047], Bern,[1048] Zug[1049] und Zürich,[1050] haben jedoch durch

---

1041 BGE 90 II 274, 278.

1042 Systematisch bildet das gesondert geregelte OR den fünften Teil des Schweizerischen ZGB (erster Teil: Personenrecht, zweiter Teil: Familienrecht, dritter Teil: Erbrecht, vierter Teil: Sachenrecht).

1043 Dieser Abschnitt des OR trifft Regelungen zur Ersatzpflicht aus unerlaubten Handlungen.

1044 BGE 49 II 431, 434: „Linterprétation très large qu'elle a donée de la notion de « fonctionnaires et employés publics »"; BGE 90 II 274, 278; *Fellmann*, ZBGR 1986, 129 f.

1045 BGE 90 II 274, 278.

1046 BGE 90 II 274, 278; *Fellmann*, ZBGR 1986, 129 (130).

1047 SG (Basel-Stadt) 161.100, Gesetz über die Haftung des Staates und seines Personals (Haftungsgesetz, HG-BS) vom 17.11.1999, Stand: 13.07.2006.

1048 BSG (Bern) 153.01, Personalgesetz (PG-BE) vom 16.09.2004, Stand: 01.01.2017.

1049 BGS (Zug) 154.11, Gesetz über die Verantwortlichkeit der Gemeinwesen, Behördenmitglieder und Beamten (VerantwortlichkeitsG-ZG) vom 01.02.1979, Stand: 01.01.2018.

1050 SG (Zürich) 170.1, Haftungsgesetz (HG-ZH) vom 14.09.1969, Stand: 01.01.2018.

ihre Haftungs-/Personal-/Verantwortlichkeitsgesetze von der bundesgesetzlichen Ermächtigung des Art. 61 Abs. 1 OR Gebrauch gemacht.[1051]

Besondere kantonale Regelungen über die Haftung der Urkundspersonen, etwa in dem jeweiligen Notariatsgesetz selbst, haben Vorrang vor den vorgenannten allgemeinen kantonalen Vorschriften über die Haftung von Beamten.

a) Basel-Stadt (Freiberufliches Notariat)

Das basel-städtische Haftungsgesetz findet für den freiberuflichen Notar keine Anwendung, vgl. § 2 Abs. 1 HG-BS. Nach der Sondervorschrift des § 58 Abs. 1 NotG-BS haften Notare „für Schäden aus fehlerhafter Berufsausübung nach Massgabe ihres Verschuldens. Der Staat haftet nicht."

Zur Sicherung der unmittelbaren Ansprüche der Geschädigten gegen die Urkundsperson ist der basel-städtische Notar zum Abschluss einer Berufshaftpflichtversicherung mit einer Deckung von mindestens einer Million Franken verpflichtet, vgl. § 7 Abs. 1 NotG-BS.

b) Bern (Freiberufliches Notariat)

Das bernische Personalgesetz findet für den freiberuflichen Notar keine Anwendung, da er nicht in einem kantonalen Anstellungsverhältnis steht, vgl. Art. 2 Abs. 1 PG-BE. Nach Art. 57 Abs. 1 NotG-BE haftet der Notar den Beteiligten für den Schaden, den er „in Ausübung hauptberuflicher Tätigkeiten widerrechtlich verursacht hat."[1052] Die Vorschriften der Art. 41–60 OR über unerlaubte Handlungen finden als ergänzendes kantonales Recht „auf die Entstehung, die Bemessung und den Untergang von Schadensersatzansprüchen" Anwendung, vgl. Art. 57 Abs. 6 NotG-BE.

Vor diesem Hintergrund ist auch der bernische Notar zum Abschluss einer Berufshaftpflichtversicherung „in angemessener Höhe" verpflichtet,[1053] deren Mindestdeckungssumme zwei Millionen Franken pro Jahr beträgt, vgl. Art. 59 Abs. 1 NotG-BE, Art. 11 Abs. 1 lit. a) NV-BE.

Eine subsidiäre Haftung des Kantons tritt gem. Art. 59a NotG-BE ausnahmsweise dann ein, wenn der Kanton „einen Schaden wegen mangelhafter Ausübung seiner Aufsichtspflicht mitverursacht hat."

1051 Generalisierend *Brückner*, Schweizerisches Beurkundungsrecht, S. 186; *Fellmann*, ZBGR 1986, 129 (131).

1052 *Jakobs*, MittRhNotK 1985, 57 (68), zur Verantwortlichkeit nach § 36 NotG-BE a.F.

1053 Dies erkennend KG Berlin, DStR 2018, 534 (537).

c) *Zug (Mischform)*

Das Haftungssystem folgt einer Zweiteilung je nach Art der Urkundsperson. Grund für diese Zweiteilung ist, dass die zur Beurkundung ermächtigten Rechtsanwälte[1054] in ihrer Stellung einem freiberuflichen Notar gleichkommen.

Grundsätzlich unterstehen Gemeindeschreiber und Grundbuchverwalter in Bezug auf ihre Beurkundungstätigkeit gem. § 10d Abs. 1 BeurkG-ZG dem kantonalen Verantwortlichkeitsgesetz. Nach § 5 Abs. 1 VerantwortlichkeitsG-ZG haftet der Staat „für den Schaden, den ein Beamter in Ausübung amtlicher Verrichtungen durch Rechtsverletzung jemandem zugefügt hat.“ Dem Geschädigten steht kein direkter Anspruch gegen den Beamten zu, vgl. § 6 Abs. 1 VerantwortlichkeitsG-ZG.

Abweichend davon haften die zur Beurkundung ermächtigten Rechtsanwälte gem. § 10d Abs. 2 BeurkG-ZG „für ihre Beurkundungstätigkeit gemäss den Bestimmungen des Schweizerischen Obligationenrechts“, d.h. die Art. 41–60 OR finden Anwendung. Folglich hat der geschädigte Urkundsbeteiligte einen direkten Anspruch gegen den fehlerhaft beurkundenden Rechtsanwalt gem. § 10d Abs. 2 BeurkG-ZG i.V.m. Art. 41 Abs. 1 OR.[1055]

Die gem. § 2 Abs. 1 BeurkG-ZG ermächtigten Rechtsanwälte haben nach Maßgabe der Art und des Umfangs ihrer Risiken eine Berufshaftpflichtversicherung mit einer Versicherungssumme von mindestens einer Million Franken pro Jahr abzuschließen, vgl. Art. 12 lit. f. Anwaltsgesetz (BGFA) i.V.m. § 1 Zugerisches EG zum BGFA.

d) *Zürich (Amtsnotariat)*

Die notarielle Haftung gem. § 23 NotG-ZH a.F. wurde durch die Änderung des kantonalen Haftungsgesetzes vom 02.12.1990 aufgehoben.[1056] Nach § 6 Abs. 1 HG-ZH haftet nunmehr allein der Kanton „für den Schaden, den ein Angestellter in Ausübung amtlicher Verrichtungen einem Dritten widerrechtlich zufügt.“ Dem Geschädigten steht wiederum kein Anspruch gegen die Urkundsperson zu, vgl. § 6 Abs. 4 HG-ZH.[1057] Bei grob fahrlässiger oder vorsätzlicher Verletzung der Amtspflichten behält sich der Kanton im Innenverhältnis den Regress gegen seinen Angestellten vor, vgl. § 15 Abs. 1 HG-ZH.

1054 Vgl. dazu oben 6. Kapitel: C. III.

1055 Vgl. *Fellmann*, ZBGR 1986, 129 (130): Auch „wenn der Kanton die Vorschriften des Obligationenrechts (Art. 41 ff. OR) für sinngemäß anwendbar erklärt“, zähle die Bestimmung zum kantonalen öffentlichen Recht.

1056 OS (Zürich) 51, 355, in Kraft seit 01.07.1991.

1057 Vgl. *Jakobs*, MittRhNotK 1985, 57 (71).

2. *Zwischenergebnis*

Hinsichtlich der Haftung ist nach der Notariatsform in dem jeweiligen Kanton zu differenzieren. Sofern ein Amtsnotar gegen seine beurkundungsrechtlichen Pflichten verstößt, haftet regelmäßig der Kanton.[1058] Eine solche Überleitung der Haftung auf den Staat existiert im Haftungsregime der deutschen Notare nicht, vgl. § 19 Abs. 1 S. 4 BNotO.

Gleichsam wie die deutschen Notare unterliegen die freiberuflichen Urkundspersonen in den Kantonen Basel-Stadt sowie Bern und die nach zugerischem Recht ermächtigten Rechtsanwälte einer persönlichen Haftung.[1059] Als Surrogat für die fehlende Haftungsüberleitung auf den Staat haben die freiberuflich organisierten Notare eine Berufshaftpflichtversicherung zu unterhalten.

3. *Keine Möglichkeit eines Haftungsausschlusses*

Da der materielle Inhalt der zu beurkundenden Erklärungen oftmals von deutschen Beratern vorformuliert wird, nehmen insbesondere zürcherische Notare in diesen Fällen häufig eine Entlastungserklärung[1060] mit in die Urkunde auf.[1061] Mit einer solchen Erklärung lehnt die ausländische Urkundsperson die

---

1058 *Brückner*, Schweizerisches Beurkundungsrecht, S. 203.

1059 Verallgemeinernd bezüglich aller Kantone: *Brückner*, Schweizerisches Beurkundungsrecht, S. 203.

1060 Mit einem entsprechenden Auszug aus einer Urkunde: *Jakobs*, MittRhNotK 1985, 57 (75), dort Fn. 169: „Wir entlasten Urkundsperson und Kanton Zürich von jeder Haftbarkeit aus dieser Beurkundung mit dem solidarischen Versprechen völliger Schadloshaltung, insbesondere auch, wenn diese Urkunde im Ausland nicht anerkannt wird sowie falls aus dem Wortlaut irgendwelche Streitigkeiten, sei es wegen Unklarheiten, Widersprüchen, Auslegungsfragen usw. entstehen.“; *Heckschen*, DB 1990, 161 (165); *Winkler*, NJW 1973, 222 (225), die beiden letzten mit nahezu wortlautidentischen Auszügen aus Urkunden eines zürcherischen Notars.

1061 *Bredthauer*, BB 1986, 1864 (1868), am Bsp. des Kantons Zürich; *Böttcher*, in: Böttcher/Habighorst/Schulte, Umwandlungsrecht, § 6 UmwG Rn. 16; DNotI-Report 1995, 219 (221); *Goette*, DStR 1996, 709 (713) = FS Boujong, 131 (142): „gerade in der Schweiz verbreitete Haftungsfreizeichnungen“; *Heckschen*, DB 1990, 161 (164 f.): „umfassende Enthaftungserklärungen, die Beteiligten standardmäßig in allen Schweizer Notariaten abzugeben haben“; *Jakobs*, MittRhNotK 1985, 57 (75 f.); *Pilger*, BB 2005, 1285 (1288); *Winkler*, NJW 1972, 981 (987); *ders.*, NJW 1973, 222 (224 f.), mit einem Praxisbeispiel und dem Hinweis, dass die Entlastungserklärung nur in den seltensten Fällen mit in die Urkunde selbst aufgenommen werde; *ders.*, BeurkG, Einl. Rn. 84 a.E.; *Wolfsteiner*,

Übernahme der ihr im Rahmen der vorsorgenden Rechtspflege übertragenden Aufgaben ab.[1062] Die beurkundende Person wird von jeder vermögensrechtlichen Verantwortlichkeit für die Urkunde freigezeichnet.

Der Hintergrund solcher Erklärungen ist, dass im Kanton Zürich gem. § 34 NotV-ZH die Verpflichtung besteht, den Staat von der Haftung freizustellen, wenn die Parteien aus beachtlichen Gründen eine von den gesetzlichen Zuständigkeits- und Formvorschriften abweichende Beurkundung fordern.[1063] Nach dieser Vorschrift ist dem Verlangen nach einer Beurkundung, die besonderen Anforderungen im Ausland genügen soll, nur zu entsprechen, „wenn [...] die Parteien den Staat ausdrücklich von jeder Haftbarkeit freistellen."

Es ist aber nicht ersichtlich, dass Entlastungserklärungen auch in anderen Kantonen, deren Notarrechtsordnungen keine vergleichbare Regelung enthalten, wirksam erklärt werden können.[1064] Bei einer Beurkundung vor den freiberuflich organisierten Notaren in Basel-Stadt oder Bern streitet das öffentliche Interesse, anders als bei dem zürcherischen Amtsnotariat, nicht für einen Haftungsverzicht, da in den betreffenden Kantonen die Haftung schon gar nicht auf den Staat übergeleitet wird. Die Urkundsperson bleibt auch dann für die Beurkundung verantwortlich, wenn der zugrunde liegende Text von Dritten entworfen worden ist.[1065] Selbst der Wunsch einer Partei zur Missachtung zwingender gesetzlicher Vorschriften kann die Urkundsperson nicht von ihrer Verantwortlichkeit entlasten. Der Notar ist stattdessen verpflichtet, die Parteien über die Rechtswidrigkeit zu belehren und im Falle des Beharrens die Beurkundung abzulehnen.[1066]

DNotZ 1978, 532 (534); a.A. (Haftungsausschluss in der Praxis äußerst selten): *Bokelmann*, NJW 1972, 1729 (1734): „ich habe hunderte von ausländischen Beurkundungsakten gesehen [...] aber nur in einem Fall [...] den Haftungsausschluss gefunden."; ausdrücklich gegen Bokelmann: *Winkler*, NJW 1973, 222 (225).

1062 *Heckschen*, DB 1990, 161 (164).

1063 Dies erkennend *Bredthauer*, BB 1986, 1864 (1868); *Peter*, DNotZ 1987, 600 (606): „Die Haftbarkeit des Staates wird oft ausgeschlossen, wenn die Urkunden zur Verwendung im Ausland bestimmt sind."

1064 Ähnlich: *Sick/Schwarz*, NZG 1998, 540 (544), mit dem Hinweis, dass ihnen aus der eigenen Praxis keine mit einem Schweizer Notar vereinbarten Haftungsbeschränkungen/-ausschlüsse bekannt sind.

1065 *Fellmann*, ZBGR 1986, 129 (135).

1066 BGE 90 II 274, 283.

4. Zusammenfassung zur Notarhaftung

Die Haftung der freiberuflich organisierten Notariate in den Kantonen Basel-Stadt sowie Bern, und wohl auch diejenige der nach zugerischem Recht zur Beurkundung ermächtigten Rechtsanwälte, entspricht der Haftung deutscher Notare. Es gibt keine Anhaltspunkte dafür, dass die Haftung der Urkundspersonen in den vorgenannten Kantonen wirksam durch eine entsprechende Erklärung im Einzelfall ausgeschlossen werden kann.

Demgegenüber ist die Haftung des zürcherischen Notars nicht gleichwertig, da die Notariatsordnung die Parteien verpflichtet, den Staat von jeder Haftbarkeit freizustellen, wenn die Beurkundung besonderen Anforderungen im Ausland genügen soll.

II. Mitteilungs- und Meldepflichten

1. Steuerrechtliche Mitteilungspflichten

a) Basel-Stadt

Nach § 19 NotG-BS unterliegen Notare der Pflicht zur Wahrung staatlicher Fiskalinteressen und haben namentlich „dafür Sorge zu tragen, dass der Staat nicht um die gesetzlichen Gebühren und Steuern verkürzt wird.“ Diese Pflicht dürfte daher insbesondere die Anzeige steuerrechtlich relevanter Vorgänge an die schweizerischen Steuerbehörden umfassen.

b) Bern

Weder die bernische Notarrechtsordnung noch die bernischen Steuergesetze legen der Urkundsperson eine Pflicht zur Wahrung staatlicher Fiskalinteressen auf. Aus der Vorschrift des Art. 36a Abs. 1 lit. b) NotG-BE, die ein Entfallen der notariellen Geheimhaltungspflicht zur Erfüllung beruflicher Obliegenheiten vorsieht, folgt für den bernischen Notar noch keine Mitteilungspflicht. Auch aus der Vorschrift des Art. 26 Abs. 1 Erbschafts- und Schenkungssteuergesetz (ESchG)[1067] ergibt sich keine Meldepflicht für den hier untersuchten Bereich. Danach sind bernische Notare lediglich im Anwendungsbereich des Erbschafts- und Schenkungssteuergesetzes „verpflichtet, der kantonalen Steuerverwaltung Steuerfälle, die ihnen in Ausübung ihrer amtlichen Funktionen zur Kenntnis gelangen, innert 30 Tagen anzuzeigen.“ Eine Parallelvorschrift,

---

1067 BSG (Bern) 662.1, vom 23.11.1999, Stand: 01.01.2014.

die eine notarielle Meldepflicht für steuerpflichtige Vorgänge des Gesellschaftsrechts aufstellt, existiert, soweit ersichtlich, nicht.

c) Zug

Die zugerische Notarrechtsordnung legt der Urkundsperson ebenfalls keine Pflicht zur Wahrung staatlicher Fiskalinteressen auf. Gleiches gilt, soweit ersichtlich, für die zugerischen Steuergesetze.

d) Zürich

Nach § 22 NotV-ZH hat der Notar die Parteien darüber zu unterrichten, wenn „ein Rechtsgeschäft zur Verbindlichkeit oder vollen Wirksamkeit noch einer Behörde zur Genehmigung oder Eintragung vorgelegt werden" muss. Die Übersendung der Urkunde an das Finanzamt bei steuerrechtlich relevanten Vorgängen stellt aber kein Wirksamkeitserfordernis dar, sodass das entscheidende Tatbestandsmerkmal der vorgenannten Vorschrift nicht vorliegt. Weiterhin sieht die vorgenannte Norm auf Rechtsfolgenseite lediglich eine Unterrichtung der Parteien und keine Mitteilungspflicht gegenüber dem Fiskus vor. Auch die zürcherischen Steuergesetze legen dem Notar, soweit ersichtlich, keine Pflicht zur Mitteilung gesellschaftsrechtlicher Vorgänge an das Finanzamt auf.

e) Stellungnahme

Lediglich die basel-städtische Notariatsverordnung legt den Notaren ausdrücklich die Pflicht zur Wahrung staatlicher Fiskalinteressen auf. Diese Pflicht ist dahingehend auszulegen, dass sie bei Auslandssachverhalten gegenüber dem Staat zu erfüllen ist, in welchem die Urkunde verwendet werden soll bzw. die Urkundsbeteiligten der Steuerpflicht unterliegen.[1068]

Die anderen der hier untersuchten kantonalen Rechtsordnungen legen den Notaren keine Pflichten zur Wahrung der Interessen der schweizerischen Steuerbehörden auf.[1069] In den Kantonen Bern, Zug und Zürich ist die Beurkundung der in § 54 Abs. 1 S. 1 EStDV genannten gesellschaftsrechtlichen Vorgänge in Ermangelung steuerlicher Mitteilungspflichten somit nicht gleichwertig.

1068 S. dazu oben 5. Kapitel: B. II. 3.

1069 Verallgemeinernd zur fehlenden Mitteilungspflicht in der Schweiz: AG Berlin-Charlottenburg, RNotZ 2016, 119 (124).

2. *Geldwäscherechtliche Meldepflichten*

Da die Schweiz kein Mitgliedsstaat der Europäischen Union ist, entspricht das Geldwäschereigesetz (GwG-Schweiz)[1070] nicht den durch Richtlinien weitgehend harmonisierten europäischen Standards.[1071] Insbesondere sind schweizerische Anwälte und Notare der allgemeinen Meldepflicht bei Geldwäschereiverdacht gem. Art. 9 Abs. 2 GwG-Schweiz nicht unterworfen, „soweit ihre Tätigkeit dem Berufsgeheimnis nach Artikel 321 StGB untersteht."[1072] Infolgedessen ist das Geldwäschereigesetz auf diese Berufsgruppen nur anwendbar, wenn sie sich durch das Erbringen von Finanzdienstleistungen i.S.d. Art. 2 Abs. 3 GwG-Schweiz im nicht berufsspezifischen, akzessorischen Bereich ihrer Tätigkeit bewegen.[1073]

Somit unterfällt weder die Mitwirkung Schweizer Notare an der Gründung, dem Betrieb oder der Verwaltung von Gesellschaften noch bei gesellschaftsrechtlichen Zusammenschlüssen oder Übernahmen dem Anwendungsbereich des Geldwäschereigesetzes. Daher sind Schweizer Notare, anders als ihre deutschen Kollegen, weder zur Meldung eines konkreten Verdachts auf Geldwäsche noch zur Meldung von Unstimmigkeiten in Zusammenhang mit dem wirtschaftlich Berechtigten verpflichtet.

Im Ergebnis unterliegen sämtliche Schweizer Notare keinen geldwäscherechtlichen Pflichten, sodass allein aus diesem Grund eine Gleichwertigkeit der Beurkundung von gesellschaftsrechtlichen Vorgängen ausscheidet, und zwar unabhängig davon, ob Tatsachen oder Willenserklärungen gegenständlich sind. In diesem Zusammenhang wiegt der Umstand schwer, dass der schweizerische Gesetzgeber die eklatanten Unterschiede zu den europäischen Standards kennt und die Schweizer Bundesversammlung[1074] im Rahmen der Revision des Geldwäschereigesetzes – entgegen den Empfehlungen der Financial Action Task Force (FATF) aus der vierten länderspezifischen Prüfung[1075] – am 19.03.2021 ein Änderungsgesetz beschlossen hat, nach welchem Anwälte

1070 SR 955.0, Bundesgesetz über die Bekämpfung der Geldwäscherei und der Terrorismusfinanzierung vom 10.10.1997, Stand: 01.01.2022.

1071 Anm. *Strauß*, MittBayNot, 2021, 69 (74), außerhalb der Europäischen Union sei die Einhaltung der geldwäscherechtlichen Meldepflichten nicht gesichert.

1072 Dies erkennend Anm. *Strauß*, MittBayNot, 2021, 69 (74).

1073 *Lippuner*, Anwaltsrevue 2012, 337.

1074 Dabei handelt es sich um ein Legislativorgan, welches sich aus dem Nationalrat und Ständerat zusammensetzt.

1075 *FATF*, Report Switzerland 2016, S. 92.

und Notare weiterhin nicht den Sorgfaltspflichten des Geldwäschereigesetzes unterstehen.[1076]

III. Zusammenfassung zu den zusätzlichen Gleichwertigkeitskriterien

Die Einhaltung der zusätzlichen Gleichwertigkeitsvoraussetzung ist nach keiner der untersuchten kantonalen Ordnungen in Gänze garantiert. Zwar entspricht die Haftung der freiberuflich organisierten Notariate in den Kantonen Basel-Stadt sowie Bern und auch diejenige der nach zugerischem Recht ermächtigten Rechtsanwälte der Haftung deutscher Notare. Jedoch unterliegen Schweizer Notare insgesamt keinen geldwäscherechtlichen Meldepflichten. Auch unterliegt allein der basel-städtische Notar in Zusammenhang mit steuerrechtlich relevanten Vorgängen einer gleichwertigen Pflicht zur Wahrung staatlicher Fiskalinteressen.

F. Wesentlicher Ertrag zur Prüfung am Beispiel der Schweiz

Es lässt sich zunächst konstatieren, dass die Notariatssysteme in den vorstehend untersuchten Kantonen „viele Parallelen zu dem deutschen Beurkundungswesen“[1077] aufweisen. Bei genauerer Betrachtung, die überwiegend weder die Literatur noch die Rechtsprechung in ausreichendem Maße vornimmt, zeigen sich jedoch bedeutsame Unterschiede:

1. Lediglich die Urkundspersonen in den Kantonen Basel-Stadt und Bern nehmen eine mit der des deutschen Notars vergleichbare Funktion ein. Hingegen scheidet die personelle Gleichwertigkeit in den Kantonen Zürich und Zug aufgrund der Vorbildung aus. In diesen Kantonen ist nicht garantiert, dass die Urkundsperson durch ein rechtswissenschaftliches Studium die juristische Methodik erlernt hat.
2. Soweit es um die Beurkundung von Willenserklärungen geht, ist lediglich das Verfahren im Kanton Bern gleichwertig, da dort das Selbstleseverfahren nicht zulässig ist. In den anderen der hier untersuchten Kantonen ist zumindest das Verfahren zur Beurkundung von Beschlüssen der Mitgliederversammlungen – also satzungsändernde Beschlüsse, Zustimmungsbeschlüsse zu einem Gewinnabführungsvertrag oder Verschmelzungs-/

1076 Schweizer BBl. 2021, 668.

1077 *Jakobs*, MittRhNotK 1985, 57 (75), hinsichtlich der Kantone Bern, Zürich, Appenzell-Außerrhoden und Solothurn.

Spaltungsbeschlüsse – äquivalent, da insoweit weder eine Verlesung noch eine Belehrung erforderlich ist.

3. Den zusätzlichen Gleichwertigkeitskriterien wird in Gänze keine der hier untersuchten kantonalen Notariatsordnungen gerecht.

   a) Einer gleichwertigen Haftung steht bereits entgegen, dass nach der ausländischen Notarrechtsordnung ein Ausschluss der Haftung des Notars wirksam vereinbart werden kann oder sogar muss. So haben die Parteien nach der zürcherischen Notariatsordnung bei Beurkundungen, die besonderen Anforderungen im Ausland genügen sollen, zwingend die Entlastung des Staates zu erklären, vgl. § 34 NotV-ZH.
   b) Soweit es um Gründung, Kapitalerhöhung oder -herabsetzung, Umwandlung oder Auflösung von Kapitalgesellschaften oder die Verfügung über Anteile an Kapitalgesellschaften geht, ist die Gleichwertigkeit nur gegeben, wenn die ausländische Urkundsperson einer Pflicht unterliegt, welche den Anforderungen des § 54 Abs. 1 S. 1 EStDV entspricht. Die Einhaltung der steuerrechtlichen Meldepflicht ist nur bei der Beurkundung vor einem basel-städtischen Notar gesichert. Die Urkundspersonen in den anderen der hier untersuchten Kantonen unterliegen keiner gleichwertigen Pflicht zur Wahrung fiskalischer Interessen des Staates.
   c) Schließlich unterliegen die Urkundspersonen in der gesamten Schweiz bei der Beurkundung keinen geldwäscherechtlichen Meldepflichten, welche nach deutschem Recht aber bei der Beurkundung von jeglichen gesellschaftsrechtlichen Vorgängen zu beachten sind, sodass die Gleichwertigkeit bereits aus diesem Grund nicht gegeben ist.

7. Kapitel: Rechtstatsächliche Betrachtung

In diesem Kapitel soll aus rechtstatsächlicher Perspektive untersucht werden, aus welchen Motiven von der Beurkundung im Ausland Gebrauch gemacht wird. Regelmäßig wird die Erwartung von gewissen Kostenvorteilen zu profitieren als primäre Motivation für den Gang über die Grenze angeführt.[1078] Ob tatsächlich Kostenvorteile entstehen, soll anhand einer konkreten Gegenüberstellung der Beurkundungskosten, die im Inland anfallen, mit denen, die bei der Beurkundung in den Schweizer Kantonen Basel-Stadt, Bern, Zug sowie Zürich anfallen, untersucht werden.

Weiterhin wird die Praxis an deutschen Registergerichten untersucht. Dazu hat der Verfasser im Rahmen einer Befragungsstudie Video- und Telefoninterviews mit Richterinnen und Richtern der Amtsgerichte Berlin-Charlottenburg, Hamburg und München sowie des Kammergerichts Berlin geführt. Abschließend werden die sonstigen Motive für eine Auslandsbeurkundung – im Lichte der Ergebnisse der Befragungsstudie – auf ihre theoretische und praktische Schlagkraft hin untersucht.

A. Motiv der Kostenersparnis

Im Folgenden wird geprüft, ob die generelle Aussage, die Beurkundung durch Schweizer Notare löse weniger Gebühren als durch deutsche Notare aus,[1079] tatsächlich in dieser Allgemeinheit zutrifft.

I. Notarkosten bei der Beurkundung in Deutschland

Die nachfolgenden Ausführungen erheben aufgrund des erheblichen Umfangs des notariellen Kostenrechts keinen Anspruch auf Vollständigkeit, sondern

---

1078 *Becker*, NotBZ 2016, 321; *Beckmann/Fabricius*, GWR 2016, 375; *Böcker*, DZWIR 2014, 234; *Böttcher*, in: Böttcher/Habighorst/Schulte, Umwandlungsrecht, § 6 UmwG Rn. 14; *Cramer*, in: Scholz, GmbHG, § 2 Rn. 15: „nahezu ausschließlich"; *ders.*, DStR 2018, 746; *Göthel*, in: Reithmann/Martiny, Internationales Vertragsrecht Rn. 33.35; *Heckschen*, DB 1990, 161; *Peters*, DB 2010, 97; *Ulmer/Löbbe*, in: H/C/L, § 2 Rn. 20; *Raff*, in: Rowedder/Pentz, GmbHG, § 2 Rn. 79; *Stelmaszczyk*, RNotZ 2019, 177; *Winkler v. Mohrenfels*, in: Staudinger, BGB, Art. 11 EGBGB, Rn. 258.

1079 *Müller*, NJW 2014, 1994; *Winkler v. Mohrenfels*, in: Staudinger, BGB, Art. 11 EGBGB Rn. 258.

sollen als Leitfaden zur Berechnung der Notarkosten nach deutschem Recht dienen. Deutsche Notare erheben die Kosten für ihre Amtstätigkeiten nach dem Gesetz über Kosten der freiwilligen Gerichtsbarkeit für Gerichte und Notare (GNotKG). Die Kosten setzen sich aus Gebühren und Auslagen zusammen, vgl. § 1 Abs. 1 GNotKG. Nach § 10 GNotKG werden Notargebühren mit Beendigung des Verfahrens oder Geschäfts und Auslagen des Notars sofort nach ihrer Entstehung fällig.

Das dritte Kapitel des GNotKG (§§ 85–131) enthält besondere Regelungen zu den Notarkosten. Hinsichtlich der notariellen Verfahren i.S.d. GNotKG wird zwischen dem Beurkundungsverfahren[1080] und den sonstigen notariellen Verfahren[1081] differenziert, vgl. § 85 Abs. 1 GNotKG. Nach § 85 Abs. 2 GNotKG meint Beurkundungsverfahren die Errichtung einer notariellen Niederschrift (§§ 8 und 36 BeurkG).

1. *Bestimmung des Beurkundungsgegenstands*

Die Vorschrift des § 86 Abs. 1 GNotKG definiert das Merkmal Beurkundungsgegenstand als das Rechtsverhältnis, auf welches sich die Erklärungen beziehen, und bei Tatsachenbeurkundungen als die beurkundete Tatsache oder den beurkundeten Vorgang.

Nach § 86 Abs. 2 GNotKG sind mehrere Rechtsverhältnisse, Tatsachen oder Vorgänge verschiedene Beurkundungsgegenstände, soweit in § 109 GNotKG nichts anderes bestimmt ist.

Demzufolge erfolgt in demselben Beurkundungsverfahren zwischen den Geschäftswerten, dazu sogleich, verschiedener Beurkundungsgegenstände eine Addition, vgl. § 35 Abs. 1 GNotKG. Organbeschlüsse und Erklärungen sind nach der Sondervorschrift des § 110 Nr. 1 GNotKG stets verschiedene Beurkundungsgegenstände.

Die Vorschrift des § 109 Abs. 1 S. 4 GNotKG zählt, nicht abschließend („insbesondere"), die Fälle auf, in denen mehrere Beurkundungsgegenstände aufgrund eines Abhängigkeitsverhältnisses zueinander als ein Beurkundungsgegenstand zu behandeln sind. In Zusammenhang mit den gesellschafts-/umwandlungsrechtlichen Beurkundungsgegenständen sind die Regelungen des § 109 Abs. 1 S. 4 Nr. 2 GNotKG (Gesellschaftsvertrag und Auflassung) sowie des § 109 Abs. 2 S. 1 Nr. 4 GNotKG (Organbeschlüsse und damit zusammenhängende Satzungsänderungen) von Bedeutung.

1080 Teil 2 Hauptabschnitt 1 des Kostenverzeichnisses.

1081 Teil 2 Hauptabschnitt 3 des Kostenverzeichnisses.

2. *Gebührentatbestände im Kostenverzeichnis*

a) Systematik

Die Vorschrift des § 3 Abs. 2 GNotKG verweist für die Kostenerhebung auf das Kostenverzeichnis (KV als Anlage 1 zum GNotKG), welches damit Teil des Gesetzestextes wird.[1082]

Der zweite Teil des Kostenverzeichnisses enthält die gesetzlichen Gebührentatbestände (KV Nrn. 21100 bis 26003 GNotKG) für notarielle Tätigkeiten. Zu dem jeweiligen Gebührentatbestand ist ein Gebührensatz (0,2 bis maximal 6) oder teilweise auch die konkrete Gebühr in Eurobeträgen angegeben. Schließlich sind im dritten Teil des Kostenverzeichnisses die Auslagen der Notare geregelt (KV Nrn. 32000 bis 32015 GNotKG). Gleichsam ist zum jeweiligen Auslagentatbestand die Höhe der Auslagen angegeben.

b) Gebühren für Beurkundungsverfahren (Hauptabschnitt 1.)

Die KV Nrn. 21100 bis 21304 GNotKG betreffen das Beurkundungsverfahren i.S.d. § 85 Abs. 1 Alt. 1 GNotKG. Die Gebühr für das Beurkundungsverfahren entsteht für die Vorbereitung und Durchführung der Beurkundung in Form einer Niederschrift einschließlich der Beschaffung von Informationen, vgl. KV Vorb. 2.1 Abs. 1 zum 2. Teil, 1. Hauptabschnitt GNotKG.

aa) Verträge sowie Beschlüsse von Organen einer Vereinigung (Abschnitt 1.)

Nach KV Nr. 21100 GNotKG beträgt der Gebührensatz bei der Beurkundung von Verträgen sowie Beschlüssen von Organen einer Vereinigung grundsätzlich 2,0.[1083] In Zusammenhang mit den hier untersuchten Gegenständen fällt der vorgenannte Gebührensatz also für die Beurkundung von Gesellschaftsverträgen,[1084] satzungsändernden Gesellschafterbeschlüssen, Hauptversammlungsbeschlüssen börsennotierter Aktiengesellschaften, Anteilsübertragungen,[1085] Verschmelzungs-/Spaltungsverträgen[1086] sowie Beschlüssen nach dem Umwandlungsgesetz an.

1082 *Klahr*, in: BeckOK, Kostenrecht, § 3 GNotKG Rn. 6; *Otto*, in: Korintenberg, GNotKG, § 3 Rn. 8.

1083 *Tiedtke*, in: Korintenberg, GNotKG, KV 21100 Rn. 13.

1084 *Tiedtke*, in: Korintenberg, GNotKG, KV 21100 Rn. 9.

1085 *Tiedtke*, in: Korintenberg, GNotKG, KV 21100 Rn. 9.

1086 *Fronhöfer*, in: Widmann/Mayer, Umwandlungsrecht, § 2 UmwG Rn. 82.

bb) Sonstige Erklärungen, Tatsachen und Vorgänge (Abschnitt 2.)

Nach KV Nr. 21200 GNotKG beträgt der Gebührensatz bei der Beurkundung sonstiger Erklärungen 1,0. Zu den sonstigen Erklärungen sind einseitige Erklärungen aller Art sowie Tatsachen und Vorgänge zu zählen.[1087]

Von den hier untersuchten Beurkundungsgegenständen unterfallen insbesondere Verzichtserklärungen nach dem Umwandlungsgesetz (§ 8 Abs. 3 UmwG)[1088] und Zustimmungserklärungen (§ 13 Abs. 2 UmwG)[1089] sowie Übernahmeerklärungen (§ 55 Abs. 1 GmbHG)[1090] dem vorgenannten Tatbestand. Eine Ermäßigung der Gebühr auf den Satz 0,5 erfolgt gem. KV Nr. 21201 GNotKG, wenn eine Anmeldung zum Handelsregister gegenständlich ist.

c) Vollzug eines Geschäfts und Betreuungstätigkeiten (Hauptabschnitt 2.)

Im Anschluss an die Errichtung einer Niederschrift folgen regelmäßig weitere notarielle Tätigkeiten. In der KV Vorb. 2.2.1.1 Abs. 1 zum 2. Teil, Hauptabschnitt 2 GNotKG sind die Tätigkeiten aufgeführt, für welche eine Vollzugsgebühr gem. KV Nr. 22110 GNotKG entsteht. Der Gebührensatz für die Vollzugsgebühr variiert zwischen 0,3 und 0,5 je nachdem, ob der Gebührensatz für das zugrunde liegende Beurkundungsverfahren weniger als 2,0 beträgt. Die Vollzugsgebühr fällt etwa für die Fertigung, Änderung oder Ergänzung der Gesellschafterliste an und ist dabei gem. KV Nr. 22113 GNotKG auf höchstens 250,00 EUR gedeckelt.[1091]

Weiterhin entsteht in Zusammenhang mit Handelsregisteranmeldungen für die Erzeugung von XML-Strukturdaten gem. KV Nr. 22114 GNotKG eine 0,3-Gebühr, die ebenfalls auf 250,00 EUR gedeckelt ist.[1092]

d) Auslagen

Als typische Auslagen fallen regelmäßig die Pauschale für Post und Telekommunikation gem. KV Nr. 32005 GNotKG in Höhe von max. 20,00 EUR sowie die Umsatzsteuer gem. KV Nr. 32014 GNotKG auf die Gesamtsumme der Kosten an.

1087 *Tiedtke*, in: Korintenberg, GNotKG, KV 21100 Vorb. 2.1 Rn. 1a.

1088 *Tiedtke*, in: Korintenberg, GNotKG, KV 21200 Rn. 12.

1089 *Winter*, in: Schmitt/Hörtnagl, UmwG, § 13 Rn. 79.

1090 *Böhringer*, BWNotZ, 2014, 165 (173).

1091 *Pfeiffer*, NZG 2013, 244 (247).

1092 *Bayer*, in: Lutter/Hommelhoff, GmbHG, § 7 Rn. 29.

e) Einmalanfall der Beurkundungsverfahrensgebühr

Nach § 93 Abs. 1 GNotKG fallen Verfahrens-, Vollzugs- und Betreuungsgebühr in demselben notariellen Verfahren jeweils nur einmal an (Einheitsgebühr), und zwar aus dem nach § 35 Abs. 1 GNotKG zusammengerechneten Wert aller Beurkundungsgegenstände. Auf diese Weise entstehen wegen des Degressionseffektes der Gebührentabelle niedrigere Gebühren als bei der Addition von Einzelgebühren.[1093] Für den Fall, dass verschiedene Gebührensätze anzuwenden sind – etwa KV Nrn. 21100 und 21200 GNotKG –, durchbricht die Vorschrift des § 94 Abs. 1 GNotKG das Prinzip der Einheitsgebühr, wenn zugunsten des Kostenschuldners eine getrennte Bewertung einzelner Gegenstände zu niedrigeren Kosten führen würde.[1094] Nach ebendieser Ausnahmeregelung entstehen gesondert berechnete Gebühren, wenn für die einzelnen Beurkundungsgegenstände oder für Teile davon verschiedene Gebührensätze anzuwenden sind, jedoch nicht mehr als die nach dem höchsten Gebührensatz berechnete, hypothetische Gebühr aus dem Gesamtbetrag der Werte. Somit bedarf es zur Beantwortung der Frage, welche der beiden vorgenannten Alternativen für die Kostenschuldner günstiger ist, einer Vergleichsberechnung, welcher der Gesamtbetrag der einzelnen Geschäftswerte zugrunde liegt (sog. Günstigerprüfung[1095]).

Die Vorschrift des § 94 Abs. 2 GNotKG betrifft den Sonderfall des Gebührenvergleichs bei mehreren Beurkundungsgegenständen, die als ein Gegenstand zu behandeln sind.[1096]

3. Bestimmung der Geschäftswerte

Die Berechnung der Kosten richtet sich gem. § 3 Abs. 1 GNotKG grundsätzlich nach dem Wert, den der Gegenstand des Verfahrens oder des Geschäfts hat (Geschäftswert). Vorbehaltlich speziellerer Vorschriften ist der Geschäftswert anhand der Vorschriften der §§ 35–54 GNotKG zu bestimmen.

a) Mindestgeschäftswert und Höchstwert

Soweit die Tabelle B anzuwenden ist, beträgt der Geschäftswert nach der allgemeinen Regelung des § 35 Abs. 2 Alt. 2 GNotKG höchstens 60 Mio. EUR, „wenn kein niedriger Höchstwert bestimmt ist."

1093 *Diehn*, in: Korintenberg, GNotKG, § 93 Rn. 1.

1094 *Diehn*, in: Korintenberg, GNotKG, § 94 Rn. 2.

1095 Terminus übernommen von *Böhringer*, BWNotZ 2014, 165 (173).

1096 *Tiedtke*, in: Korintenberg, GNotKG, KV 21100 Rn. 6.

aa) Gesellschaftsverträge sowie Umwandlungsverträge

Bei der Beurkundung von Gesellschaftsverträgen und Satzungen sowie von Plänen und Verträgen nach dem Umwandlungsgesetz gilt die Spezialvorschrift des § 107 Abs. 1 S. 1 GNotKG. Danach beträgt der Geschäftswert mindestens 30.000,00 EUR und höchstens 10 Mio. EUR.[1097]

Nicht anwendbar ist § 107 GNotKG auf andere Willenserklärungen mit gesellschaftsrechtlichem Bezug, etwa Verzichts- und Zustimmungserklärungen von Anteilsinhabern nach dem Umwandlungsgesetz[1098] und ebenso nicht auf Kaufverträge über GmbH-Geschäftsanteile.

bb) Beschlüsse von Gesellschaftsorganen

Der Geschäftswert von Beschlüssen von Gesellschaftsorganen beträgt gem. § 108 Abs. 5 GNotKG höchstens 5 Mio. EUR, auch wenn mehrere Beschlüsse mit verschiedenem Gegenstand in einem Beurkundungsverfahren zusammengefasst werden. Unabhängig davon, ob der zu beurkundende Beschluss einen bestimmten Geldwert hat, beträgt der Geschäftswert mindestens 30.00,00 EUR, vgl. § 108 Abs. 1 GNotKG.

cc) Zustimmungserklärungen

Nach § 98 Abs. 4 GNotKG beträgt der Geschäftswert bei der Beurkundung von Zustimmungserklärungen höchstens 1 Mio. EUR.

dd) Handelsregisteranmeldung

Bei der Beurkundung von Anmeldungen zum Handelsregister beträgt der Geschäftswert höchstens 1 Mio. EUR, selbst wenn mehrere Anmeldungen in einem Beurkundungsverfahren zusammengefasst werden, vgl. § 106 GNotKG.

1097 Nach der alten Vorschrift des § 39 Abs. 5 KostO in der Fassung bis zum 01.08.2013 (BGBl. 2013 I S. 2586) betrug der Geschäftswert bei diesen Geschäften mindestens 25.000,00 EUR und höchstens 5 Mio. EUR; vgl. zur Gesetzesänderung *Böttcher*, in: Böttcher/Habighorst/Schulte, Umwandlungsrecht, § 6 UmwG Rn. 14, die Anhebung der Höchstgrenze habe „zu mehr als einer Verdoppelung der Gebühren für die Beurkundung des Verschmelzungsvertrages geführt."

1098 *Tiedtke*, in: Korintenberg, GNotKG, § 107 Rn. 1 g.

b) Geschäftswerte der hier untersuchten Beurkundungsgegenstände

aa) Gründungsvorgang

Der Geschäftswert der Begründung des Gesellschaftsvertrages bestimmt sich nach dem Wert der Einlagen aller Gesellschafter, vgl. § 97 Abs. 1 GmbHG.[1099] Dabei werden auch Nebenleistungen i.S.d. § 3 Abs. 2 GmbHG hinzugerechnet.[1100]

Daneben ergibt sich der Geschäftswert für die Beurkundung des ersten Versammlungsbeschlusses über die Bestellung des Geschäftsführers bzw. des Aufsichtsrates aus §§ 108 Abs. 1 S. 1, 105 Abs. 4 Nr. 1 GNotKG und beträgt danach 1 Prozent des eingetragenen Grund- oder Stammkapitals, mindestens aber 30.000,00 EUR .[1101] Die vorgenannten Versammlungsbeschlüsse zählen zwar zum Gründungsvorgang, sind aber nicht Teil der Satzungsfeststellung und damit gesonderte Beurkundungsgegenstände, vgl. § 110 Nr. 1 GNotKG.

bb) Beschlüsse von Organen von Kapitalgesellschaften

Die Vorschrift des § 108 Abs. 1 GNotKG unterscheidet für den Geschäftswert bei der Beurkundung von Beschlüssen von Organen von Kapitalgesellschaften danach, ob der Gegenstand einen bestimmten Geldwert besitzt (S. 2) oder nicht (S. 1).[1102]

Bei Beschlüssen, deren Gegenstand keinen bestimmten Geldwert hat, gilt gem. § 108 Abs. 1 S. 1 GNotKG die Vorschrift des § 105 Abs. 4 und 6 GNotKG entsprechend, d.h. der Geschäftswert beträgt, soweit eine Kapitalgesellschaft betroffen ist, 1% des eingetragenen Grund- oder Stammkapitals, mindestens jedoch 30.000,00 EUR. Darunter fällt etwa die Beurkundung von satzungsändernden Beschlüssen oder von Hauptversammlungsbeschlüssen börsennotierter Aktiengesellschaften.[1103]

Der Wert von Beschlüssen mit einem bestimmbaren Geldwert richtet sich nach § 97 Abs. 1 GNotKG und darf ebenfalls nicht weniger als der sich nach § 105 Abs. 1 S. 2 GNotKG ergebende Betrag betragen, vgl. § 108 Abs. 1 S. 2 GNotKG.

1099 *Bayer*, in: Lutter/Hommelhoff, GmbHG, § 2 Rn. 49; *Pfisterer*, in: Saenger/Inhester, GmbHG, § 2 Rn. 56.

1100 *Bayer*, in: Lutter/Hommelhoff, GmbHG, § 2 Rn. 49.

1101 *Tiedtke*, in: Korintenberg, GNotKG, § 108 Rn. 1c.

1102 Vgl. *Mülbert*, in: Hirte/Mülbert/Roth, Großkommentar, AktG, § 130 Rn. 58; *Pfeiffer*, NZG 2013, 244 (245).

1103 *Tiedtke*, in: Korintenberg, GNotKG, § 108 Rn. 1c.

Beispielsweise richtet sich der Geschäftswert bei einer Satzungsänderung in Form der Kapitalerhöhung nach dem Erhöhungsbetrag.[1104]

cc) Übertragung von GmbH-Geschäftsanteilen

Da der Kaufvertrag über GmbH-Geschäftsanteile einen Austauschvertrag darstellt, ist § 97 Abs. 3 GNotKG die maßgebliche Geschäftswertvorschrift,[1105] welche von der allgemeinen Bewertungsvorschrift des § 47 GNotKG konkretisiert wird. Anders als bei den übrigen gesellschaftsrechtlichen Beurkundungsgegenständen gilt für die Anteilsübertragung grundsätzlich der allgemeine Höchstwert nach § 35 Abs. 2 GNotKG.[1106] Abweichend davon ist der Geschäftswert ausnahmsweise auf 10 Mio. EUR begrenzt, sofern die Anteilsübertragung zwischen verbundenen Unternehmen i.S.d. § 15 AktG vereinbart wird (Konzernprivileg[1107]), vgl. § 107 Abs. 2 S. 1 GNotKG.

Unter Berücksichtigung des § 97 Abs. 3 GNotKG ist der höhere Wert der Gegenüberstellung von Verkäuferleistung (Wert des Geschäftsanteils) und Gegenleistung (Kaufpreis) maßgebend. Wenn keine Anhaltspunkte für einen höheren Wert bestehen, dann richtet sich der Wert des Geschäftsanteils, unter Berücksichtigung etwaiger stiller Reserven,[1108] nach dem Eigenkapital i.S.v. § 266 Abs. 3 HGB, das auf den jeweiligen Anteil entfällt, vgl. §§ 54 Satz 1, 97 GNotKG.[1109]

In der Praxis werden das Verpflichtungs- und das Erfüllungsgeschäft der GmbH-Anteilsübertragung häufig zusammen beurkundet, da die beiden Rechtsverhältnisse gem. § 109 Abs. 1 S. 2 GNotKG als ein Beurkundungsgegenstand gelten und somit nur eine 2,0-Gebühr gem. KV Nr. 21100 GNotKG anfällt.[1110]

dd) Umwandlungsmaßnahmen

(1) Verschmelzungs-/Spaltungsvertrag

Unabhängig von der Art der Verschmelzung (vgl. § 2 UmwG) handelt es sich um Austauschverträge i.S.d. § 97 Abs. 3 GNotKG, sofern den Anteilsinhabern

---

1104 *Pfeiffer*, NZG 2013, 244 (245); *Tiedtke*, in: Korintenberg, GNotKG, § 108 Rn. 1.

1105 *Böhringer*, BWNotZ 2014, 165 (171).

1106 *Böhringer*, BWNotZ 2014, 165 (171).

1107 Terminus nach *Böhringer*, BWNotZ 2014, 165 (171).

1108 *Bayer*, in: Lutter/Hommelhoff, GmbHG, § 15 Rn. 52.

1109 OLG Frankfurt, NotBZ 2017, 273 f; *Böhringer*, BWNotZ 2014, 165 (171); *Wicke*, GmbHG, § 15 Rn. 21.

1110 *Bayer*, in: Lutter/Hommelhoff, GmbHG, § 15 Rn. 52; *Reithmann/Stelmaszczyk*, in: Reithmann/Martiny, Internationales Vertragsrecht, Rn. 5.293.

der übertragenden Rechtsträger Anteile an dem übernehmenden oder neuen Rechtsträger gewährt werden.[1111]

Bei der Verschmelzung durch Aufnahme ist grundsätzlich der Aktivwert des übertragenden Rechtsträgers ohne Schuldenabzug (§ 38 GNotKG) maßgeblich.[1112] Bei der Verschmelzung zur Neugründung ist die Summe der Aktivwerte aller übertragenden Rechtsträger maßgeblich.[1113] Im letzteren Fall sind die Feststellung der Satzung des neu errichteten Rechtsträgers und damit verbundene Versammlungsbeschlüsse gegenstandsgleich.[1114] Ausnahmsweise ist die Gegenleistung als Geschäftswert anzusetzen, sofern diese höher als das jeweilige Aktivvermögen ist.[1115]

(2) Organbeschlüsse

Um unterschiedliche Beurkundungsgegenstände handelt es sich bei dem Verschmelzungsvertrag einerseits und dem Verschmelzungsbeschluss andererseits, vgl. § 110 Nr. 1 GNotKG.[1116]

Nach der Sonderregelung des § 108 Abs. 3 S. 1 GNotKG richtet sich der Geschäftswert bei der Beurkundung von umwandlungsrechtlichen Beschlüssen nach dem Wert des Aktivvermögens des übertragenden oder formwechselnden Rechtsträgers.[1117] Bei Abspaltungen und Ausgliederungen ist der Wert des übergehenden Aktivvermögens maßgeblich, vgl. § 108 Abs. 3 S. 2 GNotKG.[1118] Die umwandlungsrechtlichen Beschlüsse von Organen verschiedener Vereinigungen sind gem. § 109 Abs. 2 S. 1 Nr. 4 lit. g) GNotKG gegenstandsgleich, sofern die Beschlüsse denselben Beurkundungsgegenstand haben.[1119]

1111 *Fronhöfer*, in: Widmann/Mayer, Umwandlungsrecht, § 2 UmwG Rn. 83; *Heidinger*, in: Henssler/Strohn, Gesellschaftsrecht, § 6 UmwG Rn. 7.

1112 *Böttcher*, in: B/HS-UmwR, § 6 UmwG Rn. 20; *Fronhöfer*, in: Widmann/Mayer, Umwandlungsrecht, § 2 UmwG Rn. 83; *Heckschen*, in: Widmann/Mayer, Umwandlungsrecht, § 6 UmwG Rn. 100; *Schröer/Greitemann*, in: Semler/Stengel/Leornard, UmwG, § 6 Rn. 20.

1113 *Heidinger*, in: Henssler/Strohn, Gesellschaftsrecht, § 6 UmwG Rn. 7; *Schröer/Greitemann*, in: Semler/Stengel/Leornard, UmwG, § 6 Rn. 21.

1114 *Schröer/Greitemann*, in: Semler/Stengel/Leornard, UmwG, § 6 Rn. 21.

1115 *Heidinger*, in: Henssler/Strohn, Gesellschaftsrecht, § 6 UmwG Rn. 7; *Winter*, in: Schmitt/Hörtnagl, UmwG, § 4 Rn. 22.

1116 *Böttcher*, in: B/HS-UmwR, § 6 UmwG Rn. 21; *Tiedtke*, in: Korintenberg, GNotKG, § 107 Rn. 42; *Winter*, in: Schmitt/Hörtnagl, UmwG, § 6 Rn. 78.

1117 *Winter*, in: Schmitt/Hörtnagl, UmwG, § 6 Rn. 77.

1118 *Tiedtke*, in: Korintenberg, GNotKG, § 108 Rn. 3.

1119 *Winter*, in: Schmitt/Hörtnagl, UmwG, § 6 Rn. 78.

(3) Verzichts-/Zustimmungserklärungen

Der Geschäftswert für die Beurkundung von Zustimmungserklärungen einzelner Anteilsinhaber (§ 13 Abs. 2 UmwG) beträgt gem. § 98 Abs. 1 GNotKG grundsätzlich die Hälfte des Geschäftswertes des zugrunde liegenden Geschäfts, auf das sich die Zustimmungserklärung bezieht, wobei der Bruchteil anzusetzen ist, der der Beteiligungsquote des zustimmenden Anteilsinhabers entspricht, vgl. § 98 Abs. 2 GNotKG.[1120] Der Wert von umwandlungsrechtlichen Verzichtserklärungen (§§ 8 Abs. 3, 9 Abs. 2, 16 Abs. 2 S. 1 UmwG) ist, wie bereits nach der früheren Regelung des § 30 Abs. 1 KostO, gem. §§ 97 Abs. 1, 36 Abs. 1 GNotKG nach billigem Ermessen zu bestimmen,[1121] wobei etwa 10% des Werts des Verschmelzungsvertrages als angemessen angesehen werden.[1122]

Zustimmungserklärungen[1123] sowie Verzichtserklärungen,[1124] die zusammen mit dem Verschmelzungsvertrag beurkundet werden, sind gem. § 109 Abs. 1 S. 3 GNotKG mit diesem gegenstandsgleich.[1125]

ee) Unternehmensverträge

Der Geschäftswert des beurkundungsbedürftigen Zustimmungsbeschlusses der beherrschten Gesellschaft bestimmt sich nach dem Bezugsgeschäft und ist damit ein Beschluss mit einem bestimmten Geldwert, vgl. § 108 Abs. 2 GNotKG.

Sofern der Unternehmensvertrag auf unbestimmte Zeit geschlossen wird, beträgt der Geschäftswert das zehnfache des Jahreswertes, vgl. § 52 Abs. 3 S. 2 GNotKG.[1126] Bei einem auf bestimmte Dauer geschlossenen Unternehmensvertrag ist der auf die Dauer des Rechts entfallende Wert maßgebend und dabei auf den zwanzigfachen Jahreswert beschränkt, vgl. § 52 Abs. 2 GNotKG.[1127]

1120 *Fronhöfer*, in: Widmann/Mayer, Umwandlungsrecht, § 2 UmwG Rn. 99; *Pfeiffer*, NZG 2013, 244 (247).

1121 *Böttcher*, in: Böttcher/Habighorst/Schulte, Umwandlungsrecht, § 8 UmwG Rn. 45; *Pfeiffer*, NZG 2013, 244 (247).

1122 *Fronhöfer*, in: Widmann/Mayer, Umwandlungsrecht, § 2 UmwG Rn. 99; *Reimann*, MittBayNot 1995, 1 (3).

1123 *Winter*, in: Schmitt/Hörtnagl, UmwG, § 6 Rn. 79.

1124 OLG Hamm, MittBayNot 2002, 210 (211 f.); *Winter*, in: Schmitt/Hörtnagl, UmwG, § 4 Rn. 22.

1125 *Fronhöfer*, in: Widmann/Mayer, Umwandlungsrecht, § 2 UmwG Rn. 100; *Heckschen*, in: Widmann/Mayer, Umwandlungsrecht, § 13 UmwG Rn. 248; *Mayer*, in: Widmann/Mayer, Umwandlungsrecht, § 2 UmwG Rn. 63 f.

1126 *Tiedtke*, in: Korintenberg, GNotKG, § 108 Rn. 4b.

1127 *Böhringer*, BWNotZ 2014, 165 (175).

ff) Registeranmeldungen

In Zusammenhang mit den anmeldungspflichtigen Rechtsgeschäften entwirft der Notar regelmäßig zugleich die zu beglaubigenden Anmeldungen zur Eintragung in das Handelsregister.[1128]

Bei den in § 105 Abs. 1 S. 1 GNotKG aufgezählten Anmeldungen zum Handelsregister richtet sich der Geschäftswert nach dem Geldbetrag, der in das Handelsregister einzutragen ist oder bei der Änderung bereits eingetragener Geldbeträge nach dem Unterschiedsbetrag, wobei der Geschäftswert jedoch mindestens[1129] 30.000,00 EUR beträgt, vgl. § 105 Abs. 1 S. 2 GNotKG. Der Wert sonstiger Anmeldungen zum Handelsregister bestimmt sich nach der Vorschrift des § 105 Abs. 2 GNotKG.

4. Ermittlung der Gebührenhöhe

a) Tabelle B

Bei Wertgebühren, also solchen Gebühren, die sich nach dem Geschäftswert richten, bestimmt sich die Höhe der Gebühren nach Tabelle A oder B, vgl. § 34 Abs. 1 GNotKG.

In Zusammenhang mit den Gebühren für die notarielle Tätigkeit ist allein die Tabelle B einschlägig, vgl. Nrn. 21100 bis 26003 KV GNotKG.[1130]

Zur einfacheren Berechnung verweist § 34 Abs. 3 GNotKG auf die Gebührentabelle für Geschäftswerte (Anlage 2 zum GNotKG). Die erste Spalte dieser Tabelle enthält den jeweiligen Geschäftswert (bis 3 Mio. EUR) und gibt dazu dann in der dritten Spalte (Gebühr Tabelle B) die entsprechende Gebührenhöhe an, welche dann mit den Gebührensätzen aus dem Kostenverzeichnis zu multiplizieren ist.

b) Verbot der Gebührenvereinbarung

Nach § 125 GNotKG sind Vereinbarungen mit dem Notar über die Höhe der Kosten unwirksam – mit Ausnahme der in § 126 Abs. 1 GNotKG abschließend normierten Tätigkeiten. Dieses Verbot bezieht sich sowohl auf die Höhe des Gebührensatzes als auch auf die Bestimmung des Geschäftswerts.[1131]

1128 S. dazu oben 3. Kapitel: B. II.

1129 Der Mindestwert gilt gem. § 105 Abs. 6 S. 1 GNotKG nicht für die Gründung oder Änderungen des Gesellschaftsvertrages einer GmbH unter Verwendung des Musterprotokolls i.S.d. § 2 Abs. 1a GmbHG.

1130 *Tiedtke*, in: Korintenberg-GNotGK, KV 21100 Rn. 1a.

1131 *Winter*, in: Schmitt/Hörtnagl, UmwG, § 6 Rn. 19a.

5. *Zusammenfassung zu den Notarkosten bei der Beurkundung in Deutschland*

Nach dem Gesetz über die Kosten der freiwilligen Gerichtsbarkeit für Gerichte und Notare sind die Notarkosten somit anhand der folgenden Schritte zu bestimmen:

1. Zunächst ist der Beurkundungsgegenstand (§ 86 GNotKG) unter Berücksichtigung der Vorschrift des § 109 GNotKG zu bestimmen.
2. Im nächsten Schritt sind die einschlägigen Kostentatbestände im Kostenverzeichnis auszuwählen, namentlich für Gebühren Nrn. 21100 bis 26003 KV GNotKG und für Auslagen Nrn. 32000 bis 32015 KV GNotKG.
3. Sodann sind die Geschäftswerte (§ 36 Abs. 1 GNotKG) unter Berücksichtigung der besonderen Wertvorschriften (§§ 95–126 GNotKG) zu bestimmen und solche mit demselben Gebührensatz zu addieren (§ 35 Abs. 1 GNotKG). Dabei ist die Höchstgrenze von 10 Mio. EUR für gesellschaftsrechtliche Vorgänge zu beachten, vgl. § 107 Abs. 1 S. 1 i.V.m. § 35 Abs. 2 GNotKG. Der Geschäftswert von Beschlüssen von Gesellschaftsorganen beträgt höchstens 5 Mio. EUR, vgl. § 108 Abs. 5 GNotKG.
4. Zuletzt ist die Gebührenhöhe anhand der Tabelle B (§ 34 Abs. 2 GNotGK) bzw. anhand der Gebührentabelle (Anlage 2 zum GNotKG) zu bestimmen.

II. Notarkosten bei der Beurkundung in der Schweiz

Im Anschluss an die bereits aufgezeigten Schritte zur Berechnung der Notarkosten nach deutschem Recht wird nunmehr die Berechnung nach den kantonalen Notariatstarifen untersucht.

1. *Tarifzwang*

Ungeachtet der Notariatsform ist der Anspruch der Urkundsperson auf ein Leistungsentgelt und Auslagenersatz für die Beurkundungstätigkeit ein solcher des öffentlichen Rechts der Kantone.[1132] Demzufolge sind die kantonalen Tarife bei allen Beurkundungstätigkeiten für die Urkundspersonen und deren Klienten bindend.[1133]

1132 BGE 103 Ia 85, 87 f.; *Brückner*, Schweizerisches Beurkundungsrecht, S. 171 u. 175; *Glanzmann/Walz*, Gesellschaftsrecht und Notar, S. 22.

1133 Vgl. § 8 Abs. 1 VO-NotariatsT-BS; *Brückner*, Schweizerisches Beurkundungsrecht, S. 172; *Glanzmann/Walz*, Gesellschaftsrecht und Notar, S. 22.

Die Notariatsordnungen der Kantone Basel-Stadt, Bern, Zug und Zürich sehen ausnahmsweise eine Herabsetzung oder einen Erlass der tarifkonformen Entschädigung aus sozialen Gründen vor.[1134] „Freiberufliche Urkundspersonen nehmen eine solche Befugnis zuweilen auch praeter legem in Anspruch zugunsten von Klienten, welche die Urkundsperson mit der Beurkundung von Geschäften ohne Binnenbeziehung zur Schweiz betrauen", wohingegen Amtsnotariate „sich an solchem Preiswettbewerb kaum [beteiligen]".[1135] Mit anderen Worten gingen manche freiberuflichen Schweizer Urkundspersonen im Falle von „Beurkundungs-Tourismus ausländischer Klientschaft [...] davon aus, der Entschädigungsanspruch sei frei verhandelbar."[1136]

Im Lichte dieser schweizerischen Gepflogenheiten postulieren wohlgemerkt deutsche Autoren, die kantonalen Gebührenordnungen seien flexibel ausgestaltet.[1137] Von einem Syndikusrechtsanwalt wird sogar verallgemeinernd proklamiert, die Schweizer Notargebühren seien nach der Komplexität des jeweiligen Vorgangs frei verhandelbar.[1138] Der Verfasser vermag solchen haltlosen Behauptungen nicht zu folgen, da eine Herabsetzung des Notariatstarifs nach den kantonalen Ordnungen nur in den vorstehenden Ausnahmefällen in Betracht kommt.

2. *Die kantonalen Notariatstarife*

a) *Basel-Stadt*

Der den Notaren zustehende Honoraranspruch ist in der Verordnung über den Notariatstarif (VO-NotariatsT-BS) vom 19.06.2001 geregelt.[1139] Nach § 2 Abs. 1 VO-NotariatsT-BS sind in den Taxen des Notariatstarifs alle Verrichtungen inbegriffen, die dem Notar normalerweise bei der Herstellung einer Urkunde obliegen.

1134 Zur Ermäßigung oder zum Erlass bei Bedürftigkeit, geringem Wertinteresse oder einer gemeinnützigen Organisation: § 8 Abs. 3 VO-NotariatsT-BS, Art. 52 Abs. 4 lit. c, d NotG-BE, § 20 lit. c AnwT-ZG, § 11 Abs. 1 NotGebV-ZH; verallgemeinernd für die Schweiz: *Brückner*, Schweizerisches Beurkundungsrecht, S. 173.

1135 *Brückner*, Schweizerisches Beurkundungsrecht, S. 173 f.

1136 *Brückner*, Schweizerisches Beurkundungsrecht, S. 174.

1137 *Beckmann/Fabricius*, GWR 2016, 375; *Böcker*, DZWIR 2014, 234; *Meichelbeck/Krauß*, DStR 2014, 752 (754); *Winter*, in: Schmitt/Hörtnagl, UmwG, § 6 Rn. 19a: „Vereinbarung der Gebühren nicht generell untersagt".

1138 *Peters*, DB 2010, 97.

1139 SG (Basel-Stadt) 292.400, Stand: 01.07.2016, vgl. auch § 57 Abs. 1 NotG-BS (Verordnungsermächtigung) u. § 23 NoVo-BS.

Der Höchstbetrag für die Beurkundung von Rechtsgeschäften beträgt 50.000,00 CHF (46.265,00 EUR), vgl. § 8 Abs. 4 VO-NotariatsT-BS.[1140] Die einzelnen Tarife für die Beurkundungsleistungen sind in dem Katalog des § 11 VO-NotariatsT-BS enthalten. In Zusammenhang mit den gesellschaftsrechtlichen Beurkundungsgegenständen sind die Nummern 33 (Gründung von AG und GmbH, Kapitalerhöhung/-herabsetzung sowie andere Generalversammlungsprotokolle), 34 (Vorgänge nach Fusionsgesetz) und 35 (Abtretung eines GmbH-Anteils) der vorgenannten Vorschrift relevant.

Sofern die jeweiligen Tarife eine Minimal- oder Maximaltaxe vorsehen (Tarifrahmen), ist die Taxe gem. § 5 VO-NotariatsT-BS „unter Berücksichtigung der ökonomischen Verhältnisse der zahlungspflichtigen Person, des Interessewertes und des Aufwandes an Zeit und Arbeit festzusetzen." Innerhalb des jeweiligen Tarifrahmens steht dem Notar somit ein begrenztes Ermessen zu.

b) Bern

Nach dem Grundsatz des Art. 52 Abs. 1 NotG-BE bemisst sich die Notariatsgebühr nach „dem Arbeitsaufwand, nach der Bedeutung des Geschäfts und nach der von der Notarin oder dem Notar übernommenen Verantwortung." Daran anknüpfend hat der Berner Regierungsrat von seiner Verordnungsermächtigung gem. Art. 52 Abs. 2 NotG-BE Gebrauch gemacht und die Verordnung über die Notariatsgebühren (GebVN-BE) vom 26.04.2006 beschlossen.[1141] Art. 2 Abs. 1 GebVN-BE wiederholt den allgemeinen Grundsatz des Art. 52 Abs. 1 NotG-BE. Damit besitzt die bernische Urkundsperson innerhalb des „gestaffelten Rahmentarifs" (Art. 2 Abs. 1 GebVN-BE) ein eingeschränktes Ermessen hinsichtlich der Bemessung der Gebühren.

Die konkreten Tarife für die einzelnen Beurkundungsgeschäfte sind sodann in den nachfolgenden Art. 7–31 GebVN-BE festgesetzt. Die gesellschaftsrechtlichen Beurkundungsgegenstände sind in Art. 21 (Gesellschaften), Art. 22 (Abtretung eines Geschäftsanteils) sowie Art. 24 (Fusion, Spaltung, Umwandlung, Vermögensübertragung) GebVN-BE geregelt. Die Artt. 21 und 24 GebVN-BE verweisen jeweils auf den Tarif im Anhang 4.[1142] Für die Anteilsübertragung findet hingegen der Tarif im Anhang 1[1143] Anwendung.

1140 S. zu den Parametern der Währungsumrechnung unten 7. Kapitel: A. III. 1.

1141 SG (Bern) 169.81, Stand: 01.03.2022.

1142 Zu Artikel 21 und Artikel 24 Absatz 2, 3 und 5, abgedruckt im Anhang (zum 7. Kapitel), S. xxi.

1143 Zu Artikel 7, Artikel 8 Absatz 2, Artikel 13, Artikel 22, abgedruckt im Anhang (zum 7. Kapitel), S. xxi.

Die Anhänge 1 und 4 weisen – gestaffelt nach der Bemessungsgrundlage bzw. dem Gesellschaftskapital – als Gebühr ein Minimum, Mittel sowie Maximum aus. Der bernische Notar nimmt die genaue Einstufung anhand der eingangs dargestellten Bemessungskriterien vor. Abweichungen vom Mittelwert der Gebühr gemäß den Anhängen von 1 bis 4 sind bei der Rechnungsstellung zu begründen, vgl. Art. 6a Abs. 1 lit. c) GebVN-BE.

Nach Art. 26 GebVN-BE beträgt die Gebühr für die „übrigen Feststellungsurkunden", deren Gegenstand Geschäfte bilden, die nicht ausdrücklich in den Art. 7–25 GebVN-BE aufgezählt werden, mindestens 50,00 CHF (46,27 EUR).

c) Zug

Sofern ein Gerichtsschreiber oder ein Grundbuchverwalter die öffentliche Beurkundung vornimmt, richten sich die Gebühren gem. § 28 Abs. 1 BeurkG-ZG nach dem Verwaltungsgebührentarif vom 11.03.1974.[1144]

Demgegenüber hat das Obergericht gestützt auf § 28 Abs. 2 BeurkG-ZG für die von Urkundspersonen mit Rechtsanwaltszulassung vorgenommenen Beurkundungen einen gesonderten Tarif erlassen. Namentlich gelten für diese die §§ 17–25a der Verordnung über den Anwaltstarif (AnwT-ZG) vom 03.12.1996.[1145] Der Gebührentarif für die Beurkundung gesellschaftsrechtlicher Gegenstände ist in § 18 Abs. 1 Nrn. 11–17 AnwT-ZG geregelt und weist jeweils eine Mindest- und eine Höchstgebühr aus. Nach der Anwendungsregel des § 2 AnwT-ZG sind die Gebühren innerhalb der festgelegten Grenzen „nach der Schwierigkeit des Falles sowie dem Umfang und der Art der angemessenen Bemühungen festzulegen."

Im Gleichlauf zu den anderen hier untersuchten kantonalen Kostenordnungen sieht § 20 lit. c) AnwT-ZG ausnahmsweise eine Herabsetzung der Gebühr vor, wenn diese „zu einer unbilligen Härte der Klientschaft führen würde." Darüber hinaus enthält der zugerische Anwaltstarif eine Sonderregelung, welche die anderen der hier untersuchten Kostenordnungen in dieser Form nicht aufweisen. Nach § 18 Abs. 2 AnwT-ZG darf die Urkundsperson tiefere als die in § 18 Abs. 1 AnwT-ZG genannten Gebühren erheben, soweit diese kostendeckend und nicht unangemessen tief sind. Somit geht die vorgenannte Vorschrift

1144 BGS (Zug) 641.1, Stand: 01.01.2020, danach beträgt die Gebühr für die Beurkundung „von Gründungen, Beschlüssen und Feststellungen im Gesellschaftsrecht sowie nach Fusionsgesetz" 400,00 CHF (370,12 EUR) bis 15.000,00 CHF (13.879,50 EUR), vgl. § 9 Nr. 90 Verwaltungsgebührentarif.

1145 BGS (Zug) 163.4, Stand: 01.01.2012.

noch weiter als die allgemeine Anwendungsregel des § 2 AnwT-ZG, welche dem Notar lediglich ein eingeschränktes Ermessen innerhalb der festgelegten Grenzen einräumt.

d) *Zürich*

Grundlegende Vorschriften zu den Gebühren sind in den §§ 24–31 NotG-ZH geregelt. Nach § 26 Abs. 1 NotG-ZH betragen die Gebühren für die Gründung einer Handelsgesellschaft oder eine Kapitalerhöhung 1‰ des Gründungs- oder Erhöhungsbetrages.

Vertiefend dazu hat der zürcherische Kantonsrat von seiner Verordnungsermächtigung gem. § 36 Abs. 1 NotG-ZH Gebrauch gemacht und die Notariatsgebührenverordnung (NotGebV-ZH) vom 09.03.2009 beschlossen.[1146] Mit dieser hat der Kantonsrat die Gebühren für die übrigen Amtshandlungen festgesetzt, welche dem Zeitaufwand und der Bedeutung des Geschäfts angepasst sein sollen, vgl. § 27 NotG-ZH.

Nach § 1 NotGebV-ZH erheben die Notariate „für ihre Verrichtungen die Gebühren gemäss Anhang."[1147] Im Abschnitt B. („Übrige notarielle Tätigkeit")[1148] des Anhangs sind unter Ziff. 4.4.3 die Gebühren für gesellschaftsrechtliche Beurkundungen festgelegt. Dabei wird zwischen der „Gründung oder Kapitalerhöhung einer AG oder GmbH" (Ziff. 4.4.3.1) und den „übrige[n] gesellschaftsrechtliche[n] Urkunden wie Statutenänderung, Feststellung usw." (Ziff. 4.4.3.2) unterschieden.

Ausgangspunkt für die Berechnung bildet jeweils ein prozentualer Anteil des Gesellschaftskapitals. Je nach Art der Gesellschaft[1149] sind dann Mindest- und Höchstbeträge vorgegeben (Gebührenrahmen). In diesen Fällen richtet sich die konkrete Bemessung gem. § 7 Abs. 1 NotGebV-ZH nach dem

1146 SG (Zürich) Ordnungsnummer 243, Stand: 01.01.2017.

1147 Anhang zu § 1 NotGebV-ZH: Gebührentarif.

1148 Der Abschnitt A. behandelt das Grundstückswesen.

1149 Namentlich wird zwischen Publikumsgesellschaften (Art. 727 Abs. 1 Ziff. 1 OR), größeren Unternehmen (Art. 727 Abs. 1 Ziff. 2 u. 3 OR) und den übrigen Gesellschaften differenziert. Nach Art. 727 Abs. 1 Ziff. 1 OR sind regelmäßig börsennotierte und konzernrechtlich verbundene Unternehmen zu den Publikumsgesellschaften zu zählen. Zu den größeren Unternehmen sind solche mit einer Bilanzsumme ab 20 Mio. Franken sowie einem Umsatzerlös von 40 Mio. Franken bzw. mit 250 Vollzeitstellen zu zählen, die somit zur Erstellung einer Konzernrechnung verpflichtet sind, vgl. Art. 727 Abs. 1 Ziff. 2 u. 3 OR.

Arbeitsaufwand[1150] und der Bedeutung des Geschäfts.[1151] Schließlich sieht Ziff. 4.4.3 a.E. des Anhangs für „Geschäfte mit geringerer Bedeutung" eine Sonderregelung dahingehend vor, dass die Finanzdirektion die Höchstbeträge auf bis zu 40% herabsetzt.

Für Willenserklärungen, die in Ziff. 4 nicht genannt sind, beträgt die Gebühr 1‰ von der Gegenleistung oder von dem betroffenen Vermögenswert, jedoch im Rahmen von 200,00 CHF bis zu 15.000,00 CHF, vgl. Anhang Ziff. 4.6.

III. Gegenüberstellung der Notarkosten

Die nachfolgende Gegenüberstellung soll etwaige Unterschiede bei den Kosten der In- und Auslandsbeurkundung aufzeigen. In der Literatur wird ein konkreter Kostenvergleich bisweilen kaum vorgenommen.[1152]

Vordergründig wird dabei isoliert die Gebühr betrachtet, die für die Errichtung der notariellen Niederschrift über den jeweiligen Gegenstand entsteht. Hingegen sind insbesondere Vollzugsgebühren nicht Gegenstand der Gegenüberstellung, da beispielsweise die für die Anmeldung bei einem deutschen Registergericht anfallenden Gebühren in jedem Fall entstehen.

1. Gebührentabelle mit Berechnungsbeispielen im Anhang

Sämtliche Werte in der Gebührentabelle, welche im Anhang zu finden ist, sind grundsätzlich in Eurobeträgen angegeben, sofern eine andere Währung nicht ausdrücklich genannt wird. Ausgehend vom Durchschnittswert für das Jahr 2021 wurde für die Währungsumrechnung ein Euro-Referenzkurs von 1,00 EUR = 1,0811 CHF bzw. 0,9253 CHF = 1,00 EUR zugrunde gelegt.[1153] Trotz der vier Dezimalstellen des Euro-Referenzkurses kommt es insbesondere bei der Umrechnung höherer Beträge zu Abweichungen von bis zu mehreren hundert Euro.

Weiterhin handelt es sich bei den in der Tabelle aufgelisteten Gebühren um Nettobeträge, sodass bei der Beurkundung in Deutschland noch die Umsatzsteuer i.H.v. 19%[1154] und bei der Beurkundung in der Schweiz noch die

1150 Für die Berechnung einer Gebühr anhand des Arbeitsaufwandes wird gem. § 8 NotGebV-ZH im Allgemeinen ein Stundensatz von 180,00 CHF zugrunde gelegt.

1151 Dieser Gedanke beruht auf § 27 NotG-ZH.

1152 In Ansätzen *Müller*, NJW 2014, 1994 (1995 f.); mit Rechenbeispielen *Becker*, NotBZ 2016, 321.

1153 Vgl. *EZB*, Rechner zum Euro-Referenzkurs, für den Zeitraum vom 04.01.2021 bis zum 31.12.2021.

1154 Vgl. § 12 Abs. 1 Umsatzsteuergesetz vom 21.02.2005 (BGBl. 2005 I S. 386).

Mehrwertsteuer i.H.v. 7,7%[1155] hinzukommt. Dieser Aspekt dürfte eher eine untergeordnete Rolle spielen, da die an der Beurkundung beteiligten Gesellschaften regelmäßig gem. § 15 UStG zum Abzug der Vorsteuerbeträge berechtigt sind.

2. Bewertung der Gegenüberstellung

a) Vergleich zwischen den kantonalen Tarifen

Bei Beurkundung vor einem Schweizer Notar bestehen signifikante Preisunterschiede zwischen den Notariatstarifen der Kantone.[1156] So stellt die staatliche Preisüberwachung der Schweizer Eidgenossenschaft den zutreffenden Befund, dass Kantone mit Amtsnotariat (hier: Zürich) am günstigsten, solche mit gemischtem Notariat (hier: Zug) auf mittlerem Niveau und solche mit ausschließlich freiem Notariat (hier: Basel-Stadt und Bern) am teuersten liegen.[1157] Insbesondere „die von den Zürcher Notaren erhobenen Gebühren sind teilweise erheblich niedriger“[1158], da anders als bei dem freiberuflichen Notariat sämtliche Gebühren in die Staatskasse fallen.[1159]

b) Vergleich zwischen der In- und Auslandsbeurkundung

aa) Höchstgebühren

Bei gesellschafts- und umwandlungsrechtlichen Verträgen, für welche gem. § 107 Abs. 1 S. 1 GNotGK eine Geschäftswerthöchstgrenze von 10 Mio. EUR gilt, beträgt die maximale Gebühr 22.770,00 EUR.[1160] Diese Höchstgebühr ähnelt den Tarifen in den Kantonen Bern, Zug und Zürich. In diesen drei Kantonen liegen die Höchstgebühren für jegliche gesellschaftsrechtliche Beurkundungen im Bereich von etwa 13.000,00 bis 28.000,00 EUR.

Im Übrigen liegt die maximale Gebühr in Deutschland sowie dem Kanton Basel-Stadt bei rund 50.000,00 EUR. Im Anwendungsbereich des GNotKG kann eine solch hohe Gebühr aber lediglich für die Beurkundung von

1155 Vgl. Art. 25 Bundesgesetz über die Mehrwertsteuer vom 12.06.2009, SG (Schweiz) 641.20, Stand: 01.01.2022.

1156 Vertiefend dazu *Schweizerische Preisüberwachung*, Gebührenvergleich 2007 sowie 2009.

1157 *Schweizerische Preisüberwachung*, Gebührenvergleich 2007, S. 3.

1158 *Peter*, DNotZ 1987, 600 (606), mit Verweis auf § 24 Abs. 2 (= § 15 a. F.) NotG-ZH.

1159 *Brückner*, Schweizerisches Beurkundungsrecht, S. 171; *Jakobs*, MittRhNotK 1985, 57 (70).

1160 S. dazu im Anhang: Gebührentabelle, S. i.

Anteilsübertragungen anfallen, da nur insoweit die allgemeine Geschäftswerthöchstgrenze von 60 Mio. EUR greift.

bb) Gründung und Satzungsänderung

Bis zu einem Geschäftswert von 1 Mio. EUR unterscheiden sich die Gebühren nach sämtlichen der hier untersuchten Kostenordnungen höchstens um etwa 2.500,00 EUR und liegen damit auf einem vergleichbaren Niveau.[1161] Aufgrund der Geschäftswerthöchstgrenze des § 107 Abs. 1 S. 1 GNotKG fällt die Gebühr bei Gründungsgeschäften, die einen Wert von etwa 25 Mio. EUR übersteigen, in den Kantonen Basel-Stadt und Bern sogar höher als in Deutschland aus.

Die Gebühr für die Beurkundung von satzungsändernden Beschlüssen ohne bestimmten Geldwert (§ 108 Abs. 1 S. 1 GNotKG) beträgt 1% des eingetragenen Gesellschaftskapitals, vgl. § 105 Abs. 4 Nr. 1 GNotKG. Daher ergeben sich bei einem Gesellschaftskapital von bis zu 50 Mio. Euro, bei welchem die Gebühr 1.870,00 EUR beträgt, nur unwesentliche Unterschiede zu den kantonalen Tarifen für Satzungsänderungen.[1162]

Unisono bestätigen deutsche Literaturstimmen den vorliegenden Befund, dass es bei der Beurkundung von Gründungsvorgängen im Ausland aufgrund der moderaten Gebührensätze des GNotKG keine Wirtschaftlichkeitsvorteile gibt.[1163]

cc) Kapitalerhöhung/-herabsetzung

Bis zu einem Geschäftswert von 1 Mio. EUR differieren die Gebühren nach sämtlichen der untersuchten Kostenordnungen kaum.[1164] Bei Geschäftswerten zwischen 5 und 20 Mio. EUR fällt die Gebühr nach dem GNotKG um bis zu etwa 9.000 EUR höher als in den Schweizer Kantonen aus. Die Geschäftswerthöchstgrenze gem. § 108 Abs. 5 GNotKG führt erst bei einer Kapitalerhöhung um mehr als 25 Mio. EUR dazu, dass die Gebühren im Vergleich zu den Kantonen Basel-Stadt und Bern niedriger ausfallen. Für die Kapitalherabsetzung[1165] gilt Entsprechendes wie für die Erhöhung.

1161 S. dazu im Anhang: Gebührentabelle, S. ii-iv.

1162 S. dazu im Anhang: Gebührentabelle, S. iv.

1163 *Bayer*, in: Lutter/Hommelhoff, GmbHG, § 2 Rn. 27; *Becker*, NotBZ 2016, 321 f.; Anm. *Berninger*, GWR 2016, 96, unter Hinweis auf die Konzernklausel (§ 107 Abs. 2 GNotKG) und die übrigen Höchstgebühren; *Cramer*, in: Scholz, GmbHG, § 2 Rn. 15; *ders.*, DStR 2018, 746; *Herrler*, in: Grigoleit, AktG, § 130 Rn. 16; *Lieder*, ZIP 2018, 805; Anm. *Wicke*, DStR 2018, 380 (381).

1164 S. dazu im Anhang: Gebührentabelle, S. vi-viii.

1165 S. dazu im Anhang: Gebührentabelle, S. ix.

dd) Hauptversammlungsbeschlüsse börsennotierter Aktiengesellschaften

Sofern das Gesellschaftskapital den Wert von 50 Mio. EUR nicht übersteigt, ergeben sich keine nennenswerten Unterschiede – wie auch bei den Gebühren für die Beurkundung satzungsändernder Versammlungsbeschlüsse ohne bestimmten Geldwert.[1166]

ee) Übertragung von GmbH-Geschäftsanteilen

Nach § 109 Abs. 1 S. 2 GNotKG gelten das Verpflichtungs- und Verfügungsgeschäft als ein Beurkundungsgegenstand. Die kantonalen Kostenordnungen differenzieren ebenfalls nicht zwischen dem schuldrechtlichen und dinglichen Geschäft, sodass die Gebühr allgemein für die Abtretung anfällt. Der zugerische Anwaltstarif sieht eine hälftige Herabsetzung vor, wenn nur eines der beiden vorgenannten Geschäfte beurkundet wird.

Bei Gegenstandswerten bis zu 10 Mio. EUR unterscheidet sich die Gebühr in Deutschland, Basel-Stadt und Bern nur unwesentlich.[1167] Bei mittleren Übertragungs-/Geschäftswerten im Bereich von 10 bis 20 Mio. EUR sind die Gebühren für die Beurkundung einer GmbH-Anteilsübertragung in Basel-Stadt sogar teurer als beim deutschen Notar.[1168]

Bei Gegenstandswerten ab 20 Mio. EUR macht sich bemerkbar, dass bei der Anteilsübertragung die Höchstgrenze gem. § 35 Abs. 2 Alt. 2 GNotKG erst bei 60 Mio. EUR liegt. Jedoch ist zu berücksichtigen, dass bei der Übertragung von GmbH-Anteilen Geschäftswerte von über 1 Mio. Euro eher selten erreicht werden.[1169]

Durchgängig fallen die geringsten Gebühren bei der Beurkundung der Anteilsübertragung in den Kantonen Zürich und Zug an. Im Vergleich zu den Gebühren nach dem GNotKG ergeben sich hier Abweichungen von bis zu 30.000,00 EUR.[1170]

ff) Umwandlungsvorgänge

Unter Berücksichtigung der Geschäftswerthöchstgrenze des § 107 Abs. 1 S. 1 GNotKG ergibt sich für die Beurkundung des Verschmelzungs-/Spaltungsvertrags die

---

1166 S. dazu im Anhang: Gebührentabelle, S. x.

1167 S. dazu im Anhang: Gebührentabelle, S. xi-xii.

1168 Dies erkennend *Müller*, NJW 2014, 1994 (1995).

1169 *Schwab*, MittBayNot 2006, 307, mit Ergebnissen einer Umfrage zur Verteilung und Höhe von Geschäftswerten und Gebühren bei GmbH-Anteilsabtretungen.

1170 S. dazu im Anhang: Gebührentabelle, S. xi-xii.

Höchstgebühr von 22.770,00 EUR, welche bei einem Aktivvermögen des übertragenden Rechtsträgers von 10 Mio. EUR oder mehr anfällt. Zusätzlich können für die umwandlungsrechtlichen Beschlüsse der beiden beteiligten Rechtsträger, die bei gleichem Beschlussinhalt gem. § 109 Abs. 2 S. 1 Nr. 4 lit. g) GNotKG gegenstandsgleich sind, Gebühren von höchstens 16.270,00 EUR anfallen.

Nach den Kostenordnungen der Kantone Bern, Zürich und Zug fallen für die Beurkundung der Verträge sowie der umwandlungsrechtlichen Versammlungsbeschlüsse ebenfalls getrennte Gebühren an.[1171] Im Unterschied dazu ist im Kanton Basel-Stadt die Ausfertigung des Fusions-/Spaltungsvertrages in den Gebühren für den Fusions-/Spaltungsbeschluss des übernehmenden Rechtsträgers inkludiert. Weiterhin entstehen nach sämtlichen kantonalen Kostenordnungen gesonderte Gebühren für die umwandlungsrechtlichen Beschlüsse beider beteiligten Rechtsträger, da keine dem § 109 Abs. 2 S. 1 Nr. 4 lit. g) GNotKG entsprechende Regelung existiert.

Durch die Einführung der Geschäftswerthöchstgrenze des § 107 Abs. 1 S. 1 GNotGK ist das Einsparpotential bei höheren Geschäftswerten deutlich gesunken.[1172] Bei mittleren Geschäftswerten von mehr als 1 Mio. EUR fallen die Gebühren für die Beurkundung des Verschmelzungs-/Spaltungsvertrages nach dem GNotKG weiterhin höher aus als nach den kantonalen Tarifen. Dieses Gebührengefälle wird aber dadurch ausgeglichen, dass nach dem GNotKG die umwandlungsrechtlichen Beschlüsse der beiden beteiligten Rechtsträger gem. § 109 Abs. 2 S. 1 Nr. 4 lit. g) GNotKG gegenstandsgleich sind.

IV. Zusammenfassung zum Motiv der Kostenersparnis

Sofern man nach der hier vertretenen Auffassung die Beurkundung der statusrelevanten Gesellschaftsakte insbesondere mangels Vorliegens der besonderen Substitutionsvoraussetzungen ohnehin als nicht gleichwertig erachtet, ist die Frage nach möglichen Kostenvorteilen insoweit eher theoretischer Natur. Praktische Bedeutung kommt der Kostenfrage aber jedenfalls bei der Beurkundung von Anteilsübertragungen und Hauptversammlungsbeschlüssen börsennotierter Aktiengesellschaften zu.

Zunächst ist festzuhalten, dass sowohl die kantonalen Tarife als auch die deutschen Kostentatbestände von der Urkundsperson zwingend einzuhalten sind. Etwas anderes ergibt sich nicht daraus, dass für die Schweizer Notare

1171 S. dazu im Anhang: Gebührentabelle, S. xiii-xv.

1172 *Schröer/Greitemann*, in: Semler/Stengel/Leornard, UmwG, § 6 UmwG Rn. 15.

ein begrenztes Ermessen bei der Berechnung der Gebühren besteht, soweit die kantonalen Ordnungen einen Tarifrahmen in Form einer Mindest- und Höchstgebühr vorsehen.[1173] Die Urkundspersonen besitzen keinen „Verhandlungsspielraum“, da sie die Ermessensentscheidung allein innerhalb des festgesetzten Rahmens treffen können. Vielmehr sind als Kriterien für die Bemessung im konkreten Einzelfall regelmäßig der Arbeitsaufwand und die Bedeutung des Geschäfts heranzuziehen.[1174]

Im Ergebnis trifft die pauschale Aussage, die Beurkundung in der Schweiz sei kostengünstiger, nicht zu. Bei der Beurkundung von Hauptversammlungsbeschlüssen börsennotierter Aktiengesellschaften ergeben sich regelmäßig keine Kostenvorteile, sofern das Grundkapital nicht mehr als 100 Mio. EUR beträgt.[1175] Das größte Einsparpotenzial besteht, unabhängig von dem Geschäftswert, bei der Beurkundung von Anteilsübertragungen in Zürich oder Zug.[1176]

Der Grund für die vorgenannten Gebührenunterschiede ist in den verschiedenen Strukturen zwischen dem deutschen und kantonalen Kostenrecht zu sehen. Der das deutsche Kostenrecht prägende Gedanke der Degression[1177] ist den kantonalen Tarifordnungen unbekannt, d.h. nach schweizerischem Recht tragen die bei hohen Geschäftswerten anfallenden Gebühren nicht zur Kostendeckung bei niedrigeren Geschäftswerten bei.[1178] Bei Kantonen mit Amtsnotariaten fallen die Gebühren allgemein am niedrigsten aus, da diese anders als beim freiberuflichen Notariat in die Staatskasse fließen.

B. Praxis an deutschen Registergerichten

Der Verfasser hat ab dem letzten Quartal des Jahres 2021 im Rahmen einer Befragungsstudie Video- und Telefoninterviews mit Richterinnen und Richtern der Amtsgerichte Berlin-Charlottenburg, Hamburg und München sowie des Kammergerichts Berlin geführt. Zusätzlich korrespondierte der Verfasser mit

---

1173 *Schweizerische Preisüberwachung*, Gebührenvergleich 2009, S. 4.

1174 Vgl. § 5 VO-NotariatsT-BS, Art. 2 GebVN-BE, § 7 Abs. 1 NotGebV-ZH, § 2 AnwT-ZG.

1175 Bei einem solche Grundkapital beträgt die Gebühr für die Beurkundung des Hauptversammlungsbeschluss EUR 3.470,00 (vgl. § 108 Abs. 1 S. 1 i.V.m. § 105 Abs. 4 Nr. 1 GNotKG) und ähnelt damit der Höhe nach den kantonalen Tarifen.

1176 S. dazu im Anhang: Gebührentabelle, S. xiii-xiv.

1177 *Böttcher*, in: Böttcher/Habighorst/Schulte, Umwandlungsrecht, § 6 UmwG Rn. 1.

1178 *Müller*, NJW 2014, 1994 (1995).

den Registerabteilungen der Amtsgerichte Stuttgart und Frankfurt am Main. Aus Gründen des Datenschutzes werden die teilnehmenden Personen nicht namentlich genannt und ihre Angaben in anonymisierter Form dargestellt.

Der Verfasser erachtet diese stichprobenartige Erhebung als erforderlich, um herauszufinden, in welchem Maße tatsächlich noch von der Auslandsbeurkundung Gebrauch gemacht wird. Gleichzeitig soll die Erkenntnis gewonnen werden, ob das Ausmaß der wissenschaftlichen Diskussion mittlerweile in Diskrepanz zu der Häufigkeit steht, mit welcher gesellschaftsrechtliche Rechtsakte im Ausland beurkundet werden.

I. Häufigkeit der Auslandsbeurkundung

Am Amtsgericht München seien im Jahr 2021 insgesamt etwa drei gesellschaftsrechtliche Vorgänge (Verschmelzungen) zur Eintragung angemeldet worden, die in der Schweiz oder in Österreich beurkundet wurden.[1179] An den Amtsgerichten Hamburg und Berlin-Charlottenburg würden im Ausland vorgenommene Neugründungen, Verschmelzungen oder satzungsändernde Beschlüsse allenfalls wenig bis sehr selten zur Eintragung angemeldet werden.[1180] Grund dafür sei, dass etwa die von dem Berliner Registergericht vertretene Rechtsauffassung in Beraterkreisen allgemein bekannt ist.[1181] Die Registerabteilung des Amtsgerichts Stuttgart teilte mit, einer der Rechtspfleger habe seit Dezember 2017 insgesamt elf Anmeldungen von gesellschaftsrechtlichen Vorgängen geprüft, die im Ausland beurkundet worden sind; davon zehn Beurkundungen aus der Schweiz und eine aus Luxemburg.[1182]

Deutlich häufiger als Niederschriften ausländischer Notare werden aber Dokumente mit Vermerken über im Ausland vorgenommenen Beglaubigungen eingereicht.[1183] Die Anzahl der Beglaubigungen von Unterschriften im Ausland habe innerhalb der letzten zehn Jahre und insbesondere aufgrund der Corona-Pandemie noch einmal stark zugenommen.[1184]

1179 Telefoninterview mit einer RinAG München vom 25.01.2022.

1180 Videointerview mit einem RiAG Berlin-Charlottenburg vom 10.11.2021; Videointerview mit einem RiAG Berlin-Charlottenburg vom 10.11.2021.

1181 Videointerview mit einem RiAG Berlin-Charlottenburg vom 10.11.2021; Videointerview mit einem RiKG Berlin (zuvor Registerrichter) vom 22.12.2021.

1182 E-Mail eines RiAG Stuttgart vom 03.01.2022.

1183 Videointerview mit einem RiAG Berlin-Charlottenburg vom 10.11.2021; Telefoninterview mit einem RiAG Hamburg vom 14.12.2021; E-Mail eines RiAG Stuttgart vom 03.01.2022.

1184 Telefoninterview mit einem RiAG Hamburg vom 14.12.2021.

II. Vertretene Rechtsauffassung

1. Statusrelevante Geschäftsvorgänge

Im Rahmen der Befragungsstudie hat der Verfasser seine Interviewpartner gefragt, ob die jeweilige Registerabteilung in Zusammenhang mit der Auslandsbeurkundung eine einheitliche Rechtsauffassung vertritt.

Die Registerabteilungen der Amtsgerichte Berlin-Charlottenburg, Hamburg[1185] sowie München lehnen allesamt die Eintragung von im Ausland beurkundeten Gesellschaftsgründungen und umwandlungsrechtlichen Maßnahmen unter Hinweis auf die Gewähr materieller Richtigkeit und die Erforderlichkeit vertiefter gesellschaftsrechtlicher Kenntnisse ab.[1186] Das Amtsgericht München[1187] verwies zur Begründung ergänzend auf einen Hinweisbeschluss des 31. Zivilsenats des Oberlandesgerichts München vom 16.08.2021, in welchem der Senat die Auffassung vertritt, bei Verschmelzungsbeschlüssen bzw. allgemein bei Strukturmaßnahmen sei eine „Beurkundung durch einen Notar im Sinne der Bundesnotarordnung erforderlich", da nur dieser mit den einschlägigen Rechtsvorschriften betraut sei.[1188]

Das Amtsgericht – Registerabteilung – Stuttgart teilte mit, dass in Baden-Württemberg die Zuständigkeit der Richter gem. § 376 Abs. 2 FamFG auf einige unternehmensrechtliche Verfahren beschränkt ist.[1189] Aufgrund der landesrechtlichen Aufhebung des Richtervorbehalts sind in Baden-Württemberg für die Eintragung der hier untersuchten Gesellschaftsvorgänge Rechtspfleger zuständig, vgl. §§ 17 Nr. 1, 19 Abs. 1 Nr. 6 RPflG i.V.m. § 1 S. 1 Nr. 5 RichtAufgÜV-BW.[1190] Unter den funktional zuständigen Personen existiere keine einheitliche Rechtsauffassung zur Wirksamkeit der Auslandsbeurkundung.[1191] Übereinstimmend teilte auch das Amtsgericht – Registerabteilung – Frankfurt am

---

1185 Informationsschreiben an die Hamburgische Notarkammer im Anschluss an die Gesprächsrunde vom 08.09.2015 (unveröffentlicht).

1186 Videointerview mit einem RiAG Berlin-Charlottenburg vom 10.11.2021; Telefoninterview mit einem RiAG Hamburg vom 14.12.2021; Telefoninterview mit einer RinAG München vom 25.01.2022.

1187 Telefoninterview mit einer RinAG München vom 25.01.2022.

1188 OLG München, Beschl. v. 16.08.2021, Az.: 31 Wx 283/21 (unveröffentlicht).

1189 E-Mail eines RiAG Stuttgart vom 03.01.2022.

1190 Verordnung des Justizministeriums zur Aufhebung von Richtervorbehalten und Übertragung richterlicher Aufgaben auf den Rechtspfleger vom 07.07.2017 (GBl. 2017, 468).

1191 E-Mail eines RiAG Stuttgart vom 03.01.2022 und 07.01.2022.

Main unter Hinweis auf die richterliche Unabhängigkeit mit, dass in der dortigen Registerabteilung ebenfalls keine einheitliche Auffassung vorherrsche.[1192]

2. *Sonstige Gesellschaftsakte*

Demgegenüber sei nach der am Amtsgericht Berlin-Charlottenburg vorherrschenden Auffassung die Beurkundung der Übertragung von GmbH-Geschäftsanteilen, welche keinen rechtlich hoch komplexen Vorgang darstelle, im Hinblick auf die höchstrichterliche Rechtsprechung zulässig.[1193]

3. *Anfragen von Beratern*

Alle befragten Richterinnen und Richter bestätigten, dass Anwälte mit geringer Frequenz die zur Wirksamkeit der Auslandsbeurkundung vertretene Auffassung des zuständigen Registergerichts telefonisch erfragen. Aufgrund der richterlichen Unabhängigkeit könne aber nicht garantiert werden, dass der im Einzelfall zuständige Registerrichter der am jeweiligen Registergericht vorherrschenden Rechtspraxis auch tatsächlich folgt.[1194]

III. Gerichtlicher Prüfungsmaßstab

Das Amtsgericht München betonte, dass bereits eine abstrakte Gleichwertigkeitsprüfung in Bezug auf die einzelnen Schweizer Kantone aufgrund der Arbeitsauslastung kaum möglich sei.[1195] Eine Betrachtung des Beurkundungsverfahrens im jeweiligen Einzelfall könne mit den vorhandenen Kapazitäten erst recht nicht geleistet werden.

IV. Zusammenarbeit mit inländischen Notaren

In Zusammenhang mit komplexen gesellschaftsrechtlichen Transaktionen stimme sich der beurkundende inländische Notar vor Einreichung der Anmeldung die Entwürfe mit dem zuständigen Registergericht ab, um sicherzustellen, dass die jeweiligen Vorgänge den materiell-rechtlichen Vorgaben entsprechen

1192 E-Mail eines RiAG Frankfurt vom 15.02.2022.

1193 Videointerview mit einem RiAG Berlin-Charlottenburg vom 10.11.2021, mit Verweis auf BGHZ 199, 270.

1194 Videointerview mit einem RiAG Berlin-Charlottenburg vom 10.11.2021.

1195 Telefoninterview mit einer RinAG München vom 25.01.2022.

und die Eintragung somit zügig vorgenommen werden kann.[1196] Nahezu täglich gebe es telefonischen Austausch mit den ortsansässigen Notaren oder Notariatsfachangestellten.[1197]

V. Zusammenfassung zur Praxis an deutschen Registergerichten

Die stichprobenartige Erhebung hat gezeigt, dass Rechtshandlungen deutscher Kapitalgesellschaften allenfalls selten im Ausland beurkundet werden. Die wenigen Anmeldungen waren regelmäßig auf die Eintragung von in der Schweiz vorgenommenen Beurkundungen gerichtet. Im Hinblick auf die Art der Beurkundungsgegenstände war die Befragungsstudie eher unergiebig. Es lässt sich allein die vage Feststellung treffen, dass Verschmelzungen gehäuft Gegenstand der Anmeldungen gewesen sind.

Unter den Registerabteilungen, namentlich der Amtsgerichte Berlin-Charlottenburg, Hamburg und München, überwiegt die Auffassung, dass statusrelevante Gesellschaftsakte mangels Gewähr der materiellen Richtigkeit nicht wirksam im Ausland beurkundet werden können. Aufgrund der richterlichen Unabhängigkeit ist aber trotz der grundsätzlichen Linie nicht sicher, dass die im Einzelfall zuständige Person dieser auch folgt. Im Einklang zu diesem Gedanken betonen die Registerabteilungen der Amtsgerichte Stuttgart und Frankfurt am Main, eine einheitliche Rechtsauffassung zur Auslandsbeurkundung herrsche nicht vor.

Daher vermag allein die vorherige Abstimmung mit dem zuständigen Organ des jeweiligen Registergerichts über dessen Auffassung eine gewisse Sicherheit erbringen. Gerade bei der Beurkundung von komplexen gesellschaftsrechtlichen Transaktionen entspricht die Abstimmung zwischen dem beurkundenden Notar und dem zuständigen Registergericht ohnehin der gelebten Praxis.

C. Sonstige Motive

Nachfolgend werden die von wenigen Literaturstimmen angeführten sonstigen Motive für die Wahl eines ausländischen Beurkundungsortes – auch im Lichte der Ergebnisse der Befragungsstudie – auf ihre theoretische und praktische Schlagkraft hin untersucht.

1196 Videointerview mit einem RiAG Berlin-Charlottenburg vom 10.11.2021; Telefoninterview mit einem RiAG Hamburg vom 14.12.2021; Videointerview mit einem RiKG Berlin (zuvor Registerrichter) vom 22.12.2021.

1197 Telefoninterview mit einem RiAG Hamburg vom 14.12.2021.

I. Internationalisierung der Gesellschafter-/Aktionärsstruktur

Aufgrund der anhaltenden Globalisierung des Gesellschaftsrechts[1198] trete eine immer stärkere Internationalisierung der Gesellschafter-/Aktionärsstrukturen in deutschen Kapitalgesellschaften ein[1199] – etwa durch die Ansässigkeit von Hauptaktionären im benachbarten Ausland.[1200]

Nach Auffassung des Verfassers wird sich bei Sachverhalten mit ausländischen Anteilseignern die Überlegung, die Beurkundung an ihrem Wohnsitz im Ausland durchzuführen, aufgrund der fortschreitenden Digitalisierung des Rechts immer mehr erübrigen.[1201] *De lege lata* ist es seit dem Inkrafttreten des DiRuG bereits möglich, eine GmbH im reinen Onlineverfahren zu gründen.[1202] Alternativ können sich ausländische Anteilseigner, denen es nicht möglich ist, persönlich zur Beurkundung vor einem deutschen Notar zu erscheinen, durch Bevollmächtigte vertreten lassen. Zwar unterliegen Gründungsvollmachten gem. §§ 2 Abs. 2 S. 1 GmbHG, 23 Abs. 1 S. 2 AktG ebenfalls der notariellen Form, jedoch können aufgrund der ergänzenden Regelungen[1203] zur Umsetzung der Digitalisierungsrichtlinie[1204] seit dem 01.08.2022 auch Vollmachten zur Gründung einer GmbH vor einem deutschen Notar mittels Videokommunikation beurkundet werden, vgl. § 2 Abs. 2 S. 2 GmbHG.[1205]

II. Konzerninterne Transaktionen

Einzelne Literaturstimmen postulieren, die Auslandsbeurkundung sei bei konzerninternen Transaktionen wegen derer langfristigen Planbarkeit und dem Fehlen von Interessenkollisionen besonders attraktiv.[1206] Zudem seien bei

---

1198 *Becker*, NotBZ 2016, 321 (324); *Kropholler*, ZHR 140 (1976), 394: „erhöhte[r] internationale[r] Wirtschaftsverkeh[r]"; *Kröll*, ZGR 2000, 111 (147); *Löbbe*, in: Habersack/Casper/Löbbe, GmbHG, § 15 Rn. 92: „zunehmend[e] Internationalisierung wirtschaftlicher Vorgänge".

1199 *Bungert*, AG 1995, 26 (28); *Dignas*, GmbHR 2005, 139; *Kröll*, ZGR 2001, 111 (147); *Lieder*, ZIP 2018, 805.

1200 *Bungert*, AG 1995, 26 (27).

1201 Ähnlich: *Schäfer*, in: Bork/Schäfer, GmbHG, § 2 Rn. 35.

1202 S. dazu oben 5. Kapitel: A. I. 3. a).

1203 Gesetz zur Ergänzung der Regelungen zur Umsetzung der Digitalisierungsrichtlinie und zur Änderung weiterer Vorschriften (DiREG) vom 15.07.2022 (BGBl. 2022 I S. 1146).

1204 RL (EU) 2019/1151.

1205 Vgl. BT-Drs. 20/1672, S. 22 f. u. 26 f.

1206 *Meichelbeck/Krauß*, DStR 2014, 752 (755).

deutschen Konzerngesellschaften häufig im Ausland tätige Leitungsorgane anzufinden.[1207]

Gerade bei Konzerngesellschaften spielen mögliche Kostenvorteile eher eine geringere Rolle. Die Mitglieder der Vertretungsorgane haben aus haftungsrechtlichen Gesichtspunkten kein Interesse daran, die mit der Auslandsbeurkundung verbundene Rechtsunsicherheit zu tragen, sondern werden regelmäßig die Beurkundung durch einen deutschen Notar wählen.

Gleichwohl bietet sich bei Konzernunternehmen die Auslandsbeurkundung aufgrund folgender Überlegung an. Bei langwierigeren Umwandlungsmaßnahmen innerhalb eines Konzerns wird das Risiko eines registerrechtlichen Beschwerdeverfahrens gegen die Zurückweisung der Handelsregisteranmeldung von den Beteiligten in Kauf genommen, da unter Umständen keine besondere Eilbedürftigkeit für die Maßnahme besteht. Diese Überlegung deckt sich mit der im Rahmen der Befragungsstudie getroffenen Feststellung, dass vermehrt Verschmelzungen Gegenstand der Beurkundungen waren, die in der Schweiz oder in Österreich vorgenommen worden sind.[1208]

III. Anreiz zur Steuerumgehung

Da die ausländischen Urkundspersonen regelmäßig keinen steuerlichen Mitteilungspflichten i.S.d. § 54 Abs. 1 EStDV unterliegen, biete die Auslandsbeurkundung den Anreiz, steuerbare Vorgänge gegenüber dem deutschen Fiskus zu verschweigen.[1209] Gerade bei der Übertragung von GmbH-Geschäftsanteilen und der Verschmelzung von Unternehmen mit Grundbesitz hätten die Beteiligten ein Interesse daran, Steuerzahlungen zu vermeiden.

In welchem Maß der Anreiz zur Steuerumgehung bei der Wahl eines ausländischen Beurkundungsortes Berücksichtigung findet, vermag der Verfasser nicht abschließend zu beurteilen, denn ein solches Motiv wird niemals offen nach außen kommuniziert. Selbst wenn steuerliche Mitteilungspflichten in Zusammenhang mit der Beurkundung umgangen werden, ist es aufgrund sonstiger Vorschriften wahrscheinlich, dass das Finanzamt auf anderen Wegen von

---

1207 *Grau/Kirchner*, GWR 2021, 23.

1208 S. dazu oben 7. Kapitel: B. I.

1209 *Cramer*, DStR 2018, 745 (750); *Heckschen*, in: Widmann/Mayer, Umwandlungsrecht, § 6 UmwG Rn. 58; *ders.*, DB 2018, 685 (686); *Heinze*, NZG 2017, 371 (374); *Herrler*, NJW 2018, 1787; *ders.*, NotBZ 2020, 391 (393); *Lieder*, NZG 2020, 1081 (1087); *Weber*, MittBayNot 2018, 215 (221); Anm. *Wicke*, GmbHR 2018, 380 (381).

dem steuerrelevanten Vorgang Kenntnis erlangt. Etwa sind die vertretungsberechtigten Organe gem. § 138 Abs. 1 AO in Zusammenhang mit der Gründung von Gesellschaften, deren Unternehmensgegenstand der Betrieb eines Gewerbes ist, verpflichtet, der Gemeinde die Eröffnung des Betriebs mitzuteilen, die ihrerseits das zuständige Finanzamt darüber informiert.

D. Wesentlicher Ertrag zur rechtstatsächlichen Betrachtung

In der Praxis der deutschen Registergerichte spielt die Auslandsbeurkundung eine eher überschaubare Rolle. Die Registerabteilungen der Amtsgerichte Berlin-Charlottenburg, Hamburg, Stuttgart und München haben übereinstimmend angegeben, dass pro Jahr allenfalls etwa drei im Ausland beurkundete, statusrelevante Gesellschaftsakte zur Eintragung angemeldet werden. Dazu trägt vor allem bei, dass die von dem jeweiligen Registergericht vertretene Rechtsauffassung in Beraterkreisen allgemein bekannt ist oder im Vorhinein zu einer Transaktion formlos erfragt wird.

Insgesamt verfestigt die Befragungsstudie den Eindruck, dass die Parteien eine kompetente Beratung durch einen deutschen Notar mit gesicherten Kenntnissen des nationalen Gesellschaftsrechts gegenüber der mit Unwägbarkeiten verbundenen Auslandsbeurkundung bevorzugen.

Nach Auffassung des Verfassers rechtfertigt keines der angeführten Motive den Gang über die Grenze. Die Erwartung von Kostenvorteilen zu profitieren, stellt weiterhin das hauptsächliche Motiv dar. Der Vergleich der deutschen Gebührenordnung mit den kantonalen Tarifen hat aber gezeigt, dass nicht pauschal angenommen werden kann, die Beurkundung in der Schweiz erfolge stets kostengünstiger. Mit in den Gebührenvergleich im jeweiligen Einzelfall sind insbesondere auch zusätzliche Kosten einzustellen, die für die Anreise und den Aufenthalt der Berater sowie der Urkundsbeteiligten entstehen. Selbst bei unterstellten Kostenvorteilen werden Berater aufgrund der bestehenden Rechtsunsicherheit in Zusammenhang mit der Richtigkeitsgewähr – die Beurkundung von Anteilsübertragungen und nicht satzungsändernden Hauptversammlungsbeschlüssen ungeachtet – im Zweifel den sichereren Weg der Inlandsbeurkundung empfehlen. In Zusammenhang mit den sonstigen Motiven lässt sich konstatieren, dass zumindest in Bezug auf nicht eilbedürftige Umwandlungsmaßnahmen bei Konzernunternehmen das Risiko der Verzögerung durch ein Beschwerdeverfahren gegen die ablehnende Entscheidung des Registergerichts von den beurkundungswilligen Parteien in Kauf genommen wird.

8. Kapitel: Fazit

Abschließend werden die Ergebnisse der vorliegenden Untersuchung in Thesenform zusammengefasst und auf dieser Basis Schlussfolgerungen im Hinblick auf die kollisionsrechtliche Anknüpfung gezogen.

A. Zusammenfassung der Untersuchungsergebnisse

1. Die Ortsform i.S.d. Art. 11 Abs. 1 Alt. 2 EGBGB bzw. Art. 11 Abs. 1 Alt. 2 Rom I-VO ist lediglich in Zusammenhang mit der Übertragung von GmbH-Geschäftsanteilen anwendbar.[1210] Hingegen richtet sich die Form bei statusrelevanten Gesellschaftsakten sowie bei Hauptversammlungsbeschlüssen börsennotierter Aktiengesellschaften aufgrund des gesetzgeberischen Willens und aus Gründen der Rechtssicherheit allein nach dem Wirkungsstatut, sodass sich bei diesen Geschäften unmittelbar die Frage der Substitution stellt.
2. Je nachdem, ob eine Willenserklärung oder eine sonstige Erklärung den Gegenstand der notariellen Beurkundung bildet, ist zwischen dem einfachen Protokollverfahren (§§ 36 ff. BeurkG) und dem qualifizierten Protokollverfahren (§§ 6 ff. BeurkG) zu unterscheiden.[1211] Diese Unterscheidung besitzt für die Frage, welche Verfahrensgrundsätze im Rahmen der allgemeinen Substitutionsprüfung tragend sind,[1212] entscheidende Bedeutung.
3. Als umfassendstes Formerfordernis vereint die notarielle Form mehrere Funktionen in sich, namentlich dient sie zu Warn-, Beweis-, und Belehrungszwecken.[1213] Über diesen Individualschutz hinaus verfolgt speziell die notarielle Beurkundung noch weitere Funktionen, die sich insbesondere im Schutz der Interessen Dritter sowie der Allgemeinheit äußern und anhand der jeweiligen gesetzlichen Rechtsvorschrift zu ermitteln sind, welche die Einhaltung des Formerfordernisses verlangt.[1214]
4. In registerrechtlicher Hinsicht kommt dem Notar eine Filterfunktion zu, welche mit seiner Kompetenz zur Vorprüfung gem. § 378 Abs. 3 FamFG

1210 S. dazu oben 2. Kapitel.
1211 S. dazu oben 3. Kapitel: A. II.
1212 S. dazu oben 4. Kapitel: B. III. 2.
1213 S. dazu oben 3. Kapitel: A. III. 1.
1214 S. dazu oben 3. Kapitel: A. III. 2.

kodifiziert worden ist.[1215] Aufgrund der Vorgaben des § 39a BeurkG müssen sich ausländische Urkundspersonen für die elektronische Anmeldung beim Handelsregister zwingend der Zuhilfenahme eines deutschen Notars bedienen.[1216]

5. Gesellschaftsrechtliche Beurkundungserfordernisse stehen der Rechtsfigur der Substitution offen gegenüber.[1217]
6. Die von der Rechtsprechung aufgestellten Voraussetzungen stellen lediglich die Grundlage für die Substitutionsprüfung dar und bedürfen der Ergänzung durch zusätzliche Gleichwertigkeitskriterien.[1218] Daher ist im Rahmen der allgemeinen Gleichwertigkeitsprüfung weiterhin zu berücksichtigen, ob die ausländische Urkundsperson einer entsprechenden Haftung sowie steuerlichen Mitteilungs- und geldwäscherechtlichen Meldepflichten unterliegt.
7. Die von der jeweiligen deutschen Formvorschrift verfolgten materiellrechtlichen Zwecke stellen die besonderen Voraussetzungen einer jeden Substitutionsprüfung dar.[1219]
   a) Bei der Beurkundung von statusrelevanten Gesellschaftsakten vor einem ausländischen Notar ist nicht gesichert, dass die Satzungsbestimmungen respektive die umwandlungsrechtlichen Vorgänge den materiellrechtlichen Vorgaben des deutschen Gesellschaftsrechts genügen, sodass die materielle Richtigkeit im Rahmen der Auslandsbeurkundung nicht in gleichwertiger Weise gewährleistet wird.[1220]
   b) Die Zwecke des § 130 Abs. 1 AktG können bei der Beurkundung von nicht statusrelevanten Hauptversammlungsbeschlüssen auch durch einen ausländischen Notar verwirklicht werden.[1221]
   c) Auch die Zwecke des § 15 Abs. 3 und Abs. 4 GmbHG, namentlich die Beweis- und Erschwerungsfunktion, können im Rahmen der Auslandsbeurkundung in gleichwertiger Weise verwirklicht werden.[1222] Zudem ist die Einreichung der Gesellschafterliste durch einen ausländischen Notar

1215 S. dazu oben 3. Kapitel: B. II. 3.
1216 S. dazu oben 3. Kapitel: B. II. 5.
1217 S. dazu oben 4. Kapitel: A. III.
1218 S. dazu oben 4. Kapitel: C.
1219 S. dazu oben 5. Kapitel.
1220 S. dazu oben 5. Kapitel: B. II. 1.
1221 S. dazu oben 5. Kapitel: C. I. 3.
1222 S. dazu oben 5. Kapitel: C. II. 3.

zulässig, da sich dessen Einreichungskompetenz als Annex aus seiner Beurkundungskompetenz ergibt.[1223]

8. In keinem der vorliegend untersuchten Schweizer Kantone ist die Einhaltung der allgemeinen Substitutionsvoraussetzungen in Gänze gesichert.
   a) Lediglich die Urkundspersonen in Basel-Stadt und Bern nehmen eine mit der des deutschen Notars vergleichbare Funktion ein.[1224] Sowohl in Zürich als auch in Zug scheitert die personelle Gleichwertigkeit an der Vorbildung der Urkundspersonen.
   b) Das Verfahren in sämtlichen der hier untersuchten Schweizer Kantone ist bei der Beurkundung von sonstigen Erklärungen gleichwertig.[1225] Hingegen besteht bei der Beurkundung von Willenserklärungen – mit Ausnahme des Kantons Bern – keine verfahrensrechtliche Gleichwertigkeit, da nach den Verfahrensordnungen der Kantone Basel-Stadt, Zürich und Zug alternativ zum Verlesen das Selbstleseverfahren zulässig ist.
   c) Schließlich werden in keinem der Kantone die zusätzlichen Gleichwertigkeitskriterien erfüllt.[1226] Zwar ist allein die Haftung der zürcherischen Urkundsperson nicht gleichwertig, da die Parteien bei für das Ausland bestimmten Beurkundungen zwingend die Entlastung des Staates zu erklären haben. Jedoch unterliegen die Urkundspersonen – mit Ausnahme des basel-städtischen Notars – keiner Pflicht zur Wahrung staatlicher Fiskalinteressen. Weiterhin ist die Einhaltung der geldwäscherechtlichen Meldepflichten insgesamt nicht gesichert, da Schweizer Notare mit ihrer berufsspezifischen Tätigkeit nicht dem Geldwäschereigesetz unterliegen.

9. Die Erwartung von gewissen Kostenvorteilen zu profitieren, stellt sich bei einem konkreten Vergleich zwischen dem deutschen Notarkostengesetz und den kantonalen Kostenordnungen überwiegend als unbegründet dar.[1227] Auch die weiteren Motive für die Auslandsbeurkundung rechtfertigen nach Ansicht des Verfassers den Gang über die Grenze nicht.

1223 S. dazu oben 5. Kapitel: C. II. 4.
1224 S. dazu oben 6. Kapitel: C.
1225 S. dazu oben 6. Kapitel: D. III.
1226 S. dazu oben 6. Kapitel: E. III.
1227 S. dazu oben 7. Kapitel: A. IV.

B. Konsequenzen für die kollisionsrechtliche Anknüpfung

Die nachfolgenden Ausführungen dienen der Klarstellung, auf welche Weise die Rechtshandlungen deutscher Kapitalgesellschaften formgültig vorgenommen werden können. Dabei wird der besondere Bezug der Untersuchung zu den Schweizer Kantonen berücksichtigt.

I. Wirksamkeit nach der Ortsform (Art. 11 Abs. 1 Alt. 2 EGBGB)

Zur Wahrung der Form des § 15 Abs. 3 und Abs. 4 GmbHG reicht die Einhaltung der Ortsform aus, sofern das ausländische Recht ein vergleichbares Rechtsgeschäft kennt, d.h. die wesentlichen geschäftstypischen Merkmale der Rechtsgeschäfte übereinstimmen.

Daher genügt bereits die Schriftform, wenn die Übertragung der Anteile an einer deutschen GmbH in der Schweiz vorgenommen wird. Nach Schweizer Recht (Art. 785 Abs. 1 OR) bedürfen die „Abtretung von Stammanteilen sowie die Verpflichtung zur Abtretung […] der schriftlichen Form."

Aus Gründen der Privatautonomie steht es den Parteien jedoch frei, das Geschäft einer strengeren Form zu unterwerfen als sie das Ortsrecht vorsieht.[1228] In einem solchen Fall der gewillkürten Beurkundung kommt es auf die Einhaltung der ausländischen Verfahrensvorschriften an. Bei der gewillkürten Beurkundung wird das Rechtsgeschäft einer strengeren Form, als sie das ausländische Recht vorsieht, unterstellt. Demzufolge können die Parteien bei einer Übertragung von GmbH-Geschäftsanteilen in der Schweiz über die Ortsform hinaus überobligatorisch die Beurkundung durch den ausländischen Notar wählen.[1229]

1228 *Böttcher/Blasche*, NZG 2006, 766 (768).

1229 OLG Düsseldorf, ZIP 2011, 564 (565); *Altmeppen*, in: Altmeppen, GmbHG, § 15 Rn. 92; *Bayer*, in: Lutter/Hommelhoff, GmbHG, § 15 Rn. 34; *Böttcher/Blasche*, NZG 2006, 766 (768); *Hasselmann*, ZIP 2010, 2486 (2490); *Olk/Nikoleyczik*, DStR 2010, 1576 (1579); *Olk*, NZG 2011, 381 (383); *Peters*, DB 2010, 97 (98); *Schlößer*, GmbHR 2007, 301 (303); *Seibt*, in: Scholz, GmbHG, § 15 Rn. 87; *Stenzel*, GmbHR 2014, 1024 (1030); zögerlich: *Trendelenburg*, GmbHR 2008, 644 (647 f.); *Winkler v. Mohrenfels*, in: Staudinger, BGB, Art. 11 EGBGB Rn. 304.

II. Wirksamkeit nach dem Geschäftsrecht (Art. 11 Abs. 1 Alt. 1 EGBGB)

1. Willenserklärungen

Soweit Willenserklärungen gegenständlich sind, erscheint eine wirksame Beurkundung bei isolierter Betrachtung der personellen und verfahrensrechtlichen Gleichwertigkeit allein in dem Kanton Bern möglich, da nur dort die Verlesung der Urkunde gesichert ist.

Jedoch liegen auch nach der bernischen Notariatsordnung die weiteren allgemeinen Gleichwertigkeitsvoraussetzungen nicht vor.

Da bereits die allgemeinen Substitutionsvoraussetzungen nicht erfüllt sind, ist die Beurkundung der Übertragung von GmbH-Geschäftsanteilen in den hier untersuchten Schweizer Kantonen nicht nach dem Geschäftsrecht wirksam. Darüber hinaus liegen bei sämtlichen statusrelevanten Gesellschaftsakten auch die besonderen Substitutionsvoraussetzungen nicht vor, da eine ausländische Urkundsperson insbesondere die materielle Richtigkeit nicht gewährleistet.

2. Sonstige Erklärungen

Etwas anderes gilt für die Beurkundung sonstiger Erklärungen in den Kantonen Basel-Stadt und Bern, da mangels Prüfungs- und Belehrungspflichten auch die verfahrensrechtliche Gleichwertigkeit gegeben ist. Dass die weiteren allgemeinen Gleichwertigkeitsvoraussetzungen teilweise nicht erfüllt sind, ist im Hinblick auf die Beurkundung von nicht satzungsändernden Hauptversammlungsbeschlüssen börsennotierter Aktiengesellschaften unschädlich, da es insoweit weder auf steuerliche Mitteilungs- noch auf Meldepflichten nach dem Geldwäschegesetz ankommt. Bei dem vorgenannten Beurkundungsgegenstand stehen auch die Zwecke der Formvorschrift des § 130 Abs. 1 AktG nicht entgegen.

Somit genügt die Beurkundung von nicht satzungsändernden Hauptver sammlungsbeschlüssen börsennotierter Aktiengesellschaften durch eine basel-städtische oder bernische Urkundsperson den Anforderungen des Geschäftsrechts, da nach den kantonalen Ordnungen eine personelle und verfahrensrechtliche Gleichwertigkeit besteht. Damit die Abhaltung der Hauptversammlung überhaupt im Ausland zulässig ist, bedarf es einer dahin gehenden Satzungsregelung i.S.d. § 121 Abs. 5 AktG, welche die Minderheitsaktionäre ausreichend vor einer willkürlichen Auswahl des Versammlungsortes schützt.[1230]

1230 BGHZ 23, 68 (72 f.).

C. Abschließendes Gesamtergebnis

Hinsichtlich der eingangs aufgeworfenen Frage, ob formbedürftige Rechtshandlungen deutscher Kapitalgesellschaften wirksam im Ausland vorgenommen werden können, ergibt sich das folgende Gesamtergebnis:

1. Die sonstigen gesellschaftsrechtlichen Vorgänge können wirksam im Ausland vorgenommen werden.
   a) Die Übertragung der Geschäftsanteile an einer deutschen GmbH kann wirksam nach der Schweizer Ortsform vorgenommen werden, welche die Schriftform genügen lässt.
   b) Nicht satzungsändernde Hauptversammlungsbeschlüsse börsennotierter Aktiengesellschaften können – eine entsprechende Satzungsregelung i.S.d. § 121 Abs. 5 AktG über den Versammlungsort vorausgesetzt – im Ausland wirksam nach dem Geschäftsrecht vorgenommen werden, sofern ein basel-städtischer oder bernischer Notar die Niederschrift errichtet.
2. Die Beurkundung von statusrelevanten Rechtshandlungen deutscher Kapitalgesellschaften ist nur durch einen deutschen Notar zulässig.

Literaturverzeichnis

Rechtsprechung und Neuerscheinungen in der Literatur wurden bis Ende November 2023 berücksichtigt.

Altmeppen, Holger: Altmeppen, Gesetz betreffend die Gesellschaften mit beschränkter Haftung, Kommentar, 11. Auflage, München 2023 [zitiert als: *Bearbeiter*, in: Altmeppen, GmbHG].

Armbrüster, Christian: Zur Beurkundungsbedürftigkeit von Treuhandabreden über GmbH-Anteile – Zugleich ein Beitrag zu den Formzwecken des § 15 Abs. 4 S. 1 GmbHG, DNotZ 1997, S. 762–786.

Armbrüster, Christian/ Krause, Roland: Aktuelle Entwicklungen zur notariellen Belehrungspflicht, zugleich Anmerkung zu BGH – III ZR 72/03 und III ZR 77/03, NotBZ 2004, 325–331.

Armbrüster, Christian/ Preuß, Nicola: Beurkundungsgesetz mit NotAktVV und DONot, Kommentar, 9. Auflage, Bonn 2022 [zitiert als: *Bearbeiter*, in: Armbrüster/Preuß, BeurkG].

Arndt, Herbert/ Lerch, Klaus/ Sandkühler, Gerd: Bundesnotarordnung, Kommentar, 8. Auflage, Köln 2016 [zitiert als: *Bearbeiter*, in: Arndt/Lerch/Sandkühler, BNotO].

Attenberger, Johannes: § 378 Absatz 3 FamFG n. F. und § 15 Absatz 3 GBO n. F. – Notarielle Prüfung auf Eintragungsfähigkeit als Eintragungsvoraussetzung im Register- und Grundbuchverfahren und ausschließliche Einreichung über den Notar im Handelsregisterverfahren, MittBayNot, S. 335–345.

v. Bar, Christian/ Grothe, Helmut: Hauptversammlung deutscher Aktiengesellschaften im Ausland, zu OLG Hamburg, 7.5.1993 – 2 Wx 55/91, IPRax 1994, S. 269–271.

Bärmann, Johannes: Die Freizügigkeit der notariellen Urkunde – Internationales Privatrecht der notariellen Urkunde, AcP 159 (1960), S. 1–40.

Basedow, Jürgen: Zwischen Amt und Wettbewerb – Perspektiven des Notariats in Europa, RabelsZ 55 (1991), S. 409–435.

Bauer, Nina/ Anders, Hans: Beurkundung von GmbH-Anteilsübertragungen in der Schweiz – Rechtsfolgen einer möglichen Unwirksamkeit, BB 2012, S. 593–599.

Bauer, Patrick: Anmerkung zum Urteil des OLG Stuttgart vom 17.05.2000 – 20 U 68/99, NZG 2001, S. 45–46.

Baumann, Wolfgang: Das Amt des Notars – Seine öffentlichen und sozialen Funktionen, MittRhNotK 1996, S. 1–25.

Bayer, Walter: Privatschriftliche Abtretungen deutscher GmbH-Anteile in der Schweiz? – Anmerkungen zum Urt. des LG Frankfurt v. 7.10.2009 – 3–13 O 46/09, DNotZ 2009, S. 887–894.

ders.: Übertragung von GmbH-Geschäftsanteilen im Ausland nach der MoMiG-Reform, GmbHR 2013, S. 897–914.

Becht, Felix Amandus/ Stephan-Wimmer, Jonas: Die rechtliche Anerkennung Österreichischer notarieller Beurkundungen über die Gründung der GmbH, GmbHR 2019, S. 45–52.

Becker, Peter: GmbH-Gründungstourismus in die Schweiz – zugleich Anmerkung zu AG Berlin-Charlottenburg, Beschl. v. 22.01.2016 – 99 AR 9466/15, NotBZ 2016, S. 321–324.

Beckmann, Christian/ Fabricius, Philipp: „Beurkundungstourismus“ – Gleichwertigkeit der Beurkundung gesellschaftsrechtlicher Dokumente im Ausland, GWR 2016, S. 375–377.

Begemann, Arndt/ Galla, Stefan: Praxisfragen zur Gesellschafterliste der GmbH nach dem MoMiG, GmbHR 2009, S. 1065–1071.

Beitzke, Günther: Internationalrechtliches zur Gesellschaftsfusion, in: v. Caemmerer, Ernst/ Schlochauer, Hans-Jürgen/ Steindorff, Ernst (Hrsg.), Probleme des Europäischen Rechts. Festschrift für Walter Hallstein zu seinem 65. Geburtstag, Frankfurt a.M. 1966, S. 14–35 [zitiert als: *Beitzke*, in: FS Hallstein].

Benecke, Martina: Auslandsbeurkundung im GmbH-Recht: Anknüpfung und Substitution, RIW 2002, S. 280–286.

Berger, Florian/ Kleissl, Katharina: Neue Unsicherheiten bei der Auslandsbeurkundung von GmbH-Geschäftsanteilen, DB 2008, S. 2235–2240.

Berninger, Axel: Gesellschafterliste und Übergangsproblematik der Einreichungsverantwortlichkeit bei nachträglicher Berichtigung, GmbHR 2009, S. 679–684.

ders.: Anm. zu AG Charlottenburg: Keine Gleichwertigkeit einer GmbH-Gründung durch einen Berner Notar, GWR 2016, S. 96.

Biehler, Gernot: Multinationale Konzerne und die Abhaltung einer Hauptversammlung nach deutschem Recht im Ausland, NJW 2000, S. 1243–1245.

Blumenwitz, Dieter: Zum Kollisionsrecht der notariellen Urkunde, DNotZ 1968, S. 712–750.

Bock, Lenard: Online-Gründung von GmbHs und veränderte Registerpublizität – der Entwurf eines Gesetzes zur Umsetzung der Digitalisierungsrichtlinie, RNotZ 2021, 326–337.

Böcker, Philipp: Wer hat's beurkundet? Ein Schweizer! Wirksam? – Besprechung des BGH-Beschlusses vom 17. 12. 2013 – II ZB 6/13, DZWIR 2014, S. 234–239.

Böhringer, Walter: Notargebühren bei Geschäftsvorgängen einer GmbH, BWNotZ 2014, S. 165–176.

Bokelmann, Gunther: GmbH-Gesellschafterversammlungen im Ausland und die Beurkundung durch ausländische Notare, NJW 1972, S. 1729–1734.

ders.: Beurkundung von Gesellschaftsakten durch einen ausländischen Notar, NJW 1975, S. 1625–1631.

Bork, Reinhard/ Schäfer, Carsten: Kommentar zum GmbHG, 5. Auflage, Köln 2022 [zitiert als: *Bearbeiter*, in: Bork/Schäfer, GmbHG].

Bormann, Jens: Die digitalisierte GmbHG, ZGR 2017, S. 621–647.

Bormann, Jens/ Stelmaszczyk, Peter: Digitalisierung des Gesellschaftsrechts nach dem EU-Company Law Package – Zum neuen EU-Rechtsrahmen für die Online-Gründung von Kapitalgesellschaften, NZG 2019, S. 601–612.

Bornhöft, Petra/ Dohmen, Frank/ Hawranek, Dietmar/ Reiermann, Christian/ Reuter, Wolfgang/ Steingart, Gabor: Berliner Toll-Haus, Der Spiegel 2004 (Heft 10), S. 22–26 [zitiert als: *Bornhöft et al.*, Der Spiegel 2004 (Heft 10)].

Böttcher, Lars/ Blasche, Sebastian: Die Übertragung von Geschäftsanteilen deutscher GmbHs in der Schweiz vor dem Hintergrund der Revision des Schweizer Obligationenrechts, NZG 2006, S. 766–772.

Böttcher, Lars/ Habighorst, Oliver/ Schulte, Christian: Umwandlungsrecht, 2. Auflage, Baden-Baden 2019 [zitiert als: *Bearbeiter*, in: Böttcher/Habighorst/ Schulte, Umwandlungsrecht].

Böttcher, Leif: Bekannte Probleme unter neuen Vorzeichen: Zur Wirksamkeit von Auslandsbeurkundungen bei der GmbH nach Inkrafttreten des MoMiG, ZNotP 2010, S. 6–12.

Brambring, Günter: Zur Anerkennung der ausländischen Beurkundung bei Geltung des deutschen Rechts, NJW 1975, S. 1255–1261.

Braun, Silvia: Die Abtretung von Geschäftsanteilen einer GmbH im Ausland: Wirksam oder nicht? DNotZ 2009, S. 585–594.

Bredthauer, Jürgen: Zur Wirksamkeit gesellschaftsrechtlicher Beurkundungen im Kanton Zürich, BB 1986, S. 1864–1869.

Brück, Alexandra: Rechtsprobleme der Auslandsbeurkundung im Gesellschaftsrecht, DB 2004, 2409–2412.

Brückner, Christian: Schweizerisches Beurkundungsrecht, 1993 [zitiert als: *Brückner*, Schweizerisches Beurkundungsrecht].

Bungert, Hartwin: Hauptversammlungen deutscher Aktiengesellschaften und Auslandsbezug, AG 1995, S. 25–35.

Bürgers, Tobias/ Körber, Torsten/ Lieder, Jan: Aktiengesetz, 5. Auflage 2021 [zitiert als: *Bearbeiter*, in: Bürgers/Körber/Lieder, AktG].

Calliess, Christian/ Ruffert, Matthias: EUV/AEUV, Das Verfassungsrecht der Europäischen Union mit Europäischer Grundrechtecharta, Kommentar, 6. Auflage, München 2022 [zitiert als: *Bearbeiter*, in: Calliess/Ruffert, EUV/AEUV].

Cramer, Carsten: Die Beurkundung der GmbH-Gründung durch einen in der Schweiz zugelassenen Notar mit Amtssitz im Kanton Bern, zugleich Besprechung von KG, Beschl. vom 24.01.2018 – 22 W 25/16, DStR 2018, S. 746–751.

Cziupka, Johannes: Zur Beurkundung der Gründung einer deutschen GmbH durch einen Schweizer Notar mit Amtssitz im Kanton Bern, Anmerkung zu KG, Beschluss vom 24.01.2018 – 22 W 25/16, EWiR 2018, S. 137–138.

Deutsches Notarinstitut: Beurkundung von gesellschaftsrechtlichen Verträgen durch ausländische Notare, DNotI-Report 1995, S. 219–223.

dass.: Abschluss eines Verschmelzungsvertrags; Auslandsbeurkundung – UmwG §§ 2, 6; EGBGB Art. 11, DNotI-Report 2016, S. 93–99.

dass.: Neue notarielle Prüfpflichten im Grundbuchverkehr, DNotI-Report 2017, S. 89–93.

Diehn, Thomas: Anmerkung zu KG, Beschluss vom 26.07.2018 – 22 W 2/18, DNotZ 2019, S. 146–150.

Dignas, André: Die Auslandsbeurkundung von gesellschaftsrechtlichen Vorgängen einer deutschen GmbH, Münster 2004 [zitiert als: *Dignas*, Die Auslandsbeurkundung von gesellschaftsrechtlichen Vorgängen einer deutschen GmbH].

ders.: Die Auslandsbeurkundung im deutschen GmbH-Recht, GmbHR 2005, S. 139–146.

Dörndorfer, Josef/ Wendtland, Holger/ Gerlach, Karl-Heinz/ Diehn, Thomas: Beck'scher Online-Kommentar, Kostenrecht, 43. Edition (Stand: 01.10.2023), München 2023 [zitiert als: *Bearbeiter*, in: BeckOK, Kostenrecht].

Drescher, Ingo/ Fleischer, Holger/ Schmidt, Karsten: Münchener Kommentar zum Handelsgesetzbuch, Band 1, Erstes Buch. Handelsstand, §§ 1–104a, 5. Auflage, München 2021 [zitiert als: *Bearbeiter*, in: MünchKomm, HGB].

Ebenroth, Carsten Thomas/ Wilken, Oliver: Entwicklungstendenzen im deutschen Internationalen Gesellschaftsrecht – Teil 2, JZ 1991, S. 1061–1070.

Eickelberg, Jan/ Böttcher, Roland: Neue notarielle Prüfungspflichten im Handelsregister- und Grundbuchverfahren, FGPrax 2017, S. 145–149.

Einsele, Dorothee: Anmerkung zu BGH, Beschluss vom 13.02.2020 – V ZB 3/16, LMK 2020, 430295.

Emde, Raimond: Anmerkung zu OLG Stuttgart, Urteil vom 17.05.2000 – 20 U 68/99, GmbHR 2000, S. 728–731.

Engel, Andreas: Die Auslandsbeurkundung nach MoMiG und Schweizer GmbH-Reform, DStR 2008, S. 1593–1599.

Eschwey, Claudius: Beck'scher Online-Kommentar, BNotO mit DONot, NotAktVV und RLEmBNotK, 8. Edition (Stand: 01.08.2023), München 2023 [zitiert als: *Bearbeiter*, in: BeckOK, BNotO].

Eschwey, Claudius: Bundesnotarordnung mit DONot, NotAktVV und RLEmBNotK, 11. Auflage, München 2023 [zitiert als: *Bearbeiter*, in: Schippel/Eschwey, BNotO].

Fellmann, Walter: Die vermögensrechtliche Verantwortlichkeit des Notars, Schweizerische Zeitschrift für Beurkundungs- und Grundbuchrecht (ZBGR) 1986, S. 129–139.

Ferid, Murad: Im Ausland erfüllte Tatbestandsmerkmale inländischer Sachnormen – Ein Ansatz, GRUR Int 1973, S. 472–478.

Fischer, Hans Georg: Die Rechtsstellung des deutschen Notars im Recht der Europäischen Wirtschaftsgemeinschaft, DNotZ 1989, S. 467–501.

Fleischer, Holger/ Goette, Wulf: Münchener Kommentar zum Gesetz betreffend die Gesellschaften mit beschränkter Haftung, Band 1, §§ 1–34, 4. Auflage, München 2022 [zitiert als: *Bearbeiter*, in: MünchKomm, GmbHG].

dies.: Münchener Kommentar zum Gesetz betreffend die Gesellschaften mit beschränkter Haftung, Band 2, §§ 35–52, 4. Auflage, München 2023 [zitiert als: *Bearbeiter*, in: MünchKomm, GmbHG].

dies.: Münchener Kommentar zum Gesetz betreffend die Gesellschaften mit beschränkter Haftung, Band 3, §§ 53–88, 4. Auflage, München 2022 [zitiert als: *Bearbeiter*, in: MünchKomm, GmbHG].

Flume, Werner: Die werdende juristische Person, in: Ballerstedt, Kurt/ Hefermehl, Wolfgang (Hrsg.), Festschrift für Ernst Gessler zum 65. Geburtstag am 05.03.1970, München 1971, S. 3–46 [zitiert als: *Flume*, in: FS Gessler].

Forschner, Julius/ Kienzle, Philipp: Die e-Apostille – de lege lata und de lege ferenda, DNotZ 2020, S. 724–732.

Frenz, Norbert: Einige Anmerkungen zum Verhältnis von Formzweck, Beurkundungsverfahren und Berufsrecht, in: Schmitz-Valckenberg, Walter/ Frenz, Norbert/ Pützer, Hanns-Jakob,Beiträge zum Gesellschafts- und Notarrecht: Freundesgabe für Willi Weichler zum 70. Geburtstag, Köln 1997, S. 175–189 [zitiert als: *Frenz*, Freudesgabe Weichler].

Frenz, Norbert/ Miermeister, Uwe: Bundesnotarordnung mit BeurkG, Richtlinienempfehlung BNotK, DONot, Kommentar, 5. Auflage, München 2020 [zitiert als: *Bearbeiter*, in: Frenz/Miermeister, BNotO].

Frey, Tobias/ Pelz, Christian: Beck'scher Online-Kommentar, GwG, 15. Edition (Stand: 01.09.2023), München 2023 [zitiert als: *Bearbeiter*, in: BeckOK, GwG].

Ganter, Gerhard: Die Rechtsprechung zum Notarhaftungsrecht 2013 bis 2015, DNotZ 2016, S. 483–516.

Geimer, Reinhold: Auslandsbeurkundungen im Gesellschaftsrecht – Bemerkungen zum Urteil des BGH vom 16.2.1981 – II ZB 8/80, DNotZ 1981, S. 406–411.

Goette, Wulf: Auslandsbeurkundungen im Kapitalgesellschaftsrecht, DStR, 1996, S. 709–713.

ders.: Auslandsbeurkundungen im Kapitalgesellschaftsrecht, in: Ebenroth, Carsten Thomas/ Hesselberger, Dieter/ Rinne, Manfred Eberhard (Hrsg.), Verantwortung und Gestaltung. Festschrift für Karlheinz Boujong zum 65. Geburtstag, München 1996, S. 131–143 [zitiert als: *Goette*, in: FS Boujong].

ders.: Auslandsbeurkundungen im Kapitalgesellschaftsrecht, MittRhNotK, 1997, S. 1–6.

Goette, Wulf/ Habersack, Mathias: Münchener Kommentar zum Aktiengesetz, Band 1, §§ 1–75, 5. Auflage, München 2019 [zitiert als: *Bearbeiter*, in: MünchKomm, AktG].

dies.: Münchener Kommentar zum Aktiengesetz, Band 3, §§ 118–178, 5. Auflage, München 2022 [zitiert als: *Bearbeiter*, in: MünchKomm, AktG].

Götze, Cornelius/ Bressler, Stefan: Praxisfragen der Gesellschafterliste und des gutgläubigen Erwerbs von Geschäftsanteilen nach dem MoMiG, NZG 2007, S. 894–899.

Götze, Cornelius/ Mörtel, Markus: Zur Beurkundung von GmbH-Anteilsübertragungen in der Schweiz, NZG 2011, S. 727–732.

dies.: Zulässigkeit der Einreichung der GmbH-Gesellschafterliste durch einen ausländischen Notar, NZG 2014, S. 369–372.

Grau, Tobias/ Kirchner, Simon: Der Notar als Stellvertreter bei Handelsregisteranmeldungen in gesellschaftsrechtlich geprägten Sachverhalten, GWR 2021, S. 23–26.

Grigoleit, Hans Christoph: Aktiengesetz, Kommentar, 2. Auflage, München 2020 [zitiert als: *Bearbeiter*, in: Grigoleit, AktG].

Großfeld, Bernhard/ Berndt, Joachim: Die Übertragung von deutschen GmbH-Anteilen im Ausland, RIW 1996, S. 625–632.

Grüneberg, Christian: Bürgerliches Gesetzbuch, 82. Auflage, München 2023 [zitiert als: *Bearbeiter*, in: Grüneberg, BGB].

Grziwotz, Herbert/ Heinemann, Jörn: Beurkundungsgesetz, Kommentar, 3. Auflage, Köln 2018 [zitiert als: *Bearbeiter*, in: Grziwotz/Heinemann, BeurkG].

Gsell, Beate/ Krüger, Wolfgang/ Lorenz, Stephan/ Reymann, Christoph (Gesamthrsg.): Beck-online Großkommentar zum Zivilrecht, BGB – Bürgerliches Gesetzbuch, München 2023 [zitiert als: *Bearbeiter*, in: BeckOGK, BGB].

dies.: Beck-online Großkommentar zum Zivilrecht, BeurkG – Beurkundungsgesetz, München 2023 [zitiert als: *Bearbeiter*, in: BeckOGK, BeurkG].

dies.: Beck-online Großkommentar zum Zivilrecht, EGBGB – Einführungsgesetz zum Bürgerlichen Gesetzbuch, München 2023 [zitiert als: *Bearbeiter*, in: BeckOGK, EGBGB].

Habersack, Matthias/ Casper, Matthias/ Löbbe, Marc: Gesetz betreffend die Gesellschaften mit beschränkter Haftung, Großkommentar, Band 1, Einleitung §§ 1–28, 3. Auflage, Tübingen 2019 [zitiert als: *Bearbeiter*, in: Habersack/Casper/Löbbe, GmbHG].

dies.: Gesetz betreffend die Gesellschaften mit beschränkter Haftung, Großkommentar, Band 2, §§ 29–52, 3. Auflage, Tübingen 2020 [zitiert als: *Bearbeiter*, in: Habersack/Casper/Löbbe, GmbHG].

dies.: Gesetz betreffend die Gesellschaften mit beschränkter Haftung, Großkommentar, Band 3, §§ 53–88, 3. Auflage, Tübingen 2021 [zitiert als: *Bearbeiter*, in: Habersack/Casper/Löbbe, GmbHG].

Haerendel, Holger: Die Beurkundung gesellschaftsrechtlicher Akte im Ausland, DStR 2001, S. 1802–1805.

Hahne, Meo-Micaela/ Schlögel, Jürgen/ Schlünder, Rolf: Beck'scher Online-Kommentar, FamFG, 48. Edition (Stand: 01.11.2023), München 2023 [zitiert als: *Bearbeiter*, in: BeckOK, FamFG].

Harbarth, Stephan: Zum Reformbedarf im GmbH-Recht: Generalrevision oder punktuelle Fortentwicklung? ZGR 2016, S. 84–111.

Hasselmann, Cord-Georg: Die Beurkundung von GmbH-Anteilsübertragungen im Ausland, ZIP 2010, S. 2486–2490.

ders.: Anmerkungen zum Beschluss des OLG München vom 6.2.2013, NZG 2013, S. 325–328.

Hau, Wolfgang/ Poseck, Roman: Beck'scher Online-Kommentar, BGB, 67. Edition (Stand: 01.08.2023), München 2023 [zitiert als: *Bearbeiter*, in: BeckOK, BGB].

Häublein, Martin/ Hoffmann-Theinert, Roland: Beck'scher Online-Kommentar, HGB, 40. Edition (Stand: 01.07.2023), München 2023 [zitiert als: *Bearbeiter*, in: BeckOK, HGB].

Hausmann, Rainer/ Odersky, Felix: Internationales Privatrecht in der Notar- und Gestaltungspraxis –Personenrecht und Rechtsgeschäfte, Erbrecht, Schuldvertrags- und Sachrecht, Gesellschaftsrecht, 4. Auflage, München 2021 [zitiert als: *Bearbeiter*, in: Hausmann/Odersky, Internationales Privatrecht].

Hausschild, Armin/ Kallrath, Jürgen/ Wachter, Thomas: Notarhandbuch Gesellschafts- und Unternehmensrecht, 3. Auflage, München 2022 [zitiert als: *Bearbeiter*, in: Hausschild/Kallrath/Wachter, Notarhandbuch].

Heckschen, Heribert: Auslandsbeurkundung und Richtigkeitsgewähr, DB 1990, S. 161–165.

ders.: Die Gründung der GmbH im Ausland – Zugleich Besprechung der Entscheidung des Kammergerichts vom 24.01.2018 – 22 W 25/16, DB 2018, S. 685–689.

Heckschen, Heribert/ Herrler, Sebastian/ Münch, Christof: Beck'sches Notar-Handbuch, 7. Auflage, München 2019 [zitiert als: *Bearbeiter*, in: Beck'sches Notar-Handbuch].

Heinze, Stefan: Die Bedeutung der steuerlichen Anzeige- und Übersendungspflichten der Notare (insbesondere nach § 54 I EStDV) für die Zulässigkeit der Auslandsbeurkundung im Gesellschaftsrecht, NZG 2017, S. 371–375.

ders.: Der Schutz öffentlicher Interessen durch das notarielle Beurkundungsverfahren: Die Pflicht zur Amtsverweigerung (§ 4 BeurkG) und ihre Bedeutung für die Gleichwertigkeit der Auslandsbeurkundung, DNotZ 2017, S. 804–809.

Henssler, Martin/ Strohn, Lutz: Gesellschaftsrecht, 5. Auflage, München 2021 [zitiert als: *Bearbeiter*, in: Henssler/Strohn, Gesellschaftsrecht].

Henssler, Martin (Gesamthrsg.) / Spindler, Gerald/ Stilz, Eberhard: Beck-online Großkommentar zum Handels- und Gesellschaftsrecht, AktG, München 2023 [zitiert als: *Bearbeiter*, in: BeckOGK, AktG].

Herberger, Maximilian/ Martinek, Michael/ Rüßmann, Helmut/ Weth, Stephan/ Würdinger, Markus (Gesamthrsg.) juris Praxiskommentar BGB, Band 1 – Allgemeiner Teil,10. Auflage (Stand: 15.05.2023), Saarbrücken 2023 [zitiert als: *Bearbeiter*, in: jurisPK, BGB].

dies.: juris Praxiskommentar BGB, Band 6 – Internationales Privatrecht und UN-Kaufrecht, 10. Auflage (Stand: 01.07.2023), Saarbrücken 2023 [zitiert als: *Bearbeiter*, in: jurisPK, BGB].

Hermann, Florian: Der Umfang des notariellen Formerfordernisses bei GmbH-Geschäftsanteilsübertragungen am Beispiel von Finanzierungszusagen – Keine Verbesserung durch das MoMiG, GmbHR 2009, S. 625–631.

Hermanns, Marc: Die Auslandsbeurkundung bei Abtretung von GmbH-Anteilen, RNotZ 2010, S. 38–42.

ders.: Das Mysterium der Auslandsbeurkundung – Neues aus Düsseldorf, RNotZ 2011, S. 224–228.

ders.: Basel II für Anteilsabtretungen – Neues aus Karlsruhe? RNotZ 2014, S. 229–232.

ders.: Anmerkung zu KG Berlin, Beschluss vom 24.01.2018 – 22 W 25/16, RNotZ 2018, S. 271–273.

Herrler, Sebastian: Zuständigkeit des ausländischen Notars zur Einreichung der Gesellschafterliste – (k)ein Vehikel zur Klärung der Zulässigkeit der Auslandsbeurkundung, GmbHR 2014, S. 225–232.

ders.: Anforderungen an den satzungsmäßigen Versammlungsort – Hauptversammlungen im Ausland? Besprechung der Entscheidung BGHZ 203, 68, ZGR 2015, 918–936.

ders.: Beurkundung von statusrelevanten Rechtsgeschäften im Ausland, NJW 2018, S. 1787–1789.

ders.: Wirksamkeit der Auflassungserklärung nur vor einem inländischen Notar, NotBZ 2020, S. 391–394.

Herzog, Felix/ Achtelik, Olaf Christoph: Geldwäschegesetz (GwG), 5. Auflage, München 2023 [zitiert als: *Bearbeiter*, in: Herzog, GwG].

Hirte, Heribert/ Mülbert, Peter O./ Roth, Markus: Aktiengesetz, Großkommentar, Zweiter Band, Teilband 1,§§ 23–40, 5. Auflage, Berlin/Boston 2016 [zitiert als: *Bearbeiter*, in: Hirte/Mülbert/Roth, Großkommentar, AktG].

dies.: Aktiengesetz, Großkommentar, Siebter Band, Teilband 1,§§ 118–130, 5. Auflage, Berlin/Boston 2016 [zitiert als: *Bearbeiter*, in: Hirte/Mülbert/Roth, Großkommentar, AktG].

Hitzel, Andreas: Die Beurkundung satzungsändernder Beschlüsse bei der GmbH – Zulässigkeit, Voraussetzungen und Anforderungen an die notarielle Beurkundung von außerhalb von Präsenzversammlungen gefassten Gesellschafterbeschlüssen, NZG 2020, S. 1174–1178.

Hölters, Wolfgang/ Weber, Markus: Aktiengesetz, Kommentar, 4. Auflage, München 2022 [zitiert als: *Bearbeiter*, in: Hölters/Weber, AktG].

Hopt, Klaus, J./ Wiedemann, Herbert: Aktiengesetz, Großkommentar, Erster Band, Einleitung, §§ 1–53, 4. Auflage, Berlin/Boston 2004 [zitiert als: *Bearbeiter*, in: Hopt/Wiedemann, Großkommentar, AktG].

Hopt, Klaus, J./ Kumpan, Christoph/ Leyens, Patrick C./ Merkt, Hanno/ Roth, Marcus: Handelsgesetzbuch mit GmbH & Co., Handelsklauseln, Bank- und Kapitalmarktrecht, Transportrecht (ohne Seerecht), 42. Auflage, München 2023 [zitiert als: *Bearbeiter*, in: Hopt, HGB].

Huber, Hans: Die öffentliche Beurkundung als Begriff des Bundesrechts,Zeitschrift des Bernischen Juristenvereins (ZBJV) 1967, S. 249–281.

Hüren, Dominik: Anmerkung zu BGH, Urteil vom 21.10.2014 – II ZR 330/13, DNotZ 2015, S. 213–217.

Jakobs, Martin: Gleichwertigkeit von Beurkundungen in der Schweiz, MittRhNotK 1985, S. 57–75.

Jeep, Jens/ Wiedemann, Klaus: Die Praxis der elektronischen Registeranmeldung – Die Umsetzung aus notarieller und richterlicher Sicht, NJW 2007, S. 2439–2446.

Kallmeyer, Harald: Umwandlungsgesetz, Kommentar: Verschmelzung, Spaltung und Formwechsel bei Handelsgesellschaften, 7. Auflage, Köln 2020 [zitiert als: *Bearbeiter*, in: Kallmeyer, UmwG].

Kanzleiter, Rainer: Formzwecke, Beurkundungsverfahren und Berufsrecht – Die Änderungen des Beurkundungsverfahrensrechts durch die BNotO-Novelle vom 31. 8. 1998, DNotZ 1999, S. 292–306.

ders.: Der Zweck der Beurkundungspflicht für Veräußerungsverträge über GmbH-Geschäftsanteile, ZIP 2001, S. 2105–2113.

ders.: Die Berichtigung der notariellen Niederschrift über die Hauptversammlung einer Aktiengesellschaft und die Zulässigkeit mehrerer Niederschriften, DNotZ 2007, S. 804–811.

ders.: Die Zuordnung von Verantwortung und Risiko aufgrund der Vorschriften über den gutgläubigen Erwerb von Geschäftsanteilen an einer GmbH nach deutschem Recht, in: Altmeppen, Holger/ Fitz, Hanns/ Honsell, Heinrich (Hrsg.), Festschrift für Günter H. Roth zum 70. Geburtstag, München 2011, S. 355–365 [zitiert als: *Kanzleiter*, in: FS Roth].

Keller, Tobias/ Schümmer, Kevin: Digitale GmbH-Gründung, NZG 2021, S. 573–578.

Kindler, Peter: Geschäftsanteilsabtretungen im Ausland – Die kollisionsrechtliche Anknüpfung des Beurkundungserfordernisses nach § 15 Abs. 3 GmbHG, München 2010 [zitiert als: *Kindler*, Geschäftsanteilsabtretung im Ausland].

ders.: Keine Geltung des Ortsstatuts für Geschäftsanteilsabtretungen im Ausland, BB 2010, S. 74–77.

ders.: Geschäftsanteilsabtretungen im Ausland und notarielle Pflicht zur Einreichung der Gesellschafterliste, RIW 2011, S. 257–261.

Knoche, Thomas: Wirksamkeit von Auslandsbeurkundungen im Gesellschaftsrecht, in: Rheinische Notarkammer (Hrsg.), Jubiläums-Festschrift des Rheinischen Notariats, Köln 1998, S. 297–320 [zitiert als: *Knoche*, in: FS des Rheinischen Notariats].

Koch, Jens: Aktiengesetz, 17. Auflage, München 2023 [zitiert als: *Bearbeiter*, in: Koch, AktG].

Korintenberg, Werner (Begr.) / Otto, Klaus/ Sikora, Markus/ Tiedtke, Werner: Gerichts- und Notarkostengesetz, Kommentar, 22. Auflage, München 2022 [zitiert als: *Bearbeiter*, in: Korintenberg, GNotKG].

König, Wolfgang: Zur notariellen Beurkundung der Abtretung von GmbH-Geschäftsanteilen – Ein Vorschlag zur Einschränkung des § 15 Abs. 3 und 4 GmbHG, ZIP 2004, S. 1838–1842.

König, David/ Götte, Tilmann/ Bormann, Jens: Das Formstatut für die dingliche Abtretung von GmbH-Geschäftsanteilen nach geltendem und künftigem Recht, NZG 2009, S. 881–887.

Krafka, Alexander: Die Neuregelung notarieller Zuständigkeiten im Registerverfahren, NZG 2017, S. 889–893.

ders.: Registerrecht, Handbuch der Rechtspraxis, 11. Auflage, München 2019 [zitiert als: *Bearbeiter*, in: Handbuch Registerrecht].

Krause, Nils: Anmerkung zu LG Frankfurt, Urteil vom 07.10.2009 – 3–13 O 46/09, BB 2009, S. 2501–2502.

Kröll, Stefan: Beurkundung gesellschaftsrechtlicher Vorgänge durch einen ausländischen Notar, ZGR 2000, S. 111–151.

Kropholler, Jan: Auslandsbeurkundungen im Gesellschaftsrecht, ZHR 140 (1976), S. 394–413.

ders.: Internationales Privatrecht, einschließlich der Grundbegriffe des Internationalen Zivilverfahrensrechts, 6. Auflage, Tübingen 2006 [zitiert als: *Kropholler*, Internationales Privatrecht].

Küpperkoch, Edgar: Notarielle Mitteilungspflichten, RNotZ 2002, S. 298–318.

ders.: GNotKG – Ausgewählte kostenrechtliche Problemstellungen aus Sicht der Kostenprüfung (Update) – Teil 1, RNotZ 2017, S. 298–301.

Laeger, Lars: Formwirksamkeit der Übertragung von GmbH-Anteilen in der Schweiz, BB 2010, S. 2647–2651.

Landbrecht, Johannes/ Becker, Ann-Kristin: Effektiv und kostengünstig – Übertragung deutscher GmbH-Anteile „Swiss Made“, DB 2013, S. 1290–1294.

Lauterbach, Wolfgang: Vorschläge und Gutachten zur Reform des deutschen internationalen Personen- und Sachenrechts, vorgelegt im Auftrag der 2. Kommission des Deutschen Rates für internationales Privatrecht, in: Max-Planck-Institut für ausländisches und internationales Privatrecht (Hrsg.), Materialien zum ausländischen und internationalen Privatrecht, Tübingen 1972 [zitiert als: *Lauterbach*, Vorschläge und Gutachten zur Reform des deutschen internationalen Personen- und Sachenrechts].

Lehmann, Matthias/ Krysa, Felix: Anmerkung zu BGH, Beschluss vom 13.02.2020 – V ZB 3/16, RIW 2020, S. 464–466.

Lerch, Klaus: Beurkundung durch ausländischen Notar? Anmerkung zu LG Nürnberg-Fürth, Beschluss vom 20.08.1991 – HK T 489/91, DB 1992, S. 670–671.

ders.: Der Verzicht der Urkundsbeteiligten auf ihren Anspruch auf Belehrung nach § 17 Abs. 1 BeurkG, NotBZ 2016, S. 452–456.

Lieder, Jan: Die rechtsgeschäftliche Sukzession, Eine methodenpluralistische Grundlagenuntersuchung zum deutschen Zivilrecht und Zivilprozessrecht sowie zum Internationalen und Europäischen Privatrecht, Tübingen 2015 [zitiert als: *Lieder*, Die rechtsgeschäftliche Sukzession].

ders.: Formbedürftigkeit der Kapitalerhöhung, in: Dreher, Meinrad/ Drescher, Ingo/ Mülbert, Peter O./ Verse, Dirk (Hrsg.), Festschrift für Alfred Bergmann zum 65. Geburtstag, Berlin 2018, S. 473–508 [zitiert als: *Lieder*, in: FS Bergmann].

ders.: Beurkundung der Gesellschaftsgründung durch einen schweizerischen Notar, ZIP 2018, S. 805–814.

ders.: Auslandsbeurkundung umwandlungsrechtlicher Strukturmaßnahmen, ZIP 2018, S. 1517–1527.

ders.: Digitalisierung des Europäischen Unternehmensrechts, NZG 2018, S. 1081–1091.

ders.: Substitution der Präsenz- und Online-Beurkundung durch einen österreichischen Notar, NZG 2022, S. 1043–1054.

Lieder, Jan/ Villegas, Diego: Treuhandverträge über GmbH-Geschäftsanteile – eine Frage der Form? GmbHR 2018, S. 169–177.

Limmer, Peter: Handbuch der Unternehmensumwandlungen, 6. Auflage, Köln 2019 [zitiert als: *Bearbeiter*, in: Handbuch der Unternehmensumwandlungen].

ders.: Vertragsgerechtigkeit notarieller Urkunden und europäischer Verbraucherschutz, in: Rheinische Notarkammer (Hrsg.), Jubiläums-Festschrift des Rheinischen Notariats, Köln 1998, S. 15–48 [zitiert als: *Limmer*, in: FS des Rheinischen Notariats].

Link, Jan: Gesellschafterliste und gutgläubiger Erwerb von GmbH-Anteilen aus Sicht der Notarpraxis, RNotZ 2009, S. 193–221.

Lippuner, Christian: Risiken der Anwälte und Notare im Kampf gegen Geldwäscherei – eine Übersicht, Revue de L'avocat (Anwaltsrevue) 2012, S. 337–339.

Loritz, Karl-Georg: Rechtsfragen der notariellen Beurkundung bei Verkauf und Abtretung von GmbH-Geschäftsanteilen, DNotZ 2000, S. 90–109.

Löbbe, Marc: Zuständigkeit von Geschäftsführer und Notar für Inhalt und Einreichung der GmbH-Gesellschafterliste, GmbHR 2012, S. 7–17.

Lutter, Marcus (Begr.) / Bayer, Walter/ Vetter, Jochen: Umwandlungsgesetz, Kommentar mit systematischer Darstellung des Umwandlungssteuerrechts und Kommentierung des SpruchG, Band I, §§ 1–122m, 6. Auflage, Köln 2019 [zitiert als: *Bearbeiter*, in: Lutter, UmwG].

Lutter, Marcus (Begr.) / Hommelhoff, Peter: GmbH-Gesetz, Kommentar, 21. Auflage, Köln 2023 [zitiert als: *Bearbeiter*, in: Lutter/Hommelhoff, GmbHG].

Maier-Reimer, Georg: Veräußerung von GmbH-Anteilen vor Schweizer Notaren, BB 1974, S. 1230–1234.

Mankowski, Peter: Änderungen bei der Auslandsbeurkundung von Anteilsübertragungen durch das MoMiG oder durch die Rom I-VO? NZG 2010, S. 201–207.

ders.: Formzwecke, JZ 2010, S. 662–668.

Mann, Frederick Alexander: Die Urkunde ausländischer, insbesondere englischer Notare und der deutsche Rechtsverkehr, NJW 1955, S. 1177–1179.

ders.: Zur Auslegung des Art. 11 EGBGB, ZHR 138 (1974), S. 448–456.

Mansel, Heinz-Peter: Substitution im deutschen Zwangsvollstreckungsrecht: Zur funktionellen Rechtsvergleichung bei der Sachrechtsauslegung, in: Pfister, Bernhard/ Will, Michael (Hrsg.), Festschrift für Werner Lorenz zum siebzigsten Geburtstag, Tübingen 1991, S. 689–716 [zitiert als: *Mansel*, in: FS Lorenz].

ders.: Zum Verhältnis von Vorfrage und Substitution, in: Baetge, Dietmar/ v. Hein, Jan/ v. Hinden, Michael (Hrsg.), Die richtige Ordnung. Festschrift für Jan Kropholler zum 70. Geburtstag, Tübingen 2008, S. 353–371 [zitiert als: *Mansel*, in: FS Kropholler].

Marti, Hans: Der Notar des Kantons Bern, in: Verband Bernischer Notare (Hrsg.), Notar und Recht: Festschrift des Verbandes bernischer Notare zu seinem fünfzigjährigen Bestehen, Bern 1953, S. 17–42 [zitiert als: *Marti*, in: FS Bern].

Mäsch, Gerald: Internationales Privatrecht: Notwendige Anwesenheit eines inländischen Notars bei Auflassung, JuS 2020, S. 1215–1217.

Max-Planck-Institut für ausländisches und internationales Privatrecht: Erbverzicht, Nr. 68, USA/Pennsylvania, (München, G 1117–58 vom 28.10.1965), (veröffentlicht von) Ferid, Murad/ Kegel, Gerhard/ Zweigert, Konrad, in: Gutachten zum internationalen und ausländischen Privatrecht (IPG) 1965 und 1966, S. 797–820,Tübingen 1968 [zitiert als: *Max-Planck-Institut*, IPG 1965–66 Nr. 68].

dass.: Anerkennung ausländischer öffentlicher Urkunden, Nr. 73, USA/New York, (Hamburg, G 101/65 vom 12.07.1965), (veröffentlicht von) Ferid, Murad/ Kegel, Gerhard/ Zweigert, Konrad, in: Gutachten zum internationalen und ausländischen Privatrecht (IPG) 1965 und 1966, S. 875–883, Tübingen 1968 [zitiert als: *Max-Planck-Institut*, IPG 1965–66 Nr. 73].

dass.: Anerkennung ausländischer öffentlicher Urkunden, Nr. 40, Argentinien (Köln, 106a/70 vom 07.12.1970), (veröffentlicht von) Ferid, Murad/ Kegel, Gerhard/ Zweigert, Konrad, in: Gutachten zum internationalen und ausländischen Privatrecht (IPG) 1970, S. 403–416, Tübingen 1971 [zitiert als: *Max-Planck-Institut*, IPG 1970 Nr. 40].

dass.: Anerkennung ausländischer öffentlicher Urkunden, Nr. 41, Schweiz (Köln, K 111/70 vom 18.03.1971), (veröffentlicht von) Ferid, Murad/ Kegel, Gerhard/ Zweigert, Konrad, in: Gutachten zum internationalen und ausländischen Privatrecht (IPG) 1971, S. 403–411, Tübingen 1972 [zitiert als: *Max-Planck-Institut*, IPG 1971 Nr. 41].

dass.: Kodifikation des deutschen Internationalen Privatrechts: Stellungnahme des Max-Planck-Instituts für ausländisches und internationales Privatrecht zum Regierungsentwurf von 1983, RabelsZ 47 (1983), S. 595–690.

Mayer, Dieter: Der Erwerb einer GmbH nach den Änderungen durch das MoMiG, DNotZ 2008, S. 403–433.

ders.: Aufwertung der Gesellschafterliste durch das MoMiG – Fluch oder Segen? ZIP 2009, S. 1037–1051.

Mayer, Norbert: Notarielle Vertragsgestaltung und Steuern, MittBayNot 1997, S. 78–84.

Meichelbeck, Hugo/ Krauß, Wilfired W.: Neues zur Auslandsbeurkundung im Gesellschaftsrecht – zugleich Besprechung des Beschlusses des BGH vom 17. 12. 2013 (II ZB 6/13), DStR 2014, S. 752–755.

Meyer, Olaf: Die Belehrungspflichten des Notars bei Auslandssachverhalten, DNotZ 2018, S. 726–742.

Michalski, Lutz (Begr.) / Heidinger, Andreas/ Leible, Stefan/ Schmidt, Jessica: Kommentar zum Gesetz betreffend die Gesellschaften mit beschränkter Haftung (GmbH-Gesetz), Band 1, Systematische Darstellungen, §§ 1–34 GmbHG, 4. Auflage, München 2023 [zitiert als: *Bearbeiter*, in: Michalski et al., GmbHG].

dies.: Kommentar zum Gesetz betreffend die Gesellschaften mit beschränkter Haftung (GmbH-Gesetz), Band 2, §§ 35–83 GmbHG, EGGmbHG, 4. Auflage, München 2023 [zitiert als: *Bearbeiter*, in: Michalski et al., GmbHG].

Mohr, Randolf: Auslandsbeurkundung bei der deutschen GmbH, GmbH-StB 2011, S. 310–314.

Müller, Klaus J.: Stimmbindung von GmbH-Gesellschaftern, GmbHR 2007, S. 113–117.

ders.: Auslandsbeurkundung von Abtretungen deutscher GmbH-Geschäftsanteile in der Schweiz, NJW 2014, S. 1994–1999.

Müller, Michael: Abtretung eines GmbH-Anteils in der Schweiz und einzuhaltende Form, RIW 2010, S. 591–598.

Müller-Chen, Markus: Übertragung und Verpfändung deutscher GmbH-Geschäftsanteile in der Schweiz, IPRax 2008, S. 45–49.

Nettesheim, Martin (Hrsg.): Das Recht der Europäischen Union, Band I, EUV/AEUV, 80. Ergänzungslieferung (Stand: August 2023), München 2023 [zitiert als: *Bearbeiter*, in: Grabitz/Hilf/Nettesheim, EUV/AEUV].

Neuhaus, Paul Heinrich: Die Grundbegriffe des Internationalen Privatrechts, in: Max-Planck-Institut für Ausländisches und Internationales Privatrecht (Hrsg.), Beiträge zum Ausländischen und Internationalen Privatrecht (30), 2. Auflage, Tübingen 1976 [zitiert als: *Neuhaus*, Die Grundbegriffe des Internationalen Privatrechts].

Noack, Ulrich: Die Gesellschafterliste nach dem MoMiG, in: Kindler, Peter/ Koch, Jens/ Ulmer, Peter/ Winter, Martin (Hrsg.),Festschrift für Uwe Hüffer zum 70. Geburtstag, München 2010, S. 723–734 [zitiert als: *Noack*, in: FS Hüffer].

ders.: Online-Gründung von Kapitalgesellschaften in Europa – Der neue Richtlinienvorschlag im Company Law Package, DB 2018, S. 1324–1329.

Noack, Ulrich/ Servatius, Wolfgang/ Haas, Ulrich: Gesetz betreffend die Gesellschaften mit beschränkter Haftung, 23. Auflage, München 2022 [zitiert als: *Bearbeiter*, in: Noack/Servatius/Haas, GmbHG].

Notter, Andreas: Das Notariatswesen in der Schweiz, Österreichische Notariats-Zeitung (NZ) 1995, S. 145–149.

Olk, Sebastian: Beurkundungserfordernisse nach deutschem GmbH-Recht bei Verkauf und Abtretung von Anteilen an ausländischen Gesellschaften, NJW 2010, S. 1639–1644.

ders.: OLG Düsseldorf erkennt Zulässigkeit der Auslandsbeurkundung durch Notare aus dem Kanton Basel bei Abtretung von GmbH-Geschäftsanteilen an, NZG 2011, S. 381–383.

Olk, Sebastian/ Nikoleyczik, Tobias: Zulässigkeit der Auslandsbeurkundung in der Schweiz bei Verkauf und Abtretung von Geschäftsanteilen an einer deutschen GmbH, DStR 2010, S. 1576–1582.

Ott, Steffen: Die notarielle Prüfung der Eintragungsfähigkeit nach 15 Abs. 3 GBO, § 378 Abs. 3 S. 1 FamFG, BWNotZ 2017, S. 146–151.

Peter, Hansjörg: Das zürcherische Notariatswesen, DNotZ 1987, S. 600–607.

Peters, Kai: Ist die Beurkundung von GmbH-Geschäftsanteilsübertragungen in der Schweiz Rechtsgeschichte? DB 2010, S. 97–100.

Pfeiffer, Gero: Vollmacht und Vertretungsnachweis bei Auslandsbezug, Rpfleger 2012, S. 240–247.

ders.: Auswirkungen der geplanten Notarkostenreform auf gesellschaftsrechtliche Vorgänge und M&A-Transaktionen, NZG 2013, S. 244–248.

Pigors, Marcel Die Anerkennung schweizerischer Beurkundungen im deutschen internationalen Gesellschaftsrecht, Rostock 2015 [zitiert als: *Pigors*, Die Anerkennung schweizerischer Beurkundungen].

Pilger, Gerhard: Die Unwirksamkeit der Beurkundung der Abtretung von Geschäftsanteilen in der Schweiz, BB 2005, S. 1285–1289.

Pohl, Kay-Thomas: Dienstleistungs- und Niederlassungsfreiheit für Notare in Europa –Anmerkung zu den Urteilen des EuGH vom 24.5.2011 – Rs. C 47/08, C-50/08, C-51/08, C-52/08, C-53/08, C-54/08 und C-61/08, EWS 2011, S. 353–359.

Priester, Hans-Joachim: Aufgaben und Funktionen des Notars in der Hauptversammlung, DNotZ 2001, S. 661–671.

Preuß, Nicola: Kampf der Kulturen – Die Bedeutung der vorsorgenden Rechtspflege im reformierten GmbH-Recht, RNotZ 2009, S. 529–536.

Raff, Thomas: Anmerkung zu BGH, Beschluss vom 13.02.2020 – V ZB 3/16, DNotZ 2020, S. 750–756.

Rauscher, Thomas: Münchener Kommentar zum FamFG, Band 2, §§ 271–493, 3. Auflage, München 2019 [zitiert als: *Bearbeiter*, in: MünchKomm, FamFG].

Reichert, Jochem/ Weller, Marc-Philippe: Geschäftsanteilsübertragung mit Auslandsberührung (Teil I), DStR 2005, S. 250–255.

Reimann, Wolfgang: Die kostenrechtlichen Auswirkungen des Umwandlungsgesetzes 1995, MittBayNot 1995, S. 1–5.

Reithmann, Christoph: Beurkundung, Beglaubigung, Bescheinigung durch inländische und durch ausländische Notare, DNotZ 1995, S. 360–370.

ders.: Substitution bei Anwendung der Formvorschriften des GmbH-Gesetzes, NJW 2003, S. 385–388.

Reithmann, Christoph (Begr.) / Martiny, Dieter (Hrsg.): Internationales Vertragsrecht, Das internationale Privatrecht der Schuldverträge, 9. Auflage, Köln 2022 [zitiert als: *Bearbeiter*, in: Reithmann/Martiny, Internationales Vertragsrecht].

Reul, Adolf: Die notarielle Beurkundung einer Hauptversammlung – Zugleich Besprechung der Entscheidung LG Wuppertal vom 26.2.2002 –14 O 82/011, AG 2002, S. 543–551.

Reuter, Alexander: Keine Auslandsbeurkundung im Gesellschaftsrecht? BB 1998, S. 116–119.

Ries, Peter: Aktuelle Fragen der Praxis zur Gesellschafterliste, GWR 2011, S. 54–57.

ders.: Anmerkung zu OLG München, Beschluss vom 06.02.2013 – 31 Wx 8/13, GWR 2013, S. 137.

Rohe, Matthias: Zur Substitution im Internationalen Privat- und Verfahrensrecht, in: Schütze, Rolf/ Klötzel, Thomas/ Gebauer, Martin (Hrsg.),Usus atque scientia. Festschrift für Roderich C. Thümmel zum 65. Geburtstag am 23.10.2020, Berlin/Boston 2020, S. 731–739 [zitiert als: *Rohe*, in: FS Thümmel].

Römer, Gustav: Notariatsverfassung und Grundgesetz, München 1963 [zitiert als: *Römer*, Notariatsverfassung und Grundgesetz].

Rowedder, Heinz (Begr.) / Pentz, Andreas (Hrsg.): Gesetz betreffend die Gesellschaften mit beschränkter Haftung: GmbHG, 7. Auflage, München 2022 [zitiert als: *Bearbeiter*, in: Rowedder/Pentz, GmbHG].

Saage, Erwin: Nochmals: Die Ausübung der notariellen Tätigkeit in England, DNotZ 1953, S. 584–588

Säcker, Franz Jürgen/ Rixecker, Roland/ Oetker, Hartmut/ Limperg, Bettina: Münchener Kommentar zum Bürgerlichen Gesetzbuch, Band 1, Allgemeiner Teil, §§ 1–240, AllgPersönlR, ProstG, AGG, 9. Auflage, München 2021 [zitiert als: *Bearbeiter*, in: MünchKomm, BGB].

dies. Münchener Kommentar zum Bürgerlichen Gesetzbuch, Band 12, Internationales Privatrecht, Europäisches Kollisionsrecht, Einführungsgesetz zum Bürgerlichen Gesetzbuch (Art. 1–26), 8. Auflage, München 2020 [zitiert als: *Bearbeiter*, in: MünchKomm, BGB].

Saenger, Ingo/ Scheuch, Alexander: Auslandsbeurkundung bei der GmbH – Konsequenzen aus MoMiG und Reform des Schweizer Obligationenrechts, BB 2008, S. 65–69.

Saenger, Ingo/ Inhester, Michael: GmbHG, Handkommentar, 4. Auflage, Baden-Baden 2020 [zitiert als: *Bearbeiter*, in: Saenger/Inhester, GmbHG].

Santschi, Alfred: Die Organe der öffentlichen Beurkundung in den schweizerischen Kantonen, DNotZ 1962, S. 626–634.

ders.: Die Rechtsberatung durch den Notar, Schweizerische Zeitschrift für Beurkundungs- und Grundstücksrecht (ZBGR) 1968, S. 1–16.

Schaub, Bernhard: Ausländische Handelsgesellschaften und deutsches Registerverfahren, NZG 2000, S. 953–964.

Schervier, Joachim: Beurkundung GmbH-rechtlicher Vorgänge im Ausland, NJW 1992, S. 593–598.

Schlößer, Daniel: Die Auswirkungen der Schweizer GmbH-Reform 2007 auf die Übertragung von Geschäftsanteilen einer deutschen GmbH in der Schweiz, GmbHR 2007, S. 301–305.

Schlüter, Wilfried: Veräußerung und Abtretung von GmbH-Geschäftsanteilen, in: Harms, Wolfgang (Hrsg.), Entwicklungstendenzen im Wirtschafts- und Unternehmensrecht. Festschrift für Horst Bartholomeyczik zum 70. Geburtstag, Berlin 1973, S. 359–375 [zitiert als: *Schlüter*, in: FS Bartholomeyczik].

Schmid, Jörg: Thesen zur öffentlichen Beurkundung (Vortrag gehalten an der 44. Tagung des Verbandes Schweizerischer Grundbuchverwalter vom 25.09.1992 in Murten), Schweizerische Zeitschrift für Beurkundungs- und Grundstücksrecht (ZBGR) 1993, S. 1–17.

Schmidt, Karsten/ Lutter, Marcus: Aktiengesetz, I. Band, §§ 1–132 AktG, 4. Auflage, Köln 2020 [zitiert als: *Bearbeiter*, in: Schmidt/Lutter, AktG].

dies.: Aktiengesetz, II. Band, §§ 133–410 AktG, 4. Auflage, Köln 2020 [zitiert als: *Bearbeiter*, in: Schmidt/Lutter, AktG].

Schmitt, Joachim/ Hörtnagl, Robert: Umwandlungsgesetz, Umwandlungssteuergesetz, 9. Auflage, München 2020 [zitiert als: *Bearbeiter*, in: Schmitt/ Hörtnagl, UmwG].

Schmitz-Valckenberg, Walter: Anmerkung zu BayObLG, Beschluss vom 30.04.1993 – 3Z BR 49/93, DNotZ, 1994, S. 495–496.

Schneider, Uwe: Neue Haftungsrisiken für GmbH-Geschäftsführer bei Erstellung und Einreichung der Gesellschafterliste, GmbHR 2009, S. 393–396.

Scholz, Franz (Begr.): GmbH-Gesetz, Band I: §§ 1–34, 13. Auflage, Köln 2022 [zitiert als: *Bearbeiter*, in: Scholz, GmbHG].

ders.: GmbH-Gesetz, Band II: §§ 35 – 52, 12. Auflage, Köln 2021 [zitiert als: *Bearbeiter*, in: Scholz, GmbHG].

ders.: GmbH-Gesetz, Band III: §§ 53 – 85, 12. Auflage, Köln 2020 [zitiert als: *Bearbeiter*, in: Scholz, GmbHG].

Schwab, Martin: Notarkosten bei GmbH-Anteilsübertragungen – Ergebnisse einer Umfrage zur Verteilung und Höhe von Geschäftswerten und Gebühren bei GmbH-Anteilsabtretungen, MittBayNot 2006, S. 307.

Seebach, Daniel: Die Zuständigkeitsverteilung zwischen Geschäftsführer und (ausländischem) Notar bei Einreichung und Korrektur einer GmbH- Gesellschafterliste, DNotZ 2014, S. 413–423.

Semler, Johannes/ Stengel, Arndt/ Leonard, Nina: Umwandlungsgesetz, 5. Auflage, München 2021 [zitiert als: *Bearbeiter*, in: Semler/Stengel/Leornard, UmwG].

Sick, Ulrich/ Schwarz, Andreas: Auslandsbeurkundungen im Gesellschaftsrecht, NZG 1998, S. 540–545.

Sikora, Markus/ Schwab, Martin: Das EGUG in der notariellen Praxis, MittBayNot 2007, S. 1–13.

Spellenberg, Ulrich: Zur Ersetzbarkeit deutscher notarieller Formen im Ausland, in: Geimer, Reinhold (Hrsg.), Wege zur Globalisierung des Rechts. Festschrift für Rolf A. Schütze zum 65. Geburtstag, München 1999, S. 887–900 [zitiert als: *Spellenberg*, in: FS Schütze].

Spickhoff, Andreas: Verjährungsunterbrechung durch ausländische Beweissicherungs-verfahren, IPRax 2001, S. 37–41.

Stauch, Immanuel: Die Geltung ausländischer notarieller Urkunden in der Bundesrepublik Deutschland, Berlin 1983 [zitiert als: *Stauch*, Die Geltung ausländischer notarieller Urkunden in der BRD].

Staudinger, Julius von (Begr.): Kommentar zum Bürgerlichen Gesetzbuch, Buch 1, Allgemeiner Teil, §§ 125–129, BeurkG (Formvorschriften AT, Beurkundung), Neubearbeitung 2023 [zitiert als: *Bearbeiter*, in: Staudinger, BGB].

ders.: Kommentar zum Bürgerlichen Gesetzbuch, EGBGB/ Internationales Privatrecht, Internationales Privatrecht (Einleitung zum IPR), Neubearbeitung 2019 [zitiert als: *Bearbeiter*, in: Staudinger, BGB].

ders.: Kommentar zum Bürgerlichen Gesetzbuch, EGBGB/ Internationales Privatrecht, Art. 7–12, 47, 48 EGBGB, Neubearbeitung 2019 [zitiert als: *Bearbeiter*, in: Staudinger, BGB].

ders.: Kommentar zum Bürgerlichen Gesetzbuch, EGBGB/ Internationales Privatrecht, Art 1–10 Rom I-VO (Internationales Vertragsrecht 1 – Internationales Devisenrecht), Neubearbeitung 2021 [zitiert als: *Bearbeiter*, in: Staudinger, BGB].

Stelmaszczyk, Peter: Beurkundung einer GmbH-Gründung im Ausland – Zugleich Besprechung von KG, Beschluss vom 24.1.2018 – 22 W 25/16, GWR 2018, S. 103–107.

ders.: Beurkundung einer inländischen Verschmelzung im Ausland – Zugleich Besprechung von KG, Beschluss vom 26.7.2018 –22 W 2/18, RNotZ 2019, S. 177–192.

Stenzel, Roman: Formfragen des internationalen Gesellschaftsrechts, GmbHR 2014, S. 1024–1033.

Stephan, Hans: Zum internationalen Beurkundungsrecht – Wahrung der Form des deutschen Geschäftsrechts bei Beurkundung durch ausländische Urkundspersonen, NJW 1974, S. 1596–1598.

Sternal, Werner: Gesetz über das Verfahren in Familiensachen und in den Angelegenheiten der freiwilligen Gerichtsbarkeit, Kommentar, 21. Auflage, München 2023 [zitiert als: *Bearbeiter*, in: Sternal, FamFG].

Strauß, Benedikt: Anmerkung zu BGH, Beschluss vom 13.02.2020 – V ZB 3/16, MittBayNot 2021, S. 69–74.

Süß, Rembert: Abtretung von GmbH-Geschäftsanteilen vor dem Basler Notar – Zugleich Anmerkungen zum Beschl. des OLG Düsseldorf vom 2.3.2011 – I-3 Wx 236/10, DNotZ 2011, S. 414–424.

Tietz, Ann-Sophie: Beurkundung eines Gesellschaftsvertrages zur Gründung einer deutschen GmbH durch einen Schweizer Notar mit Amtssitz im Kanton Bern (zu KG, 24.1.2018 – 22 W 25/16), IPRax 2019, S. 36–41.

Tebben, Joachim: Geschäftsführer oder Notar – wer darf die Gesellschafterliste einreichen? DB 2014, S. 585–588.

ders.: Zur Substitution der notariellen Beurkundung bei Umwandlungsvorgängen – Zugleich Besprechung von KG, Beschl. vom 26.7.2018 – 22 W 2/18, GmbHR 2018, S. 1190–1195.

Teichmann, Christoph: ECLR Die Einführung der Europäischen Aktiengesellschaft Grundlagen der Ergänzung des europäischen Statuts durch den deutschen Gesetzgeber, ZGR 2002, S. 383–464.

ders.: Die elektronische Gründung von Kapitalgesellschaften, GmbHR 2018, S. 1–15.

Trendelenburg, Hortense: Die Beurkundung von Anteilskaufverträgen und gesellschaftsrechtlichen Maßnahmen nach der Reform des Schweizer Obligationenrechts, GmbHR 2008, S. 644–649.

Ulrich, Stephan/Böhle, Jens: Die Auslandsbeurkundung im M&A Geschäft, GmbHR 2007, S. 566–573.

van Randenborgh, Wolfgang: Auslandsbeurkundung bei Fusionen und GmbH-Anteilsübertragungen – Zugleich Anmerkung zu dem Beschl. des OLG Hamm vom 01.02.1974 – 15 Wx 6/74, BB 1974, S. 483–485.

van Randenborgh, Wolfgang/Kallmeyer, Harald: Pro und Contra: Beurkundung gesellschaftsrechtlicher Rechtsgeschäfte durch ausländische Notare? GmbHR 1996, S. 908–912

Vossius, Oliver: Gutgläubiger Erwerb von GmbH-Anteilen nach MoMiG, DB 2007, S. 2299–2304.

Wachter, Thomas: GmbH-Reform: Auswirkungen auf die Übertragung von GmbH-Geschäftsanteilen, ZNotP 2008, S. 378–400.

Walz, Robert/ Fembacher, Tobias: Zweck und Umfang der Beurkundung nach § 15 GmbHG, NZG 2003, S. 1134–1143.

Weber, Johannes: Von der Identitätskontrolle zur materiellen Richtigkeit – die neuen notariellen Prüfpflichten im Grundbuch- und Registerverkehr, RNotZ 2017, S. 427–436.

ders.: GmbH-Gründung und Auslandsbeurkundung – Zugleich Anmerkung zum Beschluss des KG vom 24.1.2018, 22 W 25/16,MittBayNot 2018, S. 215–221.

Weber, Oskar: Nochmals: Die Urkunde ausländischer, insbesondere englischer Notare und der deutsche Rechtsverkehr, NJW 1955, S. 1784–1786

Weller, Marc-Philippe: Die Übertragung von GmbH-Geschäftsanteilen im Ausland: Auswirkungen von MoMiG und Schweizer GmbH-Reform, Der Konzern 2008, S. 253–268

ders.: Internationales Unternehmensrecht 2010, ZGR 2010, 679–709.

ders.: GmbH-Anteilsabtretungen in Basel – Zugleich Besprechung von BGHZ 199, 270, ZGR 2014, S. 865–880.

ders.: Das autonome Unternehmenskollisionsrecht, IPRax 2017, 167–178.

Westermann, Harm Peter/ Grunewald, Barbara/ Maier-Reimer, Georg: Erman BGB, Handkommentar, 17. Auflage, Köln 2023 [zitiert als: *Bearbeiter*, in: Erman, BGB].

Wicke, Hartmut: Die Bedeutung der öffentlichen Beurkundung im GmbHR, ZIP 2006, S. 977–982.

ders.: Anmerkung zu KG Berlin, Beschluss vom 24.01.2018 – 22 W 25/16, GmbHR 2018, S. 380–381.

ders.: Gesetz betreffend die Gesellschaft mit beschränkter Haftung (GmbHG), Kommentar, 4. Auflage, München 2020 [zitiert als: *Wicke*, GmbHG].

Widmann, Siegfried/ Mayer, Dieter: Umwandlungsrecht, 208. Ergänzungslieferung (Stand: September 2023), Bonn 2023 [zitiert als: *Bearbeiter*, in: Widmann/Mayer, Umwandlungsrecht].

Winkler, Karl: Beurkundungen im Ausland bei Geltung deutschen Rechts, NJW 1972, S. 981–988.

ders.: GmbH-Gesellschafterversammlungen im Ausland und Beurkundung durch ausländische Notare, NJW 1973, S. 222–225.

ders. Beurkundung gesellschaftsrechtlicher Akte im Ausland, NJW 1974, S. 1032–1037.

ders.: Beurkundungsgesetz, Kommentar, 21. Auflage, München 2023 [zitiert als: *Winkler*, BeurkG].

Wolfsteiner, Hans: Auslandsbeurkundung der Abtretung von Geschäftsanteilen an einer deutschen GmbH, DNotZ 1978, S. 532–537.

Ziemons, Hildegard/ Jaeger, Carsten/ Pöschke, Moritz: Beck'scher Online-Kommentar, GmbHG, 57. Edition (Stand: 01.08.2023), München 2023 [zitiert als: *Bearbeiter*, in: BeckOK, GmbHG].

Zimmer, Maximilian: Neue Prüfungspflichten des Notars – oder alles beim Alten? NJW 2017, S. 1909–1913.

Für Abkürzungen wird verwiesen auf:

Kirchner, Hildebert: Abkürzungsverzeichnis der Rechtssprache, 10. Auflage, Berlin/Boston 2021.

Verzeichnis der Internetquellen

Sämtliche der nachfolgenden URL-Adressen wurden zuletzt im November 2023 abgerufen.

Auswärtiges Amt: Liste der Websites von deutschen Vertretungen im Ausland, alphabetisch nach Ländernamen geordnet (Stand: 09.05.2023) [zitiert als: *Auswärtiges Amt*, Liste von deutschen Auslandsvertretungen], abrufbar unter: <https://www.auswaertiges-amt.de/de/ReiseUndSicherheit/deutsche-auslandsvertretungen/03-webseitenav>.

dass.: Beurkundungen und Beglaubigungen durch deutsche Auslandsvertretungen (Stand: 26.01.2023) [zitiert als: *Auswärtiges Amt*, Beurkundungen und Beglaubigungen durch Auslandsvertretungen], abrufbar unter: <https://www.auswaertiges-amt.de/de/service/konsularinfo/beurkundungen-beglaubigungen>.

dass.: Das Haager Apostille-Übereinkommen (Stand: 13.11.2023) [zitiert als: *Auswärtiges Amt*, Das Haager Apostille-Übereinkommen], abrufbar unter: <https://www.auswaertiges-amt.de/de/-/2570832>.

Bundesamt für Güterverkehr: Pressemitteilung Nr. 12 vom 14.10.2008: Präsident des Bundesamtes für Güterverkehr geht in den Ruhestand [zitiert als: *Bundesamt für Güterverkehr*, Pressemittelung Nr. 12 vom 14.10.2008], abrufbar unter: <https://www.balm.bund.de/SharedDocs/Pressemitteilungen/DE/2008/2008_12.html>.

Bundesnotarkammer: Auslegungs- und Anwendungshinweise für Notarinnen und Notare (Stand: Oktober 2021), S. 1–64 [zitiert als: *BNotK*, Auslegungs- und Anwendungshinweise GwG] abrufbar unter: <https://www.bnotk.de/aufgaben-und-taetigkeiten/geldwaeschebekaempfung>.

Deutscher Notarverein: Stellungnahme vom 02.08.2006 zu dem Regierungsentwurf des Gesetzes über steuerliche Begleitmaßnahmen zur Einführung der Europäischen Gesellschaft und zur Änderung weiterer steuerrechtlicher Vorschriften (SEStBeglG) [zitiert als: *Deutscher Notarverein*, Stellungnahme von 02.08.2006 zum SEStBeglG], abrufbar unter: <https://www.dnotv.de/stellungnahmen/regierungsentwurf-des-gesetzes-ueber-steuerliche-begleitmassnahmen-zur-einfuehrung-der-europaeischen-gesellschaft-und-zur-aenderung-weiterer-steuerrechtlicher-vorschriften-sestbeglg/>.

Deutsches Notarinstitut: Kurzübersicht Apostille und Legalisation, Anerkennung deutscher öffentlicher Urkunden im Ausland und ausländischer öffentlicher Urkunden in Deutschland: Bilaterale Abkommen und Haager Übereinkommen (Stand: 09.11.2023), S. 1–17 [zitiert als: *DNotI*, Kurzübersicht Apostille und Legalisation], abrufbar unter: <https://www.dnoti.de/arbeitshilfen/ipr-und-auslaendisches-recht/>.

Europäische Zentralbank: Rechner zum Euro-Referenzkurs [zitiert als: *EZB*, Rechner zum Euro-Referenzkurs], abrufbar unter: <https://www.ecb.europa.eu/stats/policy_and_exchange_rates/euro_reference_exchange_rates/html/eurofxref-graph-chf.en.html>.

Financial Action Task Force: Anti-money laundering and counter-terrorist financing measures Switzerland, Mutual Evaluation Report, Dezember 2016, S. 1–245 [zitiert als: *FATF*, Report Switzerland 2016], abrufbar unter: <https://www.fatf-gafi.org/en/publications/Mutualevaluations/Mer-switzerland-2016.html>.

Generalzolldirektion: Jahresbericht 2021, Financial Intelligence Unit, S. 1–98 [zitiert als: Generalzolldirektion, Jahresbericht 2021 FIU], abrufbar unter: <https://www.zoll.de/DE/FIU/Fachliche-Informationen/Jahresberichte/jahresberichte_node.html>.

Glanzmann, Lukas/ Walz, Claudia: Gesellschaftsrecht und Notar – Entwicklungen und Tendenzen, in: Schmid/Jürg (Hrsg.), Gesellschaftsrecht und Notar, La société au fil du temps, Beiträge der Weiterbildungsseminare der Stiftung Schweizerisches Notariat vom 1.09.2015 in Zürich und vom 8.09.2015 in Lausanne, Zürich/Basel/Genf 2016, S. 1–37 [zitiert als: *Glanzmann/Walz*, Gesellschaftsrecht und Notar], abrufbar unter: <https://www.alexandria.unisg.ch/251923/>.

Kanton Basel-Stadt: Liste der nicht praktizierenden Notare und Notarinnen [zitiert als: *Kanton Basel-Stadt*, Liste der nicht praktizierenden Notare], abrufbar unter: <https://staatskalender.bs.ch/organization/weitere-oeffentliche-stellen/notare/notarinnen-und-notare-nicht-praktizierend>.

Regierungsrat und Obergericht des Kantons Zug: Bericht und Antrag des Regierungsrates und des Obergerichts vom 3.12.2013 betreffend die Teilrevision des Gesetzes über die öffentliche Beurkundung und die Beglaubigung in Zivilsachen vom 03.06.1964 (Beurkundungsgesetz, BGS 223.1), Vorlage Nr. 2328.1, Laufnummer 14528, S. 1–35 [zitiert als: *Regierungsrat/Obergericht des Kantons Zug*, Antrag auf Teilrevision des BeurkG-ZG vom 03.12.2023], abrufbar unter: <https://www.google.com/url?sa=t&rct=j&q=&esrc=s&source=web&cd=&cad=rja&uact=8&ved=2ahUKEwj__JHdloD_AhUxxQIHHZVxAQAQFnoECA8QAQ&url=https%3A%2F%2Fkr-geschaefte.zug.ch%2Fdokumente%2F4883%2F2328-1-14528_Beurkundungsgesetz-1.pdf&usg=AOvVaw2d6k1Lmkze7jXQL3ep_yXW>.

Schweizer Notarenverband: Das Notariat in der Schweiz: Das Schweizer Mischsystem [zitiert als: *Schweizer Notarenverband*, Das Schweizer Mischsystem], abrufbar unter: <https://snv-fsn.ch/das-notariat>.

Schweizerische Eidgenossenschaft, Eidgenössisches Volkswirtschaftsdepartement, Preisüberwachung: Kantonalen Notariatstarife, Vergleich der Gebühren für die öffentliche Beurkundung verschiedener Rechtsakte (Juli 2007), S. 1–18 [zitiert als: *Schweizerische Preisüberwachung*, Gebührenvergleich 2007], abrufbar unter: <https://www.preisueberwacher.admin.ch/pue/de/home/themen/diverse/notariat.html>.

Schweizerische Eidgenossenschaft, Eidgenössisches Volkswirtschaftsdepartement, Preisüberwachung: Gebührenvergleich der kantonalen Notariatstarife, aktuelle Situation (November 2009), S. 1–8 [zitiert als: *Schweizerische Preisüberwachung*, Gebührenvergleich 2009], abrufbar unter: <https://www.preisueberwacher.admin.ch/pue/de/home/themen/diverse/notariat.html>.

Stadt Zug: StRB Nr. 209.15 vom 24.03.2015, in: Amtliche Sammlung der Ratsbeschlüsse, Band 14, S. 24 [zitiert als: *Stadt Zug*, StRB Nr. 209.15 vom 24.03.2015], abrufbar unter: <https://www.stadtzug.ch/publikationen/263069>.

Universität Bern, Institut für Notariatsrecht und Notarielle Praxis: Notariatswesen in der Schweiz [zitiert als: *Universität Bern*, Notariatswesen in der Schweiz], abrufbar unter: <https://www.inr.unibe.ch/dienstleistungen/notariatswesen_in_der_schweiz/index_ger.html>.

WikiLeaks: Notarielle Urkunde 2002/253 des Notars Stephan Cueni vom 25.06.2002 (in Auszügen), Angebot zum Abschluss eines Vertrages über die Erhebung von Maut für die Benutzung von Autobahnen durch schwere Lkw und die Errichtung und den Betrieb eines Mautsystems zur Erhebung von Autobahnmaut für schwere Lkw (Betreibervertrag) [zitiert als: Notarielle Urkunde Nr. 253/2002 des Notars Stephan Cueni vom 25.06.2002], abrufbar unter: <https://www.wikileaks.org/wiki/Toll_Collect_Vertraege,_2002>.

Anhang: Gebührentabelle als Anlage zum 7. Kapitel

Gegenstand und Gebührensatz nach GNotKG	Geschäftswert[1231]	Gebühr nach GNotKG		Basel-Stadt (BS)	Bern (BE)	Zürich (ZH)	Zug (ZG)
exkl. 19% Umsatzsteuer, vgl. § 12 Abs. 1 UStG[1232]				**exkl. 7,7% Mehrwertsteuer, vgl. Art. 25 Abs. 1 MWSTG[1233]**			
Maximale Gebühr für alle Gegenstände (*Gebührensatz von 2.0 gem. KV Nr. 21100*)	**22.770,00** gem. § 107 Abs. 1 S. 1 GNotKG, unter Berücksichtigung der Geschäftswerthöchstgrenze von 10 Mio. (Gesellschaftsrechtliche Verträge, Satzungen) **53.170,00** gem. § 35 Abs. 2 Alt. 2 GNotKG, unter Berücksichtigung der Geschäftswerthöchstgrenze von 60 Mio. (Anteilsübertragung)			**46.265,00** [= 50.000 CHF] gem. § 8 Abs. 4 VO-NotariatsT	***25.306,96*** [= 27.350 CHF] gem. Art. 21 Abs. 1 GebVN i.V.m. Tarif im Anhang 4 ***28.522,37*** [= 30.825 CHF] gem. Art. 21 Abs. 1 GebVN i.V.m. Tarif im Anhang 1	**13.879,50** [= 15.000 CHF] Höchstgebühr für gesellschaftsrechtliche Beurkundungen (Anhang Ziff. 4.4.3 NotGebV):	**18.506,00** [= 20.000 CHF] Höchstgebühr für gesellschaftsrechtliche Beurkundungen (§ 18 Abs. 1 Nr. 11 AnwT)

1231 Sämtliche Werte in dieser Tabelle sind grundsätzlich in Eurobeträgen angegeben, sofern eine andere Währung nicht ausdrücklich genannt wird; zur Umrechnung s. dazu oben 7. Kapitel: A. III. 1.

1232 Umsatzsteuergesetz vom 21.02.2005 (BGBl. I S. 386).

1233 SG (Schweiz) 641.20, Bundesgesetz über die Mehrwertsteuer vom 12.06.2009, Stand: 01.01.2022.

Gegenstand und Gebührensatz nach GNotKG	Geschäftswert	Gebühr nach GNotKG		Basel-Stadt (BS)	Bern (BE)	Zürich (ZH)	Zug (ZG)
Gründung einer AG oder GmbH *(Gebührensatz von 2.0 gem. KV Nr. 21100)*	Nach § 107 Abs. 1 S. 1 GNotGK beträgt der Mindestgeschäftswert 30.000,00 und die Geschäftswerthöchstgrenze 10 Mio. →Min. Gebühr: 250,00 →Max. Gebühr: 22.770,00			**§ 11 Nr. 33 lit. a) VO-NotariatsT** *bei einem Kapital unter CHF 100.000:* CHF 750–2.000 *bei einem Kapital von CHF 100.000:* CHF 2.000 und sofern das Kapital diese Grenze übersteigt, wird stufenweise ein prozentualer Anteil von dem Mehrbetrag über CHF 100.000 hinzuaddiert	**Art. 21 Abs. 1 GebVN i.V.m. Anhang 4:** Bemessungsgrundlage ist das Gesellschaftskapital (höchster Eintrag lautet auf CHF 20 Mio.)	**Anhang NotGebV Ziff. 4.4.3.1:** 1 ‰ des Kapitals, aber je nach *Art der Gesellschaft* im Rahmen von… *-Publikumsgesellschaften:*[1234] 462,65 [= 500 CHF] bis 13.879,50 [= 15.000 CHF] *- größere Unternehmen:*[1235] 462,65 [= 500 CHF] bis 9.253,00 [= 10.000 CHF] *-Übrige Gesellschaften:* 462,65 [= 500 CHF] bis 4.626,50 [= 5.000 CHF]	**§ 18 Abs. 1 Nr. 11 AnwT:** 2 ‰ des Gesellschaftskapitals, aber mind. 462,65 [= 500 CHF] bis 18.506,00 [= 20.000,00 CHF]

1234 Nach Art. 727 Abs. 1 Ziff. 1 OR gelten als **Publikumsgesellschaften** solche Gesellschaften, die a) Beteiligungspapiere an der Börse kotiert haben, b) Anleihensobligationen ausstehend haben, c) mind. 20 % der Aktiven oder des Umsatzes einer Gesellschaft nach Buchstabe a) oder b) beitragen.

1235 Nach Art. 727 Abs. 1 Ziff. 2 OR gelten als **größere Unternehmen** solche Gesellschaften, die in zwei aufeinander folgenden Geschäftsjahren zwei der nachstehenden drei Größen überschreiten: a) Bilanzsumme von 20 Mio. Franken b) Umsatzerlös von 40 Mio. Franken c) 250 Vollzeitstellen im Jahresdurchschnitt.

	25.000 bzw. 50.000 (gesetzliches Mindestkapital)	250,00 bzw. 330,00		693,98 [= 750 CHF] bis 1.850,60 [= 2.000 CHF]	zwischen 925,30 [= 1.000 CHF] *und* *1.480,48* [= 1.600 CHF]; Mittel 1.202,89 [= 1.300 CHF]	462,65 [= 500 CHF]	462,65 [= 500 CHF]
	92.530,00	492,00		1.850,60 [= 2.000 CHF]	zwischen 925,30 [= 1.000 CHF] *und* *1.480,48* [= 1.600 CHF]; Mittel 1.202,89 [= 1.300 CHF]	462,65 [= 500 CHF]	462,65 [= 500 CHF]
	500.000,00	1.870,00		(1.850,60 + 896,81 [0,22 % des Mehrbetrags] =) 2.747,41	zwischen 1.341,66 [= 1.450 CHF] *und* *2.174,46* [= 2.350 CHF]; Mittel 1.758,07 [= 1.900 CHF]	500,17 [= 540,55 CHF]	1.000,34 [= 1.081,10 CHF]
	1 Mio.	3.470,00		(1.850,60 + 1.997,19 [0,22 % des Mehrbetrags] =) 3.847,79	zwischen 2.035,66 [= 2.200 CHF] *und* *3.331,08* [= 3.600 CHF]; Mittel 2.683,37 [= 2.900 CHF]	1.000,34 [= 1.081,10 CHF], liegt im Rahmen	2.000,68 [= 2.162,20 CHF]
	5 Mio.	16.270,00		(1.850,60 + 4.909,18 [0,22 % des Mehrbetrags] =) 6.759,78	zwischen 4.811,56 [= 5.200 CHF] *und* *7.957,58* [= 8.600 CHF]; Mittel 6.384,57 [= 6.900 CHF]	5.001,71 [= 5.405,50 CHF], liegt im Rahmen	10.003,42 [= 10.811,00 CHF]

Gegenstand und Gebührensatz nach GNotKG	Geschäftswert	Gebühr nach GNotKG		Basel-Stadt (BS)	Bern (BE)	Zürich (ZH)	Zug (ZG)
	10 Mio.	22.770,00		(1.850,60 + 7.433,17 [0,075 % des Mehrbetrags] =) 9.283,77	zwischen *8.281,44* [= 8.950 CHF] und *13.740,71* [= 14.850 CHF]; Mittel 11.011,07 [= 11.900 CHF]	10.003,42 [= 10.811,00 CHF] Rahmenhöchstwerte beachten	18.506,00 [= 20.000,00 CHF]
	20 Mio.	22.770,00		(1.850,60 + 14.935,73 [0,075 % des Mehrbetrags] =) 16.786,33	zwischen 15.221,19 [= 16.450 CHF] und 25.306,96 [= 27.350 CHF]; Mittel 20.264,07 [= 21.900 CHF]	13.879,50 [= 15.000 CHF] Rahmenhöchstwert für Publikumsgesellschaften erreicht	18.506,00 [= 20.000,00 CHF]
	40 Mio.	22.770,00		(1.850,60 + 29.940,86 [0,075 % des Mehrbetrags] =) 31.791,46	25.306,96 [= 27.350 CHF]	13.879,50 [= 15.000 CHF] Rahmenhöchstwert für Publikumsgesellschaften erreicht	18.506,00 [= 20.000,00 CHF]

Satzungsändernde Gesellschafter-beschlüsse[1236] bei GmbH oder AG *(Gebührensatz von 2.0 gem. KV Nr. 21100)*	Der Geschäftswert beträgt gem. § 108 Abs. 5 GNotKG höchstens 5 Mio. →Max. Gebühr: 16.270,00 Nach § 108 Abs. 1 i.V.m. § 105 Abs. 1 S. 2, Abs. 4 Nr. 1 GNotGK beträgt der Geschäftswert mindestens 30.000,00 →Min. Gebühr: 250,00 Bei Beschlüssen ohne bestimmten Geldwert beträgt der Geschäftswert **1 % des eingetragenen Gesellschaftskapitals**, vgl. § 108 Abs. 1 S. 1 i.V.m. § 105 Abs. 4 Nr. 1 GNotKG →Um die Geschäftswerthöchstgrenze zu erreichen, muss das Gesellschaftskapital 500 Mio. betragen		Andere Generalversammlungsprotokolle gem. **§ 11 Nr. 33 lit f) VO-NotariatsT:** 462,65 [= 500 CHF] bis 1.850,60 [= 2.000 CHF]	Feststellungsurkunde gem. **Art. 26 GebVN**: *mind. 46,27* [= 50 CHF] *und höchstens 2.775,90* [= 3000 CHF]	**Anhang NotGebV Ziff. 4.4.3.2:** 0,2–0,5 ‰ des Kapitals, aber je nach *Art der Gesellschaft* im Rahmen von… -*Publikumsgesell-schaften*: 231,33 [= 250 CHF] bis 6.939,75 [= 7.500 CHF] - *größere Unternehmen*: 231,33 [= 250 CHF] bis 4.626,50 [= 5.000 CHF] -*Übrige Gesellschaften*: 231,33 [= 2500 CHF] bis 2.313,25 [= 2.500 CHF]	Versammlungs-beschlüsse, insb. über Statutenänderung gem. **§ 18 Abs. 1 Nr. 16 AnwT**: 185,06 [= 200 CHF] bis 6.939,75 [= 7.500 CHF]

1236 Nach § 109 Abs. 2 S. 1 Nr. 4 lit. a) GNotKG bilden jeder Beschluss und eine damit in Zusammenhang stehende Satzungsänderung denselben Beurkundungsgegenstand, d.h. nur durch den Beschluss werden Kosten ausgelöst. Gleiches gilt gem. § 109 Abs. 2 Nr. 4 lit. b) auch für weitere Beschlüsse, die in Zusammenhang mit einem Kapitalerhöhungsbeschluss stehen.

Gegenstand und Gebührensatz nach GNotKG	**Geschäftswert**	**Gebühr nach GNotKG**		**Basel-Stadt (BS)**	**Bern (BE)**	**Zürich (ZH)**	**Zug (ZG)**
Kapitalerhöhung bei einer GmbH/ AG um… *(Gebührensatz von 2.0 gem. KV Nr. 21100)*	Der Geschäftswert beträgt gem. § 108 Abs. 5 GNotKG höchstens 5 Mio. →Max. Gebühr: 16.270,00 Nach § 108 Abs. 1 S. 2 i.V.m. § 105 Abs. 1 S. 2 GNotGK beträgt der Geschäftswert bei Beschlüssen mit bestimmtem Geldwert mindestens 30.000,00 →Min. Gebühr: 250,00			Nach **§ 11 Nr. 33 lit. c) VO-NotariatsT:** ¾ der Gründungstaxe (s.o.), mind. jedoch 1.378,95 [= 1.500 CHF] und höchstens 34.698,75 [= 37.500 CHF]	Gebühr für die Beurkundung des Generalversammlungs-beschlusses einer AG gem. **Art. 21 Abs. 2 i.V.m. Anhang 4** **GebVN**: ¾ der Gründungstaxe ausgehend vom Mittel der Tarife im Anhang 4, Bemessungsgrundlage ist das erhöhte Kapital	**Anhang NotGebV Ziff. 4.4.3.1:** 1 ‰ des Erhöhungsbetrags, aber je nach *Art der Gesellschaft* im Rahmen von…	Kapitalerhöhungs-beschlüsse der AG (inkl. Fusion) oder der Gesellschafterver-sammlung der GmbH gem. **§ 18 Abs. 1 Nr. 12** **AnwT**: 1 ‰ des Erhöhungskapitals, aber mind. 231,33 [= 250 CHF] und höchstens 9.253,00 [= 10.000 CHF]
					Erhöhungsbeschluss einer **GmbH** gem. **Art. 21 Abs. 4 S. 1 i.V.m. Anhang 4** **GebVN**: ¾ der Gründungstaxe ausgehend vom Mittel der Tarife im Anhang 4, Bemessungsgrundlage ist das erhöhte Kapital	-*Publikumsgesell-schaften*: 462,65 [= 500 CHF] bis 13.879,50 [= 15.000 CHF] - *größere Unternehmen*: 462,65 [= 500 CHF] bis 9.253,00 [= 10.000 CHF] -*Übrige Gesellschaften*: 462,65 [= 500 CHF] bis 4.626,50 [= 5.000 CHF]	
	30.000,00	250,00		1.378,95 [= 1.500 CHF]	AG: 902,17 [= 975 CHF] GmbH: 1.202,89 [= 1.300 CHF]	462,65 [= 500 CHF]	231,33 [= 250 CHF]

	92.530,00	492,00		1.850,60 [= 2.000 CHF]	AG: 902,17 [= 975 CHF] GmbH: 1.202,89 [= 1.300 CHF]	462,65 [= 500 CHF]	231,33 [= 250 CHF]
	500.000	1.870,00		2.060,56 [= 2.227,67 CHF]	AG: 1.318,55 [= 1.425 CHF] GmbH: 1.758,07 [= 1.900 CHF]	500,17 [= 540,55 CHF]	500,17 [= 540,55 CHF]
	1 Mio.	3.470,00		2.885,84 [= 3.119,88 CHF]	AG: 2.012,53 [= 2.175 CHF] GmbH: 2.683,37 [= 2.900 CHF]	1.000,34 [= 1.081,10 CHF], liegt im Rahmen	1000,34 [= 1.081,10 CHF]
	5 Mio.	16.270,00		5.069,84 [= 5.481,00 CHF]	AG: 4.788,43 [= 5.175 CHF] GmbH: 6.384,57 [= 6.900 CHF]	5.001,71 [= 5.405,50 CHF], liegt im Rahmen	5.001,71 [= 5.405,50 CHF]
	10 Mio.	16.270,00		6.962,83	AG: 8.314,75 [= 8.925 CHF] GmbH: 11.011,07 [= 11.900 CHF]	10.003,42 [= 10.811,00 CHF] Rahmenhöchstwerte beachten	9.253,00 [= 10.000 CHF]
	20 Mio.	16.270,00		12.589,75	AG: 15.198,05 [= 16.425 CHF] GmbH: 20.264,07 [= 21.900 CHF]	13.879,50 [= 15.000 CHF] Rahmenhöchstwert für Publikumsgesellschaften erreicht	9.253,00 [= 10.000 CHF]
	40 Mio.	16.270,00		23.843,60	AG/ GmbH: 25.306,96 [= 27.350 CHF]	13.879,50 [= 15.000 CHF] Rahmenhöchstwert für Publikumsgesellschaften erreicht	9.253,00 [= 10.000 CHF]

Gegenstand und Gebührensatz nach GNotKG	Geschäftswert	Gebühr nach GNotKG		Basel-Stadt (BS)	Bern (BE)	Zürich (ZH)	Zug (ZG)
Kapitalherabsetzung *(Gebührensatz von 2.0 gem. KV Nr. 21100)*	Höchst- und Mindestbetrag wie bei den übrigen Versammlungsbeschlüssen			**§ 11 Nr. 33 lit d) VO-NotariatsT**: Nach Zeitaufwand und Bedeutung, mind. jedoch 952,30 [= 1.000 CHF]	Gebühr für die Beurkundung des Generalversammlungs-beschlusses einer **AG** oder **GmbH** gem. Art. 21 Abs. 2, Abs. 4 S. 2 GebVN:[1237] ¾ der Gründungstaxe Bemessungsgrundlage ist das herabgesetzte Kapital	**Anhang NotGebV Ziff. 4.4.3.2:** 0,2–0,5 ‰ des Kapitals, aber je nach *Art der Gesellschaft* im Rahmen von… -*Publikumsgesell-schaften*: 231,33 [= 250 CHF] bis 6.939,75 [= 7.500 CHF] - *größere Unternehmen*: 231,33 [= 250 CHF] bis 4.626,50 [= 5.000 CHF] -*Übrige Gesellschaften*: 231,33 [= 2500 CHF] bis 2.313,25 [= 2.500 CHF]	Herabsetzung des Aktienkapitals einer AG oder des Stammkapitals einer GmbH gem. **§ 18 Abs. 1 Nr. 14 AnwT**: 1 ‰ des Herabsetzungskapitals, aber mind. 185,06 [= 200 CHF] und höchstens 6.939,75 [= 7.500 CHF]

1237 Eine Sonderregelung für den Fall einer Herabsetzung des Kapitals einer Aktiengesellschaft mit gleichzeitiger Wiedererhöhung findet sich in Art. 21 Abs. 3 GebVN-BE.

Hauptversammlungsbeschluss einer börsennotierten AG *(Gebührensatz von 2.0 gem. KV Nr. 21100)*	Der Geschäftswert beträgt gem. § 108 Abs. 5 GNotKG höchstens 5 Mio. →Max. Gebühr: 15.270,00 Nach § 108 Abs. 1 i.V.m. § 105 Abs. 1 S. 2, Abs. 4 Nr. 1 GNotGK beträgt der Geschäftswert mindestens 30.000,00 →Min. Gebühr: 250,00 Bei Beschlüssen ohne bestimmten Geldwert beträgt der Geschäftswert **1 % des eingetragenen Gesellschaftskapitals**, vgl. § 108 Abs. 1 S. 1 i.V.m. § 105 Abs. 4 Nr. 1 GNotKG →Um die Geschäftswerthöchstgrenze zu erreichen, muss das Gesellschaftskapital 500 Mio. betragen		Andere Generalversammlungsprotokolle gem. **§ 11 Nr. 33 lit f) VO-NotariatsT**: 462,65 [= 500 CHF] bis 1.850,60 [= 2.000 CHF]	Feststellungsurkunde gem. **Art. 26 GebVN**: *mind. 46,27* [= 50 CHF] *und höchstens 2.775,90* [= 3000 CHF]	**Anhang NotGebV Ziff. 4.4.3.2:** 0,2–0,5 ‰ des Kapitals, aber im Rahmen von… 231,33 [= 250 CHF] bis 6.939,75 [= 7.500 CHF]	Versammlungsbeschlüsse einer AG gem. **§ 18 Abs. 1 Nr. 16 AnwT**: 185,06 [= 200 CHF] bis 6.939,75 [= 7.500 CHF]

<u>**Gegenstand und Gebührensatz nach GNotKG**</u>	<u>**Geschäftswert**</u>	<u>**Gebühr nach GNotKG**</u>		<u>**Basel-Stadt (BS)**</u>	<u>**Bern (BE)**</u>	<u>**Zürich (ZH)**</u>	<u>**Zug (ZG)**</u>
<u>**Übertragung von GmbH-Geschäftsanteilen**</u> Verpflichtung- und Verfügungsgeschäft[1238] *(Gebührensatz von 2.0 gem. KV Nr. 21100)*	Die Geschäftswerthöchstgrenze beträgt gem. § 35 Abs. 2 Alt. 2 GNotKG 60 Mio. →Max. Gebühr: 53.170,00			Abtretung eines GmbH-Anteils gem. **§ 11 Nr. 35 VO-NotariatsT**: 2,5 ‰ des von den Parteien angegebenen Übertragungswertes, mind. jedoch des Nominalwertes; mind. 185,06 [= 200 CHF]	Abtretung eines GmbH-Anteils gem. **Art. 22 GebVN**: Tarif im <u>Anhang 1</u>, jeweils orientiert am Mittelwert Bemessung nach dem Wert der für die Abtretung vereinbarten Gegenleistung	Öffentliche Beurkundung von sonstigen Willenserklärungen gem. **Anhang NotGebV Ziff. 4.6**: 1 ‰ von der Gegenleistung oder vom betroffenen Vermögenswert, aber im Rahmen von 185,06 [= 200 CHF] bis 13.879,50 [= 15.000 CHF]	**Abtretung** eines GmbH-Anteils gem. **§ 18 Abs. 1 Nr. 15 AnwT**:[1239] <u>1 ‰ des Kapitals</u>, aber mind. 277,59 [= 300 CHF] und höchstens 18.506,00 [= 20.000 CHF]; wird nur die Verpflichtung beurkundet oder eine beurkundete Verpflichtung vollzogen, beträgt die Gebühr die Hälfte
	92.530	546,00		231,32 [= 250,00 CHF]	758,75 [= 820 CHF]	185,06 [= 200 CHF]	277,59 [= 300 CHF]
	500.000	1.870,00		1.250,43 [= 1.351,38 CHF]	2.428,91 [= 2.625 CHF]	500,17 [= 540,55 CHF]	500,17 [= 540,55 CHF]
	1 Mio.	3.470,00		2.500,85 [= 2.702,75 CHF]	3.659,56 [= 3.955 CHF]	1.000,34 [= 1.081,10 CHF]	1.000,34 [= 1.081,10 CHF]

1238 Nach § 109 Abs. 1 S. 2 GNotKG gelten beide Geschäfte als ein Beurkundungsgegenstand.

1239 § 18 Abs. 1 Nr. 17 AnwT-ZG stellt klar, dass der Gebührensatz (1 ‰ des Kapitals/ der Gegenleistung) auch für die Beurkundung von Anteilsabtretungen an ausländischen Gesellschaften gilt.

	5 Mio.	16.270,00		12.504,27 [= 13.513,75 CHF])	10.266,20 [= 11.095 CHF]	5.001,71 [= 5.405,50 CHF]	5.001,71 [= 5.405,50 CHF]
	10 Mio.	22.700,00		25.008,55 [= 27.027,50 CHF]	15.586,68 [= 16.845 CHF]	10.003,42 [= 10.811,00 CHF]	10.003,42 [= 10.811,00 CHF]
	20 Mio.	34.770,00		46.265,00 [= 50.000 CHF] Höchstbetrag gem. § 8 Abs. 4 VO-NotariatsT	22.989,08 [= 24.845 CHF]	13.879,50 [= 15.000 CHF]	18.506,00 [= 20.000 CHF]
	50 Mio.	50.770,00		46.265,00 [= 50.000 CHF]	28.522,37 [= 30.825 CHF]	13.879,50 [= 15.000 CHF]	18.506,00 [= 20.000 CHF]
	60 Mio.	53.170,00		46.265,00 [= 50.000 CHF]	28.522,37 [= 30.825 CHF]	13.879,50 [= 15.000 CHF]	18.506,00 [= 20.000 CHF]
Verschmelzung *(Gebührensatz von 2.0 gem. KV Nr. 21100)*	**Verschmelzungsvertrag:** Nach § 107 Abs. 1 S. 1 GNotGK beträgt der Mindestgeschäftswert 30.000 und die Geschäftswerthöchstgrenze 10 Mio. →Max. Gebühr: 22.770,00 Bemessungsgrundlage ist der Aktivwert des übertragenden Rechtsträgers			Die Ausfertigung des Fusionsvertrages ist in den Gebühren für den Fusionsbeschluss des übernehmenden Rechtsträgers inkludiert (s.u.), vgl. **§ 11 Nr. 34 lit. b, c VO-NotariatsT**	Feststellungsurkunde gem. **Art. 26 GebVN**: *mind. 46,27* [= 50 CHF] *und höchstens 2.775,90* [= 3000 CHF]	Öffentliche Beurkundung von sonstigen Willenserklärungen gem. **Anhang NotGebV Ziff. 4.6**: 1 ‰ von der Gegenleistung oder vom betroffenen Vermögenswert, aber im Rahmen von 185,06 [= 200 CHF] bis 13.879,50 [= 15.000 CHF]	Beurkundung (nicht genannter) Willenserklärungen gem. **§ 18 Abs. 1 Nr. 17 AnwT**: 1 ‰ der Gegenleistung oder des betroffenen Vermögenswertes, aber mind. 277,59 [= 300 CHF] und höchstens 18.506,00 [= 20.000 CHF]
	1 Mio.	3.470,00		keine gesonderte Gebühr	ca. 1.387,95 [= 1.500 CHF]	1.000,34 [= 1.081,10 CHF]	1.000,34 [= 1.081,10 CHF]
	2 Mio.	6.670,00		wie zuvor	ca. 1.619,28 [= 1.750 CHF]	2.000,68 [= 2.162,20 CHF]	2.000,68 [= 2.162,20 CHF]

Gegenstand und Gebührensatz nach GNotKG	**Geschäftswert**	**Gebühr nach GNotKG**		**Basel-Stadt (BS)**	**Bern (BE)**	**Zürich (ZH)**	**Zug (ZG)**
	5 Mio.	16.270,00		wie zuvor	ca. 1.850,60 [= 2.000 CHF]	5.001,71 [= 5.405,50 CHF]	5.001,71 [= 5.405,50 CHF]
	10 Mio.	22.770,00		wie zuvor	ca. 2.313,25 [= 2.500 CHF]	10.003,42 [= 10.811,10 CHF]	10.003,42 [= 10.811,10 CHF]
(Gebührensatz von 2.0 gem KV Nr. 21100)	**Verschmelzungsbeschlüsse (beider Rechtsträger):**[1240] Der Geschäftswert beträgt gem. § 108 Abs. 5 GNotKG höchstens 5 Mio. →Max. Gebühr: 16.270,00 Nach § 108 Abs. 1 S. 2 i.V.m. § 105 Abs. 1 S. 2 GNotGK beträgt der Geschäftswert mindestens 30.000,00 →Min. Gebühr: 250,00 Bemessungsgrundlage ist das Aktivvermögen des übertragenden Rechtsträgers			Fusionsbeschluss des *übertragenden* Rechtsträgers gem. **§ 11 Nr. 34 lit. a VO-NotariatsT** 462,65 [= 500 CHF] bis 1.850,60 [= 2.000 CHF]	Fusionsbeschluss des *übertragenden* Rechtsträgers gem. **Art. 24 Abs. 1 i.V.m. Art. 26 GebVO:** *mind. 46,27* [= 50 CHF] *und höchstens 2.775,90* [= 3000 CHF]	**Anhang NotGebV Ziff. 4.4.3.2:** 0,2–0,5 ‰ des Kapitals, aber je nach *Art der Gesellschaft* im Rahmen von… *-Publikumsgesell-schaften:* 231,33 [= 250 CHF] bis 6.939,75 [= 7.500 CHF] *- größere Unternehmen:* 231,33 [= 250 CHF] bis 4.626,50 [= 5.000 CHF] *-Übrige Gesellschaften:* 231,33 [= 2500 CHF] bis 2.313,25 [= 2.500 CHF]	Versammlungsbeschlüsse einer AG oder GmbH gem. **§ 18 Abs. 1 Nr. 16 AnwT:** 185,06 [= 200 CHF] bis 6.939,75 [= 7.500 CHF]

1240 Bei Umwandlungsvorgängen bilden Beschlüsse von Organen verschiedener Vereinigungen gem. § 109 Abs. 2 S. 1 Nr. 4 lit. g) denselben Gegenstand, sofern die Beschlüsse denselben Beschlussgegenstand haben.

			Fusionsbeschluss des *übernehmenden* Rechtsträgers <u>ohne Kapitalerhöhung</u> (einschließlich Ausfertigung des Fusionsvertrags) gem. **§ 11 Nr. 34 lit. b** **VO-NotariatsT**: Hälfte der Gründungstaxe (s.o.), berechnet auf dem zufließenden Aktivenüberschuss, mindestens jedoch 925,30 [= 1.000 CHF] und höchstens 18.506,00 [= 20.000 CHF])	Fusionsbeschluss des *übernehmenden* Rechtträgers gem. Art. **24 Abs. 2 GebVN**: Tarif im <u>Anhang 4</u> Bemessung nach dem Wert der den Gesellschaftern der übertragenden Gesellschaft gewährten Anteils- und Mitgliedschaftsrechte sowie der Ausgleichszahlungen und Abfindungen		
			Fusionsbeschluss des *übernehmenden* Rechtsträgers <u>mit Gründung oder Kapitalerhöhung</u> (einschließlich Ausfertigung des Fusionsvertrags) gem. **§ 11 Nr. 34 lit. c** **VO-NotariatsT**: Gründung- oder Erhöhungstaxe (s.o.) mit Zuschlag bis zu 50 %			

Gegenstand und Gebührensatz nach GNotKG	**Geschäftswert**	**Gebühr nach GNotKG**		**Basel-Stadt (BS)**	**Bern (BE)**	**Zürich (ZH)**	**Zug (ZG)**
Spaltung *(Gebührensatz von 2.0 gem. KV Nr. 21100)*	**Spaltungsvertrag:** Nach § 107 Abs. 1 S. 1 GNotGK beträgt der Mindestgeschäftswert EUR 30.000 und die Geschäftswerthöchstgrenze EUR 10 Mio. →Max. Gebühr: 22.770,00			Die Ausfertigung des Spaltungsvertrages ist in den Gebühren für den Spaltungsbeschluss inkludiert (s.u.), vgl. **§ 11 Nr. 34 lit. e, f VO-NotariatsT**	Feststellungsurkunde gem. **Art. 26 GebVN**: *mind. 46,27* [= 50 CHF] *und höchstens 2.775,90* [= 3000 CHF]	Öffentliche Beurkundung von sonstigen Willenserklärungen gem. **Anhang Ziff. 4.6**: 1 ‰ von der Gegenleistung oder vom betroffenen Vermögenswert, aber im Rahmen von 185,06 [= 200 CHF] bis 13.879,50 [= 15.000 CHF]	Beurkundung (nicht genannter) Willens-erklärungen gem. **§ 18 Abs. 1 Nr. 17 AnwT**: 1 ‰ der Gegenleistung oder des betroffenen Vermögenswertes, aber mind. 277,59 [= 300 CHF] und höchstens 18.506,00 [= 20.000 CHF]
	1 Mio.	3.470,00		keine gesonderte Gebühr	ca. 1.387,95 [= 1.500 CHF]	1.000,34 [= 1.081,10 CHF]	1.000,34 [= 1.081,10 CHF]
	2 Mio.	6.670,00		wie zuvor	ca. 1.619,28 [= 1.750 CHF]	2.000,68 [= 2.162,20 CHF]	2.000,68 [= 2.162,20 CHF]
	5 Mio.	16.270,00		wie zuvor	ca. 1.850,60 [= 2.000 CHF]	5.001,71 [= 5.405,50 CHF]	5.001,71 [= 5.405,50 CHF]
	10 Mio.	22.770,00		wie zuvor	ca. 2.313,25 [= 2.500 CHF]	10.003,42 [= 10.811,10 CHF]	10.003,42 [= 10.811,10 CHF]

(Gebührensatz von 2.0 gem. KV Nr. 21100)	**Spaltungsbeschluss:** Der Geschäftswert beträgt gem. § 108 Abs. 5 GNotKG höchstens 5 Mio. →Max. Gebühr: 16.270,00 Bemessungsgrundlage ist der Wert des übergehenden Aktivvermögens		Spaltungsbeschluss des *übertragenden* Rechtsträgers zur Übernahme gem. **§ 11 Nr. 34 lit. f VO-NotariatsT** (inkl. etwaiger Kapitalherabsetzung sowie Ausfertigung des Spaltungsvertrages): Hälfte der Gründungstaxe (s.o.), berechnet auf dem abfließenden Aktivenüberschuss mind. 925,30 [= 1.000 CHF] und höchstens 18.506,00 [= 20.000 CHF]	Spaltungsbeschluss des *übertragenden* Rechtsträgers gem. **Art. 24 Abs. 1 i.V.m. Art. 26**: *mind. 46,27* [= 50 CHF] *und höchstens 2.775,90* [= 3000 CHF] Spaltungsbeschluss des *übernehmenden* Rechtträgers gem. **Art. 24 Abs. 2 GebVN**: Tarif im Anhang 4 Bemessung nach dem Wert der den Gesellschaftern der übertragenden Gesellschaft gewährten Anteils- und Mitgliedschaftsrechte sowie der Ausgleichszahlungen und Abfindungen	**Ziff. 4.4.3.2 Anhang NotGebV:** 0,2–0,5 ‰ des Kapitals, aber je nach *Art der Gesellschaft* im Rahmen von… -*Publikumsgesell-schaften*: 231,33 [= 250 CHF] bis 6.939,75 [= 7.500 CHF] - *größere Unternehmen*: 231,33 [= 250 CHF] bis 4.626,50 [= 5.000 CHF] -*Übrige Gesellschaften*: 231,33 [= 2500 CHF] bis 2.313,25 [= 2.500 CHF]	Versammlungsbeschlüsse einer AG oder GmbH gem. **§ 18 Abs. 1 Nr. 16 AnwT**: 185,06 [= 200 CHF] bis 6.939,75 [= 7.500 CHF]

Gegenstand und Gebührensatz nach GNotKG	**Geschäftswert**	**Gebühr nach GNotKG**		**Basel-Stadt (BS)**	**Bern (BE)**	**Zürich (ZH)**	**Zug (ZG)**
				Spaltungsbeschluss des *übertragenden* Rechtsträgers zur Neugründung gem. **§ 11 Nr. 34 lit. e** **VO-NotariatsT** (inkl. etwaiger Kapitalherabsetzung sowie Spaltungsplan und Neugründung des übernehmenden Rechtsträgers):[1241] Gründungstaxe (s.o.) mit Zuschlag bis zu 50 %			
				Spaltungsbeschluss des *übernehmenden* Rechtsträgers mit Kapitalerhöhung gem. **§ 11 Nr. 34 lit. g** **VO-NotariatsT**: Erhöhungstaxe gem. Ziff. 33 (s.o.)			

1241 Vgl. § 11 Nr. 34 lit. e)-h) VO-NotariatsT-BS.

			Spaltungsbeschluss des *übernehmenden* Rechtsträgers ohne Kapitalerhöhung gem. **§ 11 Nr. 34 lit. h** **VO-NotariatsT**: 462,65 [= 500 CHF] und höchstens 1.850,60 [= 2.000 CHF]			
Formwechsel-beschluss (*Gebührensatz von 2.0 gem. KV Nr. 21100*)	Der Geschäftswert beträgt gem. § 108 Abs. 5 GNotKG höchstens 5 Mio. →Max. Gebühr 16.270,00 Nach § 108 Abs. 1 S. 2 i.V.m. § 105 Abs. 1 S. 2 GNotGK beträgt der Geschäftswert mindestens 30.000,00 →Min. Gebühr: 250,00 Bemessungsgrundlage ist der Wert des Aktivvermögens des formwechselnden Rechtsträgers		Umwandlungsbeschluss gem. **§ 11 Nr. 34 lit. i)** **VO-NotariatsT** (inkl. Ausfertigung des Umwandlungsplanes und der Statuten): Gründungstaxe (s.o.) mit Zuschlag bis zu 50 %	Umwandlung gem. **Art. 23 Abs. 3 GebVN**: Tarif im Anhang 4 Bemessung nach dem Kapital der neuen Gesellschaft	**Ziff. 4.4.3.2 Anhang NotGebV:** 0,2–0,5 ‰ des Kapitals, aber je nach *Art der Gesellschaft* im Rahmen von… -*Publikumsgesell-schaften*: 231,33 [= 250 CHF] bis 6.939,75 [= 7.500 CHF] - *größere Unternehmen*: 231,33 [= 250 CHF] bis 4.626,50 [= 5.000 CHF] -*Übrige Gesellschaften*: 231,33 [= 2500 CHF] bis 2.313,25 [= 2.500 CHF]	Versammlungsbe-schlüsse einer AG oder GmbH gem. **§ 18 Abs. 1 Nr. 16 AnwT**: 185,06 [= 200 CHF] bis 6.939,75 [= 7.500 CHF]

Anhänge 1 und 4 zu der GebVN-BE

1 169.81-A1

Anhang 1 zu Artikel 7, Artikel 8 Absatz 2, Artikel 13, Artikel 22

(Stand 01.07.2006)

Bemessungs-grundlage in CHF	Gebühr in CHF			Bemessungs-grundlage in CHF	Gebühr in CHF		
	Minimum	Mittel	Maximum		Minimum	Mittel	Maximum
bis 100 000	715	820	925	3 000 000	5865	7695	9525
200 000	1015	1220	1425	4 000 000	7115	9395	11675
300 000	1305	1605	1905	5 000 000	8365	11095	13825
400 000	1585	1975	2365	6 000 000	9265	12245	15225
500 000	1865	2345	2825	7 000 000	10165	13395	16625
600 000	2075	2625	3175	8 000 000	11065	14545	18025
700 000	2285	2905	3525	9 000 000	11965	15695	19425
800 000	2495	3185	3875	10 000 000	12865	16845	20825
900 000	2705	3465	4225	11 000 000	13465	17645	21825
1 000 000	2915	3745	4575	12 000 000	14065	18445	22825
1 100 000	3065	3955	4845	13 000 000	14665	19245	23825
1 200 000	3215	4165	5115	14 000 000	15265	20045	24825
1 300 000	3365	4375	5385	15 000 000	15865	20845	25825
1 400 000	3515	4585	5655	16 000 000	16465	21645	26825
1 500 000	3665	4795	5925	17 000 000	17065	22445	27825
1 600 000	3855	5035	6215	18 000 000	17665	23245	28825
1 700 000	4045	5275	6505	19 000 000	18265	24045	29825
1 800 000	4235	5515	6795	20 000 000	18865	24845	30825
1 900 000	4425	5755	7085				Maximum
2 000 000	4615	5995	7375				

1 169.81-A4

Anhang 4 zu Artikel 21 und Artikel 24 Absatz 2, 3 und 5

(Stand 01.07.2006)

Kapital in CHF	Gebühr in CHF		
	Minimum	Mittel	Maximum
bis 200 000	1000	1300	1600
300 000	1150	1500	1850
400 000	1300	1700	2100
500 000	1450	1900	2350
600 000	1600	2100	2600
700 000	1750	2300	2850
800 000	1900	2500	3100
900 000	2050	2700	3350
1 000 000	2200	2900	3600
2 000 000	2950	3900	4850
3 000 000	3700	4900	6100
4 000 000	4450	5900	7350
5 000 000	5200	6900	8600
10 000 000	8950	11900	14850
15 000 000	12700	16900	21100
20 000 000	16450	21900	27350
			Maximum

www.ingramcontent.com/pod-product-compliance
Ingram Content Group UK Ltd.
Pitfield, Milton Keynes, MK11 3LW, UK
UKHW021836290926
8980IPUK00004B/491

9 783631 917367